Vida Do Duque De Palmella: D. Pedro De Souza E Holstein, Volume 1

Maria Amalia Vaz De Carvalho

VIDA

DO

DUQUE DE PALMELLA

D. Pedro de Souza e Holstein

D. PEDRO DE SOUZA E HOLSTEIN
DUQUE DE PALMELLA

Braun Clement & Cie   Imp. P Mogha

VIDA

DO

DUQUE DE PALMELLA

D. Pedro de Souza e Holstein

POR

MARIA AMALIA VAZ DE CARVALHO

VOLUME I

LISBOA

IMPRENSA NACIONAL

1898

INDICE DAS GRAVURAS

INDICE DOS CAPITULOS

CAPITULO I

A FAMILIA

CAPITULO II

A ADOLESCENCIA

CAPITULO III

A ITALIA—MADAME DE STAËL

CAPITULO IV

DE ROMA ATÉ LISBOA

CAPITULO V

A INVASÃO E OCCUPAÇÃO FRANCEZA

CAPITULO VI

MISSÃO DE HESPANHA

CAPITULO VII

O CONGRESSO DE VIENNA

CAPITULO VIII

EMBAIXADA EM LONDRES

CAPITULO IX

NO RIO DE JANEIRO

CAPITULO X

O MINISTERIO DE PALMELLA

INDICE DO APPENDICE

EXPLICAÇÃO PRÉVIA

É dever das nações pagar fielmente as dividas contrahidas com a memoria dos seus filhos benemeritos.

Quando as nações se esquecem, justo é que as familias se lembrem e tentem salvar do silencio ou da injustiça o nome d'aquelles a quem devem lustre e fama.

A *Vida do Duque de Palmella*, D. Pedro de Souza e Holstein, de que damos hoje á estampa o primeiro dos dois volumes que devem constituil-a, foi inspirada n'este pensamento de gratidão filial.

Significa a piedosa homenagem da Duqueza de Palmella, D. Maria de Souza e Holstein, á memoria do seu glorioso avô.

Foi esta senhora quem nos animou com as suas delicadas e amigaveis instancias a emprehender tão difficil estudo; quem nos deu nas proprias forças a fé que não tinhamos, quem nos insufflou a coragem necessaria para esta evocação de um passado aliás proximo, mas já remoto pelas differenças profundas que o separam do nosso tempo.

Dos archivos da casa Palmella saíram —colligidos a poder de trabalho paciente e tenaz, pelos actuaes Duques, unidos n'um desejo commum de reparação e de justiça ao illustre ascendente do seu nome— todos os preciosos documentos que dão a este estudo authenticidade, relevo e vida. Foi a Duqueza de Palmella quem presidiu em París á reproducção e gravura de todos os admiraveis retratos que lhe dão flagrante realidade.

A tão intelligente collaboração deve o livro que publicâmos a parte real de incontestavel valor que o assignala aos entendidos em estudos d'esta natureza.

A descontar em tal merecimento ha só a carinhosa, e para nós lisonjeira, preferencia que levou os Duques de Palmella a desejarem com vivo empenho, como auxiliar e como interprete da sua obra de reconstituição conscienciosa, a pessoa que firma com o seu nome obscuro este trabalho.

Setembro, 1898.

CAPITULO I

A FAMILIA

CAPITULO I

—

A FAMILIA

—

SUMMARIO

Nascimento de D. Pedro de Souza. Seus avós; seus paes. Seus regios padrinhos. Baptisado em Turim. Perseguições do Márquez de Pombal aos ascendentes de D. Pedro. Morte do avô. Prisão dos tios. Desterro da avó. A casa de Sanfré. Izabel Juliana e o Marquez de Pombal: lucta rememoravel. Prodigios de heroicidade e fidelidade feminil. Idyllio e tragedia. É vencido o Marquez. Influencias hereditarias. A que se deve a energia de caracter do Duque de Palmella. A sua tenacidade invencivel. As faculdades predominantes do seu temperamento. Sua missão historica. Contraste entre o genio nacional e as individualidades famosas que elle produz. A Inglaterra e Shakespeare; Roma e Virgilio; Hespanha e Cervantes; Portugal e D. João II. D. Pedro é uma vontade heroica em acção lenta e efficaz. Injustiças da crítica. O que foi a nossa revolução liberal, e o que vale a geração que a realisou.

CAPITULO I

—

A FAMILIA

—

SUMMARIO

Nascimento de D. Pedro de Souza. Seus avós; seus paes. Seus regios padrinhos. Baptisado em Turim. Perseguições do Marquez de Pombal aos ascendentes de D. Pedro. Morte do avô. Prisão dos tios. Desterro da avó. A casa de Sanfré. Izabel Juliana e o Marquez de Pombal: lucta rememoravel. Prodigios de heroicidade e fidelidade feminil. Idyllio e tragedia. É vencido o Marquez. Influencias hereditarias. A que se deve a energia de caracter do Duque de Palmella. A sua tenacidade invencivel. As faculdades predominantes do seu temperamento. Sua missão historica. Contraste entre o genio nacional e as individualidades famosas que elle produz. A Inglaterra e Shakespeare; Roma e Virgilio; Hespanha e Cervantes; Portugal e D. João II. D. Pedro é uma vontade heroica em acção lenta e efficaz. Injustiças da critica. O que foi a nossa revolução liberal, e o que vale a geração que a realisou.

Foi em Turim que nasceu, a 8 de maio de 1781, o homem que tinha de ser um dos filhos mais illustres de Portugal no seculo XIX, e que se chamou D. Pedro de Souza e Holstein, primeiro Conde, primeiro Marquez e primeiro Duque de Palmella.

Foram seus paes D. Alexandre de Souza e Holstein e D. Izabel Juliana de Souza Coutinho.

Apadrinharam o seu baptisado, que em Turim se celebrou, a Rainha D. Maria I e El-Rei D. Pedro III, representados pelo ministro de Portugal em Napoles, José de Sá, que os reis de Portugal ali propositadamente enviaram, para assim darem á familia do neophyto uma assignalada prova de consideração e de affecto.

Foram seus avós paternos a Princeza D. Marianna Leopoldina de Holstein Beck, filha primogenita do Duque reinante de Holstein, e D. Manuel de Souza.

Este avô, morgado do Calhariz, foi o mesmo que morreu no forte da Junqueira, para onde, na occasião da chamada *Conspiração dos fidalgos,* D. José I e o Marquez de Pombal o mandaram, sem fórma de processo e sem fundamento criminal, n'aquella medonha *razzia* da fidalguia portugueza, cujo epilogo tragico se desdobrou no cadafalso de Belem. D. Manuel não foi executado, não teve o horrendo destino dos Tavoras e do Duque de Aveiro, porque os tractos que lhe deram na prisão o mataram sem auxilio do carrasco.

Quando se sentiu a morrer pediu confessor: recusaram-lh'o[1]; e elle então confessou-se em voz alta á sentinella que tinham posto de guarda á porta da sua masmorra.

Protesto sublime de um moribundo contra os que tudo lhe roubavam, até a esperança da salvação que lhe promettia a sua fé!

Não é inutil, antes a temos por indispensavel para a comprehensão plena do caracter que vamos analysar, da vida que vamos descrever, a narração de todas as violencias, com que o despotismo regio opprimiu a familia de D. Pedro de Souza; por isso, antes de entrarmos propriamente no assumpto d'este livro, contaremos, a rapidos traços, os acontecimentos, que são como que o fundo escuro de que a vida do nosso biographado tem de destacar com inteiro relevo.

Contra os filhos mais velhos de D. Manuel, D. Filippe, D. Frederico e D. Augusto, moços na irradiação florente

---

[1] As prisões da Junqueira durante o ministerio do Marquez de Pombal.

dos seus vinte annos, foi passada ordem de captura immediata, no mesmo dia, creio, em que o pae foi surprehendido
e agarrado na quinta do Calhariz.

Os dois primeiros, que andavam á caça, caíram nas
mãos dos esbirros; e conta-se que o animo frio de um
d'elles salvou da mesma sorte miseranda o terceiro.

A ordem trazia os tres nomes escriptos:

— «Aqui está o Filippe, disse D. Frederico, e eu sou
Frederico Augusto».

É possivel que esta lenda de familia não seja exacta e
que o terrivel Marquez só houvesse mandado capturar os
dois filhos mais velhos. A verdade é que só estes foram
enviados para a torre de Outão, e depois para o castello
de S. Filippe em Setubal, onde permaneceram, um *quinze*,
o outro *dezoito* annos: este até á morte libertadora de
D. José; e d'onde saíram velhos, aniquilados pela vida
que tão madrasta lhes fôra, que só tinham conhecido através das grades de uma prisão, não tendo, nem um, nem
outro, depois d'este periodo de horror, uma dilatada existencia.

Preso o chefe de familia, presos os dois galantes moços
em toda a pujança da mocidade esperançosa, restava apenas
D. Marianna Leopoldina, com tres filhos, dois dos quaes
ainda na infancia.

Esta senhora, respeitada universalmente, estrangeira de
nascimento, absolutamente innocente até de qualquer suspeita de connivencia no crime que era imputado, como um
pretexto para exterminal-a, a tão grande parte da fidalguia
portugueza, não se pôde eximir ainda assim ao despotismo
de Pombal.

Mandou-a este, desterrada, para Santarem; depois, a
poder de supplicas que lhe foram dirigidas, permittiu-lhe

que residisse na quinta do Calhariz, sem d'ella saír sob qualquer pretexto, por longos annos de solitaria amargura.

D. Alexandre de Souza, o filho mais novo de D. Marianna, e que a final veiu a succeder na casa por morte de todos os irmãos, figura n'um dos episodios mais romanescos d'aquelle tempo fecundo em tragedias.

Um drama de coração, de que logo contaremos os episodios mais caracteristicos e os mais singulares, levára-o muito moço para a ordem de Malta.

Filho segundo de uma familia homisiada e perseguida, victimado pelo Marquez de Pombal até no secreto sonho da sua adolescencia tão cheia de sombras, a ordem de Malta offerecia-lhe um abrigo que elle avidamente e ardentemente acceitou.

Nada a esse tempo o fazia antever que a noiva sonhada pelo seu coração infantil, hoje dada, por ordem do Marquez e connivencia dos seus, ao segundo filho d'este, lhe havia de vir a pertencer intacta e pura, tendo atravessado, por amor d'elle e com os olhos da alma fitos n'elle, as experiencias mais decisivas e as mais crueis. Nada fazia pensar que, dos cinco irmãos que tinha, só elle restaria para conservar o nome herdado, e para dar vida ao representante mais illustre que esse nome havia de ter em Portugal.

O destino, porém, emquanto na iniciação da ordem de Malta D. Alexandre fazia as suas *caravanas*, estava-lhe tecendo um futuro mais prospero e mais brilhante do que o triste presente deixava imaginar.

Foi em Malta que o filho mais novo de D. Marianna Leopoldina recebeu accidentalmente a noticia de que fallecêra em Turim o Marquez de Isnardi, Conde de Sanfré, um dos mais ricos proprietarios do Piemonte. O Marquez não deixava descendencia directa. A sua enorme casa ía

dividir-se entre varios herdeiros collateraes que lhe dispu-
tavam a successão.

D. Alexandre de Souza, lembrando-se de que seu avô
o Duque de Holstein fôra casado com uma senhora da casa
de Sanfré, resolveu, embora sem meios e sem protecções,
partir para Turim e informar-se do estado de uma questão
que tão seriamente podia interessar os seus.

Esta decisão prompta, que a mãe approvou coadjuvan-
do-a, e enviando para o mesmo ponto o seu filho D. Augusto, que, como já contámos, escapára ás garras da justiça
de D. José, foi coroada pelo exito mais feliz.

A Duqueza de Holstein, mãe de D. Marianna Leopoldina,
era realmente a unica irmã do ultimo Marquez de Isnardi.
Portanto ella e a sua descendencia succediam n'aquella casa.

Das duas filhas unicas que a Duqueza de Holstein deixára ao morrer, D. Marianna era a mais velha; e a segunda
casara tambem com um portuguez, Manuel Telles da Silva,
da casa dos Marquezes de Alegrete, que se havia estabelecido em Vienna e fôra ali, pela Imperatriz Maria Thereza,
creado Duque de Tarouca[1].

Entre os dois filhos de D. Marianna e os Taroucas de
Vienna levantou-se um longo pleito, cujos incidentes não
podemos seguir aqui. É certo que a final, e depois de uma
composição entre os dois ramos da mesma familia Holstein,
D. Marianna foi auctorisada por lei a tomar posse da metade que na Casa de Sanfré lhe ficára pertencendo.

Como traço dos ominosos costumes do tempo, não podemos omittir o lance tragico por que teve de passar o
coração da pobre mãe.

---

[1] Ainda existe na côrte de Vienna, occupando ali um alto cargo,
uma Duqueza de Tarouca e Sylva.

Alcançada do ministro implacavel de D. José a licença
de deixar o Calhariz e de partir para o Piemonte, D. Marianna
ousou solicitar a soltura dos queridos filhos, ha tantos annos presos sem crime, dos filhos do seu amor que lhe
tinham arrancado dos braços na flor da mocidade, e que,
passados quinze annos, ainda agonisavam no mesmo carcere. — «Queria, dizia ella, leval-os comsigo, queria que lhe
fosse permittido partir, mas acompanhada por elles».

El-Rei fez-lhe saber que só permittiria a saída de um
d'elles do Forte em que ambos jaziam, e que lhe dava,
a ella mãe, a liberdade da escolha.

D. Marianna affirmava mais tarde que a dor de ter de
preferir um dos filhos, imposta ao seu coração com tanta
crueldade, fôra das maiores que a infeliz senhora experi-
mentára n'uma vida que só de dores era ha tantos annos
feita.

Entre os dois moços enclausurados, houve um combate
de generosidade em cujo resultado finalmente ambos lucra-
ram.

O mais velho, morgado e senhor da Casa, ficou em Portugal, onde interesses de ordem material o prendiam. O segundo, Frederico, saiu tres annos mais cedo que o primeiro
do castello de Setubal, acompanhando a mãe ao Piemonte,
e permanecendo junto d'ella até o momento da morte de
El-Rei D. José, em que regressou a Portugal, e se juntou
ao irmão liberto, emfim, após dezoito annos de captiveiro
injustificavel, sem processo, sem crime, sem accusação formulada e sem condemnação legal.

Não se está vendo quanto este estendal de violencias e
crimes perpetrados pelo absolutismo ferreo de Pombal, *possiveis sempre no antigo regimen,* ainda sob a estupidissima
reacção beata de D. Maria I, ou sob a bonacheirona anar-

chia mansa de D. João VI, haviam de contribuir para a formação do caracter politico, do caracter fundamental de D. Pedro de Souza e Holstein, Duque de Palmella?

Não fica, porém, aqui a historia das dores e das perseguições sem treguas que os sêres, a quem elle deveu o ser, soffreram sob o pro-consulado do terrivel ministro.

O avô morrêra innocente no carcere confessando-se a Deus através da bronca sentinella que lhe ouvia espantada o supremo appello de esperança e de amor, dirigido a essa justiça do céu que taes horrores permittíra na terra; os tios tinham passado, um quinze, outro dezoito annos da vida, os melhores, os mais ricos de energia e de vigor, na fria e triste prisão de uma fortaleza, expiando um crime que nem sequer conheciam, de que nem sequer haviam sido formalmente accusados; a avó soffrêra quanto um coração de esposa e de mãe póde soffrer sem se fazer pedaços. Mas havia dois entes que mais de perto lhe pertenciam ainda, e que a crueldade dos tempos esmagára em tudo que mais intimo e delicado o ser humano em si contém! O pae vira desfeito o seu sonho de amor innocente, ao influxo de uma vontade implacavel e audaz; a mãe, para reconquistar a liberdade perdida, para manter sem macula o corpo juvenil e tumido de seiva, para guardar inviolada a integridade do seu ser moral, tinha soffrido com a mais sublime heroicidade provações que excedem o passivo martyrio das outras victimas.

Por isso antes de entrar na narrativa do que foi a mocidade de D. Pedro de Souza, antes de analysar as mil influencias a que sua educação intellectual obedeceu, vejamos que forças mysteriosas, antes d'elle nascer, se estavam elaborando para se encarnarem n'elle, que instinctos elle herdou, a si proprio desconhecidos antes que a vida

os puzesse em movimento e acção, que energias fermen-
taram para o formarem antes d'elle ser formado, e quantas
qualidades de audacia e de tenacidade, de subtil intuição
das cousas, de persistencia nunca vencida, elle recebeu
de um pequenino e fragil ser, de uma mulher admiravel,
de sua mãe, a unica personalidade que resiste de frente
á personalidade dominadora de Pombal, e que sob o seu
guante ferreo elle podia talvez quebrar, mas não pôde
torcer nunca.

É para isso que tentaremos evocar deante dos olhos dos
que nos lêem a figura encantadora, altiva e rara de D. Izabel Juliana de Souza Coutinho, celebre nas chronicas do
final do seculo xviii, pela sua lucta extraordinaria com o
Marquez de Pombal. «A intrepidez d'esta mulher reconci-
lia-nos com a covardia miseravel de todos os homens que
então viveram», dizia-nos ha pouco um poderoso artista
nosso[1], que estudou a fundo o tempo e os seus personagens mais representativos e mais evidentes. E de feito
assim é.

Na fidelidade ao sonho supremo do seu coração, na ternura submissa e casta a uma imagem de homem sempre
amada e nunca possuida, na impulsiva paixão que a deu
toda e irremissivelmente a um unico ser, ausente embora,
Izabel relembra as mais delicadas e ideaes creações femininas de Shakespeare, o pae de Imogene e de Julietta; na
valentia intemerata, na tenacidade altiva, na estoica resigna-
ção aos males exteriores, na inviolavel probidade que a
mantem integra, soberba, indominavel em sete annos de
perseguição implacavel, esta figura de creança parece uma

---

[1] José de Souza Monteiro.

figura heroica de Plutarco. Contemos, pois, rapidamente a vida d'ella, que é uma das mais interessantes do seu tempo, e que tanto valor tem para o conhecimento íntimo do caracter do nosso biographado.

Era Izabel de Souza Coutinho filha unica de D. Vicente de Souza Coutinho, o qual occupou o cargo de ministro plenipotenciario de Portugal em França, durante longos annos do reinado de D. José I e durante os primeiros annos do reinado de D. Maria I. Herdeira de uma das mais opulentas casas de Portugal, fôra, quando o pae se ausentou, aqui deixada por elle aos cuidados de sua avó D. Maria Antonia de S. Boaventura e Menezes. O Marquez de Pombal, que, já se vê, conhecia muito D. Vicente, e estava plenamente informado das circumstancias em que Izabel se achava, cobiçou a pequenina herdeira para esposa de seu segundo filho José Francisco de Carvalho e Daun, mais tarde Conde da Redinha. Suggerir este desejo seu, que significava uma ordem a D. Vicente e á familia d'este foi, é claro, o mesmo que vêl-o immediatamente cumprido. Não era costume, n'aquelle tempo, dizer *não* a qualquer phantasia do Marquez. A visão das forcas de Belem ainda provavelmente avultava nas insomnias ou nos pesadellos da fidalguia da côrte, que não estava agonisando nas casamatas e nos Fortes da Junqueira, do Outão e de Setubal.

De resto os costumes do tempo, na casta a que Izabel pertencia, justificavam sobejamente este facto que é deveras um dos menores attentados que podem ser attribuidos pela posteridade ao ministro de D. José I.

A mulher portugueza, meio arabe pela educação e pelo aniquilamento moral, era então invencivelmente esmagada pela Tradição, pela Familia e pela Lei. Quantos gritos tinham ouvido durante dezenas de annos as paredes núas das cellas conventuaes sem que ninguem curasse de os attender?

Que mysterios de dor occultavam sob as suas dobras de mortalha os véus brancos das noviças e das noivas, durante a longa noite do passado, sem que d'esses mysterios intimos nos ficasse mais que uma lenda anonyma, confusa e vaga, que nem interesse inspira, tão indefinida é!

Aqui, porém, não succedeu o que sempre, desde muito, costumava succeder em casos taes.

Os quinze annos de Izabel occultavam sob as suas petalas mysteriosas um sonho juvenil, um sonho ainda em botão, que o martyrio e a crueldade dos seus íam fazer desabrochar mais tarde, em uma rubra flor magnifica de paixão victoriosa.

D. Alexandre, o filho do martyr da Junqueira, e Izabel Juliana de Souza Coutinho conheciam-se desde que tinham a consciencia do proprio ser. Juntos haviam brincado nas alamedas de buxo dos jardins classicos do tempo; juntos haviam respirado o incenso inebriante das festas e dos officios lithurgicos em que a alma portugueza, alanceada e opprimida, procurava um *alibi* para os tormentos que a vexavam n'esses dias *de apagada e vil tristeza;* juntos tinham escutado a voz perturbante que revela á adolescencia mundos incognitos que ella anceia febrilmente sondar.

O mesmo mestre, um inglez Mr. Billingham, sentimental e sensivel como só um filho d'esta raça fleugmatica, fria e pratica é capaz de ser de vez em quando, dera lições a ambas as creanças, tecendo inconscientemente o traço de união que mais os prendia, fallando a um do outro com affectuosa expansão, acrysolando em ambos a ternura instinctiva que os fazia viver... D. Rodrigo de Souza, depois Conde de Linhares, primo co-irmão de Izabel, vivendo com ella ao pé da mesma avó, era camarada, no Collegio dos Nobres, e amigo íntimo de D. Alexandre. Confidente de um e de outro infantil namorado, é fóra de duvida que havia de contribuir tambem para que o vago idyllio ideal se fosse modelando n'um projecto luminoso de felicidade futura...

Quando n'este *enlevo d'alma lédo e cego* caíu a brutal revelação do trama urdido para casar Izabel com o filho do Marquez de Pombal, a pequenina herdeira espavorida, fulminada, relanceou em torno de si o olhar attonito á procura de alguem que a protegesse, que a salvasse, que fosse o solido ponto de apoio na resistencia que ella nem por um momento hesitou em oppor ao despotismo paternal.

D. Antonia de S. Boaventura, a avó, beata, medrosa, typo de velha fidalga portugueza, vivendo entre aias e frades; D. Leonor de Portugal, a tia, ambiciosa, sedenta de influencia e de mando, longe de attenderem ás supplicas de Izabel, só pensavam em submettel-a, em quebrar-lhe as velleidades de opposição inesperada. Não houve arma de que não usassem para o repugnante fim. Intimidações, ameaças, supplicas, historias terriveis a que os tempos que íam correndo, tão cheios de lucto e de tragedia, davam significação e realce, sinistras objurgações religiosas, appellos tragicos á generosidade infantil:—tudo foi empregado, e tudo empregado em vão.

Izabel Juliana appellava baldadamente para o pae. O velho embaixador, garrido e casquilho, percorria então de cabelleira empoada e saltos vermelhos as salas regias de Versailles, onde Maria Antoinette e a Polignac sorriam com voluptuosa graça. Não estava o tempo para heroicidades inopportunas!

A fidalguia portugueza humilhada, despojada, vencida, decapitada no tragico tablado de Belem, não tinha já virilidade nem audacia para resistir ao dictador de ferro que a annulára, e estava cumprindo, sem consciencia da sua obra revolucionaria, a missão historica que faz d'elle um Precursor de novos e bem diversos tempos...

A 11 de abril de 1768 reunia-se no palacio de D. Antonia de Menezes a turba alegre dos parentes e amigos que vinham assistir ao casamento de uma filha da sua casta com o filho do soberbo vencedor que a tinha pisado sob os pés, e que ali a mantinha subjugada, silenciosa e envilecida. Izabel, perdida a esperança de levar os seus a que a protegessem contra o odioso enlace, só da sua propria energia se fiava e n'ella se acolhia tenazmente.

Mas tão moça, tão inexperiente, sabendo tão mal tudo que havia de irrevogavel no passo que d'ella exigiam, como havia de salvar-se n'aquella derrocada final do seu destino? Não se salvou. Inteiramente surdas e distrahidas ás queixas que soltava a voz sempre debil e ainda infantil, D. Antonia de Menezes, a avó, D. Leonor de Portugal, a tia, Frei Manuel de S. Boaventura, o carmelita descalço, o confessor, procurador, conselheiro e *factotum,* tinham tratado de todos os preparativos da cerimonia pomposa, como se tivessem sómente a contrarial-os a perrice ephemera de creança indocil e mimosa.

Quando ía chegando a hora de levar a pequenina noiva para o altar onde a estava esperando um rapazito de quatorze annos, coberto symbolicamente pelo escudo bronzeo de Sebastião José de Carvalho, percebeu-se então que o caso era extremamente serio, e que talvez só de rastos conseguiriam levar a victima á immolação preparada por tão altos poderes do Estado e da Igreja.

A avó e a tia da noiva, segundo consta textualmente do processo que a requerimento do proprio Marquez de Pombal se instaurou mais tarde, *auxiliaram-se então, para a seduzirem, dos bons officios de Frei Manuel de S. Boaventura, religioso carmelita descalço, o qual ficou successivamente trabalhando em tal fórma que até á vespera, até á mesma manhã, e até á mesma hora da celebração do matrimonio esteve o dito religioso incessantemente ponderando á dita senhora esposa as graves consequencias que lhe resultariam de manifestar em publico a sua repugnancia na mesma hora do recebimento com dizer de todos os Parentes que se achavam já áquella hora juntos para assistirem ao acto da celebração do mesmo matrimonio, e com uma escandalosa desobediencia ás ordens de seu pae e da senhora sua avó*[1].

Apesar de detestavel, não resistimos ao impulso de copiar textualmente o trecho da justificação apresentada mais tarde pelo Marquez de Pombal, para alcançar, como alcançou, do Papa Clemente XIV a annullação do casamento de seu filho.

No supremo trance, n'aquella hora ultima em que a recusa teria um não sei quê de grotesco, a pequenita abandonada succumbiu.

Levaram-n'a até ao altar; fingiram ouvir-lhe o *sim*, que ella mais tarde jurava não ter pronunciado.

O padre, que nada ignorava do drama abominavel, não hesitou em unir sob a estola sagrada as mãos das duas creanças igualmente immoladas, igualmente victimas da cilada social.

---

[1] Vide appendice.

Izabel Juliana ficava sendo perante a lei e perante a Igreja esposa de José Francisco de Carvalho e Daun, filho do Marquez de Pombal.

Conjugavam-se para a esmagar todos os poderes constituidos de uma sociedade ainda forte, todas as forças colossaes de uma auctoridade ainda incontestada: Tradição, Familia, Igreja, poder secular tremendo e omnipotente, vontade regia dictada pela imperiosa vontade de um ministro tyrannico, costumado a aniquilar os que lhe resistiam.

O que era Izabel em frente de tudo isto?

Uma pequenina flor, que tremia na haste delicada a cada aragem que ia soprando. Um *bichinho de conta,* como mais tarde Pombal lhe chamava, irado e surprehendido.

Que importa, porém, a fraqueza physica? Izabel era uma individualidade e era uma consciencia.

Todos se tinham dobrado quando o Marquez mandava? Ella, tão fragil, conservar-se-ia erecta.

Todos tremiam quando o olhar de myope, penetrante e ironico, através da tremenda luneta fictava os mais ousados?

Não tremeria ella baixando o timido olhar.

Começou então o celebre duello, —celebre para todos que conhecem as chronicas íntimas do tempo e têem compulsado cartas e documentos ineditos d'aquelle periodo— entre a creança e o ministro até ali invencivel.

O casamento havia-se feito n'uma especie de traição, de que a fraqueza physica tinha sido a cumplice principal.

Fez-se, mas não se consummaria. Isso é que ella tinha promettido mentalmente ao noivo de sua alma, que, desesperado poucos dias depois d'ella casar, partira para a ilha de Malta, conscio do seu infortunio, mas ignorando a sua gloria.

O confessor covarde e mau, que tanto contribuíra para a arrastar ao altar[1], as aias que a tinham creado[2], a fradaria familiar, que dá tanto caracter ao documento abaixo indicado, e que enxameava em casa da avó, todos successivamente chamados, mais tarde, a depor, são unanimes em affirmar que nem um dia, nem uma hora, nem um momento Izabel Juliana fraquejou na sua resolução indómita de guardar-se pura. Já que não podia ser para o homem que tinha começado a amar desde que começára a viver, seria para Deus, a quem queria consagrar a sua virgindade dolorosa.

Nos primeiros tempos a propria ignorancia infantil do noivo — que só pena causa, e não indignação, pois era tão infeliz como ella — a auxiliou n'este proposito difficil.

Nem aos paes o pobre pequeno ousou revelar o mysterio humilhante do seu simulado matrimonio[3].

Lentamente, porém, ía transpirando este mysterio de alcova, tão irritante para o orgulho dos Pombaes.

A Marqueza tentou pela doçura vencer a obstinação da noiva.

Pombal tentou impor-se-lhe pelo terror. Ambos os meios falliram.

O noivo, ao principio espantado e submisso, revoltou-se abertamente. A paz armada transformou-se em guerra, primeiramente surda, depois clara e patente.

A côrte interessava-se, como é de prever, n'esta lucta extravagante, original, em que o terrivel ministro apparecia pela primeira vez mais ridiculo do que ameaçador.

---

[1] Vide apontamentos do processo: Appendice.

[2] Idem.

[3] Vide notas em appendice.

A figurinha muito fragil, muito miuda, muito viva e delicada de Izabel Juliana dava um realce de graça feiticeira á irradiação da sua força mysteriosa.

Ninguem adivinhava a que fonte, ella tão moça e tão inexperiente da vida, fôra colher taes prodigios de resistente energia, porque o segredo do seu sonho infantil muito poucos o tinham penetrado, e esses calavam-se, ou pelo proprio interesse, ou por sympathia respeitosa e enternecida.

Em volta do nome, a final de contas innocente tambem, de José Francisco de Carvalho creava-se uma lenda, que a malicia cortezã sublinhava mais ou menos subtilmente. O espirito portuguez nunca brilhou pelo atticismo leve, e aqui, tantos odios crueis se cevavam, mordendo, que não é de admirar a soffreguidão com que a chronica mundana se apossava do drama representado entre o Marquez de Pombal e sua nora *in partibus*.

O processo de divorcio e annullação revelou mais tarde mil episodios, mil circumstancias que lançam extraordinaria luz sobre a figura d'esta mulher, que valeu todos os seus contemporaneos varões[1].

Tres annos durou a lucta entre a delicada creatura, forte sómente da fidelidade heroica a um sonho que lhe haviam desfeito em flor, e a familia, em cuja casa ella vivia hospedada, sob cujo atroz jugo a tinham manietado irremissivelmente.

A situação tornou-se incomportavel. O Marquez, furioso, pela primeira vez humilhado na longa tensão da sua vontade ferrea que tudo subjugára, deu-se finalmente por vencido.

---

[1] Vide nota em appendice.

A 15 de agosto de 1771 — tres annos e quatro mezes depois do dia em que se celebrára o casamento, o Marquez de Pombal apresentava. perante o Tribunal da Nunciatura em Lisboa o requerimento para a annullação do matrimonio de seu filho José Francisco de Carvalho e Daun, e com uma ordem de D. José I, o seu coroado titere, obrigava a infeliz Izabel a entrar para o convento de Santa Joanna, onde a irmã do ministro era abbadessa.

O que ella ahi soffreu durante dois annos, dizia mais tarde a mãe do Duque de Palmella, não era para se contar em palavras.

Apesar d'isso, o encarceramento duro era mais suave que a faustosa mentira, que a farça lugubre, a que fôra obrigada durante tres annos, e em que tanta alegria se lhe tinha desfeito, tanta força íntima se lhe tinha exhaurido, tão translucida poeira de oiro lhe caíra das azas de borboleta, das petalas de flor...

A familia, intervindo dois annos depois, quando já se effectuára com uma Tavora o segundo casamento do Conde da Redinha, logrou do implacavel Marquez, não o perdão da innocente victima, mas a sua transferencia de carcere. Izabel, de Santa Joanna foi enviada para um convento de Evora, onde permaneceu seis annos ainda, enclausurada estreitamente, até á morte de D. José, que foi de certo de todas as mortes de rei a mais desejada, a mais providencial, a que mais cadeias quebrou, a que mais infortunios injustos alliviou, e tambem — nunca deve mentir a Historia — a que mais cobardias repugnantes veiu pôr a nu, a que mais vergonhosa decadencia de costumes e de homens veiu desvendar, na reacção que trouxe em si, e que desbordou sem dique na sociedade portugueza.

Quando Izabel Juliana logrou finalmente saír do convento em que vivêra enclausurada, sem communicação com o mundo exterior, quasi renegada ostensivamente pela familia, já não era a riquissima herdeira cobiçada. O pae, coagido pelo Marquez, e obedecendo á ordem que em nome de El-Rei este lhe transmittíra[1], tinha passado a segundas nupcias com uma senhora franceza, Melle de Canillac, que não tardou a dar-lhe um filho varão, quer dizer, um herdeiro da casa que primitivamente pertencia a Izabel. Este filho veiu a ser o Marquez de Santa Iria.

D. Alexandre, que estava no Piemonte juntamente com sua mãe a Princeza de Holstein, não possuia ainda a casa de que depois veiu a ser herdeiro por morte de seus irmãos.

Mas o affecto ardente, que tantos obstaculos moraes e sociaes de maior monta tinha vencido, não se acobardou, é claro, ante o espectro da pobreza. Relativa pobreza, em todo o caso, muito supportavel. Superadas algumas difficuldades secundarias, alcançada a licença de D. Vicente de Souza, cujo egoismo não tinha nunca perdoado á filha os maus bocados com que o inquietára, e para abrandar o qual contribuiram as affectuosas instancias da Rainha

---

[1] Existiam nos archivos da Casa de Alva e foram vistas pelos proprios olhos do Duque de Palmella, D. Pedro, as cartas do Marquez de Pombal dirigidas a D. Vicente de Souza, a respeito da filha d'este. Existia ali igualmente, sendo vista pelo mesmo, a ordem do Marquez dada em nome de El-Rei para que, no intuito de desherdar Izabel Juliana e de vingar-se d'este modo da rebeldia *imperdoavel* de sua ex-nora, D. Vicente passasse *sem demora* a segundas nupcias. Estes documentos curiosissimos desappareceram, mas temos diante dos olhos os apontamentos auto-biographicos do Duque de Palmella, em que elle affirma ter lido esta carta. De resto, nas conversações do tempo, o caso era corrente e sabido por todos.

D. Maria I, D. Alexandre partiu para Lisboa, e aqui, na capella de D. Gastão da Camara, tio paterno de D. Izabel, recebeu emfim como esposa áquella que o tinha amado com extremos de heroica intrepidez, raros na historia dos mais famosos amores.

Poucas semanas depois da celebração d'este casamento, os dois radiosos noivos partiam para Turim.

Ali nasceu em 1781, como já dissemos, o nosso biographado, unico filho varão a que succederam tres irmãs.

. . . .

. . . .

Narramos, talvez de modo em demasia extenso, as varias peripecias que antecederam o nascimento de D. Pedro, porque assim entendemos indispensavel para a comprehensão plena do seu caracter e da sua vida.

A dupla influencia poderosissima que preside ao seu nascimento, que já de longe vinha modelando, affeiçoando o seu destino, percebe-se bem n'isto; sustêem-no symbolicamente sobre a pia baptismal os braços benevolos de uma Rainha e de um Rei; perseguem-lhe implacavelmente os seus, matam-lhe entre torturas o avô, suppliciam covardemente e atrozmente a mãe inerme e fraca, as vontades unidas de dois despotas, o Rei e o seu delegado omnipotente.

D. Pedro não podia ser, portanto, nem um democrata exaltado, nem um sectario sombrio do absolutismo.

As tradições familiares vedavam-lhe por igual qualquer dos caminhos abertos á sua ambição juvenil.

Vivendo n'um periodo de transição, de anarchia material e mental, em que tão convulsamente se debateram ideaes oppostos, e em que, ora as doutrinas mais extravagantemente liberaes tinham como corollario illogico o des-

potismo mais tremendo, ora o despotismo dos reis absolu-
tos se achava subitamente investido da defeza das liberdades
nacionaes mais contradictorias com a sua essencia, o que
é certo é que D. Pedro, não trahindo nunca os principios
fundamentaes da sua consciencia, soube destrinçar as difficuldades que o caminho lhe offerecia, soube discriminar
os deveres que a sua missão de homem publico lhe impunha.

Elle não improvisou repentinamente o seu credo politico; os tempos não eram para uma tarefa tão simples
e elementar.

As circumstancias, e algumas imprevistas, accidentaes,
é que lhe foram modelando traço por traço a estatura!

Achára-se collocado pelo seu nascimento em pleno regimen absoluto, e n'uma familia que d'esse regimen fôra
victima, sem deixar por isso de lhe ser fiel. Se as primeiras lições de D. Pedro, se os seus primeiros estudos,
lhe revelaram logo a caducidade das instituições que servia, se elle criticava nitidamente, esclarecido pela experiencia das altas espheras intellectuaes em que gravitára, o
deploravel atrazo, a barbaria quasi selvagem do seu paiz,
nem por isso combateria essas instituições, nem renegaria
esse paiz.

Quando a sua influencia se accentuou pelos altos cargos, nobremente e intelligentemente exercidos, quando a
sua voz adquiriu auctoridade sufficiente para fazer-se ouvir,
embora não lograsse fazer-se escutar, D. Pedro formulou
com a mais resoluta sinceridade a ambição que o dominava.
O que elle queria era levar o rei que servia — incondicionalmente ainda assim — a conceder elle proprio, sem ser
coagido de baixo, ao povo que governava, o codigo liberal
que o povo em toda a parte começava a considerar como

um direito seu, e que D. Pedro aprendêra no seu largo tirocinio em paizes altamente civilisados a considerar tambem como uma inadiavel necessidade social.

Devoto servidor da realeza legitima por tradição de familia e por instincto cavalleiresco de casta; as cousas proporcionaram-se para elle de fórma que pôde servir a legitimidade a que se achava preso, e a liberdade por que se sentia seduzido, incarnadas ambas na figura gentilissima de uma creança coroada e foragida! Tudo que elle amava por convicção e por dever se compendiára felizmente para o seu entendimento e para a sua consciencia n'essa figurinha infantil, que era um symbolo, que era uma bandeira, que era uma promessa — a seus olhos infallivel — de regeneração e de renascimento nacional.

Por isso Taine encontraria na existencia accidentada e tão representativa e caracteristica de D. Pedro de Souza e Holstein mais um argumento triumphante em abono da sua celebrada theoria. Foi a *raça* de que proveiu, foi o *meio* em que se educou, foi o *momento* em que teve de realisar as forças de que possuia a virtualidade e a consciencia, que reunidos e convergentes fizeram d'elle o que elle substancialmente foi: um caracter resoluto, persistente, flexivel na fórma, tenacissimo no fundo; um liberal moderado, e sem illusões perigosas, ao qual a faculdade crítica nativamente aguda e o instincto historico desenvolvido pelo estudo, pela contemplação do vasto e variadissimo espectaculo contemporaneo e pela intimidade dos mais illustres publicistas d'aquelle periodo, a par com as recordações sempre vivas do tremendo, do cruel despotismo que havia victimado os seus e que podia ámanhã, *se quizesse,* victimal-o a elle, — collocaram no aspero terreno intermedio tão difficil de occupar, e que elle com tanta grandeza occupou, investido da missão mais incomprehendida das turbas, mais feita de molde para excitar a malevolencia estulta dos scepticos e os commentarios absurdos da ignorancia, menos favoravel ás chimeras dos exaltados, ás declamações dos sonhadores romanescos, aos extremos dos partidos, aos excessos do fanatismo branco ou vermelho; um diplomata, emfim, que, pela plasticidade e pelas facetas multiplas da sua viva intelligencia, pela penetração subtil da entrecruzada trama, tão delicada e viva e sensivel, de interesses, de forças, de instinctos, de ideaes que constitue a politica das nações, se póde igualar aos mais famosos do seu tempo e sobreleva incontestavelmente aos melhores que Portugal em todos tempos possuiu.

Foi como liberal invencivelmente seguro do seu credo que o tempo definíra, accentuára, fortalecêra, e como diplomata arguto e diligente, capaz de prodigios que assombram os portuguezes de agora, tão infelizes n'este genero, que D. Pedro de Souza conquistou o nome que hoje, — emmudecido finalmente o echo das injustiças e das invejas contemporaneas, dos odios inimigos e das leviandades críticas, e extincta a prolongada vibração das luctas fratricidas, em que tanto sangue e tanto lodo correram a par — se levanta cada vez mais limpo de nuvens importunas, cada vez mais significativo e mais radiante do fundo igneo e bello do nosso passado liberal. Mas o que assombra não menos o observador que estudar a fundo o caracter e a vida de D. Pedro de Souza, é a sua tenacidade admiravel, a sua tenacidade estranha, forjada no aço da mais fina tempera, porque é, ao mesmo tempo, resistente e flexivel, duradoira e malleavel, porque se dobra sem nunca se quebrar, porque sobrevive a tudo que faria succumbir os mais obstinados, porque subsiste em face dos elementos mais contra-

rios e mais victoriosos. Contra o seu ideal politico congre-
gavam-se os obstaculos mais invenciveis; tudo parecia dever
desanimal-o, e comtudo não ha nada que o desanime. Em
certos momentos não ha ninguem que reconheça os milagres
da sua dedicação, que compense, ao menos com a sympathia
animadora, os esforços da sua vontade herculea. Os indiffe-
rentes calam-se curvando a cabeça; os amigos permanecem
n'uma espectativa hesitante e dubia; os inimigos silvam si-
nistramente as mentiras mais torpes. E elle avança sempre.

O seu sonho não tem exaltações febris, nem notas de
clarim vermelhas e vibrantes a engrandecel-o. O que quer
elle? O.estabelecimento, a implantação de uma liberdade
legal e moderada n'este paiz de fanatismo e de ignorancia, envilecido por um longo periodo de despotismo, a que
succedêra uma reacção estupida e sem plano; o imperio
firme da lei n'este paraizo de livre arbitrio e do capricho;
a ordem regrada n'esta especie de demagogia ao mesmo
tempo regia e plebéa. A esta empreza deu elle, o discipulo attento de Schlegel e de Benjamin Constant, o melhor da sua vida em sacrificios, que as honrarias posteriores mais assignalam do que indemnisam, mais sublinham
do que recompensam.

Pela sua convicção arriscou mil vezes a vida; empenhou
até ao ultimo ceitil a casa herdada; expoz o nome, que mil
vezes esteve a pique de ser dado por insoluvel perante os
tribunaes inglezes; soffreu dores de todos os quilates, e sup-
portou estoicamente, ou antes com o mudo desdem aristocratico que era tão d'elle, as calumnias mais vis e as mais
sangrentas; acceitou a ingratidão que, por vir de mais alto,
mais dóe, e a injustiça que, por ser mais immerecida, mais
revolta; viu-se pobre, malsinado, perseguido; deu o peito
por alvo ás balas, e o coração por pasto ás injurias...

Sob cada insuccesso, cada inhabilidade, cada desastre com que aos homens e ao destino aprazia submergir essa causa tão querida, que nem sequer para o allucinar e exaltar era ardente e suggestiva como o lábaro da Revolução, era tradicional, cavalleiresca e antiga como a doutrina do direito. divino, correspondia immediatamente, no animo de D. Pedro, novo arrojo de persistencia, novo alvitre de fina politica intelligente, novo milagre de obstinação, de paciencia e de fé!

Soberba qualidade de temperamento, tão rara na alma portugueza dos ultimos tres seculos, esgotada e gasta pelos prodigios de vontade com que assombrou o mundo, enriquecendo-o e completando-o em tempos mais ditosos!

Como explicar esta qualidade transcendente, que, tendo feito o que ha de melhor na nossa raça, é, todavia, n'ella tão rara, sem termos contado primeiramente o que foi a vida e o caracter da mãe de D. Pedro, sem ter feito comprehender a suprema lei que presidiu á formação do seu temperamento admiravel?

Succede muitas vezes que a raça em que uma faculdade, uma virtude ou uma força menos abundam, é a mesma que apresenta exemplos d'ella mais frisantes, mais extraordinarios, mais proprios para confundir a mente do observador.

A raça anglo-saxonia, positiva até á seccura gélida, pratica até ao calculo repellente, é aquella em que a Poesia humana soltou os seus gritos mais bellos e mais profundos, é aquella que mais intimamente sondou os abysmos incognitos da sensibilidade e da paixão.

Shakespeare, Byron e Shelley são inglezes.

Roma, tão sêcca e tão dura nas arestas do seu genio simplista, exhalou de si como um perfume a doce melancholia plangente da lyra de Virgilio. A emphatica e verbosa Hespanha gerou no mais profundo do seu seio a ironia immortal, a ironia transcendente de Cervantes...

Nós, os portuguezes, mixto que não é possivel decompor ou analysar, de genio de quantas nações esgrimiram, se bateram, se dilaceraram sangrentamente, se fundiram em tragicos amplexos, se neutralisaram em cadinhos mysteriosos, n'esta peninsula feita dos cemiterios de tantas civilisações; nós, tão vacillantes no querer, tão amaviosos no sentir, tão fracos e hesitantes na acção, de uma intelligencia crítica tão feita de irresoluções e de duvidas contrarias, somos o paiz de D. João II, de Albuquerque, de Magalhães, de Pombal...

Não é, portanto, um facto isolado e sem significação o apparecimento de uma vontade energica e invencivel como a do Duque de Palmella.

Mas convem, em todo o caso, assignalar bem esta qualidade que o marcou, que o singularisou de um modo inconfundivelmente caracteristico, mesmo no meio da sua forte geração, a ultima grande geração desabrochada ao sol de Portugal, que de tantas nuvens se está toldando...

Tem sido ultimamente moda de muitos espiritos, aliás superiores, criticarem injustamente a transformação por que passou o paiz na primeira metade d'este seculo, e attribuirem ao que chamam *liberalismo* a culpa dos males que não têem deixado de perseguir-nos desde esse tempo.

Mas esquecem-se, com certeza, dos males que soffriamos antes.

E não será injusta e cruel essa maneira, ultimamente empregada, de malsinar os grandes patriotas que se interpozeram entre nós e uma morte certa, uma morte imminente?

Não nos salvaram? Talvez! Mas luctaram para arrancar-nos á destruição total, dando a essa obra que julgaram de redempção muitos o sangue das veias, todos o trabalho, o soffrimento extenuante, o exilio miseravel, o sacrificio de longos annos da vida. Os que criticam sem piedade essa geração generosa e grande, que do *Portugal restaurado* fez o Portugal *liberal,* não se lembram do que era o nosso paiz depois da invasão e da occupação franceza e da guerra que se_lhe seguiu, onde colhemos louros, é certo, mas louros que ninguem nos reconheceu, a cuja sombra não gosámos uma hora sequer de contentamento e de orgulho.

Portugal, o velho conquistador das Indias e das plagas africanas, o velho colonisador dos longinquos Brazis, era então elle proprio um paiz conquistado e uma colonia de nova especie. Economicamente, nós é que eramos colonos do Brazil, onde uma camarilha ignorante e sem escrupulos, rodeando um rei bem intencionado, mas fraco até á imbecilidade, gastava até ás ultimas mealhas os thesouros de uma monarchia ainda vastissima. Politicamente, era a Inglaterra que, tendo-nos salvo da aguia napoleonica, para nós transformada em abutre, nos tinha agora subjugados de facto por um exercito em que só os soldados eram portuguezes, por uma Regencia em que o ministro inglez era admittido como um dos membros mais influentes, por um tratado commercial em que ella tinha tudo a ganhar e nós tudo a perder, em que a nossa industria e o nosso commercio eram absolutamente subalternisados pela industria e pelo commercio da Gran-Bretanha.

A ignorancia era universal; a inercia do povo, a sua inconsciencia revelavam-se sob o mais deploravel aspecto.

Quando se pensa de que distancia partimos para chegar aonde nos achâmos, o nosso desdem pelas acquisições alcançadas transforma-se em pasmo pelos progressos realisados, pelos abysmos transpostos; deixamos de ser pessimistas e pensamos que uma nação que tem energia para resistir a crises d'estas, tem em si muita vitalidade, tem em frente de si um futuro vasto. Os que imaginam que era possivel prolongar um regimen que por todos os lados se esboroava, que não correspondia a nenhuma das necessidades e das aspirações nacionaes, que não podia subsistir em frente da Europa culta sem que ella interviesse como estava fazendo desde muito, com mais ou menos violencia, para o modificar n'um sentido ou n'outro, para o submetter a si em todo o caso, não têem nem uma sombra de rasão em frente da Historia.

A geração que nos salvou de tanta miseria moral foi a geração de que Palmella foi uma das figuras mais distinctas, a mais finamente intellectual. As duas cabeças do grande periodo liberal foram Mousinho da Silveira, o legislador, e o Duque de Palmella, o diplomata, o negociador, o incansavel creador de recursos e de planos, assim como —ao lado da espada flammejante de D. Pedro— as suas duas espadas foram as de Terceira e de Saldanha.

Em torno d'estas figuras centraes de uma influencia primacial, de um incontestavel brilho, de uma fecundidade creadora milagrosa, avultam outras de tão grande valor que seria magua deixal-as na sombra do esquecimento, desde Sá da Bandeira, o *Bayard* da nossa epopéa, até José da Silva Carvalho, o eminente financeiro, que no desastre maximo revelou o maximo engenho. E são homens d'estes —tão superiores aos que se lhes seguiram, pois que é lei inilludivel da Historia que no periodo heroico de uma idéa realisada os personagens correspondam á grandeza do movimento que os creou— e são homens d'estes, que a nossa ironia sceptica hoje desconhece e condemna, apreciando a arvore pelo fructo que dá depois de haver sido por tantos annos fustigada sem dó pelo vento acre e esterilisador do individualismo egoista, do interesse mesquinho, da facciosa mediocridade...

Para nós, os que arrancaram o nosso paiz á ostensiva oppressão do estrangeiro, ao despotismo ignaro e cruel, á repugnante superstição fradesca, que não é religião, que é antes uma miseravel parodia da mysteriosa grandeza d'esta, á brutalidade soez e plebea de um Povo de parasitas e de uma Nobreza de analphabetos, serão sempre considerados como uma geração benemerita não só da patria portugueza, mas da humanidade e da civilisação.

CAPITULO II

A ADOLESCENCIA

CAPITULO II

—

A ADOLESCENCIA

—

SUMMARIO

Infancia passada em Sanfré. Referencia á meninice de D. Pedro.
Dinamarca. Parentesco com a familia reinante. Lucto de côrte. Berlim.
Roma. Educação maternal. A imagem da mãe através do coração do
filho. Contraste entre os dois conjuges. Superioridade e rara organi-
sação de Izabel Juliana. O primeiro preceptor. Impressões da infancia.
A Revolução franceza. Os monumentos da arte antiga. Separação do
pae. Morte da mãe. Isolação e exilio das creanças. D. Pedro na Suissa.
Periodo fecundo. Educação, instrucção, experiencia. Ensinamentos
de uma infancia infeliz. Partida para Portugal. Viagem pelo Rheno.
Embarque na Hollanda. Encontro com Rivarol. Revelações. Inverno
em Londres. Os emigrados. Viagem na *Rainha de Portugal*. Patria.
O que era Lisboa. Impressões varias. A educação e a alma portugueza
nos fins do seculo XVIII. Affinidades electivas. O amor do talento.
Bocage. Tolentino. A Marqueza de Alorna. Tendencias, gostos. Intellectualidade de D. Pedro.

CAPITULO II

A ADOLESCENCIA

SUMMARIO

Infancia passada em Sanfré. Referencia á meninice de D. Pedro. Dinamarca. Parentesco com a familia reinante. Lucto de côrte. Berlim. Roma. Educação maternal. A imagem da mãe através do coração do filho. Contraste entre os dois conjuges. Superioridade e rara organisação de Izabel Juliana. O primeiro preceptor. Impressões da infancia. A Revolução franceza. Os monumentos da arte antiga. Separação do pae. Morte da mãe. Isolação e exilio das creanças. D. Pedro na Suissa. Periodo fecundo. Educação, instrucção, experiencia. Ensinamentos de uma infancia infeliz. Partida para Portugal. Viagem pelo Rheno. Embarque na Hollanda. Encontro com Rivarol. Revelações. Inverno em Londres. Os emigrados. Viagem na *Rainha de Portugal*. Patria. O que era Lisboa. Impressões varias. A educação e a alma portugueza nos fins do seculo XVIII. Affinidades electivas. O amor do talento. Bocage. Tolentino. A Marqueza de Alorna. Tendencias, gostos. Intellectualidade de D. Pedro

I

Até aos cinco annos, viveu D. Pedro de Souza no castello de Sanfré com a avó e mais familia. D'esta quadra não encontramos nos preciosissimos papeis de familia, em que vamos colhendo, copiosamente, os dados mais exactos para a biographia do Duque de Palmella, outros documentos alem dos que nos são fornecidos por duas cartas de D. Rodrigo de Souza Coutinho (Conde de Linhares), dirigidas de Turim, no anno de 1785, a uma irmã sua. Parece que n'essa occasião D. Alexandre se tinha temporariamente afastado de Sanfré, fazendo a Portugal uma curta viagem, que nos seus apontamentos D. Pedro de Souza não regista, ou seja por tel-a ignorado, ou por se haver d'ella esquecido.

Eis textualmente copiados os trechos das duas cartas datadas de Turim em 27 e 28 de julho, provavelmente, de 1784.

—«Pede-me noticias da prima Izabel e dos seus filhos: ao que responderei que tem dois, um filho de quasi tres annos, D. Pedro, e uma filha de alguns mezes[1]. O filho é lindo como uma joia e tem um espirito muito superior á sua idade; se o não destruirem será o mais galante rapaz. É muito meu amigo, e eu trespassei para elle toda a amisade que tive algum dia aos paes. Não posso imaginar como a prima Izabel produziu um tão galante rapaz, mas é certo que é a figurinha mais interessante possivel.»

. . . .

«Eu já sabia pelas cartas de D. Alexandre para sua mulher que ella me leu, que elle tinha ido a Arroyos, e não me admira que achasse o retrato da mulher favorecido, ainda que ao mesmo tempo posso segurar-lhe que o do filho não o está, pois é uma lindeza, e na verdade tenho por elle a maior paixão, porque indica ter muito espirito: não sei a educação que receberá, e temo muito que definhem a mais bella planta imaginavel.»

Revelam estas palavras bem claramente da parte de Rodrigo de Souza Coutinho, primo de Izabel Juliana, o que no anterior capitulo nós tentámos accentuar. Isto é, que a victima de Pombal tinha irritado pela sua heroica, mas incommoda resistencia a familia inteira, e pela força de caracter, que para os portuguezes tomára um aspecto de excentricidade estranha, tinha dado uma impressão pouco

―――――

[1] A futura Condessa de Alva.

sympathica aos que a conheciam. Nada ha menos justo para os paes de D. Pedro, que tão admiravelmente e racionalmente o educaram, afastando-se por maneira tão singular do systema de educação portugueza d'aquelle tempo, que as prophecias feitas a respeito do futuro desenvolvimento de seu filho.

E não podemos deixar de accentuar tambem que é perfeitamente injusto o espanto que D. Rodrigo manifesta por ter aquella bella planta humana desabrochado no seio de Izabel.

Muito do que houve em D. Pedro de excellente deveu-o elle a sua admiravel mãe.

De Sanfré partiu D. Pedro no anno de 1786 para a côrte de Dinamarca, junto á qual o pae fôra nomeado ministro, fazendo n'essa curta idade, através da Italia e da Allemanha, a primeira das numerosas viagens que foi destino seu emprehender pela Europa inteira, durante a sua existencia agitada e variadissima.

Em Copenhague o filho da Princeza Marianna Leopoldina de Holstein, estreitamente aparentado com a familia reinante da Dinamarca, tinha, é claro, uma situação excepcionalmente favoravel. Basta para confirmação d'isto acrescentar que, poucos mezes depois de D. Alexandre se fixar no seu posto diplomatico, quando se recebeu em Copenhague a noticia de ter fallecido no castello de Sanfré a Princeza D. Marianna, El-Rei houve por bem ordenar que a côrte tomasse lucto pela morte d'esta sua parenta, dando assim uma publica demonstração do apreço em que era ali tido o ministro de Portugal.

Em 1789 foi transferido D. Alexandre para a missão de Berlim, sendo o primeiro ministro portuguez acreditado n'aquella côrte, e um anno depois era, por accesso na carreira, enviado para Roma, com ordem de passar por Vienna e ali felicitar o Imperador Leopoldo pela elevação d'este Principe ao throno imperial.

Para Roma levou comsigo a familia já completa, e que constava da mulher e de quatro filhos, dos quaes o unico varão era D. Pedro, o futuro Duque de Palmella. As tres filhas vieram a ser a Condessa de Alva, a Condessa de Villa Real e a Condessa de Linhares. Até esta epoca, quem se occupára quasi que exclusivamente da educação do filho era a mãe, que o estremecia e de quem elle guardou para sempre no coração a mais doce, a mais enternecida e poetica memoria.

Os lances dolorosissimos de que no anterior capitulo démos apenas, por assim dizer, o aspecto exterior, tinham modificado completamente o energico e vivo caracter de Izabel Juliana de Souza Coutinho, e até o seu aspecto physico, outr'ora tão buliçoso e tão vivaz, agora abatido e sombrio. A lembrança que d'ella ficou no coração do filho foi a de uma figura silenciosa e triste, irreductivelmente triste, a quem não lográra vivificar nem illuminar a felicidade, que, depois de tanta sombra, alvoreceu no seu destino tragico.

Apresentavam estranho contraste os dois conjuges: D. Alexandre, alegre, vivo, conversador, sociavel; adorando o mundo, respirando á vontade na atmosphera dos salões, que elle sabia encher com as scintillações da sua palavra e com os echos sonoros do seu rir; Izabel, a luctadora invencivel do passado, como que vencida depois da victoria que tão cara lhe custára; taciturna e melancholica; tendo esquecido, na clausura longa, a arte de exteriorisar expansivamente as suas sensações e de communicar com vivacidade alegre as suas idéas; enfraquecida, alem d'isso, na lenta consumpção que prematuramente a matou; doce figura dolorida que a

D IZABEL JULIANA DE SOUZA COUTINHO

desgraça affeiçoára e esculpíra, e que, tendo crystallisado na fórma do martyrio, não pôde nunca adaptar-se ao meio feliz a que fôra tardiamente transplantada.

Os dois retratos de D. Alexandre e de Izabel Juliana, preciosamente conservados pela familia, dão pittoresco e plastico relevo ao antagonismo, por assim dizer physiologico, que entre os dois existia. Elle, forte, louro, corado, de claros olhos azues herdados da sua longinqua Scandinavia, de bocca risonha, vermelha, expressiva, em que todas as fortes sensações da vida se reflectem com vigor; ella, trigueira, magra, espiritual; fontes cavadas pela doença, rosto macerado, em que parece ter deixado indeleveis estygmas o ferro em braza que durante annos lhe triturou o coração.

Elle olha de frente, feliz de viver, de gosar, ávido de todos os bellos aspectos que a Arte, que a Natureza lhe offerecem com prodigalidade transbordante; ella, de olhos baixos, segurando nas longas mãos emmagrecidas um livro que lê ou sobre o qual cogita, quem sabe? achando estranha a Vida, onde tanto tem soffrido e onde gosou tão pouco!

A forte intellectualidade de D. Pedro, herdou-a elle da mãe pensativa e ledora; o amor da Arte, das bellas cousas, dos quadros, das estatuas, do luxo intelligente, volupia suprema dos sentidos educados, da sensibilidade subtil, foi a bella e exuberante organisação paterna que lh'o communicou.

Do contraste entre os dois seres que o procrearam surge, mais rica e mais complexa, a superior personalidade de D. Pedro de Souza.

Como o pae, artista e homem do mundo, curioso de tudo, e em todos os meios á vontade, tem da mãe as fortes qualidades de caracter, a agudeza do entendimento, o talento fino e raro. O que a mãe lhe não pôde communicar foi a exaltação de caracter, que é tambem n'ella uma feição saliente. O solido bom senso do pae equilibrou n'este ponto o ardor mystico da alma maternal.

D. Pedro falla com desvanecimento, nos apontamentos biographicos que deixou, da forte e solida instrucção que, no longo retiro do claustro e depois no *meio* intelligente em que tinha vivido lá fóra, sua mãe soubera assimilar. A casa d'ella acudiam as pessoas mais cultas e mais illustradas das diversas capitaes onde permaneceu mais ou menos tempo, e por todas era reconhecida e admirada a superioridade singular de Izabel Juliana.

—*Voilà une femme que je voudrais connaître:* dissera d'ella o grande Frederico da Prussia.

Quando D. Pedro completou dez annos de idade, isto é, no anno de 1791, os paes mandaram vir de Genebra para Roma um preceptor illustre, Mr. Monod, a quem confiaram a sua educação, que até ali fôra só por elles dirigida, pois foi a mãe quem o ensinou a ler e a escrever.

Este professor, muito intelligente, muito illustrado e que mais tarde viveu em relações intimas com a roda de Coppet, tão escolhida e superior, teve uma influencia grande na formação do claro espirito de D. Pedro.

Pelas cartas que de Mr. Monod o seu discipulo dilecto conservou, vê-se que apaixonado affecto elle tinha podido inspirar-lhe, como logo desde a primeira infancia o preceptor experiente soube adivinhar os indicios vagos de um grande talento que despontava.

E não é só o talento de D. Pedro que essa correspondencia revela, como se verá mais tarde; é o seu coração affectuoso e fiel, é a sua generosidade estranha, quasi inverosimil, que pela vida fóra o levou sempre a espalhar com ·mão prodiga e delicada os beneficios mais amplos, os mais preciosos serviços e as esmolas mais abundantes, não tra-

D ALEXANDRE DE SOUZA

tando de saber a quem dava, tratando sómente de saber que era uma felicidade de alma inapreciavel, inexcedivel, o poder dar.

E tirando a si (pois era então pouco abastado), D. Pedro valeu mil vezes ao preceptor da sua infancia, de quem a vida tão cedo o separou, sem lograr fazel-o esquecer o seu immenso affecto.

— «N'esse tempo — escrevia o Duque de Palmella, cincoenta annos depois, e por isso mesmo se vê quanto foi forte a impressão recebida — n'esse tempo já se achava reunida a Assembléa Nacional franceza. Soavam por toda a parte os nomes de Lafayette, Mirabeau e mais famosos personagens que figuravam n'aquella grande scena.

«Lembra-me que não obstante a atmosphera aristocratica em que eu vivia, já tinha uma tendencia para me exaltar com as idéas de liberdade, cuja aurora despontava na Europa.

«Tambem comecei desde então a conceber a paixão que tenho tido toda a minha vida pelas Bellas Artes, que tanto floresciam na Italia, e cujo enthusiasmo é tão contagioso. A musica, a pintura, a esculptura, sobretudo os monumentos antigos de Roma, excitavam em mim sensações que não se têem apagado da minha memoria, e cuja influencia nunca mais se desvaneceu!»

O luctador e estadista liberal que, á similhança do que tantos contemporaneos illustres ambicionaram e tentaram lá fóra, queria introduzir pacificamente e legalmente no seu paiz instituições civilisadoras que o engrandecessem, assim como o intelligentissimo *dilettante* que trouxe para este ingrato meio, então quasi barbaro, tantos novos requintes de riqueza e de arte, já se revelavam em germen n'esta dupla aspiração da sua infancia.

No fim do anno de 1792 solicitou D. Alexandre licença do seu governo para se ausentar de Roma e vir a Portugal com o fim de tratar de negocios particulares e tomar posse da casa que, por fallecimentos successivos de seus irmãos mais velhos, viera finalmente a pertencer-lhe a elle.

A esposa não o acompanhou n'esta viagem a Portugal.

Houve primeiramente a idéa de a deixar em París entregue ao cuidado do pae, que ainda ali vivia e que instantemente a convidava; mas os acontecimentos da Revolução, precipitando-se e enchendo de terror as almas contemporaneas, não permittiam a realisação de tal projecto. Izabel Juliana precisava de sujeitar-se a uma operação melindrosa. Em Genebra vivia então um pratico famoso, talvez discipulo de Tronchin, o grande cirurgião consultado por todas as celebridades do tempo, o correspondente e o amigo de Voltaire. Foi para Genebra que a familia partiu, e foi ali que os dois esposos, os dois noivos apaixonados de ha doze annos, se despediram para nunca mais se tornarem a ver na terra.

A operação aconselhada pela cirurgia não chegou a fazer-se, pela fraqueza da doente, que mezes depois expirava da consumpção cujo germen tinha no seu delicado organismo uma remota, mas bem clara origem.

Não se atravessam impunemente os annos de agonia que narrámos na vida de Izabel.

O corpo e a alma resentem-se para sempre de haver penetrado n'essa *città dolente* de que ella saíu, é verdade, mas de que saíu mutilada e vencida.

O futuro Duque de Palmella achou-se, pois, de um dia para o outro com onze annos de idade ao pé de tres irmãs mais pequenas do que elle, n'uma cidade inteiramente estranha, separado da mãe pela morte, que lh'a arrancou tão cedo, separado do pae pela distancia e pelo estado de guerra em que toda a Europa estava accesa. Tres annos se prolongou esta situação estranha, de que hoje, nos nossos tempos de paz prolongada ou de guerra feita a vapor, não podemos sequer formar uma idéa distante. Em Paris, o velho D. Vicente expirára tambem.

O mestre genebrez, a quem a educação de D. Pedro fôra confiada, é quem guardou sob a sua protecção moral e material as quatro creanças desamparadas. Mas n'esta infancia, quantos ensinamentos, quantas lições que valem por annos de dilatada experiencia!

As infancias banaes dão as longas existencias mediocres. Só a desgraça educa. Só as experiencias prematuramente feitas *dão tempo* para que n'um ser humano desabrochem todas as flores e amadureçam todos os fructos. Só o infortunio, sob as multiplas fórmas que elle póde revestir, desenvolve até á sua maxima potencia as virtualidades de um caracter, as energias latentes de um temperamento, as actividades adormecidas de um cerebro. Ninguem ainda foi superior que tivesse passado na calmaria inconsciente e na pacificadora inercia material e moral os dias fecundos da infancia. A historia nas suas grandes paginas, a experiencia das cousas na sua lição quotidiana ensinam nos esta verdade, que é para nós axiomatica.

Fallando da querida mãe que tão cedo o deixou no mundo só, evocando a melancholica visão que lhe encheu a primeira infancia de bençãos de amor e de saudades inspirativas, de saudades, que são suggestões para um espirito d'aquella temperá, D. Pedro lamentava mais tarde o negro destino a que ella viveu sujeita:

—«Condemnada quasi toda a vida a soffrer, escrevia elle, porque a doença nem lhe deu logar a gosar os dias mais prosperos que o seu casamento com meu pae lhe promettia, terminou a existencia n'uma terra estranha, privada da consolação de morrer nos braços do marido, necessariamente angustiada com o pensamento do abandono em que deixava quatro filhos pequenos, longe de seu pae e do seu paiz.»

Os restos de Izabel Juliana, a victima do despotismo e o exemplo mais bello da resistencia moral que a elle póde oppor-se, foram trasladados mais tarde de Genebra para a capella do castello de Sanfré, onde jazem sepultados.

II

Esses tres annos passados em Genebra e depois n'uma pequena cidade do paiz de Vaud, foram, diz D. Pedro, a quadra da sua vida mais exclusivamente applicada ao estudo e mais fertil para a sua tenra intelligencia em lições que fructificariam no futuro! O mestre era um homem superior; o discipulo uma intelligencia privilegiada; o meio inteiramente adequado para uma educação illustrada, em harmonia com o seculo que alvorecia no horisonte, rubro da chamma dos incendios e roseo do clarão das auroras.

Ao latim, que era então a base fundamental de toda a educação classica, ás mathematicas, ás linguas modernas, juntava-se, como já era de praxe lá fóra na cultura aristocratica, o estudo da musica, o desenho, os exercicios do *sport*.

—«Posto que eu não seguisse então curso nenhum publico, escreve D. Pedro, posso dizer que o contacto em que me achei com a mocidade de Genebra e da Suissa contribuiu em todo o resto da minha vida para que as minhas idéas e os meus habitos se repassassem do systema de igualdade que prevalecia n'aquelle paiz e ficassem menos presos pelos prejuizos de casta, ou estragados pelos nimios carinhos que entorpecem o desenvolvimento das creanças educadas em casa de seus paes. Verdade seja que a atmosphera em que n'esse tempo todos ahi viviamos se resentia da influencia da Revolução franceza, que, á similhança de um vendaval furioso, fazia com as idéas da liberdade estremecer os paizes vizinhos, agitava a Europa, e mais tarde havia de ser sentida, deplorada e applaudida no mundo inteiro.

«Tenho presente na memoria a anciedade com que se recebiam as noticias vindas de París. O enthusiasmo revolucionario que se tinha propagado em toda a França parecia excitar uma especie de delirio, não só nos habitantes das cidades, mas nos das aldeias, que se reputavam emancipados de um jugo que havia seculos os opprimia, jugo tanto mais duro quanto os seus effeitos não só pesavam materialmente, mas (o que ainda mais contrariava o caracter vaidoso dos francezes) havia estabelecido na nação uma classe privilegiada na posse exclusiva das honras e dos empregos. É por isso que o rancor, amontoado nos peitos por tanto tempo, fez uma explosão tremenda, mais ainda no sentido das idéas de igualdade do que de liberdade[1].»

---

[1] Esta idéa, formulada textualmente pelo Duque de Palmella, que a escrevia em 1848, tinha-se arreigado n'elle pela sua convivencia intellectual com M.me de Staël e Benjamin Constant. Para ambos a Revolução, comquanto suscitada por outros motores e provindo de origens complexas de ordem economica, politica, religiosa, social, foi tambem, e foi á superficie sobretudo, *uma insurreição de vaidades*. O que irritava os francezes, segundo M.me de Staël, era menos o despotismo do que a desigualdade, e menos a desigualdade dos direitos que a desigualdade das distincções; menos, muito menos, os abusos do que os privilegios. O que queriam muitos não era tanto conquistar a liberdade como extinguir a *roture*. Isto no terceiro Estado, até no povo. *Les flam-*

O espirito de D. Pedro, impressionavel como o de todas as creanças, vivo como o das creanças muito intelligentes, ávido de sensações, como não podia deixar de ser um espirito de meridional em que os instinctos atavicos da raça eram tão fortes, bebeu soffregamente, com íntimas delicias bem invejaveis nos chatos tempos de hoje, o succo ardente das novas idéas que em torno d'elle fermentavam, que, sob a *visão directa* dos seus olhos, revestiam fórmas ora pittorescas, ora tragicas.

Esta geração a que eu pertenço não tem impressões, quando as tem, que não sejam *livrescas*. Os homens d'esse tempo menos estavam na bibliotheca do que nas salas, nos campos de batalha, nas chancellarias, nas ruas agitadas onde a multidão rugia os seus furores, a bordo de navios perseguidos pelo corso, em toda a parte onde a vida directamente se ensina e se vive e se gosa e se soffre...

Por isso eram grandes e nós somos tão pequenos! Felizes dos homens que não têem historia?... Não. Felizes dos que a têem, que conheceram o acre sabor da vida...

Em volta de Genebra pullulavam nas aldeias francezas os instinctos do povo em revolta. A épica *Marselheza,* a ignobil *Carmagnole,* a dupla alma da Revolução, explodindo em notas estridulas pelas ruas tumultuosas, ora faziam estremecer a creança que foi Duque de Palmella do enthu-

---

beaux des Furies, escreveu M.ᵐᵉ de Staël, *se sont allumés dans un pays où tout était amour-propre et l'amour-propre irrité chez le peuple ne ressemble pas à nos nuances fugitives, c'est le besoin de donner la mort*. Benjamin Constant, por seu lado, diz esta phrase significativa: *A perfectibilidade do espirito humano outra cousa não é do que a tendencia para a igualdade.* Eis n'este caso os dois mestres do Duque de Palmella.

siasmo alimentado pelas suas leituras classicas, ora a faziam tremer de pavor infantil. Era grande de certo a inspiração que se traduzia n'aquelle hymno guerreiro que, atravessando o mundo, o inundou de luz tremenda; mas como devia ser baixo e cruel ao mesmo tempo o odio que se expandia sedento de sangue nos uivos gutturaes da *Carmagnole!*

Por isso, a D. Pedro os excessos da demagogia feroz e tripudiante ficaram repugnando na mesma proporção em que o exaltavam as idéas de liberdade que na sua infancia embriagavam tão nobremente o mundo!

Á invasão da Saboya pelas tropas francezas seguiu-se immediatamente uma revolução sanguinolenta em Genebra, e, derrubado o governo, a acclamação de uma constituição puramente democratica.

O acontecimento afugentou de Genebra Mr. Monod e os seus discipulos; o mestre, assustado com a propria responsabilidade, refugiou-se, em Monges, pequena cidade do paiz de Vaud, onde até ao anno de 1794 os conservou junto de si, educando-os, instruindo-os, protegendo-os carinhosa e dedicadamente. No verão de 1794, por ordem do pae de D. Pedro, punham-se a caminho de Lisboa Mr. Monod e as quatro creanças.

—«No dia em que parti de Monges — conta D. Pedro — chegava ali a noticia dos acontecimentos de Thermidor, isto é, da quéda de Robespierre. Não póde descrever-se o contentamento com que esta noticia foi recebida quasi universalmente, com especialidade pelos numerosos emigrados francezes de que a Suissa estava cheia. Parecia que todos os corações se achavam libertados do terror que espalhava por toda a parte a tyrannia do *Comité* de Salvação publica, e que todos respiravam mais desassombradamente. Nunca presenceei um sentimento mais unanime. Supponho que para achar comparação na Historia seria necessario re-correr ao tempo da morte de Nero.»

D. Pedro seguiu, acompanhado, como dizemos, pelo mestre, pelas irmãs e pela preceptora d'estas, a margem di-reita do Rheno até á Hollanda. Por todo o caminho íam encontrando as tropas do exercito austriaco e do corpo de exercito dos emigrados, que se encontrava então nas pro-ximidades de Coblentz. Na Hollanda ouvia-se já de bem perto o tumulto da guerra.

Os francezes, que se haviam apoderado da Belgica, dispu-nham-se sob o commando de Pichegru, a invadir a Hollanda. Era o tempo épico da Revolução. Os povos tremiam e acor-davam ás notas d'esse clarim que ía de ali a pouco retum-bar do mesmo modo bellicoso, porém com notas tremendas como as da trombeta do *Juizo Final,* nos labios ainda então mudos de Bonaparte.

De um dos portos da Hollanda os viajantes embarcaram para Inglaterra n'um navio cheio de emigrados.

· Abramos aqui um parenthesis que nos parece interes-sante. Foi a bordo d'este navio que D. Pedro de Souza teve, pela primeira vez na sua vida, contacto com o espirito fran-cez na sua fórma mais scintillante e mais deslumbradora, fórma que nunca até ali, nem depois, foi excedida.

Entre a aristocratica companhia que, da Belgica invadida e da Hollanda proxima a sêl·o, se refugiava em Londres, ía Rivarol.

Son Impertinence le comte de Rivarol, o homem feito de contrastes, que desde os primeiros arreboes da Revolu-ção aconselhára ousadamente o Rei e soubera prophetisar e ver distinctamente o fim da monarchia secular de S. Luiz e o triumpho, através das orgias sangrentas do Terror, do Cesarismo militar, sua consequencia logica.

No expirar do antigo regimen, tão cheio de individualidades caracteristicas, Rivarol é uma das figuras mais originaes.

Neto de fidalgos e filho de um estalajadeiro; tendo um velhissimo brazão authentico de que riam os que tinham pernoitado na pobre hospedaria do pae; profundo pensador, que só desejaria impor-se pela authenticidade de um nome que lhe contestavam rindo; chronista terrivel, que passou ao fio da acerada lingua todos os homens da Revolução; inventor de quantos dictos de espirito, vibrante, alado, subtilmente cruel, corriam pelas salas de Paris, e traductor magnifico do *Inferno* de Dante; auctor dos conselhos secretos de Luiz XVI e dos *Actos dos Apostolos;* achando sempre a formula mais profunda e a ironia mais pungente; pamphletario e philosopho, para quem o epigramma era um stylete e a palavra um buril de esculptor, e sendo, sobre tudo isto e ao lado de tudo isto, um conversador como não ha, um conversador como nunca mais houve; encarnando em si os dons mais felizes e os mais complexos, os mais ondeantes e os mais contradictorios, das duas raças de que provinha: a italiana e a franceza, a que produziu Machiavel e a que produziu Voltaire[1].

---

[1] Rivarol comprehendeu a Revolução, não como um cataclysmo isolado, mas como o recomeçar de uma nação, e n'isto afastou-se da grande maioria do seu tempo. A respeito da nobreza e do clero, que inutilmente se lamentavam e que pelos seus abusos inintelligentes tinham preparado a Revolução, disse algures esta phrase profunda: *«Res eodem modo conservantur quo generantur:* as fortunas conservam-se pelos merecimentos com que se adquirem»—e n'isto está a suprema condemnação e a suprema critica do papel historico de ambos! Ácerca das utopias dos democratas, em que tambem não acreditava, pensa como Taine pensou depois, e n'uma formula felicissima: *On ne jette pas brusquement un empire au moule.*

Rivarol fugia então da Belgica, que foi a sua primeira *étape* da emigração, para Londres, onde d'ahi a sete annos morreria.

Era o momento supremo e magnifico da sua florescencia intellectual. Como elle˙ conversaria na tolda d'esse navio cheio de emigrados, que o levava de um para outro exilio!

Ao seu lado ía tambem, talvez incognita para não ferir susceptibilidades, a figura que elle tornou celebre em duas ou tres estrophes leves e tristemente ironicas como o seu genio, aquella *Manette* que na-emigração o acompanhou, que foi o seu consolo unico no naufragio de todas as suas ambições e de todas. as suas esperanças politicas ou sociaes, a emula deliciosa da sua quasi hononyma e quasi contemporanea, a encantadora *Manon* do Abbé de Prévost.

––––––––––––

E a Luiz XVI dava, por outras palavras, conselhos na essencia identicos aos que, vinte e tantos annos depois, o Duque de Palmella dava a D. João VI:

Songez-y bien, sire, lorsque l'on veut empêcher les horreurs d'une Révolution, il faut la vouloir et la faire soi-même.—E ainda: *Les rois de France ont toujours peri ou se sont toujours conservés par la partie forte de leur temps.. Il fallait que Sa Magesté renonçât à l'appui de l'Église et de l'État pour régner désormais par la partie forte, je veux dire par les maximes populaires.*

Na alliança do *terceiro estado* e do principio monarchico, quer dizer, na *realeza constitucional*, via Rivarol, como viu mais tarde Palmella, a salvação unica do regimen antigo, ou antes, a sua transformação organica.

Ha phrases d'elle immortaes. Sobre Condorcet, por exemplo, disse: *Il écrit avec de l'opium sur des feuilles de plomb.*

Para Joseph Chénier tem esta denominação *fulminante: Le frère de Abel Chénier.*

A sua critica é perfurante como um bisturi, e apesar de escrever com uma magnificencia de fórma incomparavel, chamava á penna,

Foi talvez a bordo d'esse navio, onde D. Pedro de Souza fez com elle a travessia alegre e triste a um tempo, que Rivarol dirigiu á sua companheira os tão conhecidos versos:

Ah! Conservez moi bien tous ces jolis zeros
Dont votre tête se compose,
Si jamais quelqu'un vous instruit
· *Tout mon bonheur sera détruit,*
Sans que vous y gagniez grand'chose.
Ayez toujours pour moi du gôut comme un beau fruit
Et de l'esprit comme une rose!...

Mas, n'aquelle meio de emigrados, mundo estranho de que tantos criticos têem contado os ridiculos, os contrastes, as extravagancias, as miserias supportadas entre chispas de ironia e de graça, a alegria indestructivel, e a risonha e leviana inconsciencia, Rivarol, que tinha tantos aspectos,

---

ainda assim mais pesada que o seu espirito de sylpho alado e multi-forme: *Cette triste accoucheuse de l'esprit avec son long bec affilé et criard.*

O tempo inspira-lhe esta phrase soberba: *Rivage de l'esprit, tout passe devant lui et nous croyons que c'est lui qui passe...*

E as suas maximas politicas evocam um Machiavel moderno: «A politica é como a esphinge da fabula: devora todos os que não explicam os seus enygmas».

Les droits sont des propriétés appuyées sur la puissance. Si la puissance tombe les droits tombent aussi.

«Voltaire a dit: Plus les hommes seront éclairés et plus ils seront libres: ses successeurs ont dit au peuple que —plus il serait libre, plus il serait éclairé— ce qui a tout perdu.»

Seria um não acabar de phrases definitivas, se quizessemos dar aqui de passagem um leve *aperçu* d'este espirito universal, de quem o Duque de Brancas dizia, respondendo a um pedido que lhe faziam de assignar na *Encyclopedia.* «A Encyclopedia, para quê? visto que Rivarol frequenta tanto a minha casa!...»

havia de apresentar o seu aspecto mais fugitivo e mais brilhante, e a conversa d'elle havia de ser um absoluto deslumbramento, uma revelação incomparavel!

A prova d'isso está na recordação que, cincoenta annos
depois, o Duque de Palmella lhe consagra nos seus *Apontamentos.*

O futuro diplomata, o futuro estadista, que se creou
entre a *élite* intelligente e culta do seu tempo, não passava
então alli de uma foragida creança obscura; mas como elle
gosaria já, na precoce agudeza do seu engenho, d'aquella
conversação polvilhada de poeira de oiro, que fôra a delicia
e como que a ephemera creação genial dos salões de Ver- •
sailles, dos *boudoirs* e das ceias de París, e cujos echos
derradeiros se estavam sumindo agora no acampamento de
Coblentz, na tolda dos navios inglezes, em que os errantes
paladinos do passado se transportavam de cidade em cidade, em busca de algum recurso minguado; na sala commum das cadeias da França; nas mansardas miseraveis de
Londres ou da Haya; nos palacios hospitaleiros de S. Petersburgo; em toda a parte emfim onde era licito áquellas
frivolas cabeças fervilhantes de espirituosa graça escapar
ainda á guilhotina insaciavel, funccionando sempre, funccionando sem cessar ao longe, na sinistra praça da Revolução, essa Revolução que elles não tinham sabido nem
comprehender nem dominar!...

III

Este inverno foi passado por D. Pedro e pelas irmãs
sob a guarda dos seus respectivos mestres nos suburbios
de Londres. A casa dos foragidos era frequentada por
muitos emigrados francezes e genebrezes conhecidos de

Mr. Monod, o qual, como dissemos, pertencia a uma familia muito querida e considerada em Genebra, e da preceptora de suas irmãs, que juntamente com o mestre as acompanhava a Lisboa. D. Pedro nota o ávido interesse com que ouvia as conversações em que se entretinham perto d'elle. Cada um contava os episodios mais interessantes da sua odysséa; cada um formulava as suas opiniões mais extravagantes, pois que a desgraça não tinha sido capaz de modificar nem de esclarecer aquellas irrequietas cabeças frivolas que, diante da grandeza terrivel da Revolução, não tinham senão arremessos de tédio e ditos de risonho desdem; que morriam, sim, mas sem tomar a serio os carrascos; que trabalhavam sem tomar a serio o trabalho; que padeciam a miseria mais negra, fuzilando-se com mutuos epigrammas; que emigravam em chusma, julgando que cada dia que passava era o ultimo dia da emigração.

Fiavam-se absolutamente nos *coalisados,* de quem o mesmo espirituoso escriptor cujos ditos citámos, dizia, rindo, elle emigrado tambem: *Ils ont toujours été en arrière d'une année, d'une armée, d'une pensée.*

Para se ver o pueril desdem com que elles consideravam a sua vida e... a *alheia,* conta D. Pedro a seguinte anecdota: — «Entre os que frequentavam a casa de Mr. Monod, um joven emigrado, Mr. Cazotte, filho de Cazotte membro da Assembléa Nacional e litterato conhecido, achando-se inteiramente destituido de meios para subsistir, lançou mão do recurso que lhe foi proporcionado por um inglez, cirurgião mór de um dos navios da esquadra. Resolveu-se a fazer á pressa alguns estudos superficiaes de cirurgia para poder ser recebido no mesmo navio do seu amigo como ajudante de cirurgião, lamentando elle proprio a desgraça dos padecentes que lhe caíssem nas mãos!»

Na primavera de 1795 embarcaram finalmente os viajantes a bordo da *Rainha de Portugal,* commandada pelo Marquez de Niza.—«Este navio fazia parte de uma esquadra portugueza de cinco naus de linha, commandada em chefe pelo almirante Antonio Januario, que, depois de haver cruzado por alguns mezes juntamente com as forças inglezas, em consequencia de uma convenção pela qual o nosso paiz se havia unido á coalisão contra a França, regressava por aquelle tempo a Lisboa».

Saía igualmente na mesma monção do porto de Plymouth, alem da esquadra portugueza, uma, ingleza, de vinte naus commandada por Lord Howe; e talvez mais setecentos navios mercantes que na altura do Cabo de Finisterra se dividiram debaixo de differentes comboios dirigindo-se para varias partes do mundo.

A nau em que o Marquez de Niza hospedou as quatro creanças suas compatriotas com a mais bizarra e generosa fidalguia, trazia a bordo tambem innumeros emigrados francezes que vinham em Portugal tentar fortuna.

Entre elles era o mais notavel Mr. de Puységur, irmão do celebre magnetisador e magnetisador elle proprio, instruido, intelligente, interessantissimo, e que, sendo official de marinha distincto, alcançou mais tarde ao serviço de Portugal uma patente superior.

Depois de uma viagem bastante difficil, porque mais de uma vez a tempestade açoitou o navio em que vinham, chegando a quebrar-lhe a canna do leme, D. Pedro pisou pela vez primeira o solo patrio, contando quatorze annos de idade, mas desenvolvido pelas prematuras experiencias e pela variedade de gentes que vira, de paizes que conhecêra, de noções que em tão agitada infancia se lhe tinham infiltrado no vivo entendimento.

—«Bem póde imaginar-se, escreve D. Pedro, qual seria a satisfação de um pae por extremo carinhoso quando finalmente pôde receber nos seus braços os quatro filhos dos quaes havia vivido separado tantos annos, assim como os sentimentos que se despertaram nos nossos corações quando vimos cessar a orphandade em que tinhamos vivido. Tudo era novo para nós em Portugal, o paiz, o clima, os costumes; e alguns mezes passaram antes que podessemos fazer conhecimento com os amigos e parentes da nossa familia, e antes que se dissipasse a agradavel surpreza da nossa nova situação.»

«Portugal achava-se n'um estado de tranquillidade completa»: acrescenta D. Pedro, a quem feriu principalmente o contraste de tanta agitação que presenceára em toda a parte com esta absoluta quietação que o acariciava agora suavemente sob o céu da patria. Mas tambem são tranquillos os pantanos, e todavia que putridos miasmas não exhalam de si!

—«Era feliz então o nosso Portugal, mas quanto mais feliz não houvera sido se os que o governavam soubessem aproveitar aquella era de prosperidade para fundar a fortuna do paiz sobre as bases solidas de uma boa administração, da reforma dos abusos e sobretudo do melhoramento dos estudos de que muito se carecia.»

Realmente, a quem chegava da Suissa e da culta Genebra o Portugal de Pina Manique e de D. Maria I devia parecer mais depressa um pedaço da Barbaria do que um paiz da Europa com fóros de civilisação occidental; mas D. Pedro não ousa avançar tanto, para que não pareça filho descaroavel da terra de que tão longo tempo andára apartado.

—«Quando chegou a epocha da adversidade, continúa D. Pedro, escassearam os recursos, assim como faltou a energia para luctar contra ella, á medida que se exhauriram as fontes de onde sem trabalho e com pouca industria provinha a riqueza nacional.»

E depois, com louvavel e rara imparcialidade, elle, filho e neto de victimas tão illustres do despotismo pombalino, continúa:

—«O conselho do Principe que em nome de sua mãe regia a monarchia era dominado pela influencia da alta aristocracia, na qual preponderava, a par de uma apathia funesta, o *espirito de insensata reacção contra a administração do Marquez de Pombal.*

«D'ahi proveiu que se deixaram caducar abandonados alguns estabelecimentos que illustraram esse governo em Portugal e que foi descurado o regimen das colonias.

«Entretanto, o monopolio do commercio do Brazil, cujos productos passavam todos por Lisboa antes de se repartirem pelos diversos paizes da Europa, chegava de sobejo para tornar este porto um dos principaes emporios do mundo e para fazer circular no reino capitaes que ainda teriam sido muito mais consideraveis se a nossa incuria não consentisse que só o commercio estrangeiro se encarregasse de os fazer fructificar.»

Portugal jazia n'aquella absoluta inconsciencia em que o tinham posto a educação fradesca, a Inquisição, o medo, a ignorancia supina dos governantes, readormecidos na rotina e na inercia, desde que o latego de Pombal deixára de retalhar-lhe as duras carnes. Só uma cadeia o prendia á Europa. A alliança tradicional ingleza que se estreitára com o primeiro Bragança, e a alliança hespanhola, mais odiada pelo espirito popular e que não passava de um pacto de familia e de um ajuste de dynastias, mantido pelo casamento de D. João com a Princeza Carlota Joaquina, para nós tão nefasto, e pelo casamento da nossa Infanta com o Infante de Hespanha, D. Gabriel.

Com a Hespanha e com a Inglaterra, em resultado d'essas allianças, tinha-se concluido uma convenção, estipulando com a primeira potencia um auxilio maritimo e com a outra o de um corpo de seis mil homens de tropa para cooperar na guerra contra a França.

Realisaram-se as estipulações d'este convenio, unindo-se uma esquadra nossa á esquadra ingleza, e marchando o corpo auxiliar a unir-se com os exercitos hespanhoes no Roussillon.

Já se anteviam, pois, no horisonte as sombras que iam desfazer a mentirosa paz de que pareciamos gosar sem pavor de futuras tormentas.

IV

N'este ponto dos seus *Apontamentos biographicos*, o Duque de Palmella, rememorando o tempo que então passou em Lisboa, lamenta n'esta phrase expressiva, embora discreta, «o não ter empregado esses annos melhor do que os empregou».

N'estas palavras tão simples está a condemnação do meio em que o moço inopportunamente veiu caír.

Até ali, a sua memoria, comquanto ainda tenra, enriquecêra-se de conhecimentos e factos e noções; a sua intelligencia aberta nutríra-se de idéas; a vida offerecêra-lhe o vasto e interessantissimo espectaculo dos seus altos interesses, das suas dominadoras paixões. Víra, comparára, comprehendêra.

Creança ainda, tinha a experiencia que muitos adultos, seus compatriotas, não chegariam nunca a adquirir.

O grande abalo que fazia tremer as sociedades nos alicerces seculares, repercutíra-se no seu cerebro infantil, imprimindo-lhe estranha, incomparavel actividade.

Tão moço, percebia já que uma nova trama de interesses variados e de complexos ideaes se estava tecendo ao longe, para revestir, mesmo apesar de todas as resistencias, as velhas instituições de um passado que completára a sua evolução fatal...

Em torno d'elle discutiam-se acontecimentos assombrosos, de que poucos podiam delinear a lei historica, mas de que todos conheciam o temeroso contorno exterior.

A uns o novo mundo que, dos escombros e ruinas do passado, parecia ir emergindo como um astro envolto em nuvens côr de sangue, só inspirava terror e espanto mudo; outros filiavam-se com verboso e delirante enthusiasmo n'essa religião nova que tinha por lei a Rasão e o individuo por Deus; mas tudo isto, comquanto assustador e desordenado, era vivo, era palpitante, tudo isto ressumbrava grandeza, mocidade, energia.

A intelligencia humana, ebria de peccaminoso orgulho, acordava n'uma especie de Renascimento igual ao do seculo XVI. Não era, porém, o passado que, resurgindo milagrosamente, lhe dava o encantamento e a revelação de uma surpreza; era o Futuro radioso, indefinivel, de uma plasticidade magica, desenhando-se em nuvens phantasiosas no horisonte, tendo para cada imaginação uma fórma diversa, para cada aspiração anciosa uma promessa differente, para cada sonho evocador uma illusão multiforme...

Tempos de ardor fecundo, que nós mal podemos comprehender hoje, depois de tantas decepções e de tantos desastres moraes; tempos de fé robusta, que produziram milagres nunca mais presenceados, e de cujos filtros po-

derosissimos tantas almas nobres se embriagaram avidamente...

Pois, dos centros intellectuaes em que estas idéas novas
cachoavam em vivos borbotões, D. Pedro achou-se repentinamente transplantado, como pela vara de um feiticeiro mau,
para a Lisboa inculta, decadente, barbara e licenciosa do
fim do seculo xviii.

O que era essa Lisboa, não o diz D. Pedro nos seus
Apontamentos, pois que respiram continuamente as suas palavras uma enternecida piedade filial para esta patria, longe
da qual se formára e á qual elle quer estremecidamente,
com medo sempre de lhe não querer bastante.

Não o diz D. Pedro, mas dizem-no os documentos do
tempo, que propositadamente ou involuntariamente o reflectem; dizem-no as cartas de muitos estrangeiros que então
viajavam em Portugal acossados pelo temporal da Europa
inteira; dizem-no as *Contas para a Secretaria,* tão preciosas quanto reveladoras da *Intendencia da Policia,* dirigida
por Pina Manique, e nas quaes o atrazo boçal das idéas e a
grosseria das expressões, a confusão das noções mais ele-
mentares, o despotismo mais ignaro e contraproducente se
exprimem n'um verdadeiro cahos de asserções phantasticas
e de nomes proprios errados[1]; dizem-no mesmo sem querer
as correspondencias íntimas, os versos satyricos, a historia
implacavel dos factos; dizem-no as estatisticas na cruel im-

---

[1] Necker é *Necar. Free mason é frimação.* Em 1804 o Intendente
mandava explicar assim a prisão que effectuára, de um moço de vinte
e seis annos:

«Mandei o recolher á torre de Belem, não só para este ser ali cor-
rigido, e com esta reclusão se atalhar o precipite a errada carreira que
seguia, e o fazer largar a lição a que principiava a entregar-se, de livros

passibilidade das suas cifras; dil-o emfim tudo que tem voz, e até tudo que então a não teve.

Não ha meio mais repellente, não ha momento historico mais ignobil.

Da casta aristocratica, então caída n'uma decadencia reles, do clero, corroído por abusos nefandos, do povo, que se espojava na crapula degradante, sáem vozes isoladas, mas que bradam bem alto, clamando as proprias miserias e revelando a propria e incuravel abjecção.

A exclusiva preoccupação de conservar o que estava, ins-pirava-se na *morgue* estupida da nobreza agarrada aos ca-ducos privilegios e inteiramente esquecida das virtudes com que os havia conquistado outr'ora, sem os quaes não podia conserval-os como elementos vivos e aptos a transformações fecundas, e no completo e geral desconhecimento das novas condições politicas, sociaes e intellectuaes em que estava o mundo inteiro, á excepção de nós; a teimosia ignara op-punha a sua resistencia passiva a todo o esforço civilisador que podessem empregar alguns homens que, educados ou transplantados para aqui pelo finado ministro de D. José, poderiam ter exercido a sua influencia efficaz, embora em pontos secundarios; o talento original era perseguido como um crime, o criterio livre era emmudecido pela força arbi-traria. Pensar, ler, preoccupar-se com o movimento das idéas em França ou em Inglaterra, era o mesmo que equi-parar-se com os facinoras da Alfama e do Bairro Alto.

---

impios como de Voltaire, d'Argens, de Diderot, d'Alembert, Helvetius, Villet e Rousseau, mas tambem com este golpe de auctoridade ver se o Estado tira o partido de todos aquelles individuos de iguaes senti-mentos, abandonarem as conversações e sociedades a que se condu-ziam, etc., etc., etc.»

Que fazer n'este meio quando se é moço, quando o sangue estua em cachões nas veias entumecidas, quando a imaginação tem a avidez sofrega de visões que a distráiam e enlevem, quando é absolutamente impossivel ao corpo a inercia, á rasão o limite exteriormente imposto, ao desejo a moderação, á phantasia a immobilidade?

Que o digam as successivas gerações de toureiros arrojados, de boleeiros destros, de arruaceiros valentes, que, usando os nomes mais gloriosos e mais antigos do velho Portugal, deixaram no meio de tropelias e 'desordens extinguir em si toda a auctoridade tradicional e herdada, acabar toda a lendaria poesia do passado, cedendo, inconscientes ou cynicamente obtusos, á classe media que se ía educando na sombra, os primeiros logares, as primeiras influencias e as primeiras fortunas do paiz!

Que o diga n'outra esphera intellectual a vida de Bocage, typo supremo do que uma sociedade corrompida, enfraquecida, ignorante e hypocrita, póde fazer do genio quando o genio é, como o d'elle, uma chamma devoradora, funestamente devoradora em vaso de quebradiça argilla.

Durante os tres annos que medearam entre a chegada dos exilados e o romper das operações de guerra, D. Pedro, no intervallo das distracções a que o arrastava a triste *jeunesse dorée* do seu tempo, estudou ainda assim tanto quanto podia esperar-se.

Um congregado das Necessidades, o padre José Portelli, veiu habitar em casa do pae e com elle seguiu o moço os cursos de rhetorica, philosophia e logica, que constituiam os preparatorios para a Universidade.

Um professor da Academia de Fortificação continuou com elle o estudo das mathematicas; as linguas, em que D. Pedro foi insigne, pratical-as-ía certamente com a professora das irmãs, nas pouquissimas horas em que a vida de familia, tão querida no tempo do exilio, conseguia reconquistal-o agora ás tentações exteriores e aos amigos irrequietos.

É provavel que, dada a organisação rica em faculdades assimiladoras que D. Pedro possuia e tão completamente manifestou mais tarde, nem estes tres annos dissipados em futeis distracções lhe fossem inuteis.

Como na sua qualidade de rapaz nenhum meio lhe era defezo, não sómente frequentou a sociedade mais distincta, como que viu e appreciou o que Lisboa tinha de mais pittoresco e mais picaresco, de mais mourisco e de mais original.

Uma das maravilhas do tempo era Bocage, não Bocage o descriptivo admiravel do Tritão, o cinzelador de tantos sonetos impeccaveis, o poeta elegiaco de uma tão soluçante e morbida tristeza, mas o improvisador quasi allucinado, que Beckford cita como um prodigio raro, e que realmente, na distancia, nos apparece sob o aspecto de um phenomeno pathologico inquietador e perturbante.

«Não era crear, era chover imagens e pensamentos e versos», diz d'elle um critico que a seu respeito fez um largo estudo e que, para descrever[1] a sua arte de improvisação, teve ainda contemporaneos auctorisados a informal-o minuciosamente.

D. Pedro refere-se com encantamento ás horas que passou a ouvil-o, e a gente evoca o poeta tal qual as testemunhas do tempo o descrevem: transfigurada a expressão do comprido rosto pallido; os olhos azues faiscantes; passando rapida a magra mão pelas corredias e longas melenas escuras, como que, pela fricção magnetica, a irritar mais o irritado cerebro; sem consciencia dos movimentos singulares

---

[1] José Feliciano de Castilho, *Manuel Maria de Barbosa du Bocage*.

em que o deus interior o agitava; desligado de todas as
convenções que o respeito humano e as precauções sociaes
impõem ao homem, fazendo-lhe uma lei da modestia apparente; apaixonado pelas creações da phantasia inflammada
a ponto de gritar elle proprio a cada verso que irrompia da
lava candente d'aquella cratera em ebullição: *Isto é meu!*
Isto é meu! Isto não morre! extasiado de cada quarteto que
completava, e bradando em face do auditorio attonito: Que
trecho sublime! que *riqueza de metro!* que *soberba imagem!*
dardejando improvisos deslumbradores como o sol dardeja
raios; suggestionando aos que o escutavam um delirio igual
ao que o abrazava e enlouquecia e fazia vibrar todo n'um
extase que era tambem um phrenesi, n'uma allucinação que
era uma epilepsia, *um mal sagrado* como o da pythonissa
antiga! E depois, findo o accesso doloroso e sublime, ficando
por momentos mudo, desvairado, estranho ao mundo exterior, inconscio do que o cercava, e por fim caído n'um
collapso completo, de que talvez artificialmente, e por meio
do alcool que o gastava, como gastou Byron e Musset, tinha
de ser arrancado para não morrer n'elle...

Estranha figura de poeta meridional, esbraseado, de
quantas paixões flammejam sob este callido céu profundo,
allucinado por quantos sonhos tem sonhado esta raça aventurosa e phantasista, capaz de todos os amores e de todos os
odios, e que o despotismo, exercendo-se sobre a livre expansão do pensamento, atirou á licença impudica, como uma
suprema revolta e uma vingança requintada; creança sublime, para quem o applauso era uma sêde inextinguivel,
uma implacavel necessidade organica, e que, procurando a
gloria immediata, os bravos tumultuosos, a contagiosa em-
briaguez do enthusiasmo, acabou por se contentar com o
grosseiro incenso que uma turba multa corrompida e baixa

lhe dava sem criterio e sem tino, envilecendo-o ao seu contacto e pervertendo-lhe o genio á força de o inflammar perigosamente, envergonhando-o de si proprio, a ponto de lhe fazer um refugio bem vindo da prematura morte...

Pelo mesmo tempo, frequentador assiduo e bem acceito da roda mais alta, porém não mais favoravel aos vôos da livre Poesia e á independencia do caracter litterario, Tolentino, o satyrico immortal, o inexcedivel pintor de uma geração que ía desapparecer (e que não deixou saudades), Tolentino foi frequentes vezes ouvido, apreciado e applaudido entre risadas pelo curioso espirito de D. Pedro, que a estas alegres sessões se refere nos seus *Apontamentos,* mas que teria sentido, o que nada espanta, em face d'aquelle especimen retardatario de parasita genial, mais admiração do que respeito e sympathia.

Em casa dos Angejas, Valladares, Taroucas, Alegretes, Pontes de Lima, á mesa opipara da opulenta fidalguia da côrte, saboreando com os moços o *vermelho Monsão* e com os velhos o optimo Madeira, o Porto generoso, com moços e velhos o perú succulento, os indigestos doces da escola freiratica, todos os velhos pratos d'essa cozinha que estragou os estomagos e deliciou os paladares dos nossos avós; acompanhando-os nas digressões campesinas, no sequito dos *caturras,* das *aias,* dos frades mais dilectos, do capellão mais seguro alvo de *judiarias* e de *partidas;* entretendo-lhes os ocios dos serões palreiros, no intervallo de beatificas conversações sobre *Laus Perennes,* prégadores, musicos da Patriarchal e seraphicos amores; á cabeceira dos seus queridos *Augustos* e *Mecenas,* nas longas e asphyxiadoras convalescenças em quartos calafetados que se defumam quotidianamente de alfazema; fraternisando de vez em quando na copa com

escudeiros e aias ladinas e quejandos accessorios das fidal-
guissimas moradas; sempre adulador até ao phrenesi, levando
sempre a mordacidade ironica desde o epigramma attico
até á chufa soez; sempre poeta riquissimo e portuguezissimo,
até na hyperbole mais irritante do seu estro cumprimen-
teiro;—Tolentino fazia desfilar diante da nobre companhia
a galeria incomparavel dos seus typos grotescos. Tudo passa
saudado por um côro unisono de ruidosas gargalhadas: o
frade comilão, a turba dos gallegos boçaes, os peraltas
afrancezados de

Chapéu tocando as nuvens
E fivellas á malteza

os ginjas, vestidos de *lemiste* e calçando

Boa meia grudifié

os jarretas que em Santa Catharina discutem casos entrin-
cados e escuros de diplomacia internacional, as donzellas
de alto penteado extra-burlesco, as velhas mães e tias

Espelhos de desenganos,

a burgueza impagavel tão nossa conhecida que, afastando-
se em dia de merenda do rancho folgasão, que ao longe,
entre altos buxos protectores, joga os amaviosos jogos de
prendas, canta as languidas modinhas, chora na viola os
queixosos *lunduns*, se perde, coitada! nos meandros da
quinta aristocratica, pára

Pondo contra a luz a mão,
E, crendo que n'esta rua
Está S. Sebastião,
De Venus á estatua nua
Faz mesura e oração

. . . .

A comica procissão desfila em risonha desordem, entre
o cachoar de soberbas rimas, na musica de quintilhas impeccaveis, de redondilhas nacionaes de uma graça original, sob
o açoite destro e cruel da musa maliciosa; a classe media,
que vae levantar-se d'aqui a pouco com tão serena e espiritual dignidade, e que já tem no seio Mousinho da Silveira, Ferreira Borges, Fernandes Thomaz, e tantas grandes figuras da futura epopéa liberal, a classe media de que
Tolentino saíu, que elle illustra pelo talento e desdoura
pela subserviencia villã, é sacrificada sem pudor e sem
remorso ao gaudio expansivo da fidalguia prodiga de favores, da fidalguia de *mãos rotas* e mesa hospitaleira que
dá empregos, *vestias, colletes,* perus, geleias, garrafas de
vinho, que tem bellos salões forrados de tapessarias de
Arras, onde é agradavel conversar e viver sem pensar nos
rudes começos de uma vida de trabalho e de privações...

D. Pedro, que vem de longe deshabituado de scenas
taes, ri tambem, mas espanta-se de certo.

Não é assim que elle foi iniciado pelo seu illustre preceptor suisso no culto da poesia e das bellas letras; não é
assim que o ensinaram a respeitar o talento, a amar os
que o possuem, a acreditar na potencia magica com que á
palavra humana é dado levantar as almas e suggerir altos
ideaes...

A terceira das celebres figuras com que o Duque de Palmella então travou relações intimas, essa, se pertencia pelo
talento poetico ao mundo litterario, pertencia pelo nascimento altissimo á mais requintada e aristocratica sociedade
mundana e diplomatica.

Era a então Condessa de Oyenhausen, a que fôra a formosa Alcippe dos poetas do seu tempo, tão cantada por

Filinto e Bocage, a que depois seria Marqueza de Alorna
por morte do desgraçado irmão, então ainda na posse dos
bens que lhe foram mais tarde confiscados e do nobre e
formoso titulo.

A Condessa de Oyenhausen era celebre, nas côrtes europêas em que havia brilhado fulgurantemente, pela des-
ventura e tragica morte dos Tavoras seus avós, e pelo seu
proprio captiveiro, e era celebre entre nós pela sua intelligencia cultivada e excepcional. A esta illustre mulher con-
sagrámos n'outro livro um estudo quanto possivel completo[1]
que tenta pôl-a na sua verdadeira luz. Não acrescenta-
remos, pois, aqui mais nada a seu respeito, senão que n'este
periodo D. Pedro iniciou com ella relações de affecto, que
só a morte da illustre poetisa logrou deslaçar.

Vê-se por estas escolhas intellectuaes, por estas *affinidades electivas,* para usar o termo consagrado por Goethe, a
fina tempera d'este rapaz, que tanto se sentia attrahido por
tudo que de melhor e de mais illuminado pela chamma interior do talento teve a geração que precedeu a sua.

Não tarda que um theatro mais amplo e mais deslumbrador lhe abra de par em par as suas portas fulgentissi-
mas. Não tarda que o vejamos na intimidade dos maiores espiritos da Europa, na escola litteraria e philosophica de que
Madame de Staël é a inspiradora, o centro, o astro sem
rival, a musa de negro olhar em fogo. Alfieri, de Rossi, os
dois Humboldt, Gay Lussac, Schlegel, Mathieu de Montmorency, Benjamin Constant, vão revelar-lhe em longas
horas de familiar conversação, o que de mais requintada-
mente intellectual existe na região elevada e defeza a que

———

[1] *A Marqueza de Alorna e a Sociedade e litteratura do seu tempo:*
ainda em via de publicar-se.

os seus sonhos de adolescente aspiram com ardor. *Corinna, le bel orage,* que tanta devastação fizera já no espirito e no coração de *Adolphe-Benjamin,* vae inicial-o no vasto mundo incognito, no vasto mundo inflammado da Paixão.

E, superioridade estranha d'este moço, a cujo desenvolvimento moral e intellectual temos assistido! nenhuma d'estas experiencias, que tanto hão de servir para a plena formação da sua bella vida, será de molde a entontecel-o ou a deslumbral-o, fazendo-lhe esquecer a noção pratica das cousas.

Nem a convivencia estreita de quantos *ideologos* tem o seu tempo para odio de Napoleão e encanto de vindouros, nem a paixão ardente, quanto ephemera, de uma mulher de genio, o farão perder o pé.

A cada cousa saberá dar o seu logar proprio, e o bom senso, acrysolado até ás proporções do talento mais fino e mais subtil, será na longa carreira que lhe resta a percorrer o guia seguro e fiel de todos os seus passos decisivos.

CAPITULO III

A ITALIA—MADAME DE STAËL

CAPITULO III

—

A ITALIA—MADAME DE STAËL

—

SUMMARIO

Inicio de vida militar. Encontro com Gomes Freire de Andrade.
O pae de D. Pedro é nomeado Embaixador em Roma. D. Pedro Conselheiro de embaixada. Periodo brilhante. Roma. Vida intellectual e artistica. Trecho da autobiographia. Em que se tinham transformado
as idéas da Revolução. Aspecto cosmopolita e mundano da Roma do
tempo. Encanto supremo da vida social. As mulheres italianas. Viagem em 1803 a Florença. O salão de Madame de Albany. Quem era
ella. O seu casamento com o ultimo Stuart. Alfieri. A figura do
grande poeta. Versos de D. Pedro. A estada em Milão. Indicios da
immoralidade italiana do tempo. Regresso a Roma. Frascati. A morte
inesperada de D. Alexandre, pae de D. Pedro. O desgosto enorme
d'este. O seu desanimo profundo. A seducção d'esta tristeza. Chegada a Roma de Madame de Staël. O que ella sentia n'esta phase
da sua vida. Encontro dos dois. Quem é Oswald, e quem é Corinna.
Trechos do romance. Versos de Madame de Staël. Cartas de Madame
de Staël. A exactidão das paginas de *Corinna*. Palavras da carta de
Madame de Staël pelas quaes se vê que Oswald é D. Pedro. Madame
de Staël não consegue prendel-o. Partida d'ella para Florença, e depois para Coppet. D. Pedro fica em Roma, encarregado de negocios.

CAPITULO III

A ITALIA—MADAME DE STAËL

SUMMARIO

I

De 1797 a 1802 a vida de D. Pedro participa da insipida banalidade da vida nacional, que se arrastava ingloria e decadente.

Tendo assentado praça no regimento de cavallaria, chamado então de Meklemburgo (depois cavallaria 4), na qualidade de cadete, foi, consoante o uso do tempo, promovido logo ao posto de capitão.

Acompanhou o marechal general Duque de Lafões para o Alemtejo e ali permaneceu, no quartel general de Portalegre, por seis mezes de forçada ociosidade.

Em 1798, ainda escolhido pelo Duque, acompanhou este ao quartel de Azambuja, posição que o marechal escolhêra para passar revista a dez ou doze mil homens reunidos no Campo do Quadro.

N'essa occasião cedeu o Duque de Lafões alguns dos seus ajudantes aos generaes que commandavam as tropas da divisão.

A D. Pedro coube em sorte servir sob as ordens de Gomes Freire de Andrade.

Se é verdade, e cremos profundamente que sim, que a vida nos vae affeiçoando e como que esculpindo lentamente, e que, ás virtualidades e instinctos com que nos dotou a herança de gerações anteriores, ella vae dia a dia acrescentando acquisições feitas ao contacto dos homens e sob o imperio de circumstancias fortuitas, muito deviam ter concorrido para a formação definitiva do caracter de D. Pedro de Souza os repetidos encontros com que a boa fortuna o favoreceu.

Poucas foram as individualidades notaveis do seu tempo que elle não conhecesse de perto ou de longe, mas de muito perto algumas das mais caracteristicas.

Nunca por elle foi menosprezada uma d'estas relações, que mais parecem, de frequentes que são, o effeito de uma lei mysteriosa do que o jogo de um acaso feliz.

Conhecer os melhores é já por assim dizer commungar com elles no Ideal; tratal-os de perto, ouvil-os, colher de cada um alguma cousa de particular e de inconfundivel que se evola naturalmente das almas superiores e é o que ellas têem de communicativo e de transmissivel; enfeixar mais

CARLO DI SCULA E HOLSTEIN
DUQUE DE CALVELLA

Imp. F. Mecha

tarde estas recordações salutares, formar um mysterioso her·
bario de todas estas flores, evocar em horas difficeis todas
estas figuras, ouvindo de cada uma d'ellas a palavra definitiva, a lição suprema que cada uma trouxe ao mundo, é
sem contestação, na vida, onde quasi tudo é inane, uma
das felicidades mais perduraveis e mais preciosas...

Gomes Freire attrahiu a si o joven capitão, noviço na
nobre arte da guerra, e tentou communicar-lhe em praticas e exercicios alguma da sua tão variada e tão vasta
instrucção technica, mostrando-se-lhe sempre affeiçoado e
benevolo.

Adivinharia, porventura, o estofo de que elle era feito?
Conheceria, através da mascara ainda indecisa da adolescencia, aquella feição solidamente e reflectidamente patriotica que foi durante a vida inteira a qualidade primacial do
Duque de Palmella, e que merecia ser consagrada por Her·
culano, o austero juiz e austero critico, n'algumas phrases
de sentida admiração publicadas pouco tempo depois da sua
morte[1]?

·Na triste campanha com os hespanhoes, em 1801, já
D. Pedro de Souza, muito felizmente para elle, não fazia
parte do estado maior do Duque de Lafões.

---

[1] *A granja do Calhariz,* por Alexandre Herculano. Jornal a *Se-
mana,* janeiro de 1851. A essas palavras chama Herculano *tributo de
admiração legitima,* louvando o *animo grandioso e amigo do progresso
da patria* do defunto estadista, que foi tambem um excellente e arro-
jado agricultor, e declarando que desde que visitára o Calhariz se tinha
tornado *palmellista. O proveito do paiz,* eis a mira constante que esse
grande homem teve sempre em vista em todas as peripecias da vida.
Este juizo, feito por quem é, e depois de morto o que o inspira, tem
um valor enormissimo, que folgâmos de registar.

Todavia, *para perto se mudára*, como diz conceituosa-mente o proloquio popular.

Na qualidade de capitão aggregado passára para o regi-mento de cavallaria 1, aquàrtelado em Alcantara, e cujas fa-çanhas militares consistiam então em acompanhar como escolta as pessoas Reaes nos seus constantes passeios de Queluz para Lisboa, de Lisboa para Queluz. Serviço inglo-rio, mas pesado, que não deixou saudades, a D. Pedro de Souza, dà vida militar para que não era feito, e que, feliz-mente para elle e para o paiz, a que tantos serviços estava destinado a prestar, abandonou a breve trecho, trocando-a pela carreira diplomatica.

Por este tempo D. Alexandre de Souza, que havia sete annos se demorava em Lisboa, conservando titularmente a missão de Roma onde fôra substituido por um encarre-gado de negocios, resolveu voltar ao seu posto, promovido á categoria de Embaixador, pois que a de ministro era in-compativel com o cargo de Conselheiro d'Estado que pelo Principe Regente lhe fôra, havia pouco, conferido na nova organisação d'este alto corpo politico.

Nos sete annos passados em Lisboa por D. Alexandre, foi este designado para alguns importantissimos empregos que nunca chegou a occupar.

Cansado da intriga da côrte, de que foi victima n'este periodo, preferiu expatriar-se de novo, voltar a Roma, ás suas medalhas, ás suas inscripções latinas, ao seu *dilettan-tismo* intelligente de antiquario, de erudito e de artista, que tivera por sonho de felicidade o *otium cum dignitate* do poeta antigo.

Triste é dizel-o, mas é certo que o viuvo d'aquella en-cantadora e heroica Izabel Juliana, que nos capitulos ante-riores nos deleitámos em retratar, tinha contrahido segundas nupcias com uma sobrinha sua, D. Balbina de Souza, de quem teve mais dois filhos[1].

Para Roma partiu pois D. Alexandre acompanhado pela sua nova familia e pelos filhos do primeiro matrimonio, levando como Conselheiro de embaixada, cargo puramente honorifico, o futuro Duque de Palmella.

Foi este o primeiro passo na vida diplomatica, d'aquelle que, em tal carreira, tanto se havia de illustrar.

II

Abre-se aqui um novo e brilhante e alegre periodo na vida de D. Pedro de Souza e Holstein.

Tem vinte annos; o céu da Italia desdobra-lhe por sobre a cabeça intelligente e expressiva o velario de azul incomparavel; todos os espectaculos lhe solicitam a curiosidade; a sociedade abre-lhe de par em par as portas; o mundo deslumbra-o com alguns dos seus aspectos mais soberbamente pittorescos; a Historia deixa-se ler pelos seus olhos ávidos, não já no silencio das bibliothecas pulverulentas, mas na magnificencia dos seus magestosos monumentos, nos bustos dos Cesares, dos grandes capitães, dos terriveis *condottieri,* nos quadros dos famosos artistas, em tudo que póde transformar o arido estudo na mais requintada voluptuosidade intellectual, no deleite dos sentidos mais puro e mais educativo.

Não sabemos, infelizmente (porque nenhuma confidencia da sua alma subsiste correspondendo a este tempo), o que elle sentia e pensava de mais particular e de mais íntimo.

---

[1] A filha foi Viscondessa de Beire. O filho D. Filippe morreu Par do Reino em 1834.

Sabemos que adorava a musica, e que cantava com voz que era muito admirada; sabemos que fazia versos, e aqui os temos em cadernetas amarelladas; mas esses versos, quasi sempre alegres ou galanteadores, filiam-se inteiramente n'uma falsa escola; revelam, é certo, ephemeras distracções da mocidade, sem raiz como os primeiros dentes, e que hão de, como elles, ser-lhe arrancados sem dor, mas não dão a chave de um caracter, nem o segredo de um coração moço.

Varios nomes de mulher, disfarçados sob as appellações arcadicas da epocha, denunciam o joven portuguez, galante, mais cortez do que apaixonado, e mais inconstante e devaneador do que propriamente sentimental.

Comtudo, a curiosidade do espirito essa é que se manifesta infatigavel em tudo que elle faz e de que mais tarde se recorda saudosamente, e dá conta nos seus *Apontamentos*.

Em Genova demoram-se os viajantes alguns mezes para dar tempo a que o palacio da embaixada em Roma se mobile faustosamente ao gosto do elegante Embaixador.

Genova, cujo porto é uma das maravilhas do mundo, encanta o joven diplomata, tão attento observador de tudo que o cérca. A politica já o interessa mais ainda do que todos os outros phenomenos do viver social.

«Achava-se então a republica de Genova — diz D. Pedro de Souza nos seus *Apontamentos* — gosando de uma independencia nominal debaixo da protecção da França, que depois da batalha de Marengo tinha ficado dominando em toda a Italia, menos no territorio de Veneza, cedido á Austria pelo tratado de Lunéville.

«Muitos indicios havia já de que a sorte d'esta republica mudaria em breve, e que ella seria encorporada na França, como o haviam sido o Piemonte e os estados de Parma.

«Existia, portanto, uma grande fermentação n'aquella parte da Italia, e os animos estavam divididos, manifestando-se uns partidarios da França e das innovações introduzidas pela Revolução franceza; outros, mais inclinados á conservação das instituições aristocraticas e aos sentimentos da independencia nacional.

«Era esta a terceira occasião em que me achava, por assim dizer, em contacto com a Revolução, produzindo esta no meu espirito, de cada vez, impressões bem diversas.

«Primeiro, a da surpreza e exaltação que se havia apoderado de quasi toda a mocidade da Europa, á vista das grandiosas scenas da *Assembléa Constituinte* e da realisação das idéas de liberdade, que pareciam reproduzir as mais bellas epochas da Historia da Grecia e de Roma.

«Depois, a desordem, a guerra, a epocha do terror e da guilhotina, as miserias da emigração, um amontoado, emfim, de quantos horrores podem imaginar-se, a Republica franceza, em vez de ser objecto de admiração e de inveja, apresentando-se á Europa como objecto de odio e de horror. N'esta terceira phase, na qual já começava a esquecer-se a lucta entre as antigas e as novas idéas, os defensores da liberdade tinham-se convertido em soldados enthusiasmados só pela gloria militar, pelo espirito de conquista, pela cobiça dos despojos dos povos vencidos, instrumentos de ambição inquieta, insaciavel, de um chefe, cujo pé se dispunha a subir os degraus do throno, e que não só aspirava a dar leis á Europa toda, mas a erigir a nação franceza em dominadora das outras nações!

«Desde então comecei a conhecer que o meu coração se revoltava contra a perspectiva de servidão de que todos nós eramos ameaçados. Estes sentimentos, que successivamente foram sendo os de todos os povos que soffreram ou

6

estiveram ameaçados de soffrer o jugo da França, estas idéas de nacionalidade e de independencia, tão naturaes nos homens de todas as classes, foram de dia para dia crescendo e avultando, até que por fim chegaram a produzir a tremenda explosão de patriotismo, em que tomou a iniciativa a nossa Peninsula, e em que finalmente se inflammaram as nações da Europa inteira.

«Pareceu-me conveniente indicar aqui o momento em que começou a produzir-se no meu espirito a impressão que depois de dia em dia se gravou mais profundamente, e acrescentarei tambem, pelo que me diz respeito, que o anti-gallicismo não era o unico sentimento que me animava, e que a inclinação natural das minhas idéas successivamente se fortaleceu pelas relações posteriores que tive com pessoas de quem mais tarde fallarei, e que me levaram a odiar Bonaparte, não só como inimigo da independencia dos povos, mas como usurpador do throno da França e *algoz das idéas liberaes!*»

Com que nitida clareza, n'aquella phrase limpida, correcta, despretenciosa, que caracterisa os seus despachos, os seus discursos parlamentares, as suas cartas intimas, está notada aqui a transformação por que tinham passado no mundo as idéas de 89!

A aspiração fremente e exaltada de liberdade e de igualdade levára pelos excessos desenfreiados á anarchia, ao despotismo universal, á reacção irreprimivel, e finalmente ao resurgimento de nacionalidades que em lethargo criminoso se tinham deixado manietar.

A Europa moderna, a Europa liberal já se antevê ao cabo d'este caminho de calvario que as nações tiveram de trilhar sob o peso de ingloria cruz.

O estadista liberal revela-se igualmente n'estas phrases que vibram de sinceridade e de convicção.

No outono de 1802 o Embaixador portuguez e sua familia fixam-se definitivamente em Roma.

Roma tem n'esse tempo um aspecto que não é n'ella permanente, e que deve a sua causa principal á agitação phrenetica do mundo, que, sem chegar ali, para ali impelle como para um refugio sagrado e inviolavel os que principiam a estar cansados do vendaval revolucionario.

De todos os pontos da Europa profundamente convulsionada, tudo ali acode, tudo ali passa, tudo ali repousa dias ou mezes, longe do turbilhão febril que açoita as nacionalidades e os individuos.

Centro cosmopolita, como o havia sido o Paris do seculo XVIII, esta feição de sociabilidade sympathica, este doce abandono que sempre caracterisou a vida italiana, e que é mais frisante ainda pelo contraste que offerece com tudo que vae lá por fóra, encanta o moço portuguez.

Depois da infancia austera na Suissa e da adolescencia dissipada ao vento morno da mourisca Lisboa, Roma apparece-lhe como a reveladora de um mundo novo.

Muito moço e ainda não iniciado nos mysterios d'essa melancholia vaga e penetrante com que a voz de René vae encher a vida, e embriagar morbidamente as almas d'este seculo, não o impressiona sómente em Roma, como succederá mais tarde a tantos, a grandeza olympica das suas ruinas, ou a tristeza nostalgica que do seu solo, amassado na poeira dos seculos, se evola como uma inspiração de pessimismo e desalento; namora-o principalmente a graça, a elegancia, a facilidade da vida quotidiana.

A sociedade, tal qual a havia feito uma cultura de seculos, e que não era o espontaneo crescer de uma bravia charneca, mas o laborioso e perfeitissimo producto de umas poucas de civilisações sobrepostas, de uma serie de grandes ideaes realisados, certamente o faria cogitar em todos os milagres de genio e de trabalho de que era remate delicioso, revelando-se-lhe pela primeira vez em todo o seu esplendor artistico.

Conversando nas salas de Roma com as mulheres, cujo typo de formosura harmonioso e são elle via immortalisado na téla dos mais gloriosos artistas; ouvindo discretear os eruditos, os sabios, os viajantes, os archeologos, ácerca de tanto monumento grandioso, de tanto vestigio de extincta magestade; lendo a Historia Antiga, cujo commentario vívido encontrava a cada passo,—o seu entendimento dilatava-se sem esforço, e nada mais lhe era preciso do que abrir as janellas da alma e deixar entrar a grande, a fecunda luz que lh'a inundasse toda...

De resto, a posição de Embaixador de Portugal era então em Roma das mais preponderantes.

Não iam muito longe os tempos de D. João V, em que nós tinhamos vasado as arcas abarrotadas do oiro dos Brazis nos cofres finamente cinzelados do Vaticano.

A nação *fidelissima* era ainda muito amada e considerada pela Santa Sé em attenção aos serviços e á generosidade ampla, cuja memoria o tempo não lográra diluir.

«A casa de meu pae —conta D. Pedro— foi em breve uma das mais brilhantes d'aquella cidade, para o que contribuia tambem em alto grau a sua amabilidade, a affabilidade das suas maneiras.

«O interesse que excitavam no meu animo os passeios que, com meu pae e os mais celebres antiquarios de Roma, eu dava quasi diariamente, visitando as famosas ruinas da capital do mundo, augmentava com a leitura que n'esse tempo começava a fazer da Historia Antiga e Romana. Outra excitação tambem resultava para mim da frequencia dos alumnos da academia portugueza de bellas artes, instituida por meu pae em Roma, a qual infelizmente decaíu, e a final se extinguiu por descuido e abandono do nosso governo.

«Estas primeiras impressões foram tão profundas, que nunca mais se apagou em mim a paixão que ellas despertaram pelo estudo da antiguidade e das Bellas Artes.»

Já se vê que a par d'estas preoccupações intellectuaes, D. Pedro confessa que «gosou avidamente em Roma de todos os prazeres que a sua posição lhe facilitava».

Basta ler as notas *vividas* de Stendhal ácerca da vida italiana d'aquelle periodo para se adivinhar um pouco quaes esses prazeres seriam...

Mas se ao homem completo, no conceito do poeta, *nada do que é humano deve ser estranho,* tambem esta quadra de experiencias sentimentaes, mais ou menos delicadas, tambem estas excursões, mais ou menos temerarias em terrenos ignotos e tentadores, deviam ser, para o moço peninsular, interessantes e proficuas.

Na sua futura carreira diplomatica, tão cheia de triumphos, provou o Duque de Palmella que tinha profundo conhecimento dos homens, e já não sei que moralista dizia que, para chegar bem a conhecer os homens, é antes de tudo necessario... estudar com attenção as mulheres...

Temos a convicção íntima que a esse estudo não foi de todo alheio, durante esta quadra de preparação, o espirito juvenil e curioso de D. Pedro de Souza.

No verão de 1803 D. Pedro deixa Roma, fazendo na Italia uma viagem de recreio que dura tres mezes.

Visitou Florença e Milão, indo primeiramente acompanhar a Genova a irmã mais velha, D. Marianna, tão querida da sua alma, tão admirada pelo seu talento notavel, e que a esse tempo, já casada com o Conde de Alva, regressava a Portugal.

Em Florença, mercê das relações diplomaticas e mundanas de seu pae, D. Pedro penetrou facilmente no elegante e celebre salão da Condessa de Albany, inaugurando a sua lista de famosas relações internacionaes pelo conhecimento do grande poeta Alfieri.

O salão da Condessa de Albany era uma instituição italiana, quasi europêa.

Por ali passou tudo quanto no primeiro quartel d'este seculo e nos ultimos annos do anterior teve um nome na historia da arte, da politica, das letras ou da alta elegancia mundana.

Madame de Albany era viuva de Carlos Eduardo, o ultimo Stuart, conhecido na Historia pelo nome de *Pretendente,* o que tivera uma tão poetica e tão commovedora lenda, e que tanto fallou á imaginação romanesca dos homens e das mulheres do seu tempo.

Que fizera elle para a merecer? Em 1745, esse joven, descendente de uma raça infeliz, aportára um dia á Escossia, desfraldára ao vento das montanhas nataes um farrapo de seda que havia trazido do exilio, juntára sob esta bandeira improvisada dez mil *highlanders* fieis ao prestigio do velho nome tragico, duplamente santificado pelo martyrio e pela proscripção, tomára com elle posse de Edimburgo, passára a galope sobre o ventre de quatro mil soldados inglezes em Preston, e avançára, acclamado e ovante, até quatorze leguas de Londres!

Esta aventura soberba e temeraria só poderia ter por epilogo a victoria ou a morte!

O Principe não pôde vencer nem soube morrer.

Perfeito contraste com o Infante portuguez, que tendo na hora do triumpho denunciado qualidades crueis e serios defeitos de caracter, soube no longo exilio crescer, purificar-se, adquirir direito a uma absolvição plena dos erros da mocidade, gravar a sua imagem, sob o nome querido de *Rei proscripto,* na alma fiel de um partido de que foi lemma a lealdade e a constancia,—o ultimo Stuart, pelo contrario, sobrevivendo á sua curta sazão de heroismo exaltado, afundou-se na crapula mais vil, e no alcoolismo mais degradante.

Podia ter ficado na região envolta em neblina dourada na qual se tece, no feliz conceito de um critico, a *mythologia da Historia,* como uma das suas figuras mais patheticas, como uma das victimas mais bellas da *Fatalidade* que persegue as grandes raças; ficou apenas na memoria dos que o trataram como um ebrio bastante grosseiro e um narrador infatigavel de aventuras bastante enfadonhas e falsas...

Quando a pobre princesita allemã, Mademoiselle de Stolberg, que, sob o nome de Condessa de Albany, elle uniu mais tarde ao seu inglorio destino, se quiz separar d'elle, farta de-maus tratos, enojada da convivencia de um ebrio, o proprio irmão do *Pretendente,* o cardeal de York, auxiliou n'este empenho a que então a Italia appellidava, por uma graciosa phrase galanteadora e ambigua, *a Rainha dos corações.*

O amor de Alfieri vingou mais tarde a Condessa de Albany das torturas que lhe crucificaram a mocidade.

Este amor, que não é occasião opportuna de definir ou de julgar, pertence á Historia, e sendo uma das anomalias da sociedade italiana do tempo que o consagra e absolve e como que legitíma, attrahiu, como é bem natural, a attenção de D. Pedro de Souza.

Alfieri, quasi inaccessivel a estrangeiros que não tivessem pelo menos uma fama europêa a engrandecer-lhe o nome, acolheu ainda assim o filho do Embaixador portuguez com desusada benevolencia, lembrando-se do affecto sincero que na mocidade, a outro portuguez, ao primeiro Conde da Cunha, elle tinha consagrado, e nas suas *Memorias* deixou rememorado.

Pôde, portanto, D. Pedro n'aquella sala, frequentada por uma sociedade de eleição, observar de perto o grande, o irascivel, o ardente piemontez, que, para viver em Florença ao pé da mulher amada, sacrificára sem hesitação tres partes da sua fortuna patrimonial.

Le grand haïsseur,—como lhe chama Sainte-Beuve,—que o sorriso de uma simples mulher tinha domado, appareceu então ao joven observador tal qual n'um soneto formoso elle proprio se pinta: *De rosto mais pallido que o de um rei no seu throno; ora duro e amargo, ora piedoso e doce; sempre iracundo e nunca malevolo; o coração e o espirito em perpetua lucta; quasi sempre triste e de quando em quando alegre»* —adorando a liberdade e odiando a França; independente, altivo, quasi principesco na vida e no porte; tão diverso dos poetas louvaminheiros ou dos poetas desbragados que D. Pedro víra em Portugal, levantando aos seus olhos o valor do genio, exemplificando-lhe a importancia social do poeta, do escriptor...

Que longe estavam os serões jogralescos do Tolentino, e os cafés enfumarados, onde elle, curioso e rapaz, fôra ouvir as rajadas cynicas ou acremente angustiadas de Bocage —o sublime pária— d'aquella sala opulenta, povoada pelas figuras mais altas da Europa cosmopolita, e onde em raras horas de expansão a voz de Alfieri, severa e triste, evocava porventura,—em odio ao corso audaz, invasor e ultrajador da Italia— as grandes figuras dos avós...

As sombras do Dante, de Petrarcha, de Miguel Angelo, de Machiavelli, de Savonarola,—os toscanos immortaes—perpassavam ao fundo entre os monumentos rendilhados, as gloriosas estatuas, os frescos e os quadros, em que um d'elles pozera o melhor do seu genio, em que Ghiberti e Brunellesco e Donatello, em que Cimabue, Masaccio e Benozzo e Fra Angelico e tantos mais deixaram esse cunho perfeito, de graça subtil e fina e rara, que entre todos grava para o artista a gentilissima cidade onde o Arno serpeia ondulante, e que um *lys vermelho* symbolisa...

Momento este inolvidavel e culminante da mocidade, que a memoria do velho acariciava mais tarde no quasi remate de uma longa vida prodiga em fadigas e em dores...

Um leve enternecimento, uma tristeza vaga, talvez presentimento, faz pela primeira vez vibrar, fremir docemente a musa infantil e incorrecta de D. Pedro, que em faceis versos sem arte —unico e por isso mesmo ás vezes precioso documento autographo que resta d'essa epocha da sua vida— deixa agora adivinhar as emoções que experimenta.

Todas aquellas bellas cousas o fazem triste. Porquê? Nem elle proprio o sabe.

E como precisa por força de o dizer, põe-se então a cogitar na avidez com que a alma dos moços se atira ao

mar de todas as paixões tumultuosas, e escreve em versos,
que, já se vê, não damos pela belleza do conceito ou pelo
seu valor esthetico, mas como revelações de um novo estado de espirito:

C'est ainsi qu'abusant des dons de la jeunesse,
Entrainés par l'appât d'un plaisir séducteur,
Tant d'autres insensés, pour un moment d'ivresse
Pleurent pendant longtemps leurs maux et leurs erreurs.

Elle est trop loin de nous, cette essence si pure
Cette félicité que nous voulons saisir.
L'amour même, l'amour, l'âme de la nature,
Donne-t'-il le bonheur, qu'il parait nous offrir?

Oh! douce illusion, consolante espérance,
Ah! ne cessez jamais de fasciner mes yeux!
Vous m'aidez à souffrir les maux de l'existence,
Grâce à vous quelquefois j'ai rêvé d'être heureux!...

Em Milão, capital, a esse tempo da republica cisalpina,
o luxo era estonteante, a riqueza deslumbradora, os divertimentos, os theatros, a animação mundana verdadeiramente
prodigiosos.

Ali D. Pedro só regista o conhecimento que n'uma elegante sala de Milão fez do celebre Marchesi, já retirado
do theatro, e que por uma formosa condessa lhe foi apresentado. Marchesi foi o maior cantor do seu tempo, e era
uma das maximas celebridades da Italia, onde quinze annos
mais tarde Stendhal ainda o encontrou, do mesmo modo
acclamado e rico e disputado pelos salões, contando a quem
o queria ouvir as aventuras inverosimeis e estranhas da sua
mocidade phenomenal...

Será bom que isto não passe despercebido aos que tanto
clamam contra a degeneração moral dos tempos de hoje...

Estava por pouco esta primeira quadra de alegria sem mistura e de goso sem responsabilidades na vida de D. Pedro de Souza.

Mais uns mezes de outono n'uma *villa* deliciosa de *Frascati,* ao pé do pae querido, evocando ali, na sombra dos limoeiros, dos cyprestes, dos loureiraes, as recordações da velha *Tusculum,* entre amigos eruditos e convivas disertos... O regresso a Roma, e em dezembro a morte, vindo brutal como sempre, e como sempre inesperada, acabar com este periodo feliz.

D. Alexandre morria com cincoenta e tres annos, robusto, alegre, na força da vida, deixando inconsolavel a familia que o adorava.

O encanto que havia em D. Alexandre — e que foi herdado pelo Duque de Palmella, que todos são unanimes em classificar como *un charmeur* — fez com que o pezar da sua morte fosse sentido e geral.

Desde o Papa Clemente VII e do Cardeal Gonsalvi, seu ministro, até aos mais humildes servidores, todos sentiram a morte do brilhante Embaixador, tão affavel, tão hospitaleiro, cultivado e bondoso.

Canova ergueu-lhe um tumulo na capella de Santo Antonio dos portuguezes[1], recebendo em troca do seu trabalho, a estatua grega representando um Sileno, em marmore e tamanho natural que, juntamente com outras antiguidades preciosas, foram por D. Alexandre encontradas n'uma excavação feita ao pé de Roma.

---

[1] A copia exacta d'este monumento, tambem feita por Canova, estava na capella da casa do Calhariz, em Lisboa, e foi transportada mais tarde para o jazigo que a familia Palmella tem no cemiterio dos Prazeres.

As familias principaes acompanharam a familia Holstein com as provas da sua sympathia fervorosa, antes d'esta partir para Portugal.

D. Pedro ficou sósinho em Roma, fechada para sempre a casa onde elle gosára as horas mais felizes da sua juventude, que por assim dizer findava aqui.

IV

Superior em categoria ao secretario, o joven conselheiro de embaixada ficou exercendo as funcções de encarregado de negocios até ordens ulteriores do seu governo.

Mas que differença em tudo que o cérca! O amor da familia, nos seus multiplos aspectos, foi até á ultima hora da sua vida uma das mais acrisoladas virtudes do Duque de Palmella! Imagine-se o que seria para elle a morte de um pae, que tanto queria, que tanto admirava, em cuja mão forte e protectora elle confiava absolutamente o seu juvenil destino.

As irmãs, acompanhadas pela madrasta, as irmãs que elle tanto amou e cujo alegre papaguear o delicia, partiram para longe. Os prazeres, que ha pouco o seduziam, mostram-lhe agora, n'este segundo e mais cruel encontro com a Morte, a inanidade, o acre sabor de cinzas. Uma nevoa de melancholia envolve subitamente a alma d'este moço, que já sob tantos aspectos tinha conhecido a vida, e que julga talvez haver-lhe exgotado os bens...

Privado aos vinte e tres annos do seu natural protector, do seu poderoso amigo, sente-se desamparado e só; inconsciente do proprio merito como todos que realmente o têem, nada lhe deixa presentir o futuro brilhante que o espera, e tudo attribuindo á influencia do pae, ao talento e poder d'este, sente que a sua esperança sossobra, que vão abortar miseravelmente todos os seus sonhos de gloria e de ambição.

Porque D. Pedro é ambicioso, nobremente ambicioso, como todos os que nascem para luctar e para vencer!...

Para elle a grande phrase de Shakespeare tem uma significação ampla e completa. *The soul's joy lies in doing;* a alegria da alma é na acção que consiste...

E como é que, sem aquelle que tudo podia, elle achará agora um campo em que as suas faculdades se exercitem, em que as virtualidades do seu caracter tomem realidade e corpo! Como poderá elle, desamparado e só, vencer na lucta que tão aspera se lhe afigura... Enternecedora ignorancia de si proprio, que, nos umbraes da vida, experimentaram todos os privilegiados e todos os fortes!...

Mas, n'este cadinho mysterioso em que uma alma se forma, tanto os prazeres da sensibilidade como as dores do coração são elementos vitaes que o Destino, esse operario taciturno, não dispensa jamais.

É bom, pois, que o rapaz descuidoso e feliz soffra agora bastante; é bom que a Vida o retempere, preparando-o para o vasto futuro...

A physionomia expressiva e delicada de D. Pedro tolda-se de sombras; o seu olhar azul, que se espraiava limpido pela existencia fóra, ennubla-se como que de um véu de represas lagrimas; a fina bôca espirituosa, que se ageitava no riso alegre da mocidade, ou no leve desdem da ironia aristocratica, comprime-se, para que d'ella não sáiam queixas que tão adversas são ao seu temperamento. É melancholico, reservado e grave o seu aspecto. Contrasta esta silenciosa tristeza com a mocidade extrema da loura cabeça tão distincta.

Tem a attracção irresistivel de um enygma a vaga cogitação do seu olhar...

Não ha mulher que, passando perto d'elle e vendo-o assim, moço e tão triste, não deseje entendel-o, não sonhe consolal-o.

. . . .

Madame de Staël chegava então á Italia mais celebre do que nunca o fôra, consagrada pelo odio e pela perseguição de Napoleão, o grande despota, e pela homenagem um pouco resistente, mas completa a final, de Goethe, o grande pensador.

Vinha ferida por uma dor igual á dor que descrevemos, por uma dor que foi a mais profunda, a mais duradoura que ella sentiu na vida, a que mais influencia exerceu em todo o seu ser, a que fez crise no seu destino, tão cheio de gloria e de tumulto...

Acabava de perder o pae, e sabe-se que adoração apaixonada, indiscreta, talvez theatral, mas absolutamente sincera, ella tinha por Necker.

Tambem, depois de tempestades em que se entrelaçaram por desgraça o que ha de mais dolorosamente tragico ao que ha de mais irresistivelmente burlesco, ella rompêra finalmente com o amante, esse encantador e inquietante Benjamim, esse *Adolphe* tão perfido e tão sincero que, deixando de a amar, a tinha por piedade enganado, e que, deixando de a enganar, soffria atrozmente de não a poder amar ainda...

Estava, pois, só, só na terra ainda ha pouco tão povoada e tão cheia, e que dois nomes, o do pae e do homem amado, illuminavam de inspirativa luz!

Na vida nada havia que madame de Staël mais odiasse que a solidão.

Estar só, para ella, equivalia a *não ser*.

Para a sua viagem á Italia convidára outros amigos, que se recusaram a acompanhar a grande escriptora, cujo affecto estava sendo uma recommendação especial ao odio de Bonaparte.

Como encher o vasio da sua vida agora tão arida? Ao contacto de outras intelligencias, embora inferiores á sua ou muito diversas da sua, é que as riquezas incomparaveis do seu cerebro se expandiam em jorros, revoavam em turbilhões. O silencio, tão amado de Carlyle, o silencio em que se geram as grandes concepções do espirito, era-lhe mortal, era-lhe asphyxiador.

Fallando, gesticulando, amachucando nas bellas mãos de imperatriz o classico ramo de louro, sorrindo, respondendo-se, contradizendo as proprias affirmações, rectificando os proprios assertos, cortando em rapido ataque as timidas objecções dos deslumbrados ouvintes, formulando hypotheses imaginarias, derrubando imaginarios obstaculos, esgrimindo contra sonhados argumentos, dominando com a virilidade do seu genio, com a promptidão maravilhosa do seu espirito todos os que a cercavam;—é que Madame de Staël era absolutamente *ella propria,* isto é, uma das mais extraordinarias personalidades que o mundo moderno conheceu e de que o mundo moderno se ufana...

Na scintillação quasi insustentavel, de fulgida que era, da conversa é que estava o triumpho do seu genio, é que á mulher revelava o seu encanto especial, o seu encanto raro, incomparavel.

Enganam-se, no emtanto, os que, por esta especie de arrebatamento viril que a singularisa, tentam despil-a das graças e dos defeitos do seu sexo que foram n'ella tão singulares e tão caracteristicos.

A verdade é que poucas foram tão profundamente *mulheres* como esta mulher, que tinha o genio imperioso e dominador de um homem...

O que ella mais que tudo quizera ter não era o talento que assombra... e que afugenta. Era a belleza ideal que subjuga, enternece e prende os corações.

Não era de admiração que ella tinha a sêde atormentadora e inextinguivel; era de ternura, era de affecto, era de uns olhos que sonhassem enleiando-se com os seus...

Por um bocadinho de amor sincero dera ella, a grande mulher acclamada, todos os triumphos vãos que desde Paris até S. Petersburgo, e desde Londres até Roma, lhe juncaram de louros e tambem de pedras duras a estrada que trilhou...

En cherchant la gloire j'ai toujours esperé qu'elle me ferait aimer, confessa a gloriosa Corinna, e é isto que a torna mais sympathica e mais humana.

Não; a pobre Germaine de Staël não era tal o monstro anti-feminino, monstro de talento viril, e de viril orgulho indomito, que a inveja dos homens tem pintado.

Era uma mulher como todas, tendo a mais do que todas o genio, e a menos do que muitas a belleza.

Pensava ella que, visto não ter as armas de que as outras dispunham, devia empregar o seu immenso poder de expressão em conquistar o amor, esse bem que lhe fugia.

Os homens teimavam então em achal-a feia, porque no seu tempo a belleza, que se modifica com o ideal esthetico de cada seculo, não consistia como hoje na estranheza da expressão, no atormentado das linhas, não podia como hoje ser um producto da arte e da vontade.

A mulher bella do seu tempo era a requebrada e correcta Recamier, era a grega Paulina Borghèse; David pozera de novo á moda as nymphas esbeltas e delicadas, cuja plasticidade ideal aquellas mulheres realisavam.

É verdade que os olhos de Corinna, magnificos, confiantes, profundos, doces ás vezes como os de leôa em repouso, chammejantes n'outras horas da flamma de todos os incendios, revelavam infinitos segredos de paixão; é verdade que os seus negros cabellos lustrosos e ondados lhe caíam, revolto manto, sobre as espaduas esculpturaes, livres do hediondo turbante com que a posteridade teima em vêl-os cobertos; é verdade que a bôca expressiva, insinuante, eloquente, bôca de orador, de labios um tanto grossos, tem um sorriso franco e bom, tem um sorriso encantador que lhe resume o genio, e que a vasta fronte é digna do cerebro que sob ella lateja, palpita, estremece ao influxo de todas as idéas de generosidade e de justiça.

Nem por isso ella consegue o que tantas e tão inferiores a ella possuiram e possuem.

Nem por isso a sêde de felicidade que a abraza tem agua limpida que a sacie.

E ella, que applicára toda a sua soberba energia ás conquistas d'esse bem sempre fugitivo, ella que só quizera a gloria para com essa moeda rara comprar o appetecido amor, chegava agora a Roma, vencida, derrotada, farta de lagrimas, de luctas, de tempestades interiores cujo echo mal sabia concentrar, de ciumes que aos proprios olhos a degradavam, de scenas que tinham uma especie de prolongamento europeu, e de que ella só percebêra agora a humilhante feição. Não vinha desesperada, nem pessimista, nem má. Era uma força da natureza esta mulher. Immoral talvez, perversa não. Outra, viria cheia de odio e sonhando vinganças; ella, sentia-se apenas avida do que quer que fosse que de si mesmo a lograsse arrancar.

Queria sentir de novo, queria ouvir outra vez palavras que outr'ora a fascinaram, e de que tinha saudades.

Para ella, seria sómente uma poderosa illusão o amor? Embora! Essa illusão era um philtro com que ella queria ainda embriagar-se...

E foi então que pela primeira vez Madame de Staël viu D. Pedro de Souza e Holstein.

Felizmente que temos aqui presentes bastos documentos ineditos com que possamos reconstruir, quasi inteiramente, este significativo episodio da vida do nosso heroe.

À critica franceza, curiosa e esmerilhadora, escapou completamente o *sentido secreto* d'esta phase da vida de Madame de Staël, que tão importante devia ser para a historia da sua litteratura.

Ao encontro de Germaine de Staël e de D. Pedro de Souza e Holstein é que a França deve uma das suas incontestadas obras primas, o mundo um dos livros que, no momento em que appareceu, mais ardente admiração despertou e mais lagrimas fez verter.

É certo que sem esse encontro Madame de Staël teria escripto outro livro: um volume de philosophia e de critica como a *Allemanha;* um volume de viagens e de reflexões historicas e politicas como *Dix ans d'exil;* um volume digno dos mais abalisados publicistas, como as *Considérations sur la Revolution française.* A *Corinna* é que ella não tinha com certeza escripto, e a falta de *Corinna* na obra de Madame de Staël deixaria uma grande lacuna.

Foi necessario que uma infinita quantidade de elementos varios se conjugassem, que uma serie de circumstancias eventuaes convergissem n'um dado sentido para que um tal livro, de certo o mais bello da obra de Madame de Staël, saísse assim, jorro de lava candente, não direi do seu coração já gasto e macerado, mas da sua potente imaginação sempre torrentuosa, indomita e feliz.

Atravez da insignificancia da ficção dramatica, a verdade sentimental palpita em todas as paginas do romance.

As circumstancias não são inteiramente verdadeiras, as figuras não têem aquella realidade objectiva que é indispensavel aos heroes da ficção; o conflicto dos caracteres, e a dor que elle produz são, porém, analysados com a mais penetrante sagacidade critica.

Madame de Staël, desilludida, cansada da complexidade perversa d'esse entendimento e d'esse coração com que durante o espaço de tantos annos identificára o seu, tem por instantes a esperança,—ante a extrema juventude, a melancholia encantadora, a relativa obscuridade d'este elegante portuguez de olhos azues de scandinavo,— de ter encontrado alguem que a ame sinceramente, vencido pela sua grandeza, alguem que o seu genio subjugue e prenda, e que, vassallo submisso e adorado, se deixe jungir ao seu carro triumphal.

Para alcançar essa victoria definitiva o que ella não faz?

Revela-lhe com encantadora garridice, mais enternecedora por vir d'ella, as faces mais brilhantes de um talento que é o assombro da Europa; inicia-o em longas conversações adoraveis, em longos passeios maravilhosos —e depois tão maravilhosamente descriptos!— nas bellezas e no espirito de duas civilisações que têem em Roma o seu cemiterio e o seu museu; fal-o assistir ás deslumbradoras justas de graça, eloquencia e *verve,* que faziam do seu salão errante, onde quer que a fortuna temporariamente o plan-tasse, um dos logares da terra onde os olhos se fitavam com mais inveja e com mais pasmo; communica-lhe quanto póde da chamma interior que para ella illumina o Passado e o Presente, a Historia e o Pensamento; approxima-lhe

da cabeça juvenil a cabeça radiante, que um nimbo de luz
envolve e cinge...

E comquanto o inebrie por momentos, — pois não ha ne-
ctar mais capitoso do que a paixão de uma mulher superior, — e por momentos provavelmente o transfigure, elevan-
do-o acima das miseras contingencias da terra, e comquanto
elle conserve da genial creatura, que o distinguiu e amou, a
recordação de um meteoro fulgente entrevisto no quente céu
azul de uma noite tropical, a verdade é que esse amor, estonteante ás vezes, como não podia deixar de ser, para o
moço portuguez, não logra ainda assim desnortear-lhe o
agudo entendimento critico, nem destruir o claro sentimento
das cousas, que desde a primeira mocidade fez do Duque
de Palmella uma individualidade absolutamente superior,
absolutamente distincta...

Ninguem, até hoje, acertou nunca com quem fosse Lord
Nelvil, o heroe do celebre romance, e teimam muitos em
consideral-o apenas como o revestimento de uma idéa ab-
stracta de rigorismo convencional.

Devem-se estas duas conclusões a duas causas distinctas.

A primeira é que Lord Nelvil não se parece absolutamente nada, nem pelas circumstancias da sua vida, nem
pelas qualidades desenhadas pela escriptora, com algum
dos homens celebres que a Europa via então junto d'ella
e dos quaes teve mais ou menos noticia.

A segunda é porque o personagem é vago e indeciso.
Madame de Staël, apesar do seu immenso talento, o maior
talento de mulher que até hoje foi conhecido, não pertence
ainda assim á familia, entre todas privilegiada e altissima,
em que brilham Shakespeare, Balzac ou Michelet; não é,
portanto, capaz de saír de si, de se esquecer de si, para
crear uma alma, uma d'estas verdadeiras creaturas de ner-

vos e de sangue, que a imaginação do verdadeiro artista gera e produz; que são independentes d'elle; que dentro d'elle se agitam para surgirem á luz como o feto se agita para saír das entranhas maternas; que nascem dotados de vida propria, de idéas, de paixões, de virtudes, de forças, de que o artista não tem, por assim dizer, a responsabilidade directa; que se desenvolvem e crescem em virtude de forças espontaneas; que se debatem em conflictos naturalmente nascidos do seu proprio ser moral; que teem uma realidade mais allucinante que a dos proprios seres vivos; que vivem mais intensamente do que se fossem mortaes!...

Madame de Staël analysa com lucidez, mas com superficialidade, o caracter dos contemporaneos que a cercam e que transpõe para os seus romances, mas nunca pôde abstrahir da sua propria personalidade a ponto de os envolver n'essa contemplação apaixonada em que —segundo Taine— «o espirito sympathico se colloca em frente de um objecto, o penetra por todos os lados, o abraça e apalpa nas suas relações com o mundo exterior, o appropria, o assimila, imprime d'elle em si a imagem viva e poderosa, tão poderosa que é obrigado a exteriorisal-a n'uma obra de arte ou n'uma acção».

O que ella, portanto, viu em Oswald, isto é, em D. Pedro de Souza, pois que outro não é o heroe de *Corinna,* foi o que a interessava propriamente, o que o seu poder de visão, restringido por determinados limites, pôde abranger e dominar.

O que lhe acrescentou, modificando-lhe e alterando-lhe o aspecto, foi tirado d'ella mesma, pois que era este o seu processo de arte. Por isso foi que passou em julgado que Oswald e Corinna são Germaine de Staël duplicada, e que ao homem ella deu o lado conservador, sensato, religioso, o *lado Necker* da sua complexa individualidade, aquillo que ella bem sabia ser preciso para se adaptar ao meio social e viver n'elle, estimado e feliz; e á mulher todo o brilho, a inquietação, a paixão incandescente, que a fez a ella tão gloriosa e tão desgraçada.

V

Os documentos aqui estão. Elles que fallem por si, depois do longo espaço de tempo em que melindres respeitaveis, embora exagerados, os tiveram occultos. Se alguns faltam, as cartas de D. Pedro, por exemplo, e tambem, segundo cremos, algumas cartas d'ella, os que restam são mais que sufficientes para a critica poder formular um fundamentado juizo.

No romance que envolve de transparente véu a realidade, e em que estão apenas modificadas algumas circumstancias secundarias de tempo, de logar, de nacionalidade, Corinna encontra Oswald em Roma inconsolavel por haver perdido o pae que adorava.

«O luto que elle trajava e a sua entristecida physionomia impressionaram-na logo[1].»

Elle passava então, «sem nada observar, sem se interessar por cousa alguma; vinha-lhe esta indifferença da disposição melancholica da sua alma, e tambem *de uma certa indolencia natural*[2], *á qual sómente as paixões fortes o arrancavam.* O seu gosto pelas artes não se tinha ainda des-

---

[1] *Corinna,* pag. 41.

[2] *Corinna,* pag. 27. Esta indolencia exterior, de que só as cousas serias o arrancavam, era uma feição caracteristica de D. Pedro. Madame de Staël refere-se a ella n'uma das cartas abaixo citadas.

envolvido... a sua imaginação concentrada nas proprias penas não se comprazia ainda nem com as maravilhas da natureza, nem com as obras primas da arte[1]».

«Acostumada ás homenagens vivas e cariciosas dos italianos, a dignidade das maneiras de Oswald, a sua frieza apparente, a sua sensibilidade, que se denunciava involuntariamente, exerceram na imaginação de Corinna uma influencia poderosa. Nunca elle narrava uma acção generosa, nunca fallava de uma alheia desgraça sem que se lhe arrasassem os olhos de lagrimas...[2]»

«Lord Nelvil juntava a estas qualidades uma nobreza de expressão, uma elegancia nos menores actos da vida, que contrastavam com a negligencia e a familiaridade da maioria dos fidalgos romanos[3].»

«O sentimento que Corinna inspirava a este moço, provado em todas as cousas, mas não confessado em palavras, diffundia na existencia d'esta um interesse inteiramente novo; sentia-se como que envolta n'uma atmosphera mais pura e mais doce, e cada instante do dia lhe vinha trazer um sentimento de felicidade que se deleitava em saborear sem a si mesma tentar definil-o[4].»

O tempo que juntos passaram em Roma foi curto, mas quanto o encheram as commoções d'aquella vida intensa, que Madame de Staël trazia em si e communicava aos que ao pé d'ella viviam!...

Não necessitâmos de seguir passo a passo o rapido idyllio.

---

[1] *Corinna*, pag. 27.
[2] *Corinna*, pag. 63.
[3] *Corinna*, pag. 63.
[4] *Corinna*, pag. 64.

As paginas inteiras de *Corinna* traduzem-no com magnificencia e com verdade.

Excursões artisticas, visitas aos monumentos, aos tu-
mulos, ás galerias, ás igrejas, longas dissertações eloquentes
em face das grandes ruinas historicas, tudo ali é verdadeiro,
de tudo restam vestigios nos apontamentos de D. Pedro,
nas cartas da grande mulher enamorada.

Alexandre e Guilherme Humboldt, Gay Lussac, Schlegel, Sismondi, eis o cortejo glorioso de Corinna, cortejo em
que o moço D. Pedro tinha o *melhor quinhão,* se não o mais
ostensivo.

E em toda esta passagem maravilhosa da sua vida, Madame de Staël, eloquente, improvisadora, brilhante até ao
deslumbramento importuno, justificava admiravelmente o
juizo que d'ella fez Goethe ao cabo das longas horas em
que a ouviu e estudou, como a um dos mais estranhos phenomenos d'essa Natureza que elle tanto se comprazia em
sondar nos seus aspectos mais claros ou nos seus veios
mais incognitos.

... «A naturalidade e o sentimento valem n'ella mais
que a metaphysica... e a sua bella intelligencia eleva-se á
altura do genio...

«Quanto ao que chamâmos Poesia, Madame de Staël
não tem d'ella o menor sentimento; em cada obra d'este genero não póde apropriar a si senão o que ella tiver de ora-
torio, de apaixonado, de universal...

«Quer explicar tudo... penetrar tudo, medir tudo. Não
admitte que haja nada obscuro, inaccessivel; e nas regiões
que não póde alumiar com a luz que traz na mão, nada
existe que para ella valha a pena de existir!»

Como isto é verdadeiro! Não o é tanto o mesmo Goethe
dizendo que ella não póde comprehender a Italia.

Comprehendeu-a, e tanto mais quanto o seu bello genio francez, tão claro e tão lucido, se tinha desenvolvido e ampliado estranhamente, nas conversações com esse homem, que foi, de todos os que têem pisado a terra, aquelle em que a *comprehensão* é mais universal.

Madame de Staël que, lendo, pouco ou nada aproveitava do solitario estudo, sabia no emtanto tornar fecunda para o seu entendimento toda a noção que em conversa lhe fosse ministrada. Como não havia ella de lucrar profundamente com a convivencia do grande allemão?

Para que tudo seja verdade na *Corinna,* verdade, amplificada, transposta, mas verdade em todo o caso, até a existencia de *Lucile* não é uma ficção da romancista.

D. Pedro de Souza pensava então em casar com uma piemonteza de boa familia, Mademoiselle du Perron, e no breve periodo em que elle, com intermittencias de rebeldia e de submissão, de desnorteamento e de lucidez, se deixava prender ao carro da grande triumphadora, nunca a sombra d'esta noiva ideal deixou de pairar entre os dois como se prova pelos documentos que existem[1].

Finalmente, Madame de Staël sente que é necessario, que é inevitavel deixar Roma, que a separação se impõe como um preceito de suprema dignidade.

Vejamos em todos os seus incidentes e em todas as suas *nuances* o que se passou então entre estes dois seres tão interessantes, um que pertence á Historia da litteratura europêa, outro que esmalta de intenso brilho uma phase caracteristica da nossa historia nacional.

Da vespera da separação resta-nos uma carta.

---

[1] Vide Appendice.

Acompanham essa carta uns versos ainda mais reveladores da verdade de tudo que havemos com inteira prova affirmado. Damos ambos os preciosos documentos na integridade que merecem:

«*Voilà ces vers un peu corrigés, mais toujours bien loin de ce que je sens et de ce que je pense. Une langue plus flexible, une langue dont je suis plus maîtresse pourrait seule caractériser et peindre l'âme la plus délicate, et les sentiments profonds qu'elle inspire. — Gardez ces vers pour vous seul jusque dans les lieux où rien de moi ne peut être répété, où jusque vers le temps où tout est égal à une femme, en Portugal, ou dans dix ans.*

Les jours se passent et je suis bien peu seule avec vous; aujourd'hui à dîner, demain à Frascati, je ne vous parlerai pas une seconde, du fond du cœur. Si vous reveniez ce soir à 11 heures, nous pourrions aller ensemble voir le Colisée au clair de la lune. Je dis revenir, pour vous laisser le temps de faire des visites; vous savez bien que la vie entière passée avec vous me paraîtrait plus courte encore qu'elle ne l'est.

Seguem os versos; ouçâmol-os:

> Il faut donc quitter Rome, il faut donc vous quitter
> Et remplir de douleur son âme et sa pensée.
> C'est avec vous, surtout, que j'aimais à gôuter
> Les nobles souvenirs de la grandeur passée.
> Votre cœur m'a fait croire aux temps qui ne sont plus,
> Votre jeune avenir, aux antiques vertus.
> Je recherchais pour vous l'aimable prophétie
> Qui d'Auguste lui-même a fait couler les pleurs,
> Quand Virgile, attendri sur le sort d'Octavie,
> Consacra de beaux vers à peindre ses douleurs;

Il se crut transporté près des royaumes sombres
Où tout est confondu dans l'abîme des temps.
Tu *seras Marcellus,* dit-il parmi les ombres
Au jeune homme illustré dans la fleur de ses ans.
Recevez donc, aussi, ce glorieux présage
Dans un monde désert cultivez le laurier,
Et soyez Marcellus sur les rives du Tage.
Poëte, magistrat, ambassadeur, guerrier,
Tout est grand, tout est beau, lorsque notre âme est belle.
Quand le souffle du ciel inspire à notre cœur
Cet amour généreux pour la gloire immortelle,
Qui des ans passagers eternise l'honneur.
Tout porte dans ces murs l'empreinte du génie;
Ces monuments debout, ces tombeaux éloquents,
Accusent à nos yeux notre frivole vie,
Qui de son poids léger charge si peu le temps.
Le rayon le plus pur luit au fond de votre âme,
Ne laissez point périr un don si précieux.
Que ce siècle avili vous approuve ou vous blâme,
C'est à vous, rejeton des plus nobles aïeux,
C'est à vous qu'appartient d'évoquer dans l'histoire
Les jours choisis par vous pour sortir des tombeaux.
Cherchez vos compagnons dans les fils de la gloire,
Tout morts qu'ils sont, leur voix vous défend le repos.
Pour vous tout morts qu'ils sont, leur cendre brûle encore.
Elle vit plus que ceux dont le stérile cœur,
Sans vigueur à midi, sans fraîcheur dès l'aurore,
Calcule froidement la vie et le bonheur.
J'ai repoussé bien loin ce bonheur misérable;
Aimer, souffrir, penser à rempli tous mes jours;
Ces jours qui devançaient dans leur rapide cours
Le temps où le destin dans sa marche immuable
M'apprêtait à pleurer mon père auprès de vous.
Quand un malheur pareil vous arrachait des larmes
A d'un même chagrin fait un chagrin plus doux.
Que ce moment pour vous, conserve quelques charmes.
Quand Rome apparaîtra la nuit à vos regards,

En longs habits de deuil, et sous des voiles sombres,
Voyez-moi quelquefois errer sur ses remparts.
Ne suis-je pas déjà dans l'empire des ombres?
Le départ est la mort; et les jours à venir
Jettent peu de lueur sur les jours de tristesse.
Oui; le sort incertain même dans la jeunesse
Ne nous fait possesseurs que de nos souvenirs.
Ce n'est point mes cheveux, ce n'est point mon image
Que je vous laisse ici, pour garant et pour gage;
Par de plus sûrs garants je veux vous retenir.
Quand un noble dessein vous touche et vous enflamme,
Pensez au cœur aimant qui sût vous pressentir!
Et sous de froids dehors a deviné votre âme.
Quand votre esprit si noble, et si juste, et si fin,
Se sent comme accablé par l'insipide vie
Que le pouvoir des sots impose au genre humain;
Vers un monde nouveau, don de la piété,
Lorsque vous élevez et votre âme et vos vœux,
N'oubliez pas alors la Sybille étrangère
Dont le cœur fut prophète, et qui dans ses adieux
Vous promit tous les biens dignes d'une âme fière,
Vous aima, vous bénit, au nom de l'amitié.
Enfin lorsque l'amour charmera votre vie
Par les nœuds les plus saints, quand vous serez lié
N'oubliez point encore et Rome et votre amie!
Ne soyez point ingrat au culte du Passé.
En vain par l'avenir ce culte est effacé,
C'est un charme pieux qui lie à sa mémoire.
À lui sont confiés les fastes de la gloire;
Je lui remets ma cause en ce triste moment.
Une autre règnera sur votre âme attendrie
Sur l'invincible appui d'un cœur ferme et constant
Une autre appuyera sa jeune et frêle vie;
Mais pourrez-vous aimer sans songer à ces temps,
Où, tout deux rappelant les plus nobles peintures,
Les vers les mieux sentis, les airs les plus touchants,
Nous aimions à parler de ces flammes si pures

Qui vers un ciel d'azur élevent notre cœur,
Et font de la vertu le secret du bonheur?
En aimant perdrez-vous un souvenir si tendre
Pourrez-vous être aimé sans croire encore m'entendre?

Que pena não é que ás paginas inflammadas de *Corinna,* que, escriptas mais tarde, têem muita vez um tom declamatorio que lhes afrouxa a sincera paixão, faltem estes versos, ou antes este esplendido trecho de prosa rimada, em que a grande mulher, na emphase oratoria que é tão d'ella, narra magnificamente o seu amor e os altos pensamentos que n'elle se entrelaçaram para o fazerem mais alto, mais bello e mais raro!...

No dia seguinte ella partia, e, chegada a Florença, primeira *étape* do caminho que a separa do seu sonho ephemero, mas empolgante, escreve de novo, anhelante de uma dor que palpita agora sem disfarce e sem estylo litterario:

—*«Florence, ce mardi sois 12 mai.—Je n'ai pú, cher Don Pedro, arriver hier comme je le voulais, mes forces étaient epuisées par le sacrifice que j'avais fait. Il faut vous le dire à present, si vous me l'aviez demandé je serais restée jusqu'à l'arrivée du pape, mais peut-être ne m'avez-vous rien dit par délicatesse et par une sorte de timidité. Je n'ai pas osé vous dire que je le souhaitais. À present l'on m'assure ici qu'il y a un cordon à Venise et je suis presque tentée de retourner sur mes pas. Quels jours je viens de passer! Je me reprochais d'être partie, je me retraçais tous les mots que vous m'avez dits sur les probabilités de votre départ, enfin les paroles de Bonaparte ne sont pas acueillies avec plus d'avidité par ses courtisans que les vôtres n'ont été retracées dans mon cœur.—Je vous écrirai demain, mais je n'ai qu'un instant pour saisir le courrier de Gènes, que ce mot donc vous dise seulement que je vous aime et que je souffre.*

«*Ecrivez-moi samedi à Boulogne. J'écris aussi un mot à monsieur Humboldt.*»—

No dia seguinte, já physicamente repousada, mas toda macerada ainda d'esse arranco supremo da separação, que a si propria impozera sentindo-se menos amada do que queria, menos amada do que tinha sonhado, Madame de Staël solta um grito longo e dilacerante de paixão e de dor concentrada, nobremente concentrada[1]:

«Florence ce 14 mai.—Não posso exprimir-lhe, não posso a mim propria dizer quanto sou desgraçada porque o deixei! Nunca esperei passar comsigo a vida inteira, e soffro como se tivesse contado inteiramente com essa felicidade.

«Ha no seu caracter, nas suas maneiras não sei que *encanto* que actuou mysteriosamente em mim; o que póde dizer-se, o que póde escrever-se a seu respeito, não dará nunca uma idéa justa d'essa harmonia deliciosa de todo o seu sêr, que me fez achar um encantamento tão intenso na sua affeição. Mas que posso eu dizer-lhe que valha o triumpho que alcançou sobre a minha natureza propria?

«Tudo em mim é movimento. É tudo reflexão em si. Tudo que eu sinto preciso de o dizer logo; um véu como que encobre as suas impressões todas... E no emtanto o segredo da sua alma attrahiu-me mais do que tudo que por outros me foi revelado.

«O tempo provará se este sentimento é um instincto do coração que me fez advinhal-o, ou uma illusão da minha phantasia.

«Se é o que eu imagino, ha de amar-me algum tempo; não sempre, porque o destino nos não fez contemporaneos[2], mas não será com fa-

---

[1] A carta inteira vem no appendice: *Primeira carta.*

[2] Que engraçado e feminil euphemismo para lhe dizer que ella tinha mais quinze annos do que elle!

cilidade que dê a outra o logar que eu tenho no seu coração, e nunca fará uma escolha que não justifique o meu enthusiasmo por si.

. . . .

«Mas antes é preciso que eu torne a vêl-o, é preciso que passemos ao menos dois mezes em Coppet e perto de París, e aonde eu o veja sem constrangimento. Mas escolha o bom tempo para essa viagem, o céu tem harmonias desconhecidas com o sentir d'alma, e é n'um dia puro como a sua que eu quero tornar a vêl-o...

«Mando-lhe d'aqui todas as flores com que os meus filhos e Schlegel enfeitaram o meu quarto, e ainda lhe prometto muitas mais para florir os seus quartos de Coppet. Ah! venha, venha! Tudo que a estima, affeição, o enthusiasmo podem reunir, juntarei eu para recebel-o.

«O seu espirito e o seu coração estão ás vezes como que prisioneiros dentro de si proprio; o meu affecto será o cavalleiro que os liberte. Ensinal-o-hei a conhecer-se a si mesmo, a mostrar-se aos outros tal como é, e quando for ainda melhor, ainda mais amavel do que é hoje, deixal-o-hei então partir, e guardarei comigo o sonho chimerico de o ver um dia esposo de minha filha. Sabe que a pequerrucha me perguntou hontem se eu julgava que ella *realmente o tivesse conquistado?* São os seus proprios termos.

. . . .

«Querido D. Pedro, não é inteiramente louca esta idéa, acredite-me. Precisa de uma mulher distincta para sua companheira; a sua superioridade natural, unida á natural indolencia, torna-lhe mais necessario ainda unir-se a uma mulher que o comprehenda. Tenho receio de o ver deixar adormecer em si os dons da natureza . . . .

. . . .

«Ah! eu senti a presença de um *Deus* nas ruinas de Roma que percorri comsigo á luz da lua, e quasi que na mesma hora em que ia deixal-o.

«Tinha a alma toda penetrada de ternura, de saudade, de admiração; ante as ruinas dos seculos eramos contemporaneos; unia-nos o mesmo culto pelo bello, e do céu com certeza que meu pae me perdoaria uma felicidade em que havia tantas lagrimas, uma felicidade em que havia tantas sombras... Escrevi depois algumas cousas de entre as que me disse n'essa noite. Eu nunca inventaria melhor, e gosto de pensar na intelligencia secreta que entre nós haverá quando ler *Corinna.*

«Nas paginas d'ella *ha de reconhecer-se tal qual é,* tal qual será se conservar o seu espirito e a sua alma na altura que lhes são naturaes.

«Roma e a sua imagem são na minha memoria inseparaveis. Só através de si eu comprehendi bem as delicias d'esse logar, a minha imaginação não povoára ainda o deserto; amei-o, e tudo se animou para mim, as bellas artes, a natureza, tudo, até ás saudades do passado, que me doíam tanto e de que aprendi a extrahir não sei que íntimo goso. Dois mezes da minha vida são obra sua!»

. . . .

Na mesma carta, em data de 16, dois dias depois das primeiras palavras escriptas, Madame de Staël continúa em Florença, na casa de Madame de Albany.

«Estou ainda aqui, porque me encheram de amabilidades, e tambem porque tenho ainda nas mãos o manuscripto da *Vida de Alfieri* escripta por elle proprio, que tenho de acabar de ler antes de partir. Ámanhã vou buscar as suas cartas.

. . . .

«Querido D. Pedro. Como tudo que eu vejo me faz sentir ainda melhor o seu valor superior! Tinha hontem em volta de mim uma revoada de moços italianos a fazerem-me innumeros cumprimentos. Eu teria vontade de fazer de tudo isso pagens em torno do seu coche, tanto a nobre expressão do seu rosto lhe dá o direito de reinar!

«De todas as finezas que ouvi só uma me ficou lembrando. Disse-me um russo que ao entrar na galeria de Florença o meu timbre de oz o attrahíra entre todas as vozes de mulher que estavam presentes.

«Querido D. Pedro, é a mesma voz que tanta vez ouviu repetir-lhe que o amava! Faça por lembrar-se d'ella, ouça-a em espirito quando estiver só, quando passear no Colyseu, e em todos esses logares onde estivemos juntos ambos, e onde pela minha saudade eu ainda estou!

. . . .

«Ai! quem me déra ir de novo a Roma e morrer lá perto de si! Tenho estado continuamente enternecida pela vista de Madame de Albany, e d'esta casa onde Alfieri viveu, amou, soffreu.

. . . .

«Madame de Albany fallou-me de si com muito interesse, disse-me que tinha agradado immenso a Alfieri—mais que nenhum outro portuguez, acrescentou. Eu ainda queria um elogio mais generalisado.

. . . .

«Não sei ainda se poderei entrar em Veneza. Tive por um momento esperança de voltar para trás. Iria então a Roma, ao menos por dois dias. Iria lá em todo o caso se me julgasse necessaria á sua felicidade.

«Se alguma vez podesse verdadeiramente acredital-o, até a viagem a Lisboa me pareceria facil. Para mim todas as circumstancias, todas as conveniencias, todos os interesses da vida é o coração que os domina; e por um sentimento do coração faria a viagem que fez Humboldt com a maior alegria.

. . . .

«Adeus. Adeus. Tenho padecido continuamente. Não posso consolar-me d'esta separação... Adeus ¹.»

São longas estas paginas; mas são de Madame de Staël, foram escriptas n'uma hora de irresistivel sinceridade e de sentir profundo: seria um crime de leso gosto e de lesa critica historica não dar d'ellas uma transcripção extensa, que em si contenha as phrases mais decisivas e eloquentes.

Temos aqui o original da carta esplendida, amarellecida, pois que o espaço de quasi um seculo passou por sobre o papel de onde esta queixa se exhala com o seu perfume saudoso do passado.

E sentimos diante d'este papel mysterioso, onde talvez caíram lagrimas de um grande coração atormentado, inquieto, vasto e complicado de mais para um fragil peito feminino, aquella estranha emoção de pasmo e de respeito, que Carlyle sentia e tão adoravelmente expressou ao revolver velhos papeis, onde ficou a alma dos mortos e em que

─────────

¹ A carta completa no original, bem como todas as cartas que restam de Madame de Staël, vem no appendice d'este volume.

8

ninguem por longos annos tocou, que a ninguem por longos annos fizeram estremecer e vibrar!...

Que variadas *cordas* a d'esta carta que, por ser de uma escriptora affeita a domar, manejar, contornar elegantemente e eloquentemente a lingua patria, tem a desgraça de não saber ser simples, incorrecta, incoherente, mal escripta! Oh! Como ella seria mais acreditada se não tivesse tanta grammatica e boleios tão elegantes nos seus calidos periodos!...

E no emtanto ella tem de tudo, esta carta encantadora, e tudo revela e explica e deixa adivinhar...

Foi ardente este amor, mas conservou-se puro até este instante, porque de outro modo não invocaria Madame de Staël, para prender solteiro mais tempo o joven diplomata, a doce figura, já intelligente, reflectida e grave, da que vae ser a austera e formosa Albertina de Broglie.

Mas foi sincero, porque a dor da separação sangra em cada phrase, porque a humildade encantadora da mulher que não logrou fazer-se amar, apesar da sua illusoria grandeza, murmura entre as linhas a sua queixa dolorida e tremula... «Se eu me julgasse necessaria á sua felicidade... diz ella. E acrescenta:... «Se um dia o julgar, a propria viagem até Lisboa me seria facil.

«... Por um sentimento do coração faria com felicidade a viagem de Humboldt.»

Depois, deliciosa de *coquetterie,* a *coquetterie* da gloria, deixa-se adivinhar cercada de adulações e de homenagens, na esperança vaga, instinctiva e feminina de accender uma chispa ao menos de ciume na alma reservada, na alma mysteriosa que, mesmo porque era assim, attrahiu pelo seu insondavel segredo, a imaginação ardente, expansiva e incapaz de conter-se da apaixonada mulher...

Como os dois retratos resaltam d'este periodo significativo!

*« Tout est mouvement en moi, tout est reflexion en vous,
tout ce que je sens je le dis, un voile couvre toutes vos impressions, et cependant j'étais plus attachée par le secret de
votre âme, que par tout, ce qui m'a jamais été révélé!»*

O retrato de D. Pedro de Souza, n'este periodo da sua
vida, quem melhor o podia fazer do que uma mulher de
genio e uma mulher enamorada?

E como a gente o vê através d'esta carta, com aquella
superioridade natural que a *indolencia* aristocratica acompanha e realça! Com aquella «deliciosa harmonia de todo
o seu ser», com aquelle mysterioso encanto de caracter e
de maneiras que attrahia e que se impunha! E como explicar de outro modo a posição excepcional que em todos
os paizes, e no meio de toda a *élite* europêa do seu tempo,
este portuguez occupou tão admiravelmente!

A altiva reserva que era n'elle constitucional, porventura
herdada da ascendencia do Norte, que o seu olhar azul tão
bem revela e accentua, provoca em Madame de Staël esta
phrase encantadora:

«O seu espirito e os seus sentimentos estão muita vez
prisioneiros dentro de si; eu serei o cavalleiro que hei de
libertal-os...

E para que não reste a minima duvida de que a *Corinna*
é a historia transposta d'aquella paixão de outono em que
o genio de Madame de Staël deu a sua mais esplendida e
rubra flor, e para que fique bem patente o engano em que
a critica franceza tem vivido até hoje, não atinando nem
de leve com o nó verdadeiro do formosissimo livro, eis a
phrase capital a que ella, se este trabalho porventura lhe

chegasse ás mãos, não tinha que oppor desmentido que valesse:

—*Je l'ai senti ce Dieu dans les ruines de Rome, que j'ai parcouru avec vous au clair de la lune et presque au moment de vous quitter. J'ai écrit quelqu'unes des choses que vous m'avez dites ce jour là, car je n'inventerai jamais mieux, et j'aime cette intelligence secrète qui s'établira entre nous quand vous lirez Corinne. Vous vous y reconnaitrez tel que vous êtes et tel que vous serez, si vous soutenez votre esprit et votre âme à la hauteur qui leur sont naturelles.*

E como era innegavelmente superior e requintada a intelligencia d'este moço de vinte e quatro annos, a quem a mulher de soberbo genio que foi Germana de Staël dizia com sentida eloquencia e perfeita sinceridade de coração:

«Roma e a sua imagem são para mim inseparaveis. Só através de si é que eu entendi as delicias que ella tinha; a minha imaginação não lográra ainda povoar o deserto. Amei-o ali, e tudo se animou para mim: as artes, a natureza, até as saudades do passado que tanto me doíam, e com as quaes aprendi a gosar... Dois mezes da minha vida são obra sua[1].»

. . . .

Madame de Staël devia ter-se contentado com estes dois mezes de uma secreta vida tão rica em sensações delicadas e em gosos intimos e sem macula. Não quiz. N'aquella

---

[1] «Rome et vous sont inséparables dans ma mémoire, je n'ai compris que par vous les délices de ce séjour; mon imagination n'avait encore peuplé le désert; je vous ai aimé, et tout s'est animé pour moi, les beaux arts, la nature, et jusqu'aux souvenirs du passé qui me faisaient mal et dont j'ai appris à jouir. Deux mois de ma vie sont votre ouvrage.»

mesma carta que temos analysado aqui, ella pede ardentemente a D. Pedro de Souza mais outros dois mezes da
vida delle[1], dois mezes passados em Coppet ou perto de
Parĺs. Mas o interesse verdadeiro do encontro entre Corinna
e Oswald, entre a grande mulher e o joven portuguez de
alto futuro, que elle proprio não sonhava, e que ella soube
adivinhar, e cujo caracter reservado, altivo e triste, cujo fino
e subtil entendimento a maravilhavam, é em Roma que attinge o ponto culminante de interesse. O que pensava Madame de Staël tentando conquistar, conseguindo ás vezes
deslumbrar D. Pedro de Souza e Holstein? Pensaria porventura em casar com elle?

Ella, que não quizera casar com Benjamin Constant, para
não desorientar a Europa, trocando pelo nome de Madame
Constant o seu nome retumbante, o seu nome acclamado;
ella, que mais tarde se casou com um rapaz cujo unico merito era o seu amor sincero, apaixonado, talvez o unico
amor que a pobre grande mulher inspirou na terra—teria,
encontrândo em D. Pedro reunidas condições de elegancia,
aristocracia e talento, que raramente se conjugam na mesma
personalidade, a idéa de com elle refazer, reconstituir a sua
vida devastada? *L'amour dans le mariage,* a que ella chamava o céu na terra, que fôra a fugidia chimera do seu passado, viria ainda seduzil-a com uma illusoria e tardia esperança?

---

[1] «Il faut que nous passions au moins deux mois à Coppet, et près
de Paris où je vous voye sans contrainte. Mais choisissez le beau temps
pour ce voyage, le ciel a quelques rapports inconnus avec les sentiments
de l'âme, et c'est dans un jour pur comme votre âme que j'aime à vous
revoir. Oh! venez, venez! et vous serez reçu avec toutes les affections
que l'enthousiasme et l'estime peuvent réunir....»

O appellido Holstein, commum aos dois, suggerir-lhe-ía a idéa de, conservando o seu antigo nome, crear para si uma felicidade nova?

Ella ficaria do mesmo modo Madame de Staël Holstein, por um pequeno artificio bem explicavel no seu caso exce‑pcional. A Europa não ficaria *desorientada,* e ella julgava poder ficar feliz...

Foi provavelmente este pensamento occulto, *de derrière la tête,* como diria Montaigne, que o fino e arguto olhar de D. Pedro surprehendeu e que bastou para esfrial-o.

De outro modo, tal prudencia em annos tão verdes, uma resistencia tão accentuada em circumstancias tão excepcio‑nalmente tentadoras, não teriam rasão de ser. Em todo o caso o que nos parece certo é que para D. Pedro, pelo menos, o encanto se quebrára em Roma.

O Deus que pairou nas ruinas do Colyseu sobre as duas figuras—aureoladas uma pelo Genio, outra pela mo‑cidade promettedora e mysteriosa,—o Deus que ambos *sentiram* e com a passagem do qual ficaram mais ricos de vida interior, esse, tinha-os abandonado nas salas luxuosas do principesco e tumultuoso Coppet.

Corinna então desapparecêra, ou só a longos intervallos reapparecia.

Substituia-a a grande escriptora cosmopolita, que conti‑nuava a sua estranha lucta contra Napoleão, entre as tris‑tezas e os esplendores de um exilio, que parecia o de mais uma realeza proscripta pela tyrannia oppressiva do Grande Usurpador.

CAPITULO IV

DE ROMA ATÉ LISBOA

CAPITULO IV

—

DE ROMA ATÉ LISBOA

——

SUMMARIO

Chegada do novo ministro portuguez. Excursão ao Vesuvio com Humboldt e Gay Lussac. Partida de Roma. Pensamentos tristes. *Diario de viagem* de Roma até Turim. Documentos de uma alta cultura. Gostos de Arte, de Historia, de Politica, de Litteratura. Amor pelas bellas cousas. Inverno em Turim. Projectos de casamento. Despeito de Madame de Staël. Genebra. Coppet. Novo aspecto das relações entre D. Pedro e Madame de Staël. A phase que tomára a vida de Madame de Staël. Encontro com personagens brilhantes e famosos. Benjamim Constant. Representações theatraes. Hypolito e Phedra. Conversações politicas. A liberdade é antiga; moderno é o despotismo. Partida de Coppet com Madame de Staël. Hospedagem do Embaixador portuguez D. Lourenço de Lima. Intermedio apaixonado. Ida a Auxerre. Traducção dos Lusiadas. Versos francezes da mesma epocha dedicados a *Corinna*. Novas cartas de Madame de Staël mais inflammadas do que as primeiras. Uma carta, ha pouco achada, de Madame de Staël com referencia a D. Pedro e á traducção dos Lusiadas. Quando era ella sincera? Privilegios pouco invejaveis das mulheres de genio. Narração retrospectiva. Apresentação a Napoleão. Trecho dos *Apontamentos* auto-biographicos. Partida de París. Encontro agradavel com a Duqueza de Noailles-Mouchy. Côrte de Madrid. O Principe da Paz. A Condessa da Ega, Embaixatriz portugueza. Portugal. O Paiz. A Raça.

CAPITULO IV

DE ROMA ATÉ LISBOA

SUMMARIO

Chegada do novo ministro portuguez. Excursão ao Vesuvio com Humboldt e Gay Lussac. Partida de Roma. Pensamentos tristes. *Diario de viagem* de Roma até Turim. Documentos de uma alta cultura. Gostos de Arte, de Historia, de Politica, de Litteratura. Amor pelas bellas cousas. Inverno em Turim. Projectos de casamento. Despeito de Madame de Staël. Genebra. Coppet. Novo aspecto das relações entre D. Pedro e Madame de Staël. A phase que tomára a vida de Madame de Staël. Encontro com personagens brilhantes e famosos. Benjamim Constant. Representações theatraes. Hypolito e Phedra. Conversações politicas. A liberdade é antiga; moderno é o despotismo. Partida de Coppet com Madame de Staël. Hospedagem do Embaixador portuguez D. Lourenço de Lima. Intermedio apaixonado. Ida a Auxerre. Traducção dos Lusiadas. Versos francezes da mesma epocha dedicados a *Corinna*. Novas cartas de Madame de Staël mais inflammadas do que as primeiras. Uma carta, ha pouco achada, de Madame de Staël com referencia a D. Pedro e á traducção dos Lusiadas. Quando era ella sincera? Privilegios pouco invejaveis das mulheres de genio. Narração retrospectiva. Apresentação a Napoleão. Trecho dos *Apontamentos* auto-biographicos. Partida de París. Encontro agradavel com a Duqueza de Noailles-Mouchy. Côrte de Madrid. O Principe da Paz. A Condessa da Ega, Embaixatriz portugueza. Portugal. O Paiz. A Raça.

I

O funccionario nomeado para succeder em Roma a D. Alexandre de Souza, o finado Embaixador, chegou áquella cidade no verão de 1805.

Chamava-se José Manuel Pinto de Sousa. D'aqui vem as referencias contínuas á chegada de *Mr. Pinto*, feitas nas cartas de Madame de Staël.

Tinha sido lente em Coimbra; e empregado depois na negociação de uma convenção, que por esse tempo se concluiu com o marechal Lannes, Embaixador francez em Lisboa, e na qual nos fizeram pagar, á custa de muitos milhares de cruzados, um ou dois annos de desafogo, sob o fingido nome de neutralidade.

A protecção do marechal Lannes, poderosissima em Portugal, tinha feito alcançar ao sr. Pinto a nomeação cubiçada de Embaixador portuguez em Roma.

Com elle se demorou D. Pedro alguns mezes para lhe fornecer as indispensaveis informações officiaes e para o introduzir na sociedade romana, em que tão acceito era.

Foi justamente n'este ultimo tempo de Roma que D. Pedro fez com Alexandre Humboldt e Gay Lussac uma interessantissima excursão a Napoles, e uma ascensão ao Vesuvio não menos interessante.

O barão Humboldt, que tão amavel e acolhedor fôra para com o moço diplomata, com quem mais tarde veiu a estar tambem em París, no congresso de Vienna e em Londres, e que já a esse tempo lhe queria muito, fôra quem o apresentára ao irmão na volta da grande viagem d'este.

De ambos os famosos sabios restam cartas que demonstram claramente em que pé de affectuosa intimidade social e intellectual os dois estavam com o moço D. Pedro[1].

Cartas tambem d'esse tempo, escriptas por Mr. Monod, o professor suisso de quem já fallámos aqui, revelam a especie de exaltação, de affecto apaixonado, que D. Pedro soube sempre inspirar aos que viviam ao pé d'elle. Mr. Monod adora-o como um pae, e cousa encantadora e bem natural, tem ciumes d'elle como uma namorada.

Vide Appendice.

A idéa de que Madame de Staël póde vir a conquistal-o, a dominal-o, afflige-o profundamente. Como ella, vaticina tambem ao seu ex-discipulo uma carreira de gloria e de triumpho; revê-se na intelligencia que ajudou a desenvolver; falla desvanecido no encanto pessoal d'esse rapaz que elle educou e que desde creança prendeu a si.

E como revelação eloquente do coração generoso de D. Pedro, d'esse coração fidalgo que elle até ao fim da sua vida tanto expandiu em beneficios, essa correspondencia refere-se aos auxilios constantes que da sua bolsa, então não muito guarnecida, D. Pedro tira, para com elles minorar as privações do seu velho professor.

E com que delicadeza são feitos esses beneficios, que, ou prendem para sempre o coração de quem os recebe, ou para sempre o azedam e ulceram, quando não são revestidos da subtil, da engenhosa bondade que, no bem que faz, só vê o prazer requintado que recebe em troca aquelle que, possuindo verdadeiros amigos e vendo-os desgraçados, tem a felicidade de poder valer-lhes!

Os que, por absoluto desconhecimento do caracter d'este singular portuguez, fizeram d'elle um retrato tão contrario á realidade, como se penitenciariam do seu infundado julgamento, feito de certo de boa fé, mas com elementos que só a malevolencia e a inveja dos contemporaneos legaram, se tivessem percorrido um a um os documentos preciosos que de si deixou uma vida tão interessante, uma vida tão cheia!

N'esses documentos, manuseados com o maior escrupulo, temos encontrado a cada minuto a prova de que a generosidade previdente, engenhosa, adivinhadora dos males que soccorre e das feridas occultas que tenta sarar, a generosidade que não consiste apenas na *esmola*, mas sim na abundancia do coração, na graça do affecto, na comprehensão das mil angustias que tantas vezes esmagam e inutilisam um nobre destino, foi uma das grandes virtudes do coração de D. Pedro de Souza.

É justamente durante o periodo da sua excursão a Napoles que um violento abalo de terra, sentido em varios pontos de Italia, põe em vivissimo sobresalto os numerosos amigos do joven portuguez.

Monod escreve-lhe louco de susto; o Barão Humboldt, que tremêra por elle e pelo irmão, escreve-lhe já tranquillisado pelas noticias recebidas, mas contando-lhe ainda as varias sensações por que passára.

Madame de Staël, que a esse tempo já estava em Coppet, escreve-lhe uma carta cheia ao mesmo tempo de accusações e de paixão[1]:

«O seu silencio, D. Pedro, fez-me sentir uma cruel sensação de magua. Fiquei vivamente assustada por sua causa quando soube do tremor de terra; e não sei o que daria da minha propria existencia por uma palavra escripta pela sua mão! Aqui estou em Genebra á sua espera: dê-me os dias que me prometteu ou então restitua-me os versos que lhe fiz!

«Se já não tem amisade nenhuma por mim, não quero que fiquem na sua mão as provas que lhe dei da minha. Mas porque se esqueceu de mim!

«As minhas relações da Italia as mais afastadas escreveram-me dando-me noticias, e aquelle que me inspirou um tão fundo interesse, não se preoccupou de me affligir!

«Acaso tem a gente menos merecimentos justamente quando ama? e é o meu affecto que aos seus olhos diminue o valor que eu possa ter?

«Emfim! Venha, venha, e será perdoado...»

«Não posso acompanhal-o até París, mas tornarei a encontral-o em Bordeus, no seu regresso. Monod vae vêl-o a Turim, mas peço-lhe que não dê attenção ao que elle lhe disser de mim. Fiz o *impossivel* por

---

[1] Vide Appendice.

sua causa para aplacar o ciume que elle tem de mim. Nada consegui. Náo lhe falle a meu respeito, peço-lhe, e sobretudo chegue bem depressa a Genebra, e lembre-se de que não podendo ir a París não me demoro em Genebra, onde morro de tedio, senáo para o tornar a ver. Venha depressa e para se demorar muito. Quer algumas cartas de recommendação para Turim? Mande-me dizer se sim ou não. Adeus. Apesar *de todas as suas culpas,* ninguem em todo o seu caminho o verá chegar com mais viva alegria. Ninguem absolutamente! Adeus.»

. . . .

A hora de partir approxima-se porém. D. Pedro tem de separar-se de tantas figuras eminentes e queridas com quem conviveu estreitamente, e a quem vivamente se affeiçoára, e do meio incomparavel onde adquiríra táo vasta cultura.

As relações valiosissimas ali formadas não se quebraram, é certo, com a separação. Alem dos Humboldts, que tantas vezes encontrou e tratou depois, iria ver brevemente em Coppet a Schlegel e a Sismondi. O cavalleiro de Rossi, de quem guardou sempre recordação, e que por seu pae fôra nomeado Director da Academia Portugueza de Bellas Artes em Roma, typo admiravel de italiano do tempo, improvisador, artista, auctor de comedias satyricas, nunca deixou de conservar com D. Pedro relações de affecto, mesmo atravez da distancia.

O mesmo succedeu ao abbade Fea, reputado então o primeiro antiquario de Roma, e que nas suas visitas de arte a galerias, ruinas, igrejas, monumentos de antiguidade, fôra tambem companheiro infatigavel e eruditissimo informador.

E alem d'estas, quantas mais figuras eminentes, umas simplesmente mundanas, pertencendo outras á *élite* da politica, da diplomacia, da arte ou da sciencia, elle não tornou a encontrar mais tarde, nas capitaes em que viveu, sempre no meio dos melhores e d'elles fazendo parte!

No emtanto eram bem melancholicos os seus pensamentos ao deixar a cidade *unica,* a cidade incomparavel, onde tão altas e tão bellas cousas lhe haviam sido reveladas, onde um grande espirito o tinha iniciado nas mais sublimes cogitações, e lhe tinha apontado o mais grandioso Ideal.

Foi em outubro (1805) que partiu. Tencionava regressar a Portugal por terra, atravessando a Italia, a França e a Hespanha pela primeira vez.

Dirigiu-se a Veneza, mas quando chegou á praça de Rovigo, fronteira dos Estados que então pertenciam a Austria, não lhe foi permittido continuar o seu primitivo roteiro, pois as hostilidades que se haviam rompido entre a França e o Imperio Austriaco obstavam ao livre transito de estrangeiros n'aquella parte da Peninsula.

Renunciou, pois, á mysteriosa e attrahente Veneza, e dirigiu-se por Padua e Milão a Turim, capital do seu nativo Piemonte.

Restam d'este tempo, alem dos apontamentos auto-biographicos a que nos vamos continuamente soccorrendo, mas que foram tardiamente escriptos, algumas paginas soltas de um *diario* de viagem incompleto, que tem o valor de ser escripto dia a dia justamente na epocha de que se trata.

O Duque de Palmella teve desde muito moço o habito e o gosto de tomar o papel por confidente das suas impressões, das suas leituras, dos seus estudos.

Muito documento precioso se perdeu; o que resta basta porém para reconstituir uma personalidade tão interessante e tão rara. Tão rara sobretudo em Portugal.

Como era de prever, a partida de Roma foi triste. Temos aqui, justamente d'esse periodo, em cartas deliciosas e caracteristicas, d'estas que fariam a felicidade de Stendhal, vestigios de uma ligação tão encantadora quanto ephemera com uma formosa patricia romana. Este seria porventura o segredo com que D. Pedro se defendeu do affecto deslumbrador da genial escriptora...

Ella, a grande apaixonada, dissera-lhe nos versos em que lhe vaticinava um futuro de gloria:

> En aimant perdrez-vous un souvenir si tendre?
> Pourrez-vous être aimé sans croire encor m'entendre?...

E todavia no seu *Diario* íntimo D. Pedro escreve a 4 de outubro de 1805[1]:

— «Deixo Roma, onde tenho uma amiga, cujo coração conheço bem; uma amiga que me quer exclusivamente; Roma, onde me conhecem, onde são porventura excessivamente indulgentes para as minhas acções, para o meu caracter; e vou lançar-me n'um mundo inteiramente novo, sem apoio, sem guia, sem conselho; abandonado inteiramente ás minhas proprias inspirações, ás suggestões da minha prudencia. E qual é o meu fim, deixando Roma, onde todos me vêem com tão bons olhos? Ignoro-o eu proprio; sigo o impulso da minha estrella que, deslocando-me da posição em que eu estava, me traçou de longe o caminho que eu devo seguir. Obedeço a uma especie de instincto natural, que me avisa de que ficando em Roma, sem motivo plausivel e sem occupação digna de mim, entregue á ociosidade, eu seria bem depressa esquecido, quem sabe se menosprezado até.

«E talvez que d'aqui a um anno estivessem já rotos todos os laços de varias especies que aqui me prendem, e já fosse tarde de mais para que eu podesse aproveitar-me dos bens que alcancei.

---

[1] As folhas do *Diario* são em francez: «Je quitte Rome où j'ai une amie dont je connais le cœur; une amie qui n'aime que moi...»

«Emfim, vou juntar-me á minha familia, vou recolher-me á patria de meus maiores, e abandono-me ao destino.»

Atravez da exaltação de algumas expressões, e do exagero de algumas phrases naturaes em quem tanto possuia e tanto perdeu, perdendo o pae estremecido que lhe era protecção segura, e a posição esplendida em que este o mantinha, e em quem vae deixar um logar querido, onde a Vida lhe appareceu sob os mais esplendidos aspectos de sentimento e de Arte, de luxo elegante e de superioridade mundana—como o reflectido e sagaz espirito d'esse que será Duque de Palmella se denuncia nas apreciações que faz!

Outro qualquer, n'aquella idade tão sujeita a illusões, deixar-se-ia imprudentemente ficar no sitio onde tudo até ali lhe corrêra deliciosamente ao sabor da mais exigente phantasia, e não teria a consciencia da mudança fatal que ia dar-se n'uma situação que só lhe pareceria facil e natural.

Elle, com a clareza precoce de um entendimento que a experiencia vae cada dia requintar e afinar mais, percebe já a que serie de circumstancias excepcionaes se deve a excepcional e brilhante posição que occupa, e em pleno triumpho de vaidade deixa o theatro onde talvez tanto podia ainda gosar.

Deixa-o antes que as causas que determinaram este triumpho percam a sua força adquirida, conscio do sacrificio que faz, mas tambem da necessidade que se impõe.

E isto com vinte e quatro annos, embriagado ainda pelo incenso que derramou aos seus pés a maior mulher d'aquelle tempo, uma mulher que reunia ao genio, que nem todos apreciariam, a representação principesca que a todos se impunha, e que se fazia acompanhar atravez da Europa por um cortejo intellectual digno da mais orgulhosa rainha.

Para aquilatar o valor de um caracter nada ha como ver o modo por que elle recebe as homenagens ainda as mais distinctas, e as adulações ainda as mais inebriantes.

Resistir á lisonja, resistir ao louvor excessivo, não perder um minuto só a consciencia plena do seu valor real com os limites que o restringem, e as lacunas que o enfraquecem —é a prova maior que uma individualidade póde dar de si.

. . . .

O *Diario* continua sem outra referencia tão accentuada ao ser íntimo do viajante juvenil.

Pequeno pormenor revelador de um coração meigo e bom, que a melancholia profunda amollecia agora mais:

—«Um pobre cão da especie dos *cães raposas* seguiu-nos, correndo sempre sem parar durante seis *mudas*, desde Monte-Rossi até Terni, tudo isto por alguns ossos que lhe davamos de vez em quando. Puz-lhe o nome de *Hasard*, e tenciono adoptal-o por meu, se ámanhã teimar ainda em seguir-nos.»

As impressões da Cascata enthusiasmaram-no.

«Não conheço senão os mais bellos pontos de Cintra e de Penha Verde que offereçam qualquer analogia com o caminho que leva á montanha. Quanto á Cascata em si, nada do que até hoje tenho visto lhe póde ser comparado.»

De Terni dirige-se atravez da Umbria e da Marca de Ancona até á pequena cidade de Loreto.

—«Vimos nascer, sumir-se, succederem-se, esvaírem-se de novo, como n'uma lanterna magica, uma infinidade extraordinaria de pontos de vista todos pittorescos e todos diversissimos. A Umbria até Foligno é um mixto de montanhas agrestes e de campos cultivados, extremamente agradavel á vista, porque differe muitissimo da aridez da Campina romana, e da cultura monotona das planuras da Lombardia.»

Loreto fal-o parar interessado. Visita a *Casa Santa*, descreve-a com miudeza; pinta a sua primeira visita ao milagroso logar, onde por pouco não foi esmagado pela multidão de camponezes devotos que ali affluiam, chamados por outra festa que na igreja se celebrava, mas inteiramente fanatisados pela chamada *Casa Santa*, tão milagrosa que, segundo elles, os anjos a tinham transportado tal qual, e com a imagem da Senhora dentro, da Albania até ao sitio onde está hoje, e onde repentinamente os homens a avistaram no meio de uma floresta.

Diante de cada aspecto pittoresco elle pára embevecido e descreve-o. A historia de Loreto parece interessal-o vivamente.

E cada novo logar que vae vendo pelo caminho, lhe suggere reflexões, recordações historicas, notas que denunciam uma cultura não vulgar.

Atravessa Sinigaglia, Fano e Pesaro. Antes de chegar a Fano e passando o *Metauro* recorda que foi nas margens d'aquelle rio que os consules romanos Claudio Nero e Livius Salinator destroçaram em batalha campal Asdrubal, irmão de Annibal, que á frente de um poderoso exercito vinha em auxilio d'este depois de haver como elle atravessado a Hespanha e as Gallias.

Este episodio das guerras punicas desafia-lhe a veia poetica e faz uns versos que revelam pelo menos os gostos de erudição, raros em tão curta idade.

Depois, rindo-se um pouco de si mesmo, porque ha sempre n'elle um bocadinho de desdem e de ironia, que tambem são raros na genuina raça portugueza, acrescenta maliciosamente:

«Lembrei-me ao fazer estes versos que, assim como Mascarille quiz fazer a historia romana em madrigaes, se

poderia fazer a viagem da Italia em sonetos ou outra especie de versos, que fossem lembrando os acontecimentos
mais interessantes da historia do paiz que se fosse percor-
rendo, ou as particularidades que o tornam famoso. Certamente que isto não seria difficil na Italia, onde não ha um
pequeno espaço que não esteja assignalado por algum celebre traço historico ou por alguma recordação curiosa.»

Depois de Pesaro, onde pernoita, entra em Rimini, onde
vae ver um quadro de Paulo Veronese (ainda então não estavam em moda os Primitivos), o arco de triumpho erigido
a Augusto, a antiga ponte e o tumulo do Malatesta, senhor
de Rimini, na igreja de S. Francisco, que elle mandou erigir
toda incrustada exteriormente de marmore esculpido, e cheia
por dentro de estatuas e de baixos relevos no gosto da primeira metade do seculo xv.

Em Rimini, no viajante só preoccupado até aqui de
aspectos de arte, desperta o entendimento a quem intimamente interessam e interessarão sempre os phenomenos de
ordem politica.

«Tive uma grande tentação ao chegar a Rimini de dar
uma *saltada* até á republica de San Marino, e de estudar
com os meus proprios olhos ou informar-me no proprio
local a respeito de tudo que se relaciona com este pequeno
e singular Estado. Não pude executar este meu projecto,
mas suppri a realisação d'elle interrogando minuciosamente
algumas pessoas de Rimini, de onde San Marino dista apenas 12 milhas. De modo que o avistava inteiramente (o territorio da republica) com a mesma commodidade e a mesma
miudeza com que de Roma se avista Frascati.

«É uma collina, ou por assim dizer um rochedo, de 5oo
toezas de altura e 4 ou 5 leguas de circumferencia. Está

absolutamente isolado, lembra um *oasis*, ou antes uma ilha em terra firme. O pincaro do rochedo está coberto de casas, igrejas e fortificações, que constituem a cidade de San Marino. Espalham-se nas escarpas do mesmo rochedo quatro ou cinco aldeias que lhe pertencem tambem. A republica, ao todo, conta seis ou sete mil habitantes. Todavia tem-se conservado intacta desde o seculo xiii. Prova isto menos a sabedoria propria e a dos seus poderosos vizinhos, do que a sua extrema e obscura pobreza.

«O cardeal Alberoni, depois de ter querido pôr em confusão a Europa inteira, abaixou a sua ambição até á conquista, para o Papa, da pequena cidade de San Marino. Era nuncio na Romagna, depois de ter decaído da graça da côrte de Hespanha, e meio por combinação com gente da cidade, meio á força, estabeleceu-se em S. Marino com duzentos ou trezentos milicianos e alguns esbirros; mas, ou fosse porque o Papa, informado d'aquella violencia, tivesse a moderação de ordenar a Alberoni que restabelecesse nos seus direitos e nas suas liberdades os habitantes de San Marino, ou fosse, como pretendem alguns, por effeito de uma sedição que obrigou Alberoni a fugir, o caso é que depois d'isto têem deixado a pequena republica tranquilla e livre. Tem esta, com rasão, muito orgulho nos seus direitos, na sua liberdade. Governam-se os seus habitantes por meio de dois magistrados chamados *capitani*, um nobre, e plebeu outro, que todos os seis mezes são eleitos. Têem alguns soldados milicianos, e gosam de todos os direitos possiveis da independencia; mas pretende-se que, ou por systema, ou porque o Papa, nos Estados do qual estão encravados, lh'o houvesse prohibido, nunca usaram d'esses direitos para infligir a quem quer que fosse a pena capital. Isto tambem faz honra aos seus costumes publiços.»

Depois de Rimini, de onde as reflexões que acabâmos de citar estão datadas, entra D. Pedro em Bolonha, tendo atravessado durante a noite Cesena, Forli, Faenza e Imola.

Em Bolonha visita os quadros mais famosos, lamentando a ausencia da *Santa Cecilia* de Raphael, transportada, assim como outras pinturas valiosas, pelos francezes para os museus de París. N'um convento, onde se encontram quinhentos quadros tirados de outros conventos e galerias e amontoados n'um só logar, vê alguns dos bellos specimens da escola de Bolonha.

A influencia da entrada e passagem dos francezes victoriosos percebe-se em toda a parte.

Conventos supprimidos, religiosas e frades em fuga; de toda a grande organisação ou *desorganisação* monastica da Italia, subsistindo apenas as communidades mendicantes de S. Francisco, o querido santo tão popular.

É em Bolonha que, pelas proclamações affixadas em grandes cartazes, D. Pedro sabe da guerra que rebentára com a Austria, difficultando toda e qualquer viagem feita por aquellas regiões.

Gosa ainda em Bolonha de todos os espectaculos de belleza que ella póde offerecer-lhe.

Sobe á torre Asinetti, de onde a cidade inteira com os seus suburbios se descobre *à vol d'oiseau;* vae ao theatro de que fica encantado, vê e observa tudo que de mais saliente a cidade póde ter para quem rapidamente a visita.

Atravessa depois Ferrari quasi que sem parar, e lamenta-se por ser demovido por um incommodo de saude de «prestar o seu tributo de amor ás cinzas de Ariosto, que ali jazem no convento dos benedictinos».

Foi em Rovigo, como atrás já dissemos, que a sua viagem foi cortada.

Não podendo entrar por aquelle lado nos Estados de Veneza, D. Pedro voltou de novo a Ferrara, onde não tinha primeiro podido demorar-se nem uma hora.

Dirigiu-se, depois das enfadonhas formalidades que principiavam de novo a ser exigidas, ao convento dos benedictinos. Soube então que o convento fôra supprimido, e que por ordem do general francez Miollis, as cinzas do grande poeta, com o monumento que as encerrava, tinham sido transportadas para a bibliotheca da Universidade.

Ali as visitou piedosamente, e na mesma occasião viu os retratos que se conservam do poeta, a cadeira de madeira de que dizem elle se servia, o seu tinteiro, e, o que é mais interessante do que tudo, o autographo da maior parte do seu poema.

«A letra, para ser d'aquelle tempo, não é nada má, mas notei com espanto que havia no manuscripto muito mais emendas do que se podia esperar da facilidade dos versos de Ariosto e da sua grande fecundidade. De resto, se o talento d'este poeta divino não foi pelo seu tempo reconhecido como merecia, não foi pelo menos inteiramente ignorado. Ferrara glorifica-se hoje de ter sido a sua patria e só este titulo a leva a aspirar á honra de participar com Florença do nome de *Athenas da Italia.*»

Na mesma bibliotheca quiz ver os autographos do *Pastor Fido* de Guarini, e de quasi todos os trabalhos do Tasso.

«Ali se conservam tambem algumas cartas originaes d'esse genio tão celebre e tão desgraçado, escriptas pela maior parte, quando o Duque de Ferrara o tinha preso no hospital de Sant'Anna, desmerecendo assim tudo que fizera em prol das letras e das artes. Com espanto se vê o Tasso supplicando o seu protector que o não desampare no seu destino desgraçado, que o não deixe morrer de miseria no logar infecto e horrendo em que se. encontra. Queixa-se de que o não deixam fallar a ninguem senão aos padres e aos frades que têem livre entrada no hospital. Chega a pedir a um amigo a .esmola de duas camisas. Vê-se tambem n'aquellas cartas vestigios claros do espirito desconfiado que o Tasso levou até á monomania; queixa-se de que o roubam, ou pelo menos de que ,suspeita que lhe roubam o pouco dinheiro que tem; e diz-se abandonado de todos. Disseram-me que se tinham ultimamente encontrado uma ou duas cartas d'elle, que nunca foram impressas, e que escrevia para se occupar no mesmo hospital. A pressa com que visitei tudo isto não me consentiu que lesse uns trinta versos que ellas encerram, e que parecem dirigir-se ao objecto da louca paixão que o devorava.

«Estes versos não foram nunca publicados, e de resto não vejo que a fama do Tasso ganhasse em que o fossem, porque têem o cunho da galanteria do seculo em poesia, e são recheiados de *ces pointes* e d'essas repetições e expressões affectadas e exaggeradas que o bom gosto reprova. Este juizo seria bem atrevido se o Tasso não tivesse escripto a sua *Jerusalem,* mas ha outras obras d'elle bem mediocres e o genio só se aquilata pelas obras primas que produz.»

D. Pedro deixa Ferrara, e chega a Parma, onde pára tambem, diz elle, «para saudar o Corregio».

«Infelizmente não pude saciar o desejo que sentia de admirar as suas obras mais bellas. Alem da manhã estar pessima, já pouco ali encontrei que fosse digno d'esse homem unico, que sem *modelar* chegou ao mais alto ponto da perfeição na Arte. Ninguem poderá nunca imital-o nem copial-o pois elle reune *à la touche moelleuse* do pincel a belleza do colorido, o fogo da invenção, a amenidade das idéas, a

elegancia da fórma, e teria sido de certo o primeiro de todos
os pintores se houvesse ampliado a esphera das suas idéas
admirando os antigos modelos. A cupula da cathedral pin-
tada por elle está quasi inteiramente destruida pela humi-
dade; a de S. João, um pouco mais conservada, é tão escura
que, por pouco que o tempo esteja nublado, se não deixa
quasi que ver. Todos os quadros a oleo foram levados pelos
francezes depois da morte do ultimo duque. E resta apenas
a *Madonna della Scala* e nos *Studii* algumas figuras a fresco
transportadas para ali dos logares onde tinham sido pinta-
das, e onde o ar livre ou outras causas as íam destruindo.»

O *Diario* contém ainda algumas paginas sobre os monumentos de Parma, sobre a igreja de Plasencia «vasta
e de um gothico soberbo», sobre Milão e o seu *Duomo,* a
que elle chama «o triumpho do mau estylo, o sublime no
falso gosto, exceptuando a grande nave central da igreja»;
sobre a vista esplendida que da torre do *Duomo* se gosa
«de toda a cidade, de todos os arrebaldes, e das planicies
da Lombardia a uma enorme distancia, com os Alpes a en-
quadrarem-na de ambos os lados». E o fragmento acaba
com a chegada a Turim.

O que citámos d'este *Diario* escripto dia a dia, e tão
interessante pela flagrante sinceridade das impressões des-
criptas, basta para que se perceba a cultura variada d'este
moço quasi que imberbe ainda; como todas as bellas cousas
o interessavam, os aspectos da natureza, a pintura, a archi-
tectura, a poesia italiana que tão bem conhece e aprecia, as
anomalias politicas taes como a pequena republica de San
Marino; as memorias historicas de que a Italia está como
que densamente povoada, pois d'ella se póde bem dizer que
está muito mais habitada pelos mortos do que pelos vivos.

N'um ou n'outro ponto o seu gosto &o do seu tempo, e não foi ratificado pelo nosso, mas até isto, *datando o Diario,* lhe dá para o critico o valor precioso do *verdadeiro documento humano.*

Tudo que nós dissessemos em longas phrases das pre-occupações litterarias, artisticas, politicas do moço D. Pedro não convenceria o leitor como este truncado fragmento de um *Diario* escripto em viagem, na negligencia e na sem-ce-rimonia absoluta de quem, para fixar impressões rapidas, e só para si, escreve.

Poucos moços d'aquella idade seriam capazes de tão fina observação, de tão variada curiosidade, e revelando em cada despretensiosa phrase tão subtil intelligencia, servida por uma educação tão completa.

II

Em Turim demorou-se D. Pedro o inverno inteiro, re-novando conhecimento com a sua bella propriedade de Sanfré; pondo em ordem, com o maior tino administrativo e a maior lucidez pratica, como se prova pelas cartas d'ali escriptas á madrasta e cheias de pormenores technicos e fi-nanceiros, os negocios da sua casa, que estavam deplora-velmente administrados; convivendo com os parentes da familia, que descreve nas mesmas cartas com muita graça e sympathia. O projectado casamento, que nunca veiu a effe-ctuar-se em virtude de circumstancias ulteriores, e talvez pela influencia contraria de Madame de Staël, concorre para o demorar ali.

O casamento é mais de conveniencia que de paixão; comtudo a noiva, que pertence a uma familia considerabilis-sima e influente, e que sem ser muito rica tem uma fortuna rasoavel, reune a estes predicados sociaes a mocidade, a presença graciosa e sympathica e uma educação perfeita.

Corinna, que escrevia então ao longe as paginas mais patheticas do seu romance vivido, mandava cartas como esta ao ingrato e descuidoso Oswald[1]:

Genebra, 22 de outubro.—Recebi a noticia do seu casamento, D. Pedro, com muita emoção; nunca suppuz que a sua vida se fixaria tão cedo. Parece-me excellente a escolha, Mademoiselle du Perron é encantadora; a mãe é muito amavel. Peço-lhe que venha trazer-me os meus versos e tudo que n'este genero lhe dei. Lembre-se de que lhe puz esta condição e de que a acceitou[2].

Vêl-o-hei sempre com muito prazer, sempre com interesse.

Venha aqui. É porventura a ultima vez que nos veremos. Adeus, D. Pedro, que a sua felicidade não extinga em si as recordações de Roma. Eu, que nunca mais posso tornar a ser feliz, não me esquecerei de nada.

. . . .

E d'ali a dias, fiada no poder supremo da sua palavra, na seducção superior do seu genio, crente que se elle a tornar a ver não casa, e foi justamente isto que, ou por esse motivo ou por outro, succedeu—escreve-lhe de novo, sublime de importunidade, ella que é tão adulada, e de humilde suplica, ella que é tão grande[3]!

«Escrevi-lhe para Milão e para Turim. Em toda a parte o têem acolhido as minhas cartas e o meu desejo de vêl-o. Adiei a minha viagem a Lyão para o receber com mais certeza aqui. Emfim, o que

————————

Vide Appendice.

[2] Não lh'a poz pelo menos na carta em que lhe manda os versos e em que lhe pede para o's guardar até depois de casado com outra.

[3] Vide appendice. Estão por sua ordem chronologica as cartas que podem dividir-se em quatro epochas distinctas.

me preoccupa profundamente é a felicidade de vêl-o ainda uma vez, de fallar comsigo uma vez ainda, a ultima! Se Monod, como eu creio, lhe diz que o amo, tem toda a rasão. Se lhe diz qualquer outra cousa, lembre-se de Roma e da minha eterna amisade por si.»

E n'outra ainda: para o attrahir, para o chamar com todos os prestigios que podiam tentar um moço tão intelligente, cultivado e curioso[1]:

—«Monti está aqui; veiu de preposito para me ver; ha mais algumas pessoas que devem interessal-o; mas vêl-o-hemos partir breve para esse París, onde eu não posso seguil-o[2]! Mas levará cartas para os meus amigos.

Tenho receio de que Monod não seja bom para mim. Tem ciumes da minha amisade por si; poderei acrescentar *da sua por mim?* Oh! como eu quereria poder dizel-o! Espero por si com uma commoção extrema. É em Genebra que nos encontraremos. Previna-me da sua chegada, para que eu possa antecipar um dia o ultimo goso que me dará talvez o affecto que lhe tenho! Devia ir a Lyão ver Mathieu de Montmorency; adiei a minha viagem para a primavera, porque não quero perder um dia de si!...Os francezes estão vencedores; o Universo está subjugado. Fallemos de si, *fallaremos depois do imperio do mundo!*...

Não foi inutil o appello apaixonado da grande mulher. Não foi em vão que ella lhe escreveu esta melancholica recriminação que, vindo d'ella —tão adulada e tão grande— tem um valor excepcional.

---

[1] Vide Appendice.

[2] Mas que só por si a interessava a ella mais que todo o resto do Universo.

Nunca a nostalgia de París foi levada por ninguem a um excesso mais agudo, mais morbido, mais extravagante. Não poder habitar París era para Madame de Staël uma tragedia.

«Quando penso que não amei nada na Italia tanto como o amei a si, e que só de si vem a negligencia, o esquecimento, tenho tentações de accusar um de nós! Escolha...»

Nos fins de janeiro de 1806 saía o viajante, emfim, de Turim em direcção a Genebra, accedendo aos ardentes pedidos que em toda a parte tinham ido ao seu encontro, e que n'elle haviam lentamente amollecido as resistencias tenazes dos primeiros dias. E quem resistiria ao chamamento magico?

Não o faziam os primeiros homens do tempo, que emprehendiam longas jornadas para admirar a grande escriptora, para a escutarem, para deplorarem o seu ingrato exilio, que, apesar da pompa e da elegancia regia que o revestia, ella tinha pouco a pouco — mercê da sua imaginação ardente — amplificado até á grandeza de uma tragedia antiga.

Ninguem atravessava a Suissa, diz um biographo de Madame de Staël, sem parar em Coppet ou em Ouchy, onde ella alternadamente vivia.

Como havia de resistir um moço ainda relativamente obscuro, que devia sentir a vaidade deliciosamente acariciada pelas palavras que lhe tinham sido ditas e escriptas com tão arrebatada energia, pelas prophecias de um futuro brilhante, de que elle proprio duvidava ainda, e que ella lhe soube ler no olhar penetrante, no fino sorriso desdenhoso, na fronte intelligente que os louros cabellos coroavam.

Mas, apesar de tudo, o encanto que fôra poderoso em Roma, não se teria inteiramente quebrado ao menos para elle? Fosse como fosse, o caso é que ambos fizeram um longo e impotente esforço para mutuamente se illudirem, talvez para se illudirem a si proprios.

III

Madame de Staël, finda a impetuosa mocidade, chegára, como já fizemos notar, á crise suprema da sua vida.

Em Roma, n'aquella primeira phase de desesperada tristeza em que a lançaram a morte de Necker e a morte do seu grande amor tão pertinaz, tão alanceado de luctas íntimas, tão accidentado de scenas pungentes, e sentindo em si, angustiadora, tormentosa a *sêde de felicidade,* a sêde de vida, que é o perigo e a tentação de naturezas como a d'ella, Germaine de Staël reagíra contra a dor que a avassallava, contra a desgraça que a vencia, e quizera loucamente prender ao seu deslumbrador destino errante o destino de uma creança cheia de talento... Fôra uma empreza insensata e que não teve o resultado que ella antevia, porque o fino entendimento precoce de D. Pedro de Souza era mais subtil na analyse das cousas, e mais lucido na contemplação das realidades do que o proprio genio impetuoso da escriptora.

Ou porque só um secreto affecto guardasse D. Pedro, ou porque o guardassem tambem a sua clara intelligencia e o seu viril orgulho, o que nós até agora temos visto bem evidenciado e bem patente, em velhos documentos que não podem mentir, é a seguinte estranha e inverosimil conclusão:

Foi ella que amou perdidamente, foi elle que se recusou a seguil-a nos atalhos e nos invios desfiladeiros da paixão.

É possivel que tambem Madame de Staël, apesar d'estas cartas exaltadas que publicâmos, tivesse já a esse tempo chamado em seu auxilio o bom senso genebrez, que era uma das suas faculdades intermittentes, e tivesse percebido que a sua obstinação caprichosa nunca seria coroada pelo exito sonhado.

Se um amor moço podesse ainda salval-a,—e salvou-a
annos depois do desespero, da velhice proxima e da solidão
odiada, o amor terno, submisso e... legitimo de Monsieur
de la Rocca—esse amor não seria nunca o d'aquelle moço
que a tinha captivado e prendido pelo seu *mysterio* e pela
sua *tristeza altiva e reservada!*

Agora o que Madame de Staël não queria, o que ella
não admittia de modo algum, é que os homens que a tinham admirado, e que ella favorecêra com o enthusiasmo
de um dia ou com a paixão de alguns annos, tivessem a
ousadia de escolher outra mulher, de se ligarem a outra
mulher!...

Obstar ao *casamento piemontez* de D. Pedro tornou-se,
pelo que se vê, uma obsessão do seu espirito, tanto mais estranha, tanto mais illogica e contradictoria que são d'esta
mesma epocha, com differença de mezes (e já depois da partida de D. Pedro para Portugal), as grandes luctas com
Benjamim Constant, que tambem tivera o atrevimento de
pensar em se casar, de realisar esta affronta pouco tempo
depois, de fingir-se consolado da ruptura de que nunca
mais se consolou, de querer livrar-se do captiveiro cujos
estygmas nunca mais perdeu!

Isto humilhava e enfurecia tanto Germaine de Staël, que
os lados menos nobres da sua natureza, que os *damninhos
venenos* que cada um de nós tem, como disse Garrett, nos
secretos escaninhos da sua alma, se revelaram pela ultima
vez a uma luz deploravel. Não tarda a recomeçar a lucta infrene e degradante a todos os respeitos entre os dois seres,
que já nem a attenuante do seu amor e da crença em si proprios tinham para desculpar-se, e essa lucta é nos annos de
1806 a 1809 que mais furiosamente se expande em scenas,
a respeito das quaes a publicação das *Cartas* de *Benjamim*

Constant á sua familia[1] não deixou a menor duvida; em scenas, ao fim das quaes elle exclamava apavorado: — «É o movimento do universo e a desordem do chaos!... Todos os vulcões juntos são menos flammejantes do que só esta mulher!» — *Le bel orage* tornara-se uma tempestade odiosa e importuna.

Felizmente para quem escreve estas linhas e que tanto admira o que houve de puro e de admiravel no genio da grande mulher, — estes annos foram como que os ultimos espasmos convulsivos da crise moral crudelissima de que ella se ergueu, serena, arrependida das fraquezas de que, mais o seu seculo desordenado e cahotico fôra culpado, do que ella propria.

Um alto sentimento, uma especie de stoicismo christão vae desabrochar n'ella, ao passo que vae morrendo entre estrebuchamentos de febre, a sua mocidade de chamma e de paixão, e a mãe adorada de Albertina de Broglie erguer-se-ha sobre o pedestal da arrebatada Corinna.

Mas, para que chegue essa hora de redempção religiosa e moral faltam ainda algumas dezenas de mezes e o periodo de que estamos tratando é ainda de plena febre e de plena exuberancia pagã.

Como se percebe perfeitamente pelo mesmo livro já citado, Benjamim não tinha ignorado que Madame de Staël quizera com outro affecto[2] libertar-se do horrivel mal do seu nefasto amor.

Por isso não ousâmos definir qual foi precisamente o genero de relações que continuou a subsistir entre D. Pedro e a sua magnificente hospedeira de Coppet.

---

[1] J. H. Menos: *Lettres de B. Constant à sa famille* — Savine, éditeur.
[2] No citado livro é mesmo no plural que se falla.

Pelos documentos que restam, quasi que temos a tentação de julgar que houve como que um interregno na paixão inflammada de Madame de Staël, justamente quando
parecia que ella tinha tocado o ponto mais culminante. A
recaída na mesma inquieta e absurda lucta contra a frieza
de D. Pedro é em cartas posteriores que se revela, isto é,
nas cartas que no *Appendice* publicamos sob acl assificação
de *terceira epocha*.

O tempo de Coppet é mais depressa calmo, tranquillo,
intellectual.

Como ella estivesse ora em Coppet ora em Ouchy, parece que houve bastantes dias em que D. Pedro, vendo-a
muito, não era seu hospede permanente.

D'aqui troca de pequenos bilhetes significativos, mas em
todo o caso menos *incendiarios* [1].

—«Dê-me as suas noticias; estou inquieta a respeito da sua saude.
Se tem tenção de saír esta manhã para jantar em casa de Madame de
Chateauvieux mande vir uma carruagem porque a minha está em
Coppet. Mas sou de opinião que não sáia—vou ás seis horas a suá casa.

«...Sáio ás duas horas. Iria esta manhã a sua casa se soubesse
que a minha presença lhe era um pouco necessaria.

—[2]«Espero-o a jantar com uma bem viva impaciencia. Se podesse
chegar antes da hora seria ainda bem melhor. Peço-lhe que jante e
ceie em nossa casa todos os dias. Aqui está o Alberto [3] a querer por
força levar-lhe este bilhete; está doido de alegria porque vae vel-o.»

N'uma d'estas occasiões parece que Madame de Staël,
em quem o ciume era uma qualidade conhecida, e que
odiava quasi sempre as mulheres dos seus amigos, ainda

---

[1] Vide Appendice.
[2] Vide Appendice.
[3] O filho mais novo de Madame de Staël.

mesmo os mais fraternaes, se excedeu um pouco, criticando a noiva de D. Pedro.

Este, ou porque ainda estivesse na tenção firme de casar, ou porque o offendesse no seu altivo melindre esta injustiça, replicou de certo um pouco amargamente. O incidente percebe-se nas suas linhas geraes por esta carta do mesmo tempo.

—...Observo-lhe que V. mesmo, em conversa commigo, tratou no outro dia essa questão, analysando o caracter das italianas, e o da pessoa que o interessa.

«Vi bem rapidamente hontem que tinha confiado em excesso na nossa intimidade, desafogando livremente o que me passava pela cabeça. É um erro que deve perdoar-me, pois que deixa suppor que eu não julgava *que havia já entre nós uma terceira pessoa*. Não o tornarei mais a commetter.»

É evidente o despeito, e como este faz ver que o triumpho que Corinna provavelmente alcançou, pois que talvez a ella se deve a não realisação do casamento piemontez, ainda não estava tão seguro como ella julgava.

. . . .

Se estes bilhetes truncados não bastam para o juizo seguro do que entre os dois se passou de definitivo, o que sabemos pelos *Apontamentos* de D. Pedro é que elle gosou infinitamente do tempo passado em Coppet.

Como a sua affeição por Madame de Staël era mais intellectual do que outra cousa, parece ser esse o tempo da sua convivencia que mais saudades lhe deixou.

— «Os dois mezes de Genebra e de Coppet deixaram-me algumas das mais agradaveis e das mais interessantes recordações da minha vida inteira.»—

Foi ali que elle viu pela primeira vez o homem que durante quinze annos tinha de tal modo enleado á vida de

Madame de Staël a sua vida, que não póde evocar-se a figura de uma, exuberante e apaixonada, sem que a acompanhe o perfil do outro, indeciso, inquietante, enygmatico...

D. Pedro viu-o sem ciume, o que é bastante revelador do estado do seu coração, e sem humilhação de vaidade, o que é logico e humano.

As cartas de Madame de Staël tinham-lh'o asseverado mil vezes: por elle esqueceria tudo, se elle quizesse acceitar-lhe o sacrificio. Durante um periodo que, ou curto ou longo, não deixa de ser indelevel n'uma vida de mulher, Germaine de Staël, a musa acclamada do seu seculo, tinha-se-lhe inteiramente dedicado. Por elle e tendo-o a elle por inspiração e por objecto escrevia ella n'aquelle momento o mais soberbo dos seus livros, o que mais acclamações ruidosas lhe mereceu, o que foi, segundo Alberto Sorel, *para uma inteira geração generosa e romanesca o livro do amor e do ideal.*

As cartas tão expressivas que d'ella temos citado dão-nos esta certeza quasi inverosimil e que sem documentos incontestaveis nunca ousariamos affirmar: apesar de ser tão moço e de n'esse tempo não ter historia nem nome pessoal, elle é que ficára sereno, lucido, retrahido, ella é que se mostrára embriagada e temeraria...

Que de sensações estranhas não teria pois para este *delicado,* para este *fastiento,* o aspecto novo que Madame de Staël revelava agora aos seus olhos, no meio do seu luxo principesco, rodeada de um cortejo tão brilhante e celebre, no theatro mais adequado para a pomposa exhibição da sua tumultuosa e estonteadora individualidade!

Em Coppet passaram e permaneceram mais ou menos durante esse anno e alguns dos seguintes, o Principe Augusto da Prussia, a Duqueza de Curlandia, Madame Réca-

mier e a sua *ala de namorados,* Prosper de Barante, Mathieu de Montmorency, Elzéar de Sabran, Zacharias Werner,
Monti, Sismondi, Bonstetten, etc.

Com muitos d'estes esteve ali D. Pedro de Souza, que
tambem ao pé d'elles cita o moço Labedoyère, depois desgraçadamente morto, com quem fez conhecimento n'essa
occasião.

Foi o primeiro periodo das representações de Coppet,
tão falladas no mundo inteiro, aquellas representações em
que Madame de Staël, farta de espalhar aos quatro ventos
do espirito os lamentos´da sua propria dor, se identificava
pela sua declamação «desigual, toda de inspiração, mas sin-
gularmente pungente e pathetica» com as dores de Mé-
rope, de Andromaca, de Zaira, de Hermione e de Phedra.

N'esta tragedia de Racine, que fechou a primeira serie
das recitas de Coppet, teve o papel de Hypolito D. Pedro
de Souza e Holstein.

Voilà comme je sais aimer! dissera-lhe Madame de Staël
n'uma das paginas da *Corinna* e dizia-lh'o agora de novo,
sob a figura da ardente e criminosa esposa de Theseu.

O nosso heroe devia, sem a si mesmo o confessar, sentir-se bastante em *caracter* quando respondia friamente aos
sombrios transportes da sublime apaixonada.

Que de recordações para enthesourar cuidadosamente e
evocar mais tarde nos longos dias de atribulação, de lucta,
de nostalgia e de miserando exilio!...

Que poema de sensações requintadas não foi esta brilhante mocidade excepcional!

Quantas bellas physionomias entrevistas, observadas cu-
riosamente!

Que longas e fecundas conversações com Benjamim, o
publicista mais distincto da França, a quem a idéa consti-

tucional, tal como a raça latina a pôde assimilar, deveu tantissimo, e que, tendo trahido tudo e todos, até a si proprio, nunca trahiu o seu ideal de moderada liberdade, de equilibrio de poderes, de justa ponderação politica!

O Duque de Palmella, cujo entendimento claro e feliz se abria aos mais leves e aos mais graves assumptos, devia comtudo, entre todas, prezar as conversações que a si proprio o iam revelando, que n'elle iam formando o politico liberal, sim, mas sempre conservador, sensato e comprehensivo, que depois se affirmou no paiz em que ia exercer tão profunda influencia, no paiz que bem mais tranquilla e folgada existencia teria tido, se em tudo quizesse ouvir o seu conselho experimentado, se, em vez de tudo deitar abaixo para tudo reconstruir, tivesse aproveitado tanto que o passado tinha de bom para base do que o futuro ia ter de melhor...

Nada se perdeu para D. Pedro d'estas subtis e profundas praticas em que, interrogador, curioso, avido de aprender, elle se informava, oppunha modestamente objecções, duvidas, hypotheses, e a que Benjamim respondia contente de encontrar um espirito arguto como o seu, e como o seu capaz de ver as questões sob aspectos varios e as idéas sob multiplas facetas.

Estes dois mezes de Genebra e de Coppet, que D. Pedro classifica entre *os mais agradaveis da sua vida,* foram com certeza dos mais fecundos.

A sua espantosa faculdade assimiladora tinha aqui onde fartamente nutrir-se; a sua memoria fidelissima não deixaria escapar nenhuma das palavras definitivas que ali caíam dos labios de homens taes como Schlegel, Sismondi, Benjamim Constant, Mathieu de Montmorency, etc., etc.

A propria Madame de Staël, maior do que os homens todos que a cercavam, cheia de idéas politicas, conhecendo tão bem a Inglaterra, que era o seu *governo ideal,* o que ella tanto pedia mais tarde ao Imperador Alexandre que durante a Restauração implantasse em França[1], havia de expandir ali em conversações brilhantes, no meio d'aquelle auditorio selecto que a electrisava e inspirava, quantos bellos pensamentos, suggeridos pelo seu mestre Montesquieu, ella ampliaria mais tarde no seu famoso livro politico sobre a Revolução[2].

O despotismo é que é moderno, diria ella a D. Pedro, conciliando assim de antemão o seu espirito ordeiro e tradicionalista, profundamente e sinceramente monarchico, com a idéa de liberdade que elle tão admiravelmente serviu! *O despotismo é que é moderno, antiga é a liberdade!*

IV

D. Pedro deixa Coppet com Madame de Staël, a quem acompanha até á proximidade de Auxerre, ponto extremo a que lhe consente que chegue o despotismo de Napoleão. Dirige-se depois para Parîs, indo hospedar-se em casa de D. Lourenço de Lima, tio da que ha de vir a ser sua esposa e então nosso embaixador em França.

Madame de Staël, mal elle a deixára, escreve-lhe inconsolavel:

«De l'Yonne. Près d'Auxerre, 29 de abril—Nem Augusto (o filho), nem Matheus (de Montmorency) o viram, meu querido D. Pedro, e só me trouxeram a consolação de os ver a elles. Bem precisava. Entrei aqui com uma sensação de tristeza inexprimivel, que me ator-

---

[1] Cartas de Madame de Staël ao Imperador Alexandre, ultimamente publicadas.—*Revue de Paris.*

[2] *Considérations sur la Révolution Française,*

mentou desde a sua partida até á chegada de Matheus. Estava inteiramente succumbida, e quasi que me arrependia de não ter acceitado
a sua offerta tão generosa (a de ter ficado ao pé d'ella). Mas emfim!
O sacrificio está consummado e era meu dever fazel-o! Diga-me o que
pensa de París, a impressão que elle lhe faz. Diga-me se tem algumas
saudades minhas, e se conta realisar a doce promessa que fez de me
tornar a ver. Não sei nada, sobretudo dos meus proprios negocios.
É possivel que os saiba agora melhor do que eu.»

3 de maio.

«Muito gostei, querido D. Pedro, da sua cartinha em papel grosso,
comquanto ella me chegasse um correio retardado. Até lhe perdoei os
seus enternecimentos portuguezes, mas não se esqueça de que me prometteu que elles não atravessariam o mar. Estou exactamente como no
primeiro dia, na mais profunda ignorancia ácerca da minha petição
e espero *Prosper* (de Barante), que segundo imagino me dirá alguma
cousa.

«Dê-lhe uma carta para mim. Não sei ainda o dia da volta de meu
filho. Irá antes de Matheus, a quem devo a fineza de vir acompanhar a
minha tão inquieta solidão. Meu Deus! Estar tão perto de si, ter motivos tão inoffensivos para desejar ir a París, e ver passar sobre o rio
de L'Yonne esses barcos, em cima dos quaes eu gostaria de *me placer
comme une bûche* para chegar lá!... Não me diz nas suas cartas nem
uma palavra de Portugal. Trata-se de alguma outra missão? Que lhe
escrevem de Turim? Sempre a mesma cousa, estou bem certa, mas V.
não adivinha nem metade das perguntas que eu queria fazer-lhe. Res-
ponda-me sem ser interrogado[1].»

. . . .

«Recebi uma carta de mr. de Humboldt ternamente indignado com
o seu silencio para com elle; peço-lhe que lhe escreva. Gosto de quem
gosta de si! *(J'aime qui vous aime.)* Ai de mim! esse voto foi cumprido
demasiadamente.

---

[1] E dizem que ella não era feminina! Se ha nada *mais mulher* do
que esta phrase?

. . . .

Adeus, querido D. Pedro; ame-me, escreva-me, e faça com que passemos grande parte da nossa vida juntos. É tão raro ter quem nos entenda. É necessario apreciar essa felicidade. Adeus.»

A 3o de maio.

«...Se me quer vir ver é necessario apressar-se, porque não posso demorar-me aqui. Morro de tedio. Madame de Récamier, que é para mim um anjo de bondade, diz-me que ha de voltar a ver-me. Queria que estivesse aqui ao mesmo tempo do que ella, porque este mez tem-me de tal modo estragado a saude, que já nem amavel saberei ser. Mas amo-o sempre do mesmo modo; esse poder de amar ha de morrer commigo.

Oh! quanto mais feliz eu era em Roma ha pouco mais de um anno, meu querido D. Pedro! Que vim eu fazer n'esta França, onde tudo é para mim soffrimento. Leve-me comsigo para Hespanha! Serio, serio, olhe que me não consolo se tiver de partir sem tornar a vel-o.»

5 de junho.

«... É á força de opio que eu consigo roubar doze horas de martyrio ás vinte e quatro. Madame Récamier quer que eu vá ter com ella a Plombière e se eu souber que ella chegou ahi com a mãe vou ao seu encontro. Espero Benjamim (!!). Conto em todos os casos partir, d'aqui a dez ou doze dias. Partirei, pois, sem o ter tornado a ver! oh! como isto é triste, e era talvez o presentimento d'esta dor que me fazia tão triste ao dizer-lhe adeus! Se o não vir agora, onde tornaremos a encontrar-nos? Eu tinha podido passar comsigo estes dois mezes. Ah! quantas maguas podem caber n'um phrase bem simples, e quanto esta pequenina palavra *exilio* contém de amargas dores!...»

As cartas succedem-se assim imperiosas, supplices, ardentes, importunas[1]! Como resistir-lhes quando se sabe que é Corinna quem as escreve, quando se viveu algum tempo

---

[1] Vide Appendice.

na atmosphera abrazada em que ella respira á vontade? quando se tem no ouvido o echo dos applausos enthusiastas com que a *élite* da Europa acclamava a grande mulher! O que admira não é que D. Pedro cedesse e partisse, deixando o brilhante París do Imperio, é que tanto tempo resistisse ás supplicas, á suggestão ardente d'aquelles bilhetes febris, arquejantes, em que parece sentir-se a respiração oppressa de uma mulher apaixonada e colerica.

Segue-se, pois, o intervallo de Auxerre, a que D. Pedro se refere nos seus *Apontamentos* e durante o qual começou a tradução dos *Lusiadas* em versos francezes, tradução de que se publicaram alguns excerptos no *Investigador portuguez* de Londres no correr dos annos 1813 e 1814[1] e que tem muito valor.

N'esse mesmo tempo escreveu D. Pedro mais algumas poesias, uma das quaes publicâmos[2], porque n'ella se presentem allusões claras á Musa que a inspirou, e a quem é dedicada.

Logo depois de D. Pedro a deixar, Madame de Staël escreve-lhe de Dijon uma carta apaixonada:

«Que sejam para si as primeiras palavras que eu escrevo, querido D. Pedro, para si, a quem devo tres semanas tão doces e tão inolvidaveis! Com que simplicidade sacrificou tudo que é luxo e prazer, para acceitar todas as privações, menos a do sentimento porque n'esse ponto decerto que não havia privações visto que *ninguem no mundo é capaz de o amar e de sentir* como eu o amo e sinto. Essas pobres estancias de Camões fazem-me quasi tanta falta como o seu auctor. Eram a minha perspectiva do acordar, e hoje a minha perspectiva é libertar-me o mais depressa que eu possa do enfadonho e longo dia.

---

[1] Estes mesmos excerptos em parte ou no todo foram reproduzidos no *Instituto de Coimbra* em numeros relativos aos annos de 1856 a 1858.

[2] Vide Appendice.

«Encontrei aqui a minha hospedeira, e apressei-me a dar a liberdade a Elzéar[1].

«Meu Deus! Não é realmente estranho que este homem, livre de todas as suas acções, que aspiraria a transmudar-se na minha sombra se isto me não causasse o tedio de mim propria, seja um homem que tanto me aborrece, e que D. Pedro, tão amavel, tão amado por mim, esteja preso por tantos laços! É que ha de certo uma vontade sobrenatural que não quer que a terra seja doce de mais para os que n'ella passam... Não sei, porém, resignar-me a escrever-lhe em vão! Faça, querido D. Pedro, que eu possa viver ao pé de si; deixe-me completar o que a outras falta, e dar algum gosto a mais a uma vida de que Deus não permittiu que eu fosse a companheira. Sobretudo nada de Brazil. Quando de tal se tratasse, pense nas minhas lagrimas, se eu recebesse a noticia da sua partida, e advogue no seu coração a causa da pobre ausente!... Escreva-me já, ainda que não sejam senão algumas linhas. Far-me-hão tanto bem!»

Por outra carta vê-se que D. Pedro aindà tinha prometido ver de novo a insaciavel Corinna, antes de voltar para Portugal, e realmente a viu. Este novo encontro pede-lhe ella entre lagrimas:

«... Antes eu queria perder a metade do meu sangue, do que não passar comsigo ao menos dois dias, para chorar todas as lagrimas do meu coração no seu! Oh! quantas lagrimas eu cá tenho represadas para esse adeus! D. Pedro, eu nunca lhe posso aconselhar que dê o passo que nos separa (o casamento d'elle). D. Pedro, não faça, não faça tal! Os affectos são de uma origem mais alta que todo o resto. A politica é um titulo facticio, o coração é a unica lei natural que ha no mundo...

. . . .

«Adeus, caracter admiravel, espirito tão grande como o caracter, olhar tão nobre e tão meigo! O quê! Pois é possivel que eu não torne

---

[1] Elzéar de Sabran, irmão da Marqueza de Custine, filho da famosa Madame de Boufflers.

a vel-o mais! Não! É impossivel, querido, poupe-me essa dor, eu não tenho força para tanto!»

. . . .

As cartas seguintes são a mesma nota repetida até á saciedade. Adora-o, quer vel-o, quer dizer-lhe adeus. No intimo da sua alma tem a esperança de o prender, de o não deixar partir.

Mas elle, que vae realmente ao encontro d'ella e que lhe diz adeus, parte finalmente e deixa-a para sempre. Um dos ultimos bilhetes que restam d'este episodio ardente e secreto da vida de Corinna é o seguinte, escripto e datado de Étampes, a 17 de setembro (cinco horas depois da separação):

«Espero que esta palavra lhe chegue ás mãos ainda. Que ella lhe diga o que eu chorei ao sentir afastarem-se os cavallos que o levavam. Oh! que feliz me fará se voltar. Não sei dizer senão isto, não sei dizer senão isto. Que o seu coração e a sua generosidade façam o resto. Adeus, adeus, meu querido, meu D. Pedro! Quando é que eu direi este nome, prendendo-lhe uma esperança no futuro!»

E poucos dias depois, a 26 de setembro, de Rouen partia ainda do coração alanceado de Corinna uma carta, a ultima que nos resta da correspondencia admiravel, e que já é dirigida ao viajante em caminho da Hespanha:

«. . . Ah! que me importa agora París? Já não vejo com a minha imaginação esse París pelo qual eu tinha este verão um ardor tão doloroso! Como essa partida para Portugal me afflige! Sei que disse a Hochet que estaria ausente um anno; a mim tinha-me dado esperanças bem mais doces. O que é que devo acreditar? *Oh! quando o tenho perto, sei que o posso prender; mas tenho infelizmente experimentado bem quanto é difficil attrahil-o, se está longe*[1].

_____

[1] O sublinhado é nosso. É um traço definitivo que ella aponta n'esta phrase.

«Emfim, não póde fazer nada peior do que casar-se. Se alguma cousa fosse peior, era deixar o continente. Pense em mim para cá se conservar, a mim que o amo sem a interesseira esperança da felicidade, porque duvido bem que possa passar a vida ao pé de si...........

«E as estancias? (do Camões) Pense em mim ao traduzil-as. O meu prefacio está já feito. Tenho-o todo gravado no coração. Ah! se tornar a ser livre... se... mas é preciso que a vida seja feita de modo que a gente possa consolar-se de morrer!... Querido, querido! ai que longe nós estamos um do outro!»

. . . .

E estavam. Nunca mais se viram. O interessantissimo episodio d'este amor, que foi em Corinna uma febre ardente, para esquecer a qual ella vae lançar-se nos paroxysmos ultimos de Coppet[1], que foi para D. Pedro uma deliciosa experiencia sentimental, das que constituem a felicidade mais rara de um homem superior, finda aqui, n'este ultimo arranco de saudade, n'este ultimo grito de Orpheu chamando Eurydice em vão!

D'este tempo, tambem o actual embaixador junto do Vaticano, o sr. Dantas, conseguiu alcançar o fragmento de uma carta de Madame de Staël que *intrigava* os criticos francezes, que lhe não percebiam a significação. Vejamos o fragmento:

«[2] ... *Vous voulez des nouvelles de Don Pedro; il m'a quittée il y a deux mois pour retourner en Portugal où il est actuellement; il doit toujours venir pour épouser sa Pié-*

---

[1] Vide correspondencia de Benjamim Constant.

[2] A carta em que vem incluido este fragmento é escripta ao sr. Dantas por Mr. Alfred Dumaëul, e datada de Bruxellas, 10 de dezembro de 1895. Damos a carta na integra:

Mr. le Ministre.—Je trouve en revenant de Paris un billet de Madame Dantas qui me demande de vous communiquer un extrait de

montaise; mais j'ai bien peur qu'il ne s'en fasse plus un très grand plaisir.

Il avait entrepris cet été à la campagne en Bourgogne chez moi une traduction de Camoëns en vers français qui était vraiment étonnante pour un étranger. Mais que deviendra le Portugal?...»

Eis o que contém, a respeito do homem que ella um momento estremeceu, a carta de Madame de Staël.

Quando é que ella era sincera? Quando escrevia as ardentes cartas que citamos? quando se referia com tão ligeira indifferença ao seu adorado de um dia? quando d'ali a nada reatava tão dolorosamente para a sua dignidade, tão cruelmente para o seu nome futuro com o ingrato e perfido Adolphe?

Quem sabe! Quem sabe! Felizes de nós mulheres obscuras que vamos cumprindo *terra a terra* a nossa ardua missão, sem gozarmos dos privilegios que o genio tem

---

cette lettre inédite de Madame de Staël où il est question d'un personnage dont vous m'aviez obligeamment aidé à penetrer l'incognito.

À la date de 4 décembre 1806 la sensible Corinne, fixée à dix lieus de Paris, écrivait au comte Alborghetti, un de ses amis de Rome, à qui elle confiait la très tendre impression qu'elle avait gardée du poëte italien Monti, et elle lui parlait de leurs communes relations. Voici ce qui concerne Mr. le Duc de Palmella.»

Segue-se o fragmento copiado no texto.—Continua a carta:

J'étais absent de Bruxelles quand Madame Dantas s'est décidée à partir pour Dunkerke. Je souhaite bien vivement que vous ne tardiez pas à nous répondre et à ouvrir à vos amis la maison maintenant abandonnée de la rue Arlou.

Veuillez croire, Mr. le Ministre, à l'assurance de ma bien respectueuse affection.

Bruxelles, le 10 décembre 1895.

Alfred Damaëul.

para ser tão perigosamente enygmatico e perturbante, sem conhecermos essas tempestades e essas sensações violentas com que os celebres e os famosos pagam o seu quinhão de gloria e de immortalidade.

Para nós, porém, n'este momento, não é Madame de Staël que importa, é o homem que ella amou, e a quem n'esse amor —innegavelmente desinteressado e sincero— presta uma homenagem que o assignala aos olhos da posteridade.

Se do Duque de Palmella nada mais soubessemos alem do enthusiasmo que elle inspirou á maior das escriptoras do mundo, alem da extraordinaria acceitação que elle teve na sociedade mais brilhante e mais intellectual d'este seculo, isto era sufficiente para que o collocassemos na altura que por tantos outros titulos lhe pertence.

Démos portanto o maximo desenvolvimento a este brilhante e caracteristico episodio da sua mocidade fecunda em promessas, porque nos pareceu que nenhum podia ser mais eloquente como revelação do valor que elle então já tinha para todos os olhos que sabiam ver. Alem d'isso, a serie de cartas de Madame de Staël, que n'este volume publicâmos, são um documento litterario de tão alto valor, são uma revelação biographica de tão vasto alcance, preenchem uma lacuna tão importante na critica franceza, que não havia direito a furtal-as por mais tempo á curiosidade do publico, hoje tão excitada por este genero de estudos. D. Pedro nos seus *Apontamentos* diz que a grande escriptora lhe escreveu sempre até ao final da sua vida. Mas as outras cartas infelizmente extraviaram-se.

De resto, na correspondencia de D. Pedro, ainda tão numerosa, apesar dos documentos que faltam, ha cartas das primeiras notabilidades do tempo.

Nas de Mathieu de Montmorency, nas dos irmãos Humboldt, nas de Madame Récamier, nas de Madame de Sousa, vê-se que o condão de sympathia de D. Pedro de Souza é irresistivel. Ninguem se furta á magia unica d'este peninsular que tem sangue do Norte, e que por isso mesmo offerece na sua pessoa um exemplar do mais feliz cruzamento de duas raças admiraveis.

Gostam d'elle as pessoas do mais diverso pensar, de mais differentes opiniões, de mais varias idades. Gostam d'elle, sem mesmo explicarem a si mesmas porque é que essa seducção se exerce. Para um diplomata, imagine-se que predicado superior e valiosissimo este encanto pessoal não havia de ser!

. . . .

Ouçamol-o agora fallar de Paris, onde se demorou, como já dissemos, sete mezes:

«...O periodo que eu passei em Paris era dos mais brilhantes da extraordinaria carreira de Napoleão, isto é, entre as batalhas de Austerlitz e Yena, tempo em que a nação e sobretudo o exercito francez pareciam embriagados pela victoria, e se consideravam superiores ao resto do mundo. A liberdade tinha esquecido, e a republica franceza parecia estar tão distante da memoria, como poderia estar a republica romana.

«A ambição e a sêde da gloria militar haviam succedido ao enthusiasmo revolucionario.

«Juntava-se-lhe a sêde de adquirir fortunas rapidas pela prodigalidade de dotações, de pensões, de titulos com que o Imperador pagava aos que o serviam não só nas armas mas tambem nos empregos civis.

«Tudo contribuia para dar á cidade de Paris um aspecto de magnificencia e de festa, que mais parecia um sonho fabuloso do que uma realidade.

«Acrescia a multidão dos estrangeiros que affluiam á côrte de Napoleão, a começar pelas testas coroadas e pelos Principes que vinham como pretendentes solicitar um melhor quinhão na partilha dos Estados da Allemanha e da Italia. Emfim, para terminar o esboço do quadro que París apresentava n'aquelle tempo, convem mencionar tambem os Reis, Rainhas, Princezas da familia de Napoleão que rodeavam o seu throno, os marechaes e generaes cujos nomes nas grandes batalhas da Revolução e do Imperio tinham adquirido celebridade, e por ultimo as familias da antiga nobreza que, escondidas e profugas durante a Revolução, já começavam a apparecer de novo com segurança, attrahidas algumas d'ellas pelo justo desejo de recuperar as fortunas e outras muitas pela ambição, porque a vaidade do novo Imperador lhes franqueava os empregos e sobretudo as dignidades do Paço, cujo lustro elle procurava augmentar e enriquecer com os nomes historicos da antiga França.»

«Tive então occasião de ver aquelle personagem que occupa um logar tão vasto na historia do nosso tempo. Fui-lhe apresentado pelo Embaixador de Portugal n'um dia de grande recepção. A sua voz apenas se cruzou com a minha para me perguntar quem eu era, de onde vinha e para onde ía. A mesma pergunta lhe ouvi fazer n'esse mesmo circulo, com bastante surpreza minha, ao enviado de uma pequena côrte da Allemanha, que elle não conhecêra, não obstante ser um dos residentes em París, e que me pareceu ficar bastante corrido por este publico testemunho da sua insignificancia. Tornei depois a ver varias vezes Napoleão nas revistas de tropas e nas festas, bailes, representações theatraes que dava no palacio de Saint-Cloud e para as quaes convidava os estrangeiros apresentados na côrte.

«Ficou-me lembrando sempre a impressão que me causou n'uma d'essas representações a physionomia do Imperador, assistindo impassivel á tragedia da *Morte de Cesar,* em que Talma representava com a maior perfeição o papel de Bruto. Esta observação serve para mostrar a que ponto Napoleão se julgava seguro no throno e superior á fortuna, desprezando desdenhosamente as allusões frequentes que n'aquella tragedia se referiam á sua situação. O theatro de Saint-Cloud n'essa e em outras representações que havia quasi todas as semanas, offerecia um complexo e póde dizer-se uma constellação de realezas e de grandezas,—umas recentes, outras mais antigas, mas todas então misturadas e igualadas pelo prestigio da victoria,—que fulgiam não só nos camarotes, mas na platéa com as suas fardas e condecorações.

«Nem menos resplandecentes eram n'aquelle theatro a presença das senhoras, muitas das quaes, a começar pelas irmãs de Napoleão, attrahiam os olhos pela belleza e pela posição em que a fortuna as havia collocado.

«Era tal a composição d'aquella assembléa, que, apresentando-me uma vez á porta de um camarote, onde queria visitar uma senhora minha conhecida, perguntou-me o moço da camara, que havia de annunciar o meu nome, de onde era eu Principe,—como que dando por certo que a sociedade era toda composta de Principes.»

V

No fim de outubro de 1806, ao cabo de sete mezes d'este embriagante espectaculo de magnificencia e gloria, gloria e magnificencia que em breve nós amaldiçoariamos com lagrimas de sangue e gritos de lancinante agonia patriotica, D. Pedro, acompanhado do irmão do Embaixador de Portugal, deixava París e seguia a caminho de Perpignan, no intuito de ver, antes de chegar a Madrid, a Catalunha e Valencia.

Era a sua primeira viagem á Hespanha e gosou-a avidamente, ardentemente. O que n'elle havia de peninsular —que não era muito— acordou chamado pelo soluço dolente das guitarras, pela nota alegre e secca das castanholas, pela belleza quente e voluptuosa do céu, da luz, da belleza feminina estonteadora e viva. Depois estava-lhe destinado em Hespanha um dos episodios mais envaidecedores, mais agradaveis talvez da sua mocidade.

Na fronteira de Hespanha D. Pedro fez o delicioso encontro d'aquella encantadora Duqueza de Mouchy (Mouchy-Noailles), que era por esse tempo o idolo de Chateaubriand.

Para ter o direito de encontral-a e de conquistar-lhe o amor inquieto, caprichoso e ephemero, o auctor então acclamado do *Genio* do *Christianismo* fizera a peregrinação de Jerusalem.

Se no prefacio do *Itinerario* o grande escriptor, que foi um dos seres mais artificiaes d'este mundo, diz pomposamente «que saíu do seu paiz em demanda da *Terra Santa* com as idéas, o fim e os sentimentos de um romeiro antigo»—mais tarde, na linguagem melodiosissima de que teve o segredo intransmissivel, elle confessa assim o seu terno peccado:

«Mas dizia eu tudo no *Itinerario* a respeito d'essa jornada encetada no porto de Desdemona e de Othelo? Ia eu porventura visitar o tumulo de Christo em disposições de arrependimento? Um *pensamento só* me absorvia; contava impaciente os minutos de bordo do meu navio, com os olhos presos na estrella vespertina! Pedia-lhe monção favoravel para navegar mais ligeiro, e gloria que bastasse para fazer-me amar.

«Esperava encontrar essa gloria sonhada em Sparta, em Sião, em Memphis, em Carthago, e leval-a commigo até á Alhambra. Como o coração me batia ao aportar ás costas de Hespanha! Teriam guardado a minha recordação fiel, assim como eu me sujeitára ás impostas provações?»

A mulher que elle amára um momento, com aquelle ardor sombrio que entre todos caracterisou René, mulher que, no dizer de Madame de Duras, «reunia tudo que a belleza, a graça, o espirito, a elegancia das maneiras podiam inspirar de admiração» marcára-lhe um *rendez-vous,* á volta da Palestina e da Grecia, na Alhambra maravilhosa e rendilhada. E para lá se dirigia, quando D. Pedro se avistou com ella, ao encontro do poeta admirado...

D'antes expiava-se um amor d'estes com uma romaria á *Terra Santa.* Chateaubriand, mais original, antecipava ao peccado a expiação.

Foi em Granada que elles se encontraram, e, como o proprio Chateaubriand contou mais tarde sob o véu transparente do *Ultimo Abencerragem,* n'uma noite em que a lua diffundia o dubio clarão de prata nos sanctuarios abandonados da Alhambra, em que o rouxinol cantava n'um cypreste nascido entre as ruinas de uma mesquita solitaria, os dois amantes escreveram o entrelaçado nome nas lageas marmoreas de uma das famosas salas arabes!

Ha quem affirme que muitos annos depois ainda ali podia ver-se aquelle vivo testemunho do «encantamento, da paixão, da loucura» dos dois; e que mais essa evidencia vinha corroborar o que os contemporaneos sabiam todos do romanesco episodio da vida, tão rica em romances, de René.

Pois querem mais um symptoma de quanto era um *charmeur* esse moço que enlouqueceu por momentos Madame de Staël. A caprichosa, a garrida Duqueza, cujo espirito era proverbial e cuja graça era um dogma, acceitou de boa mente a galanteadora offerta que D. Pedro e o seu companheiro lhe fizeram, de a escoltar desde a fronteira franceza até Valencia. Aqui temos ainda, escapando não sei por que milagre, o pequeno papel amarellecido em que as letras de D. Pedro de Souza e da juvenil patricia franceza por assim dizer se entrelaçaram[1], e que vem justificar o que elle, nos seus *Apontamentos biographicos,* narra com visivel desvanecimento.

E emquanto D. Pedro continuava o seu caminho para Madrid, perturbado pelo delicioso encontro e pela imprevista aventura, a Duqueza lá se dirigia para Granada, tendo-lhe confessado, como elle proprio deixou registado nos seus *Apontamentos,* que «ía ter com o sr. de Chateaubriand, na volta da sua grande viagem á Palestina, á Grecia, e a uma parte da Africa.»

D. Pedro de Souza, sempre tão discreto, acrescenta, d'esta vez com certa vaidade, e, não é duvidoso, com a ver-

---

[1] «Mr. de Lima e Mr. de Souza, portugais, osent demander à Madame de Noailles la permission de se présenter à elle et de lui offrir leurs services pendant qu'ils auront le bonheur de suivre la même route. Ils espèrent que cette demande qui, en toute autre occasion, pourrait justement sembler hardie, ne paraîtra à Madame la Duchesse aussi extraordinaire de la part de deux voyageurs assez heureux pour la rencontrer dans une auberge d'Espagne.»

E logo depois nas aristocraticas *pattes de mouche* da elegantissima e phantasiosa viajante:

«Je suis bien sensible à l'obligeance de ces messieurs et je serai charmée d'en profiter pendant le voyage, et dans toute occasion où cela pourra leur être agréable.»

dade que sempre temos podido verificar em cada uma das suas affirmações:

—«Não faltou muito para que esta senhora mudasse a sua derrota e continuasse a viagem commigo até Portugal, mas os acontecimentos politicos que por esse tempo occorreram transtornaram o projecto.»—

O que nos lembra, diante d'este episodio galante da vida d'esse rapaz feliz, que tanto saboreou o prazer de viver, não é realmente uma grande piedade de René.

Esse, alem de inconstante até á ferocidade, de caprichoso até á inconsciencia, assim como ao peccado da entrevista, antecipára a expiação, tambem já mil vezes ao temporario esquecimento da gentilissima Duqueza, tinha antecipado varias vinganças mais ou menos saborosas. Alem de que não tardou muito que a sacrificasse a outros idolos igualmente frageis, igualmente inconstantes[1].

E não ha mais insupportavel arrogancia, não ha fatuidade mais absoluta que a d'esse semi-deus, sempre adorado e sempre desdenhoso, que foi em França o sentimental evocador do *Genio do christianismo!*

«Quando entrei em Hespanha, diz D. Pedro, achei o espirito publico muito agitado com a publicação de um manifesto em que o Principe da Paz (D. Manuel Godoy) parecia indicar a probabilidade de um rompimento com a França, fiado imprudentemente, segundo parece, na esperança de que as hostilidades então começadas entre a França e a Prussia dariam bastante que fazer a Napoleão, para o inhibir de voltar as suas armas contra a Hespanha.

---

[1] A Duqueza de Mouchy-Noaille enlouqueceu mais tarde, o que explica a extravagancia um pouco phantastica do seu viver.

«Estas esperanças depressa caíram por terra com a noticia da batalha de Iena que desorganisou de um só golpe todo o exercito prussiano, e decidiu aquella campanha com uma rapidez muito maior do que o havia sido no anno antecedente a guerra contra a Austria. De modo que no momento em que eu cheguei a Madrid, a jactancia do Principe da Paz tinha-se convertido em pusillanimidade.

«Desde então começou elle a praticar toda a casta de baixezas para conciliar o favor de Napoleão, e para se fazer perdoar a sua imprudente provocação. Não esqueceu esta porém jamais a Napoleão, e posto que não tirasse d'ella uma vingança immediata, conservou-a na sua memoria.

«Póde dizer-se mesmo que foi esta a origem das questões que no anno seguinte se suscitaram e deram logar á guerra peninsular.

«A nação hespanhola, posto que atrazada e entorpecida por muitas causas diversas, e sobretudo pela indolencia dos seus governantes, conservava ainda um espirito de independencia e um orgulho exagerado da sua força; orgulho que subsistiu ainda depois de innumeras derrotas e não obstante as lições da experiencia. Era este sentimento que n'aquelle tempo-a induzia a reputar-se apta para luctar contra o vencedor do resto da Europa.

«Já tambem começavam a apontar em Hespanha idéas ou pelo menos desejos de liberdade excitados pelo desprezo que a todos inspirava o governo de Godoy; tudo indicava emfim que não tardariam em apparecer n'aquelle paiz acontecimentos extraordinarios e que a ordem das cousas não poderia subsistir.

«Tudo offerecia a um espectador estrangeiro e imparcial como eu, um quadro digno de attenção e de vivo interesse.

«A côrte de Madrid, onde me demorei alguns dias e onde fui apresentado pelo Conde da Ega, então Embaixador de Portugal, mantinha-se com mais fausto do que a nossa, mas apresentava o mesmo aspecto, nos cortezãos que a compunham, de ignorancia, de ambição servil e de degradação, com a differença porém a nosso favor de que o caracter do nosso principe merecia mais consideração e impunha mais respeito que o de Carlos IV.

«Na verdade, chegava a fazer compaixão a imbecil bonhomia d'este soberano, obedecendo cegamente aos caprichos de uma rainha velha e sem pudor, e de um favorito sem talento, sem animo, sem conhecimentos, sem qualidade nenhuma emfim que podesse fazer desculpar a elevação a que o tinham levantado.

«O nosso Embaixador, que tambem era um cortezão servil e incansavel, tinha conseguido grangear para si o favor do Principe da Paz. Com elle tive mais de uma vez occasião de ver e ouvir este personagem, que não dissimulava na conversação o grande conceito que de si mesmo formava, reputando-se entre outras cousas, general habil, de tal modo que (lhe ouvi eu dizer) á frente do exercito hespanhol e com 30:000 portuguezes com que tambem contava não teria duvida de medir as suas armas com as de Napoleão.

«A inclinação que elle manifestava então a favor dos portuguezes não sei se provinha da sua idéa de se assenhorear de uma parte de Portugal que depois lhe foi prommettida pelo tratado de Fontainebleau, ou de que a origem da sua familia era, segundo elle dizia, portugueza, do que muito parecia prezar-se.»

«Foi durante a minha estada em Madrid que tive a primeira noticia das intrigas de palacio occorridas em Portugal

e em consequencia das quaes alguns dos meus amigos intimos —Conde do Sabugal, Marquez de Ponte de Lima
e Marquez de Alorna— se achavam desterrados fóra de
Lisboa. Estas intrigas, soube eu depois, tinham sido fomen-
tadas pela Princeza D. Carlota Joaquina, que aspirava á
Regencia do Reino, acreditando e fazendo acreditar que
a melancholia de seu marido, da qual grande parte provinha do comportamento d'ella, era um principio de alie-
nação mental, da mesma natureza da que desde muitos
annos havia impedido a Rainha D. Maria I de continuar a
reger o Estado».

Um dos maiores attractivos que D. Pedro confessa ter
encontrado em Madrid foi a íntima e affectuosa convivencia
com a deliciosa Embaixatriz, a Condessa da Ega, filha da
Marqueza de Alorna, e uma das mais lindas, das mais encantadoras mulheres que o nosso paiz tem produzido..

No palacio de Bemfica, pertencente aos Marquezes de
Fronteira e de Alorna, existe uma miniatura da linda mulher
do Conde da Ega.

É loura como os trigaes, tem o mais gracioso e petu-
lante sorriso feito de malicia e graça, tem os olhos azues
de um fulgor de saphyra meigos e profundos, a pelle é fina
e branca, e ella toda realisa um typo ideal de formosura
germanica, que lhe vem da ascendencia paterna pelo Conde
de Oyenhausen.

A Duqueza de Abrantes, viuva de Junot, falla com enthusiasmo —e era ella a ultima pessoa que o deveria sentir—
d'esta mulher encantadora, que reunia á mais fascinante formosura o talento que a mãe lhe havia communicado com o
sangue, e que na Lisboa meio barbara do tempo tinha um
salão *civilisado*, onde o ultimo livro publicado em cima da

banca do serão, a ultima *partitura* conhecida em cima da estante do piano, a harpa, os *bibelots*, as obras de arte denunciavam a cultura excepcional da sua feiticeira dona.

Foi celebre depois em Portugal, no Portugal invadido, o nome da Condessa da Ega, tão cruelmente *chansonnée* pelo odio dos patriotas e pela malevolencia justa ou injusta dos jornaes inglezes.

Mas, ao tempo em que D. Pedro conviveu alegremente com ella estão ainda longe os tristes episodios do seu celebre romance, longe a hora do exilio de que nunca mais voltou (pois morreu Condessa de Strogonof na Russia), longe, emfim, tudo que faria mais tarde tão tormentosa esta existencia de mulher aliás brilhantissima.

Finalmente, depois de tão longa ausencia da patria, D. Pedro de Souza e Holstein entrava em Portugal, n'esse decadente e tristonho Portugal do tempo, em que a invasão franceza vae pôr a breve trecho o sêllo extremo da miseria e do horror, n'esse Portugal retalhado de intrigas palacianas, que a ignorancia e a pretensão estulta dos governantes tinham reduzido á mais completa, á mais insanavel degradação.

Depois d'aquelle galvanismo subito, artificial e ephemero de Pombal, a nobreza ambiciosa, ignara, e ora servil, ora arrogante, o povo semi-barbaro, o clero a um tempo fanatico e corrompido, tinham continuado a sua obra de destruição, a sua obra de termite, minando surdamente o carunchoso, o velho edificio.

O desmoronamento não tarda; ao primeiro empuxão do colosso, que então pasmava e confundia a Europa, o velho Portugal ruirá em terra!

Para se erguer ainda uma vez leão moribundo n'um sublime esforço que será narrado aqui.

Pobre paiz e pobre raça bem digna de uma sorte melhor!

Paiz tão bello que nunca o estrangeiro deixou de en-
leiar-se embevecido ao subir á crista arrogante e magestosa
das suas serras, que a neve corôa tanta vez e onde tanta
vez tambem vegeta o zimbro, e a urze branca e roxa floreja;
ao descer a vertente das suas montanhas que o carvalho
gigante e o gigante castanheiro envolvem em verdura e em
sombra; ao penetrar no coração dos seus valles onde vicejam
todas as floras dos mais oppostos climas: o pinheiro do
norte e o myrtal do meio-dia, a giesta dourada e a vermelha
baga do medronho que estontea; onde o verde milheiral e a
flor azul do linho ondulam docemente ao vento morno e ca-
ricioso... Lindo terraço erguido em frente do Atlantico,
que lhe salpica de alva espuma os degraus, do Atlantico
que lhe apontou tão cedo um caminho de gloria, um caminho de mysterio... Paiz adorado onde todos os aspectos
da natureza se revelam, onde ha de tudo: rios que se es-
praiam voluptuosos, verdes como a ramaria que n'elles se
debruça curiosa, e rios que cachoam estrangulados entre
rochas e fraguedos cyclopicos, tomando d'elles a côr escura
e o aspecto carrancudo; pradarias de esmeralda que emmol-
dura a prata viva e tremeluzente das aguas; fartas lezirias
onde o campino do Ribatejo, tão poetico como o *gaúcho* e
tão caracteristico como elle, conduz as vastas manadas dos
seus touros ligeiros e bravos; charnecas desoladas de uma
tristeza arida, e grandes bahias azues como esse azul Me-
diterraneo, onde o poeta ouviu pela vez primeira o canto
perfido e doce das sereias, ou como o Egeo encantado, de
onde a Venus emergiu, victoriosa, immortal, envolta no manto
fulvo dos cabellos e embriagando para sempre o mundo de
poesia e de amor!...

E raça tão singular e tão admiravel como o paiz em que
nasceu, ou para onde emigrou; raça de heroes e de sonha-

dores, de aventureiros e de poetas; raça que sabe desejar, realisar, e que se fica depois alheada, inerte, sem dar valor ao que alcançou a tanto custo, sem desfitar os olhos de não sei que visão fatidica que ao longe lhe promette um bem a que aspira, um bem que não terá... Raça que atravessou os mares para conquistar um mundo que deixou perder, e que sendo capaz de arrojos subitos, de impetos audaciosos, de aventuras temerarias não soube nunca, não saberá nunca apropriar a si aquella tenaz virtude, aquella persistencia lenta e cubiçosa com a qual não sómente os imperios se fundam, mas os imperios se manteem!...

CAPITULO V

INVASÃO E OCCUPAÇÃO FRANCEZA

CAPITULO V

—

A INVASÃO E OCCUPAÇÃO
FRANCEZA

—

SUMMARIO

Dias em Villa Viçosa com o Marquez de Alorna. Impossibilidade de ver o Principe Regente. Anno de 1807 passado com as irmãs em Calhariz. Hospedes illustres. Diversões dramaticas e musicaes. Aggravamento gradual dos negocios publicos. Approxima-se a tempestade. D. Pedro serve sob as ordens do general Gomes Freire. Guarnecem-se e fortificam-se contra os inglezes as costas do norte e sul do Tejo. Audiencia do Principe. Partida da Familia Real para o Brazil. Entrada de Junot em Lisboa. Os francezes chegam famintos, esfarrapados, descalços, mais como objecto de dó que de terror. Tristes reflexões. Difficuldade em certas horas de saber onde está o dever. D. Pedro é bem inspirado ficando. Conquista de Portugal. Primeira phase da invasão. O francez e o inglez. Lucta cyclopica. O nome de Napoleão impõe-se. Portugal subjugado. Começo de reacção. As exacções e a arrogancia insolente de Junot provocam esta reacção que da parte do povo é violenta e persistente. Desembarque de um exercito inglez na Figueira. Formação da junta do Porto e da junta do Algarve. Batalha do Vimeiro. Exaltação dos espiritos. Explicação natural da sympathia do Duque de Palmella pela Inglaterra. D. Pedro volta para o exercito. Serviço militar de D. Pedro sob as ordens de Trant. Wellington. Passagem do Douro. Patriotismo e heroicidade. D. Pedro é promovido por Beresford a major por serviços feitos em campanha. D. Pedro é nomeado ministro em Hespanha escolhendo a carreira diplomatica. Antes de partir para Hespanha traz a Lisboa a grata noticia da retirada dos francezes, que pela segunda vez aqui eram batidos.

CAPITULO V

A INVASÃO E OCCUPAÇÃO FRANCEZA

SUMMARIO

I

Os primeiros dias em que D. Pedro de Souza esteve em Portugal foi em Villa Viçosa, que os passou, hospedado pelo Marquez de Alorna, que, embora exilado da côrte, estava commandando no seu posto e qualidade de general a provincia do Alemtejo.

13

Ali se informou do que mais particularmente occorrêra em Portugal nos ultimos tempos, e ali se orientou no difficil caminho a seguir em epocha tão revolta e ao mesmo tempo tão dissolvente.

Vamos agora, e fal-o-hemos sempre quanto podermos, deixar que seja D. Pedro de Souza que falle, contando como testemunha presencial os factos que viu, e em que figurou.

Começam a affluir os materiaes que facilitam o nosso trabalho, e que o tornam menos pessoal. Até aqui tinhamos que explicar, que ampliar, que coordenar documentos de varias procedencias; agora quasi que o nosso papel para ser consciencioso tem de ser passivo. A notabilissima figura que tentâmos retratar e cuja mocidade interessante seguimos passo a passo, chegou ao ponto em que póde larga e proveitosamente fallar de si sem estranha intervenção.

O grande valor d'esta biographia minuciosa deve ser a sua veracidade absoluta e a sua authentica documentação.

Ouçamos, pois, o que D. Pedro nos vae dizer:

—«Saíndo de Villa Viçosa tomei a posta a cavallo até Aldeia Gallega, e tive no dia seguinte a satisfação de abraçar em Lisboa, depois de perto de cinco annos de separação, minhas queridas irmãs, a quem o meu coração esteve sempre unido em todo o decurso das nossas vidas pelos sentimentos do mais íntimo amor fraternal.

«Passados os primeiros dias tornei ao serviço militar no regimento a que pertencia, solicitando ao mesmo tempo do ministro dos negocios estrangeiros, Antonio de Araujo, a quem devi o melhor acolhimento, a minha nomeação para alguma missão diplomatica, por ser essa a carreira que podia abrir-me melhor perspectiva de fortuna, e a que eu me jul-

gava com algum direito, depois de haver preenchido por espaço de tres annos, com plena approvação do nosso governo,
o logar de encarregado de negocios em Roma.

«Não me foi possivel dirigir pessoalmente as minhas solicitações ao Principe Regente, o qual, n'esse tempo, morti-
ficado pelas discussões domesticas e pelo aspecto tenebroso
que ia assumindo o nosso horisonte politico, e affectado por
uma doença nervosa, talvez em parte imaginaria, vivia, por
assim dizer, encerrado no palacio de Mafra sem outra companhia mais que a dos frades e de um pequeno numero de
familiares, e sem querer receber pessoa alguma estranha.
Tanto assim que, havendo eu chegado a Lisboa nos fins do
anno de 1806, só no verão do anno seguinte pude pela primeira vez ver este Principe, na occasião do baptisado da
senhora Infanta D. Anna (que por signal foi celebrado só
um anno depois do seu nascimento), ao qual fui chamado a
assistir na qualidade de capitão da guarda.

«As promessas de emprego que se me faziam tardavam
em realisar-se. Passei portanto o anno todo de 1807 na companhia de minhas irmãs, pois que habitavam todas na mesma
casa, residindo ora em Lisboa, ora em Calhariz. Algumas
das nossas excursões a esta casa de campo foram summamente agradaveis, pelos hospedes que n'ella tivemos e pelos
divertimentos em que passámos o nosso tempo.

«Alem de muitas pessoas portuguezas da nossa amisade
vieram estar comnosco em Calhariz alguns estrangeiros que
mais tarde figuraram na scena do mundo. Um d'elles era
o Conde de Bourmont, já conhecido como um dos chefes,
no fim da guerra da Vendée; e tanto mais conhecido não só
em França mas em Portugal nos ultimos annos da sua vida.

«Outro hospede nosso e muito amavel era Mr. de Rayneval, n'esse tempo encarregado de negocios da França em

Lisboa. Alem d'estes vinham visitar-nos a Calhariz alguns antigos emigrados francezes.

«Ali, entre outras diversões alem da da caça que abundava nas nossas vizinhanças, lembrámo-nos de construir um theatro, onde se representavam algumas comedias francezas e portuguezas, e até algumas operas comicas, em que todos eramos actores, sendo a direcção e, em algumas peças, a composição da musica de minha irmã Thereza (depois Condessa de Villa Real) e de Mr. Rayneval, fanatico pela musica, cuja sciencia conhecia a fundo.

«Nos intervallos d'estes divertimentos fa elle a Lisboa com frequencia tratar dos negocios da sua missão, que para nós se tornavam de dia em dia mais desagradaveis. Devo fazer-lhe a justiça de asseverar que, não podendo deixar de cumprir as ordens que recebeu, procurou comtudo pela sua parte, e quanto d'elle dependeu, conjurar a tempestade que estava imminente, e operar uma reconciliação que se tornou impossivel pelas exigencias imperiosas, e cada vez maiores, do governo francez.

«Por fim preveniu-me confidencialmente do desfecho que não podia deixar de ter esta negociação; e, com esta noticia, resolvi voltar para Lisboa, não só porque a isso me obrigava a minha qualidade de militar, mas tambem pelo desejo que tinha de prestar os serviços que de mim dependessem ao nosso governo, manifestar o zêlo dos sentimentos que me animavam, e estar proximo do Principe e da Familia Real quando chegasse o momento da catastrophe.

«Foi por esse tempo que tratando-se de se fazer alguns preparativos militares, que tinham por objecto guarnecer e fortificar a costa ao norte e ao sul do Tejo, como medida de defeza contra os inglezes, se deu ao general Gomes Freire o commando dos fortes e baterias desde Setubal até á barra de Lisboa e da margem sul do Tejo. Pediu-me elle n'essa occasião para servir debaixo das suas ordens, o que effectivamente fiz, conservando-me n'esse serviço em contínuas excursões e inspecções com o general até chegar o dia da partida da Familia Real para o Brazil.

«Nas vesperas d'esse dia tive occasião finalmente de chegar á presença do Principe, e houve alguma idéa pela sua parte de me enviar com uma missão semi-diplomatica ao quartel general de Junot, que então se achava ainda em Hespanha, mas ameaçando já entrar em Portugal. Esta lembrança, que Sua Alteza Real mesmo me indicou, desvaneceu-se porque os acontecimentos se precipitaram de tal modo que se reputava já inutil qualquer tentativa de negociação. O nosso governo e os seus conselheiros, perdendo completamente a cabeça, abandonavam toda e qualquer idéa de resistencia. Em logar de preparar a defeza, pareciam querer franquear a entrada aos francezes e facilitar pelas ordens que deram a invasão de Portugal.

«No espaço de poucos dias depois de determinada a partida para o Brazil não só da Rainha, do Principe e da Familia Real, mas de um sequito immenso, em que se incluia grande parte da nobreza, teve o Principe a bondade de se lembrar de me offerecer passagem n'uma das embarcações da esquadra. Este favor, porém, não obstante ser por elle reputado como tal, não podia conciliar-se nem com a minha inclinação, nem com o affecto que eu tinha ás minhas irmãs, das quaes por maneira nenhuma desejava viver separado. Resignei-me portanto a esperar pela sorte que me coubesse em Portugal e, pretextando uma indisposição de saude, dispensei-me de embarcar.

«Vi das janellas da minha casa, cheio de mágua e possuido dos mais tristes presentimentos, o lamentavel espectaculo da saída do Tejo da esquadra e do numeroso comboio que a seguia. Vi no dia immediato o espectaculo não menos funesto e aterrador da entrada da vanguarda do exercito de Junot em Lisboa, onde os soldados francezes chegavam, não em triumpho e com aspecto de vencedores, mas quasi em debandada, cansadissimos da longa e precipitada marcha, e apresentando-se aos habitantes da capital na sua primeira entrada, mais como objecto de dó, que de terror.»

. . . .

É inveterada manha portugueza o dizer sempre mal do tempo em que se está; mas, se ouvirmos n'este momento os mais conspicuos d'entre os nossos compatriotas, dir-nos-hão que nunca o nosso paiz chegou a um grau de miseria moral e dedecadencia intellectual comparavel ao de hoje.

E no emtanto quantos progressos, que melhoramentos extraordinarios, que novas energias latentes não lhe descobriria o olhar attento do Duque de Palmella, se uma visão prophetica lhe revelasse,—embora com todos os seus defeitos organicos e de educação, e com todas as suas miserias incontestaveis,—este Portugal que elle ajudou a fundar, em face do outro, d'esse Portugal corrompido até á medulla pela ignorancia, pelo despotismo ignaro, pela educação fradesca da fidalguia e pela repellente brutalidade da plebe, e cujo miseravel symbolo era um rei que fugia, levando comsigo os milhões dos cofres nacionaes, as alfaias das igrejas mais opulentas, as joias, as riquezas, os thesouros amontoados; um rei que abandonava o seu povo, e ao qual seguia submisso o sequito innumeravel de tudo que na côrte havia de mais valido e de mais nobre, de mais poderoso e de mais rico!...

E fugiam diante de um nome!

Tal era o terror que este nome —Napoleão— exercia no mundo, que os seus soldados, rotos, esfarrapados, famintos e tropegos, poderam entrar na cidade de Lisboa, como se tivessem aquelle aspecto soberbamente marcial com que a téla famosa de Meissonier os representa e immortalisa.

Que hora de profunda melancholia não seria esta para o moço D. Pedro que, cheio de aspirações e de boa vontade, vinha trazer ao seu paiz o capital accumulado em tantos annos, a hora em que elle via sumir-se, pela barra de Lisboa fóra, tudo que n'aquelle tempo para os homens do antigo regimen, habituados a verem a patria onde estava o rei, constituia o patrimonio da gloria e das tradições nacionaes.

Não sei quem disse já que em certas horas revoltas da vida dos povos o difficil não era cumprir o dever, o difficil era definir justamente em que o dever consistia.

Quantos homens d'aquella epocha julgaram cumpril-o acompanhando na aventurosa viagem régia a monarchia que abdicava fugindo!

Quantos olharam incertos em roda de si, sem um precedente unico que os elucidasse, pois que os não havia de tal ordem em toda a historia da Europa civilisada! Quantos interrogavam a propria consciencia temendo errar se partiam, temendo errar ainda mais, ficando á mercê do estrangeiro insolente, que ía pizar sem dó o solo da patria até que d'elle surdissem por um milagre de não prevista energia popular, as phalanges vencedoras que haviam de expulsal-o!

D. Pedro, bem inspirado pela sua esclarecida rasão, tão delicada e tão subtil, ficou preso á terra desgraçada que era sua, embora d'ella fugissem os que até ali n'ella representavam a soberania, a força, a direcção e o poder.

Um dos seus primeiros actos, logo depois da invasão de Portugal, foi o demittir-se do serviço militar e retirar-se para sua casa. Ía descoroçoado e triste e vencido, mas com a consciencia tranquilla.

Oppunham-se á sua resolução as instigações do Marquez de Alorna e de tantos outros amigos e parentes seus, que, julgando decidida, isto é, jogada e perdida a sorte de Portugal, voltavam as suas vistas e as suas ambições para o favor do novo governo.

«Resisti igualmente —acrescenta D. Pedro— ás insinuações indirectas do proprio Junot e de algumas outras notabilidades do seu quartel general e do exercito francez, com as quaes a minha posição na sociedade, as minhas viagens, e mesmo conhecimentos feitos em París me haviam posto em relação aqui em Lisboa.

«O exercito francez que havia invadido Portugal era de 25:000 a 30:000 homens, commandado por Junot, antigo ajudante de campo de Napoleão, soldado destemido mas pouco considerado como general, e devendo ás suas antigas relações e á sua dedicação pela pessoa do Imperador, a missão de que tinha sido investido, missão que equivalia a um vice-reinado.

«Segundo os costumes introduzidos nos exercitos francezes, devia esta missão ser para Junot um manancial de riquezas e proporcionalmente tambem para todos os demais generaes, officiaes superiores, empregados civis, destinados a occupar os primeiros logares na administração da nova conquista; tropel de harpias que se propunha devorar a substancia de um paiz virgem, que se lhes antolhava uma especie de Eldorado.

«Junot, com uma vanguarda de 3:000 a 4:000 homens, tinha vindo a marchas forçadas sobre Lisboa na esperança de chegar ainda a tempo de surprehender o Principe Regente, e de fazer suspender a sua partida.

«Era este o motivo por que a primeira tropa franceza tinha chegado exhausta e n'aquelle miseravel estado. Junot, como recompensa dos seus esforços, posto que baldados, recebeu pelo primeiro correio de París a noticia de haver sido feito Duque de Abrantes. Tomou tranquillamente posse do governo não só de Lisboa, mas do reino inteiro, em nome do seu amo, arvorando a bandeira franceza ao mesmo tempo que mandava arrear todas as insignias das armas portuguezas.

«Publicou uma proclamação, na qual se arrogava o direito de conquista até mesmo das propriedades particulares, impondo, a titulo de resgate d'ellas, em todo o paiz, uma contribuição de 40 milhões de cruzados.

«Tal conquista, porém, não existia de facto, visto que o exercito francez entrou no nosso territorio sem declaração de guerra, quasi a titulo de amigo, não encontrou resistencia alguma, antes pelo contrario lhe haviam sido abertas todas as avenidas por ordem expressa do governo de Portugal.

«Se esta consideração não valesse, devia valer o tratado secretamente concluido entre a França e a Hespanha, conhecido pelo nome do tratado de Fontainebleau, no qual perfidamente, sem rasão e sem pretexto de justiça, se havia estipulado a divisão de Portugal em tres porções, das quaes a do Norte até ao Douro pertenceria a Hespanha, o Algarve ao Principe da Paz e o resto do reino ficaria em deposito no poder dos francezes para se dispor d'elle conforme as circumstancias aconselhassem.

«Este tratado tinha servido para franquear aos francezes a entrada do seu exercito na 'Hespanha. Devia servir para ir introduzindo successivamente maior numero de tropas e preparar assim a futura usurpação do throno de Hespanha, que já sem duvida estava determinada na mente de Napoleão.

«Entretanto o governo hespanhol, empenhado na realisação das estipulações contrahidas, mandava entrar no territorio portuguez dois corpos de exercito, um dos quaes occupava a provincia do Minho guarnecendo o Porto, e outro tinha penetrado pelo Alemtejo, estabelecendo o seu quartel general em Setubal.»

. . . .

Horrivel momento este da nossa historia patria, em que não é possivel pensar sem estremecer de indignada tristeza. O solo talado, pisado, devastado pela soldadesca estrangeira, desenfreada no latrocinio; o governo abandonado; o rei em fuga para o outro lado do Atlantico, onde ía reinar seguro, deixando ao seu infeliz povo o encargo rude de se defender sem direcção, ou de submetter-se sem honra; a Europa em fogo, sem que podesse entrever-se sequer uma fisga de luz no meio da espessa fumarada com que a polvora de exercitos inimigos em lucta obscurecia o horizonte ao longe e ao perto!... O formidavel duello da França com a Inglaterra desenhava já os seus lineamentos definitivos, mas quem é que então o sabia prever ou adivinhar?

Só Pitt e Napoleão tinham sabido desde o principio o que queriam, e de que meios se serviriam para realisar o contrario intento, mas Pitt morrêra sem ter vencido na lucta que ía encher de pavor e de sangue metade do mundo, e só Napoleão se via erguido em attitude ameaçadora sobre as ruinas da Europa subjugada,

Assim tambem Guilherme de Orange morrêra antes de assistir á derrota e á humilhação do rei *christianissimo* que tinha *dragonado* nas *Cévennes* os Huguenotes, e tinha devastado na Allemanha as vastas e fecundas planicies e as cidades magnificas do opulento Palatinado, mas cuja audaciosa ambição n'elle encontrára o adversario que finalmente mesmo depois de morto o venceria!

Estavam em campo o genio arrebatado e terrivel de Napoleão, e a força persistente, tenaz, intransigente do saxonio!

Um grande estadista mal pago e mal comprehendido, como todos os que são grandes, preparára, apercebêra a nação para a lucta gigante.

Mas o instante era de tal modo incerto e tenebroso que d'essa lucta, quem todos julgariam que fosse vencedor era Napoleão, o invasor da desventurada Peninsula dominada por dois reis sem força e sem prestigio, um que se evadíra cheio de medo, outro que em breve seria conduzido entre escoltas de soldados para fóra do seu paiz natal.

No jogo do xadrez secular nós eramos então o taboleiro appetecido. Teriamos de pagar bem cara a preferencia a que a nossa posição geographica nos sujeitava. Pequenos e fracos, teriamos fatalmente de começar a ser, ou de continuar a ser explorados pela nação vencedora. E nós, que desde a restauração brigantina estavamos sob a dependencia politica e moral da Inglaterra, não poderiamos, se ella vencesse a final, n'este supremo lance em que a nossa pseudo-autonomia se jogava, escapar ao dominio antigo, á *lei historica* fatal como uma lei de natureza reconhecida por Gervinus, negada (mas não efficazmente combatida) pelos nossos patriotas no momento em que estão na opposição, e que alternadamente tem subjugado em Portugal todos os partidos, ou todas as facções, de 1640 para cá.

Oiçamos a clara narração de D. Pedro de Souza:

«De todos os sentimentos que podem animar e excitar o coração do homem, o amor da propria nacionalidade é o mais forte, porque falla a todos sem distincção de classes, de sexo ou de idade. O povo portuguez vivia então quasi que inteiramente ignorante dos acontecimentos politicos do resto da Europa. Não só não estava preparado para a surpreza da perda repentina da sua independencia; mas nem sequer tinha tido idéa da sorte que lhe estava destinada.

«Por isso a primeira impressão foi mais de estupefacção e de tristeza inerte, que de desespero e reacção.

«O poder da França tinha attingido o seu maximo apogeu. Napoleão, depois de humilhar a Austria e a Prussia, e de vencer os exercitos russos na batalha de Friedland, acabava de concluir em Tilsitt com o Imperador Alexandre um pacto que podia considerar-se quasi igual áquelle que outr'ora concluiram entre si os triumviros romanos, Lepido, Augusto e Marco Antonio.

«Parecia deixar a Europa inteira, á excepção sempre da Inglaterra, á discrição d'estes dois monarchas.

«Não cabia, portanto, na mente de nenhuma pessoa sensata nem sequer a mais remota esperança de que Portugal podesse subtrahir-se ao jugo que acabava de ser-lhe imposto. Não havia então por certo ninguem que podesse, não digo prever, mas nem sequer imaginar que da Peninsula hespanhola seria dado o primeiro impulso para a lucta portentosa, desesperada, que ao fim de cinco annos de acontecimentos extraordinarios libertou a Europa do dominio francez.

«D'esta convicção absoluta resultava em Portugal, que muitos homens das classes instruidas, julgando-se desligados pelo abandono da Familia Real do seu juramento de fidelidade, se achavam dispostos a procurar novos meios de fortuna, e a adorar a brilhante estrella de Napoleão[1].

«Esta disposição, porém, manifestava-se mais nos militares que aspiravam a ganhar postos, assim como tinha acontecido aos italianos e aos individuos das outras nações conquistadas que seguiam a bandeira franceza.

«Nas outras classes não havia tanto logar para a ambição, porque desde logo se tornava evidente que os melhores empregos civis deviam ser para os aspirantes francezes que

---

[1] Isto explica, mas não desculpa, o comportamento devéras inqualificavel de grande parte da nobreza que ficou em Portugal. Esta obra não é, porém, nem de retaliação nem de critica malevola. É uma simples biographia destinada a fazer conhecer um vulto notabilissimo, e portanto não nos cabe aqui o papel de entrar em apreciações desfavoraveis de ordem pessoal. Depois, como attenuante do que então se fez e se disse e se publicou, devemos acrescentar que nunca com as idéas predominantes n'uma dada epoca é possivel julgar com equidade e com justiça sentimentos de epochas passadas e portanto *differentes*. Estes noventa annos que nos separam de 1807 equivalem sob muitos aspectos a mais de dois seculos. O *antigo regimen* durou entre nós justamente até á voluntaria abdicação da monarchia, feita por D. João VI na occasião da sua fuga. E durante o *antigo regimen* não existia a noção de *patria* tal como a concebemos hoje, tal como a concebemos justamente depois da passagem de Napoleão pelo mundo que devastou e transformou. *Patria* e *rei* eram para os portuguezes do tempo uma e a mesma cousa. Sentiam-se ligados ao rei, mas o rei fugíra, e a nação feita pelo povo e para o povo, se existíra para o *mestre de Aviz*, não existia para o *Portugal restaurado*. Eis a explicação que nos parece menos injusta, e mais exacta. Quem escreve a Historia geral de um povo, ou simplesmente a biographia de um personagem representativo do seu tempo, devia ter sempre bem presente o pensamento de equidade de que as culpas de uma geração não podem ser bem julgadas pelas gerações que vieram muito depois d'ella.

vinham acompanhando o exercito destinado já para este fim.
Comtudo um pequeno numero de intrigantes de caracter
baixo e servil agitava-se para captar o favor de Junot, a
troco de serviços que lhe podiam prestar com informações,
denuncias e bons officios, na qualidade de medianeiros entre
as auctoridades francezas e o povo portuguez.

«Finalmente, deve dizer-se que tambem havia alguns homens convencidos de que o dominio francez por um certo
espaço de tempo era um mal de que resultaria bem para
o paiz, cujo marasmo se podia curar com remedios heroicos,
e que a introducção de um melhor systema de administração
e organisação das finanças, e o fomento da actividade em
todos os espiritos, compensaria com vantagem os inconvenientes da conquista. Estes homens eram principalmente
da classe media, dos que tinham alguma instrucção adquirida em livros francezes, e que aspiravam á abolição dos
privilegios, á igualdade de direitos estabelecidos em Portugal.»

. . . .

O estado a que o governo de D. Maria I e de D. João,
Principe Regente, tinha deixado chegar o paiz, e a forçada
immobilidade a que o espirito portuguez era condemnado
por Pina Manique e seus dirigentes, explica este estado
de espirito da burguezia.

Diante da intervenção franceza o primeiro momento foi
menos hostil do que podia imaginar-se, porque tambem ha
momentos da vida nacional em que tudo que venha é melhor
do que o que está.

Foi necessario que a essa hora de anarchia mental em
que o paiz ficou, abandonado e sem leme, no mar revolto da
conquista estrangeira, succedesse o periodo angustioso que
se seguiu, para que a reacção contra o francez surgisse como

um instincto espontaneo e poderoso, não do coração amollecido da nobreza, nem do coração ambicioso do militar, nem mesmo, senão muito mais tarde, do coração *jacobino* da burguezia—mas sim da alma do povo, brutal, mas intimamente e instinctivamente patriotica, do povo educado pela tradição nacionalista e pela fradaria supersticiosa e meia pagã, mas que n'este instante psychologico seguia o instincto historico da raça que lhe ensinava a matar como a *cães damnados* os hereges que tinham morto em França o seu rei, e que vinham pela Europa fóra dar cabo dos reis e dos padres das outras terras...

Do proprio excesso do mal tinha de vir o remedio. Não foi portanto a força da natureza que se affirmou reagindo, foi o remedio de fóra que actuou no organismo nacional, mas fazendo estragos de toda a ordem, de que ainda, a muitos respeitos, estamos padecendo hoje.

II

As exacções, os insultos do conquistador insolente, a jactancia de Junot, a arrogancia da maior parte das auctoridades civis e militares francezas, os erros e imprevidencias do Governador Geral, fizeram a breve trecho desapparecer até nos mais frios a indifferença inerte que se tinha seguido ás primeiras horas da conquista.

O Duque·de Palmella, perspicaz e attenta testemunha dos acontecimentos, espirito sereno e imparcial, tudo viu e tudo explica. Ouçamol-o:

«O dominio francez em Portugal teve duas phases. A primeira durou quatro ou cinco mezes; foi empregada por elles em formar o estabelecimento que julgaram ser duradouro, apoderando-se de todos os objectos de valor, de que poderam lançar mão, começando pela prata das igrejas, e dos museus, alfaias e joias pertencentes ao Estado, recheios dos arsenaes de marinha e do exercito, etc.

«Organisaram um corpo de 12:000 homens que, debaixo do commando do Marquez de Alorna e levando quasi todos os officiaes mais distinctos do exercito portuguez, se dirigiu para França, e que, á excepção de um pequeno numero que no transito pela Hespanha pôde desertar, foi encorporado nos exercitos francezes, juntamente com os quaes combateu com distincção nas campanhas da Allemanha e da Russia.

«Alem d'este corpo auxiliar, que tambem podia ser considerado na qualidade de refens, lembrou-se Junot de mandar uma deputação de individuos da primeira nobreza e da maior representação no reino, para levar aos pés do throno de Napoleão os votos da nação portugueza, pedindo um Principe da sua familia para reinar em Portugal. Esta deputação, que effectivamente foi a França e lá ficou até ao fim da guerra, era, segundo parece, destinada a offerecer occasião e pretexto a Napoleão para faltar aos seus ajustes com a Hespanha, conservando a favor de alguns dos seus e a titulo de servir os votos da nação portugueza, a integridade do reino, em logar de o dividir como se ajustára no tratado de Fontainebleau.

«No meio d'estas occupações não deixavam os francezes de dar festas sumptuosas, algumas d'ellas nos Palacios Reaes[1], como, por exemplo, um baile que deu Junot no Ra-

---

1 Triste signal da anarchia dos tempos em toda a parte e especialmente em Portugal. Lá ía a primeira gente, e os officiaes de Napoleão valsavam alegremente com as mulheres mais lindas e mais nobres de Portugal.

malhão; e de promoverem divertimentos publicos, a que os portuguezes assistiam com bem pouca alegria. Tal foi a primeira phase da occupação.

«A segunda, que durou de tres a quatro mezes, teve um caracter bem differente.

«Começou a inquietação dos invasores de Portugal a revelar-se desde que em Hespanha appareceram no dia 2 de maio de 1808 os primeiros symptomas da insurreição, que rapidamente se estendeu por todo aquelle reino.

«No principio conservaram os francezes a confiança na fortuna do seu chefe e na força invencivel das suas tropas. Pouco depois cresceu a inquietação com a inesperada noticia da batalha de Baylen, do primeiro cerco de Saragoça, e finalmente attingiu o extremo grau o sobresalto de Junot relativamente a situação em Portugal quando soube que no Algarve e em Traz os Montes se insurgiam tambem os portuguezes.

«Reconheceu então a insufficiencia da sua força, isolada na extremidade da Peninsula, para comprimir não só os movimentos que appareciam, mas a evidente indisposição da nação inteira, e para repellir o desembarque de que desde logo foi ameaçado pelos inglezes. N'esta situação viu-se claramente mudar o comportamento dos francezes, diminuir a sua arrogancia, procurando elles por uma exterioridade de doçura conciliar os animos e attenuar a irritação que tinham provocado. Simultaneamente adoptaram medidas militares energicas, começando por surprehender e desarmar em Lisboa uma divisão hespanhola de 4:000 homens, que já consideravam como inimigos.

«Esta operação fez-se sem difficuldade, visto que os generaes hespanhoes, que ainda obedeciam a Junot, se deixaram incautamente cercar por uma força maior.

«Uma columna franceza teve ordem de marchar sobre Evora que já se achava insurgida, entrou naquella cidade de assalto, e passando depois ao norte do Tejo com tenção de penetrar no Porto, já evacuado pelos hespanhoes, encontrou no Peso da Regua um levantamento em massa das provincias do norte que lhe vedou a passagem obrigando-o a retroceder.

«Foi depois d'isto que Junot, recebendo a noticia de se haver effectuado o desembarque de um exercito inglez na Figueira da Foz, reconcentrou as suas forças nas vizinhanças de Lisboa, ao passo que os insurgentes portuguezes do norte e do sul, dirigidos os primeiros por uma Junta que se formára no Porto e commandados por Bernardim Freire, os outros debaixo da direcção da Junta do Algarve commandados pelo Marquez de Olhão, avançavam simultaneamente, capturando destacamentos francezes, destituindo os empregados do governo intruso e proclamando a aucʼoridade do Principe Regente no territorio portuguez, exceptuando o solo pisado pelo exercito francez. Não tratarei de narrar os rapidos acontecimentos da campanha que terminou pela batalha de Vimeiro, na qual tambem tomou parte um corpo portuguez. Só direi que chegada a noticia d'esta batalha a Lisboa, onde eu me achava, e de onde com ancioso interesse tinha seguido os acontecimentos de Hespanha e os das provincias de Portugal, experimentei sensações de um inexplicavel contentamento, sensações que eram unanimes no reino e que não poderam ser diminuidas pela convenção de Cintra, com tanta rasão censurada em Inglaterra.

«Para nós, portuguezes, que havia bem pouco não concebiamos nem sequer a mais remota probabilidade de nos subtrahirmos ao jugo estrangeiro, o ver desfilar pelas ruas de Lisboa, e saír prisioneiros pela barra fóra, os nossos orgulhosos dominadores, era um tal triumpho que não deixava logar para qualquer outro desejo, e excitava um delirio universal.

«Para que se faça uma idéa approximada da altura em que nos julgavamos collocados, da elevação a que subiram repentinamente os nossos espiritos, é preciso ter caído, como os que viveram durante esse periodo angustioso, no fundo do abysmo da desesperança absoluta. Os que não são d'esse tempo não podem imaginar o grau de exaltação a que então chegámos, nem o jubilo de todas as classes da nação, principalmente da capital, que, por ter sido o centro do governo estrangeiro, havia supportado o maior quinhão das humilhações e visto offender mais pungentemente o amor proprio dos seus habitantes, os quaes para bem mostrarem a sua alegria aos francezes prisioneiros no Tejo, depois de constrangidos a evacuar Lisboa, accenderam luminarias nas janellas durante quinze dias.

«Lembro-me bem que mesmo n'aquelle momento, reflectindo sobre as probabilidades futuras, com os dados conjecturaes que possuia, dados que tantas vezes falham em virtude de leis impenetraveis, eu me inclinava a crer que finalmente a contenda seria perdida pela Hespanha e por nós, em rasão das forças e do prestigio do formidavel inimigo.

«Mas assim mesmo experimentava uma alegria indizivel na humilhação talvez passageira que elle sofria, e resignava-me ás consequencias futuras, a troco da victoria que tinhamos conquistado, embora esta fosse transitoria.

«Tomei então a firme resolução de não ficar mais em Portugal, quando segunda vez houvesse de ser dominado pelos francezes, e de levar a effeito o projecto de emigração para o Brazil, ao qual poucos mezes antes não tinha tido animo de me prestar. A primeira medida do general inglez Dalrymple, logo que entrou em Lisboa, foi declarar restaurada a Regencia, que o Principe Regente deixára ao saír para o Brazil e que tinha sido dissolvida logo que Junot entrou na capital. Os membros ausentes ou fallecidos foram substituidos pelos dois presidentes das Juntas do Porto e do Algarve.»

Copiámos textualmente dos *Apontamentos* de D. Pedro todo este longo e interessantissimo trecho, cuja vivacidade escusâmos de encarecer ou commentar. D. Pedro de Souza considera este periodo da invasão franceza em Portugal um *dos mais notaveis da sua vida,* não porque n'elle figurasse, acrescenta, mas pelas vehementissimas commoções que durante elle o seu coração experimentou.

Tudo que temos vindo até aqui narrando, conjecturando, coordenando, apreciando emfim á luz de um criterio que procura ser imparcial, tende a pôr bem patentes, diante dos olhos que nos lerem, todos os elementos de variadissimas ordens e proveniencias que, desde a infancia até este instante, lhe deram o cunho de estadista que elle veiu a ter.

Muita vez, pelos seus inimigos — e o Duque teve muitos, invejosos uns da sua graça aristocratica e do poder de suggestão que elle em torno de si exercia; antagonicos outros ao feitio especial do seu sereno entendimento, incapaz d'aquelles enthusiasmos tão subitos quanto ephemeros, tão inopportunos quão funestos, em que a alma portugueza se consome e se esterilisa desde seculos; muitos, fanaticos de uma liberdade exagerada e inadequada a um paiz tão pouco preparado como o nosso, e que pelos seus excessos só podia trazer uma contraria reacção ainda mais funesta; muitissimos, impossibilitados, pelos limites da propria cultura, de entender um espirito arguto e lucido, *many sided,* como dizem tão expressivamente os inglezes, e que portanto de cada questão nacional ou politica sabia ver os aspectos varios, os prós e os contras em relance rapidissimo, e sabia oppor a frieza do raciocinio ás arrebatações temerarias e aos arrojados emprehendimentos inuteis; alem de que, quem poderia ter exercido em epoca mais revolta e convulsionada, papel tão preponderante sem excitar odios, sem ferir interesses, sem desafiar interpretações malevolas?—muita vez pelos seus inimigos, dizemos pois, o Duque de Palmella foi accusado de excessiva parcialidade pela Inglaterra. É que elle vira, mais lucidamente e mais cedo do que os seus contemporaneos, o fatal dilemma historico em que Portugal se debate desde tanto; elle percebêra bem que uma nação fraca como a nossa, e como a nossa ameaçada de muitos perigos estranhos, não póde isolar-se, nem póde impor-se, e que visto que queriamos constituir uma nacionalidade independente em nome, tinhamos de sacrificar a esse sonho sympathico, que por um milagre se não desfez ainda, muitas das nossas mais intimas vaidades, muitos dos nossos interesses mais vitaes. É bem diverso isto de acceitar uma lei severa, comprehendendo-a, aproveitando-a sagazmente, sem deixar de sentir as crueis necessidades por essa lei impostas, do rejubilar-se do mal que existe, ou do sympathisar ardentemente com a fatalidade que se acceita. Depois, é necessario relembrar que na hora mais tenebrosa que Portugal conheceu n'este seculo, foi a Inglaterra que o salvou, e que as pessoas intelligentes do tempo souberam-no perceber, sem se deixarem illudir pela gritaria *chauvinista* dos tolos ou dos fanatisados e illudidos. D. Pedro de Souza era um dos homens mais intelligentes do seu tempo. A sua educação anterior, as suas sympathias intellectuaes, o que vira, o que aprendêra, as humilhações da patria, de que fôra testemunha impotente, tudo o levava a odiar o jugo ferreo de Napoleão.

A Inglaterra appareceu-lhe como a nação salvadora, que n'aquelle periodo, segundo as tradições mais sympathicas da sua politica e as correntes mais bellas do seu genio nacional, se oppunha —unica em todo o mundo civilisado— a essa cruzada feroz de Napoleão contra o resto da Europa. Era ella a defensora da Lei, da Liberdade, do Direito, contra a Arbitrariedade, contra o Despotismo, e contra a Força. Nunca a Inglaterra appareceu aos nossos olhos de um modo mais attrahente e mais sympathico. Os que n'esse dia a amaram, amaram a civilisação na sua fórma mais elevada e mais bella. Tal é a ironia das cousas, e tão profunda é a anarchia mental em que a humanidade se debate sempre e em todos os seculos, que hoje ha motivos sufficientes para que tudo isto nos appareça sob aspectos bem diversos. De facto, Napoleão, o despotismo militar mais absoluto, serviu como ninguem a causa da Liberdade e da Democracia, assim como a Inglaterra, d'ali a pouco, falseando e renegando a sua missão historica, teve longo espaço em que pareceu pactuar com a reacção e com o espirito obscurantista que entenebreceu o mundo por um periodo não pequeno. Mas D. Pedro de Souza, que sentiu tão intimamente a humilhação da patria, não pôde esquecer,—embora nunca transigisse com ella, quando ella tentou humilhar-nos tambem—que á Inglaterra devia as horas de inolvidavel triumpho, uma das quaes acaba de evocar na pagina que citâmos dos seus *Apontamentos*.

«O destino que me fez nascer e viver n'um tempo de tamanha agitação e de tantas convulsões politicas —diz D. Pedro ainda a proposito da invasão franceza— quiz que eu me achasse muitas vezes n'ellas envolvido a ponto de julgar perdida a minha existencia e a minha fortuna, e que, depois de protrahidas luctas, saíssem ambas felizmente incolumes contra todas as probabilidades que se podiam prever. Ninguem se achou em maiores tempestades, nem em situações mais desesperadas do que eu, permittindo Deus que de todas ellas me salvasse, justamente quando me fallecia de toda a esperança de o conseguir.

«Se a vida, pois, se póde avaliar pelas sensações, pouca gente haverá que tenha vivido tanto como eu, e que tenha experimentado tanto as excitantes alternativas da desgraça e da fortuna!»

III

Como não é nossa intenção fazer a Historia do tempo, mas simplesmente a biographia de D. Pedro de Souza e Holstein, não nos alongaremos em narrações minuciosas das diversas phases por que passou em Portugal a guerra peninsular, mas deixal-o-hemos narrar todas aquellas em que directa ou indirectamente interveiu.

Como o nosso biographado tão lucidamente observa, o paiz, durante aquelle terrivel periodo, podia dividir-se em tres categorias de individuos diversamente impressionados pelos pavorosos acontecimentos do tempo.

A uma pertenciam os que se deixavam ir ao sabor da fortuna, acceitando o que a hora mais favoravel ou mais funesta trazia, sem esperança ou com ella, conforme os acontecimentos se íam succedendo; a outra compunha-se d'aquelles que metteram denodadamente o peito ás balas do inimigo, que formaram nucleos de resistencia, que se armaram em guerrilhas, que tinham a fé instinctiva na libertação proxima; os ultimos, mais reflectidos, mais intelligentes, mais instruidos —e no fim de contas não foram estes que acertaram — julgavam a lucta inteiramente inutil, o poder e o prestigio de Napoleão absolutamente invenciveis, a sorte da Peninsula iberica jogada e perdida, e no emtanto, sem esperança e sem fé, identificavam-se com o destino da patria, e com ella queriam perder-se na hora em que, de todo e sem recurso possivel, a vissem perdida.

D. Pedro de Souza, na Lisboa occupada pelas forças de Junot e sujeita inteiramente ao seu governo, sentia a impossibilidade de encetar qualquer especie de lucta contra o estrangeiro invasor, mas viveu sem comtudo pactuar com elle, durante os mezes da occupação a que acima nos referimos.

Quando as tropas francezas partiram, no meio do jubilo delirante de uma população que se sentia emfim liberta, houve, como sempre succede em Portugal, um periodo de extrema confiança inteiramente consagrado a festas, e a acções de graças.

O governo, participando da confiança do povo ignaro que já se julgava vencedor sem mais lucta, não tratava com a precisa actividade dos preparativos serios de defeza que tão urgentes estavam sendo.

—Os francezes não teriam a ousadia de tornar a invadir Portugal, — proclamava aos quatro ventos a emphatica verbosidade dos nossos compatriotas, que *serão sempre os mesmos portuguezes, visto que não ha outros*, como dizia não sei que observador malicioso.

Quando porém, acordando d'esta perigosa inercia, o governo principiou a tratar de organisar os meios de defeza, D. Pedro retomou o seu antigo posto nas fileiras do exercito, e dando um primeiro passo importante na carreira publica, promoveu e logrou realisar entre a nobreza uma subscripção de trinta contos de réis, que foi efficazmente empregada em fornecer de fardamento a guarnição de Lisboa.

O patriotismo do paiz, nunca inteiramente aniquilado, mas por um grande espaço caído em dolorosa lethargia, levantava-se agora para não mais adormecer, até que o inimigo estrangeiro saísse definitivamente e para não voltar mais, da patria ensanguentada e dilacerada pela cruel campanha que n'ella se feriu.

—D. Pedro continua a sua narração do tempo do seguinte modo:

«—Não tardei em receber ordem de marcha. Antes do fim de 1808 fui com dois esquadrões do meu regimento, que eu commandava, occupar acantonamentos em Santarem e na Gollegã, formando parte de um corpo de exercito commandado pelo Visconde de Souzel, que se reunia para guarnecer a provincia da Beira e tinha o seu quartel general em Thomar. Ahi me demorei uns dois ou tres mezes, no decurso dos quaes nos foi notificada a chegada do marechal Beresford, que por determinação do Principe Regente assumia o commando do exercito portuguez. Recebi ordem para ir successivamente a varios districtos do Alemtejo e da Beira requisitar e escolher cavallos para a remonta do nosso exercito, commissão esta que desempenhei com algum successo e em consequencia da qual aconteceu achar-me em Coimbra em janeiro de 1809, ao tempo em que o exercito de Soult, invadindo as provincias do norte, se approximava do Porto depois de ter tomado Chaves e desbaratado os corpos mal organisados de linha e de milicias que haviam intentado obstar á sua passagem.

«Estas tropas eram commandadas pelo desgraçado Bernardim Freire, que na occasião da derrota foi assassinado, perecendo victima das suspeitas infundadas do povo, e da indisciplina dos soldados. A noticia d'esta catastrophe foi-me dada por um estudante já nas vizinhanças de Coimbra, e no proprio dia em que eu ía entrar n'aquella cidade, em que reinava a maior agitação. O assassinato de Bernardim Freire, assim como os outros que se commetteram poucos dias depois em muitos individuos, que a titulo de *afrance-zados* se achavam presos nas cadeias da cidade, eram uma prova assás clara da anarchia em que se achava n'aquelle momento o reino, pela exaltação do povo e pela incapaci-dade das auctoridades, algumas das quaes imprudentemente o excitavam e não tinham força nem influencia bastante para o reprimir. A balda de *francez* ou de *jacobino,* muitas vezes levantada sem fundamento, e por mero espirito de vingança ou de desordem, era n'aquelle tempo em muitas partes do reino uma sentença de morte para aquelles a quem era applicada.

«Parece-me bem notar, para explicação dos aconteci-mentos que se seguiram, que já por aquelle tempo havia mudado o aspecto das cousas na Hespanha. Napoleão á frente de um poderoso exercito tinha passado áquem dos Pyrinéus, batido n'uma acção geral os hespanhoes em Tu-della, entrado em Madrid, lançando em perseguição do exer-cito inglez, que commandava sir John Moore, os corpos de exercito de Soult e de Ney, diante dos quaes o general in-glez se havia retirado desde perto de Valladolid até á Co-runha, onde as suas tropas tinham embarcado depois de uma gloriosa batalha em que morreu *sir* John Moore. Era por isso que, desembaraçados aquelles dois corpos de exercito do inimigo que tinham seguido, e permanecendo o general Ney na Galliza e no norte da Hespanha, Soult se havia separado d'elle para invadir pelo norte as provincias de Portugal. Ao mesmo tempo que isto acontecia, outro corpo do exercito francez, commandado por Victor, se approximava, depois de bater de novo os hespanhoes em Medellin, da raia da Beira, ameaçando por esse lado a nossa fronteira, a qual (á excepção de insufficientes guarnições em Almeida e Abrantes e de uma pequena divisão composta da Legião chamada «Lusitana» e commandada por sir Robert Wilson, que se tinha acantonado em Alcantara de Hespanha) se achava toda descoberta e apenas defendida áquem do Zezere pelo corpo de exercito de que já fallei e ao qual eu pertencia. Entretanto, o marechal Beresford empregava-se com proveito e actividade em organisar, ou para melhor dizer em formar um exercito portuguez. Forças inglezas não existiam quasi nenhumas em Portugal. As poucas que havia achavam-se em Lisboa, e mais pareciam dispostas a embaraçar a defeza do reino do que a cooperar n'ella. O exercito que tres mezes depois afortunadamente foi trazido a Portugal por Lord Wellington ainda então não tinha saído dos portos de Inglaterra, nem mesmo o governo britannico estava ainda decidido a dar-lhe o destino que lhe deu.

«É mister confessar que a situação de Portugal militar e mesmo politicamente fallando era n'esse momento bem critica; e que o nosso destino estava pendente de um fio bem subtil. O povo, porém, em geral não pensava assim; e muita gente grada, confiada talvez na Providencia, não avaliava a gravidade das circumstancias. N'esse numero entrava a Junta do Porto que, presidida pelo Bispo d'aquella diocese, clerigo astuto, mas destituido de talentos politicos, ignorante, e que pela casualidade dos tempos havia adquirido um grande ascendente sobre o espirito da plebe d'essa cidade, contava poder defender-se contra um corpo de exercito aguerrido e victorioso commandado por um dos melhores generaes da França sem ter para a defeza das linhas extensas e improvisadas que cercavam o Porto nenhuma tropa de linha, e tão sómente milicias, ordenanças e o enthusiasmo cego dos habitantes. O resultado foi o que podia prever-se; e no fim de dois ou tres dias foram as linhas forçadas, a cidade tomada de assalto, e um tropel desordenado de homens, mulheres e creanças que fugiam pela estrada desde o Porto até Coimbra, veiu encher de terror todo o paiz ao sul do Douro.

«Immediatamente depois da minha chegada a Coimbra apresentou-se n'aquella cidade (de que fôra nomeado governador militar pelo marechal Beresford), um official superior inglez, o coronel Trant, habil, brioso soldado e valente até ao ponto de ser temerario. Assim que lhe constou a approximação do exercito francez e antes mesmo da tomada do Porto, resolveu avançar com a insignificante força que pôde reunir em Coimbra e espreitar os movimentos do exercito francez para operar contra elle conforme as circumstancias permittissem. Esta força, que não passava de 1:200 a 1:500 homens, compunha-se de destacamentos de varios corpos (milicias na maior parte) e do corpo academico que debaixo do commando de um dos seus lentes se havia organisado militarmente, com juvenil ardor. Falto como estava de soldados de linha e sobretudo de cavallaria, lembrou-se o coronel Trant, com o qual até então eu não tinha nenhum conhecimento, de me pedir que me juntasse a elle levando commigo o pequeno destacamento de soldados do meu regimento que me tinha acompanhado para a commissão da remonta da cavallaria, e que podia prestar serviços uteis n'esta occasião. Claro está, segundo as regras strictas do serviço militar, que não dependia de mim annuir a este pedido; mas a circumstancia era tal que justificava no meu conceito uma falta de disciplina e um excesso de zêlo. Acceitei portanto, o convite, e a minha resolução foi approvada pelo marechal Beresford, assim que teve conhecimento d'ella. O coronel Trant accelerou os seus preparativos e poz-se em marcha pela estrada da Mealhada e de Agueda, no mesmo dia em que os francezes entraram no Porto, de modo que fomos marchando em sentido inverso dos fugitivos que atulhavam a estrada e que mal podiam dar credito ao arrojo com que marchavamos n'aquella direcção.

«Fui nomeado desde o principio ajudante general do nosso pequeno corpo, emquanto as funcções de quartel mestre general erám confiadas ao major do corpo academico, José Bonifacio de Andrada e Silva, bem conhecido desde aquelle tempo pelo seu saber, e posteriormente pelo papel politico que representou no Brazil. Depois de dois dias de marcha chegámos a Agueda, onde Trant estabeleceu o seu quartel general, collocando piquetes e vedetas do outro lado da ponte do Vouga. No dia seguinte tivemos noticia de que alguma tropa de cavallaria franceza apparecia na margem direita do Vouga, e como o coronel Trant se não achasse n'aquella occasião no quartel general, a idéa de que os francezes avançavam e atacariam talvez a nossa posição, occasionou alguma desordem em parte da nossa tropa bisonha.

«A supposição porém era infundada; e o inimigo só enviava para fazer um reconhecimento, alguns piquetes que retrocederam verificando que existia uma força portugueza em Agueda.

«Pela nossa parte considerámos tambem que convinha fazer alto na posição que tinhamos occupado, e que uma divisão tão pouco numerosa como a nossa, destituida de reservas e sem ponto de apoio, não poderia sem grande temeridade approximar-se mais da cidade do Porto.

«Limitou-se portanto Trant a guardar e observar as margens do Vouga, desde Agueda até Aveiro. Conservou-se n'essa posição por espaço de tres mezes, isto é, desde o meado de janeiro até quasi ao fim de abril, prestando assim um incalculavel serviço, porque a sua attitude firme impediu os francezes de passarem ao sul do Vouga, e de assolarem pelo menos em correrias, todo o terreno que se extende d'ahi até Coimbra. É evidente que a nossa força não poderia com vantagem ter resistido a um ataque sério da vanguarda franceza; mas parece que Soult calculou que não nos achavamos ahi isolados, e não imaginou que fosse tamanho o nosso atrevimento. Occupava elle então a cidade do Porto com o seu exercito, que não podia passar de 14:000 a 15:000 homens, depois das marchas que tinha feito, e das guarnições e dos doentes que lhe tinham ficado á rectaguarda. Este exercito era obrigado a conservar em obediencia toda a provincia do Minho para não perder as communicações com os outros exercitos francezes. Não podia, por consequencia, enviar corpos destacados a distancias maiores de oito ou dez leguas do seu centro, tanto para o lado do sul como pela margem direita do Douro, sem enfraquecer muito a força que guarnecia o Porto. Começou-se então a ver por experiencia a grande difficuldade que os francezes encontraram em toda a guerra da Peninsula, o que lhes impossibilitou a conquista. Conseguiam victorias frequentes e faceis contra as tropas hespanholas e ao principio tambem contra as portuguezas, mas não dominavam nunca senão o terreno que pisavam os seus soldados. A população era-lhes toda hostil. O paiz que atravessavam levantava-se contra elles assim que deixavam de o occupar; e como não

fosse possivel disseminarem-se a ponto de guardar provincias inteiras, as victorias tornavam-se quasi inuteis e a conquista nunca se pôde consolidar.

«Nos tres mezes de que fallo permaneceu Soult tambem
no Porto sem tirar outra vantagem da occupação d'aquella
cidade mais do que a que lhe proveiu de se abastecer de
recursos e de se enriquecer talvez com o saque, e dar descanso aos seus soldados. Limitou-se a destacar dois corpos
de 2:000 ou 3:000 homens cada um, o primeiro em Albergaria enviando avançadas até ao Vouga, o segundo na ponte
de Amarante, do outro lado da qual se achava o general Silveira com 5:000 ou 6:000 homens, principalmente milicias, á
frente das quaes a defendeu com gloria. Os unicos corpos
portuguezes que n'aquelle periodo operavam em campanha
eram o de Trant, que depois de reforçado nunca passou
de 2:000 homens e se achava collocado como já disse, e
o de Silveira desde Villa Real até Amarante; e a legião
lusitana, tambem de 1:500 a 2:000 homens, guardando o
Tejo na ponte de Alcantara (em Hespanha). D'estes tres
corpos só o de Silveira teve alguns combates serios. O
nosso e o de Wilson apenas tiveram occasião de encontrar
o inimigo em escaramuças e tiroteios. Na verdade serviram
mais para sustentar o animo dos habitantes e para incutir,
como phantasma, algum respeito aos francezes do que
poderiam ter servido para uma resistencia effectiva. Entretanto organisava-se o exercito portuguez em Lisboa e varios
pontos do Reino. Desembarcava o exercito de Lord Wellington em Lisboa com uma força de 18:000 a 20:000 homens e preparava-se tudo activamente para a campanha que
se abriu gloriosamente nos principios de maio.

«Para dar idéa da situação em que se achavam os francezes e das disposições do nosso povo é necessario acres-

centar que já começavam a apparecer alguns bandos de guerrilhas mesmo nas immediações dos postos inimigos; e que os officiaes francezes não podiam sem risco de ser assinados afastar-se dos seus acampamentos ou *bivouacs*. Foi por esse tempo que um official francez de um nome muito conhecido, Mr. Lameth, foi morto á traição de um tiro de espingarda nas vizinhanças de Albergaria por um official de milicias que veiu pouco depois ao quartel general de Trant gabar-se d'essa façanha e apresentar o armamento do francez que assassinára.

«Era tal o caracter da guerra que então faziamos que, sem elogiar essa acção, não nos reputámos comtudo com força nem auctoridade para a castigar. O marechal Soult, porém, tirou d'ella uma barbara desforra, porque mandou incendiar Albergaria e fuzilar uma duzia dos habitantes innocentes do attentado commettido e que haviam sido tirados á sorte. Lembra-me que pouco depois, indo eu na companhia de Trant (que por sua natureza era amigo de aventuras) até ás avançadas francezas que estavam defronte de nós, a titulo de parlamentarios, não sei já debaixo de qual pretexto, mas na realidade para obter noticias e ver as posições inimigas, fomos ahi recebidos a cavallo pelo coronel Girardin, que commandava essas avançadas e que por casualidade se achou ser muito conhecido meu de Paris. Este official, de um caracter cortez e de uma educação mais fina que a da maior parte dos seus camaradas, não deixou de nos lançar em rosto com acrimonia o assassinato de Lameth e outros factos da mesma natureza. Terminou despedindo-nos com receio (dizia elle) de que o general Debelle, commandante da vanguarda, apparecesse n'um momento e praticasse a nosso respeito algum acto desagradavel em rasão da sua má creação. Tivemos bom cui-

dado de não deixar perceber a Girardin que o meu companheiro era o commandante da divisão portugueza, porque não obstante o nosso disfarce de parlamentarios, este
conhecimento poderia ter sido de más consequencias para
Trant. Encontrei depois em París por muitas vezes o coronel Girardin, já com patente de general e com um emprego importante no Paço. Tornámos a fallar n'esta aventura já com mais sinceridade de parte a parte do que
haviamos feito quando ella aconteceu.»

. . . .

. . . .

«Nos primeiros dias de maio tivemos a grata noticia de
que se approximava rapidamente da nossa posição uma
grande parte do exercito de Lord Wellington; emquanto que
as tropas portuguezas commandadas pelo general Beresford
marchavam pela direita para entrar em Traz os Montes, uni-
rem-se a Silveira e operarem sobre o flanco do inimigo ou
cortarem a sua retirada. Nunca me esquecerá a impressão que me causou a vista do exercito inglez reunido nas
vizinhanças de Agueda e a satisfação que experimentei contemplando o poderoso auxilio que vinha libertar-nos da arris-
cada e critica situação em que haviamos permanecido sós
e por muito tempo e sem esperança fundada de resgate,
em virtude da romantica e aventurosa resolução do coronel
Trant. Era a primeira vez na minha vida que eu me achava
presente ás operações de um exercito diante do inimigo; e
tive então o prazer de assistir ás deliberações do plano de
campanha que ía abrir-se, porque na qualidade de interprete permaneci n'aquelles dias junto a Lord Wellington
para servir de intermediario entre elle e os portuguezes,
officiaes ou paizanos, aos quaes queria communicar ordens
ou de quem precisava receber informações.

«Finalmente, passámos o Vouga em duas columnas, uma por Agueda outra por Ovar. Quando apontou a madrugada, achámo-nos n'uma planicie com a vanguarda do exercito francez formada em nossa frente a meia legua de distancia. Pouco tardámos em começar o ataque, no qual pouco sangue se derramou, porque os francezes não pretendiam conservar-se ali.

«Retiraram-se em boa ordem sobre as suas reservas. Nos dois dias seguintes houve acções mais renhidas porque a resistencia do inimigo, posto que não fosse decisiva, era todavia sufficiente para nos obrigar a descobrir as nossas forças e a manifestar que marchavamos com séria intenção de atacar. Não pretendo descrever militarmente estes combates, cujas circumstancias todas se acham narradas nas historias da guerra peninsular; bastar-me-ha dizer que no terceiro dia, ao pôr do sol, chegámos ás alturas de Villa Nova e que na manhã seguinte vimos a cidade do Porto ainda guarnecida pelos francezes e os seus preparativos de defeza na margem do Douro. As forças não eram muito desiguaes em numero, posto que alguma superioridade houvesse da nossa parte em rasão sobretudo de não se ter reunido a Soult a divisão que tinha destacado para o lado do Tamega.

A difficuldade porém de atacar um exercito tão aguerrido e tão bem commandado, tendo de passar primeiro o Douro, cuja ponte estava cortada, era sem duvida grande, e parecia que Lord Wellington deveria hesitar em arrosta-la. Não aconteceu assim; e é esta uma das occasiões pouco frequentes na vida militar de Wellington em que elle praticou uma temeridade feliz e foi aggressor n'uma batalha. Deve dizer-se que era evidente que Soult, tendo na frente este exercito, sabendo que no seu flanco marchava outro, e estando separado por um largo intervallo do apoio de outros corpos, não se empenharia em sustentar-se no Porto mais do que o tempo necessario para operar uma retirada lenta e segura. Mas se este era o seu projecto não se lhe deu tempo para o levar a effeito. Lord Wellington, aproveitando-se da favoravel opportunidade offerecida pelos barqueiros do Douro, que movidos de patriotismo acudiam á margem esquerda, resolveu embarcar uma divisão n'estes pequenos bateis, e atravessar com ella o Douro em Avintes, cortando assim por esta operação atrevida a linha de marcha que Soult deveria seguir, quando se retirasse para não ficar separado dos corpos que tinha destacados. A operação teve um exito completo, que vimos logo pela agitação das tropas inimigas que tratavam de evacuar a cidade. Esta observação decidiu Lord Wellington a embarcar immediatamente outros corpos, entre os primeiros dos quaes foram os nossos, e a atravessar o rio diante da cidade. Desde esse momento ficou decidida a acção; e a retirada dos francezes, em vez de ser feita em boa ordem, pareceu quasi uma especie de fuga, em que os nossos os seguiram e acossaram por espaço de algumas horas. A esse tempo já as janellas da cidade do Porto estavam guarnecidas, e as ruas cheias de gente victoriando as tropas alliadas e dando demonstrações de jubilo frenetico.

«N'isto parou a marcha aggressiva de Lord Wellington que, posto seguisse o inimigo na retirada, não o fez talvez com o vigor que deveria empregar contando com a cooperação do general Beresford que lhe faltou, por não haver sido a sua marcha assás rapida e bem combinada, e provavelmente tambem porque Lord Wellington, á similhança do que antes havia acontecido a Soult, não desejava apartar-se demasiado da sua base de operações. Escapou pois Soult perdendo, é verdade, a sua artilheria e deixando atrás de si muita gente, mas teve de atravessar os asperos e pouco frequentados caminhos das serras que dividem o Minho de Traz os Montes. Recolhendo-se novamente á Galliza deixou o territorio portuguez, que pela segunda vez ficou liberto em toda a sua extensão da presença dos francezes.

«Quando Lord Wellington saíu do Porto em seguimento de Soult, deixou ali uma guarnição que o coronel Trant ficou commandando na qualidade de governador militar. Eu continuei a desempenhar por alguns dias as funcções de chefe do seu estado maior. Tres dias sómente eram passados, desde que estas disposições tiveram effeito, quando chegou ao Porto um correio expedido pela Regencia de Lisboa, chamando-me immediatamente á capital e trazendo um decreto do Principe Regente, no qual muito inesperadamente para mim se continha a minha nomeação para o emprego, n'aquelle tempo muito importante, de ministro de Sua Magestade Fidelissima junto ao governo central de Hespanha. Poucos dias antes havia tambem recebido a lisonjeira noticia de que por uma ordem do dia do marechal Beresford, distincção então muito apreciada, eu havia sido promovido a major sem referencia a antiguidade e por serviços em campanha.»

. . . .

N'este momento era dado a D. Pedro escolher entre duas carreiras. Felizmente para elle e para nós, escolheu aquella para a qual se sentia mais apto e para a qual uma longa e felicissima preparação o tinha habilitado admiravelmente. Como, todavia, na vida de um homem as experiencias feitas, por mais diversas, por mais variadas, são sempre proficuas, foi excellente que D. Pedro, depois de conhecer tão a fundo a vida das salas, a vida da arte e do pensamento,

conhecesse tambem a vida do acampamento, a vida energica e estimulante das armas. Estava do lado sympathico da
patria opprimida, ao lado dos que lhe defendiam o ultrajado solo. Não se tinha, como tantos, acurvado diante do estrangeiro insolente, não tinha, como outros, tido a desgraça
de expatriar-se sob uma bandeira estrangeira e, o que mais
é, inimiga, para conquistar a gloria, trahindo o patriotismo.
D. Pedro, n'este lance da sua vida, tão rica em sensações
de toda a especie, despediu-se com alguma saudade dos seus
camaradas e da vida militar, e consultado por Trant, indi-
cou-lhe para o substituir no posto de chefe de estado maior
o Conde de Barbacena, que effectivâmente lhe succedeu, e
ali continuou a sua brilhante carreira militar.

D. Pedro tomou a posta a cavallo para Lisboa, onde
foi um dos primeiros, se não o primeiro, que pôde como
testemunha ocular informar o governo e narrar a todos os
gloriosos feitos da passagem do Douro e da tomada do
Porto.

Demorou-se D. Pedro em Lisboa só o tempo necessario
aos preparativos da sua missão, mas foi justamente n'esse
intervallo que, cedendo aos desejos das suas irmãs que o
aconselhavam a casar, elle pediu como noiva a D. Eugenia
Xavier Telles da Gama, filha dos Marquezes de Niza, creança
então, mas creança encantadora, que foi depois a dedicada,
a fiel, a amorosissima, a intrepida companheira do homem
de tão varias fortunas que foi o Duque de Palmella.

Trinta e oito annos depois de celebrado esse casamento,
onde elle só encontrou carinho, obediencia e doçura, e fallando da que em todos os arriscados e variados lances da
sua vida lhe foi desvelada amiga e consolação suprema,
D. Pedro abençoa a determinação que o levou a pedir a
mão da gentilissima creança, com quem não pôde casar

logo, porque faltava á noiva um anno para a idade que a
lei requer, isto é, tinha onze annos apenas.

Era d'este modo que se faziam os casamentos de nossos
paes, e pelo menos d'esta vez o temerario passo foi seguido
do exito mais brilhante. Em nota damos um trecho da carta
em que D. Pedro de Souza annunciava a seu primo, o
Conde de Linhares, o seu projectado enlace[1] e os motivos
por que se desmanchára o plano primitivo d'aquelle casamento do Piemonte, germen de onde saíu no romance *Corinne*
a figura de *Lucile*, e sombra que pairou sempre entre elle
e a grande enamorada do bom tempo já passado.

Feito o pedido official, D. Pedro partiu para Sevilha,
onde se achava estabelecida a *junta central* que em nome
de Fernando VII regia então a Hespanha.

A carreira publica e conhecida de D. Pedro de Souza
é n'este momento que principia.

Vêl-a-hemos desenvolver-se gradualmente com uma soberana logica íntima, que é rara na carreira dos homens que
têem de viver em tempo de revolução e de remodelação
social profundas.

Felizmente é D. Pedro que pelas suas *cartas* e pelos
seus *Apontamentos* se vae revelar n'um *crescendo* de superioridade intellectual aos que lhe seguirem a accidentada
e fecunda existencia.

---

[1] 2 de junho 1809.—As circumstancias (politicas) em que temos vivido obrigaram-me já ha.mais tempo a desligar-me do casamento que
tinha projectado no Piemonte, tendo já recebido noticia que Mademoiselle du Perron casou ha mais de seis mezes...

CAPITULO VI

MISSÃO DE HESPANHA

CAPITULO VI

—

MISSÃO DE HESPANHA

—

SUMMARIO

Partida para Hespanha no anno de 1809. Situação pecuniaria. Um
excellente amigo e um excellente symptoma: A estada de D. Pedro em
Hespanha vae de 1809 a 1812. Durante este periodo vem a Lisboa effectuar o seu casamento com a filha dos Marquezes de Niza. Fim ostensivo da sua missão. O que n'ella principalmente nos interessa. Situação da Hespanha. Patriotismo exaltado dos hespanhoes. A guerra
de guerrilhas. A Revolução de Hespanha não tem uma grande figura
que a personalise. O quadro da politica peninsular. A intelligencia observadora de D. Pedro tem onde se exercite. Differença entre as Revoluções de Inglaterra, de França e de Hespanha. Declamações do Congresso. A Hespanha representada na satyra de Jovelanos, *Pan y toros*.
A desolada tristeza das cousas. Como a pouco e pouco os horisontes
se acclaram. Apparece a grande figura de Wellington. D. Pedro em recompensa dos seus serviços, zêlo e intelligencia é feito Conde de Palmella. A Condessa recebe a banda de Santa Izabel. Carta autographa
de D. Carlota Joaquina. Nomeação para Londres. Dois bellos retratos
que restam d'esse tempo. Partida para Lisboa do Conde de Palmella
e sua familia.

CAPITULO VI

—

MISSÃO DE HESPANHA

—

SUMMARIO

Partida para Hespanha no anno de 1809. Situação pecuniaria. Um excellente amigo e um excellente symptoma. A estada de D. Pedro em Hespanha vae de 1809 a 1812. Durante este periodo vem a Lisboa effectuar o seu casamento com a filha dos Marquezes de Niza. Fim ostensivo da sua missão. O que n'ella principalmente nos interessa. Situação da Hespanha. Patriotismo exaltado dos hespanhoes. A guerra de guerrilhas. A Revolução de Hespanha não tem uma grande figura que a personalise. O quadro da politica peninsular. A intelligencia observadora de D. Pedro tem onde se exercite. Differença entre as Revoluções de Inglaterra, de França e de Hespanha. Declamações do Congresso. A Hespanha representada na satyra de Jovelanos, *Pan y toros*. A desolada tristeza das cousas. Como a pouco e pouco os horisontes se acclaram. Apparece a grande figura de Wellington. D. Pedro em recompensa dos seus serviços, zêlo e intelligencia é feito Conde de Palmella. A Condessa recebe a banda de Santa Izabel. Carta autographa de D. Carlota Joaquina. Nomeação para Londres. Dois bellos retratos que restam d'esse tempo. Partida para Lisboa do Conde de Palmella e sua familia.

I

D. Pedro parte para Hespanha no anno de 1809, depois dos gloriosos successos das armas portuguezas e britannicas, que no anterior capitulo se indicam de passagem. As suas circumstancias pecuniarias são deploraveis. Como prova da anarchia dos tempos e da tyrannia exercida pelo Estado sobre os individuos citaremos uma circumstancia caracteristica:

D. Pedro de Souza tem duas casas no Bairro Alto e uma em Belem. Nas do Bairro Alto estão estabelecidas a

Academia militar e a das sciencias; as de Belem estão occupadas pelas tropas inglezas. D. Pedro não recebe um
real pelo aluguer de qualquer d'ellas. A guerra interrompeu
a percepção das rendas de Sanfré; o seu patriotismo sempre
vivo levou-o a offerecer para auxilio do Estado a terça parte
de todas as suas commendas e o seu soldo e emolumentos
de capitão da guarda.

Pois no meio d'este desastroso estado financeiro pede
ao partir para Hespanha que lhe restituam ao menos uma
das casas usurpadas para n'ellas deixar a familia; nem este
justo pedido lhe é satisfeito.

Mais feliz n'outro pedido que fez para o Conde de Linhares, ministro do Principe Real no Brazil, consegue levar
comsigo, como official de secretaria, a Joaquim Severino
Gomes, que já no mesmo cargo servíra na missão de Roma[1] com elle e com seu pae, e cujo leal affecto e absoluta
dedicação são mais uma prova eloquente do poder de attracção que D. Pedro exerceu sempre sobre os que estiveram
perto d'elle.

Joaquim Severino Gomes, o dedicado amigo de D. Pedro, precedera-o em Lisboa quando elle deixou Roma e fez
a sua grande viagem pela Italia, França e Hespanha.

Durante este periodo de ausencia não sabemos que posição official occupava em Lisboa este excellente homem, mas,
pela correspondencia constante que existe entre D. Pedro e
elle, vê-se que os negocios do viajante são solicitamente tratados pelo amigo que voltou á patria.

Severino Gomes occupa-se de tudo: desce aos minimos
pormenores domesticos, informa D. Pedro da saude das
irmãs, da vida da familia ausente, auxilia a madrasta em

[1] Extincta em 1809.

mil negocios complicados de uma administração de casa vasta e desordenada, véla pelos interesses do seu joven protector com solicitude deveras paternal.

Para Hespanha segue-o na mesma feição carinhosa e dedicada; e cito este traço porque elle revela mais uma vez a qualidade do coração bondoso que, inspirando tão leaes affectos, prova sobejamente quanto é capaz de os sentir.

A estada de D. Pedro em Hespanha vae do ánno de 1809 até ao anno de 1812.

Durante este tempo vem com licença do governo effectuar o seu casamento a Lisboa, onde se demora de maio até 5 de agosto de 1810, dia em que regressa a Cadiz com a sua noiva e a unica irmã solteira que lhe restava, D. Catharina.

A segunda, Maria Thereza, fôra-lhe pela mesma occasião pedida pelo Principal Sousa para o sobrinho d'este, D. José de Sousa, que veiu a ser o primeiro Conde de Villa Real.

O fim ostensivo da missão de D. Pedro em Hespanha consiste n'um tratado de alliança e commercio com a nação vizinha.

Mas a violenta anarchia em que a briosa patria do Cid se estava então dilacerando mal se compadecia com a negociação de qualquer tratado perduravel.

A restituição de Olivença era a justissima pretensão de Portugal[1].

Na paz de Basilea, Portugal, em paga dos serviços feitos á Hespanha, fôra inteiramente abandonado e esquecido pelo governo que á regia então. Alguns annos depois este mesmo governo iniquo levou a ingratidão a declarar-nos elle proprio a guerra para comprazer a Napoleão, sendo a perda de

---

[1] Vide Appendice.

Olivença, usurpada pela Hespanha, a consequencia immediata do soccorro que á mesma Hespanha tinhamos prestado contra a França... Não ha memoria de mais completa
iniquidade nacional!

Alem d'esta pretensão justissima —e da qual D. Pedro
de Souza se fez infatigavel advogado, tanto em Sevilha perante a junta central, como em Cadiz junto das Côrtes constituintes, como em Vienna no Congresso de 1814— havia
duas ambições fortissimas na dynastia portugueza que, no
cumprimento das suas instrucções officiaes, o joven diplomata advogou com o maior tino e a maior agudeza de engenho.

Uma era o reconhecimento dos direitos eventuaes da
Princeza D. Carlota ao throno de Hespanha e, portanto, a
abrogação da lei salica implantada por Filippe V; a outra
era o reconhecimento da mesma Princeza como Regente da
Hespanha durante a gravissima crise que agitava este paiz
de um a outro dos seus extremos.

Esta pretensão, que aliás teve de apresentar por mais de
uma vez aos ministros que regiam, em nome de Fernando VII, uma pequena porção de territorio hespanhol, afi-
gurou-se sempre a D. Pedro —e conhece-se isto perfeitamente através das fórmas respeitosissimas da diplomacia
do tempo nas suas cartas e despachos— a mais irrealisavel,
a mais extraordinaria das chimeras politicas.

Vê-se bem o estado de ignorancia supina das circumstancias, dos tempos, dos homens e das cousas, em que estava lá longe, alem do vasto oceano, no remoto Brazil, a
que se podia chegar só depois de dois ou tres mezes de
viagem, o governo do Principe Regente que veiu a ser
D. João VI. Quanto á primeira pretensão, conseguiu D. Pedro realisal-a, nos limites das suas attribuições, pois que nos

principios do anno de 1810 «assignou com a Regencia, em nome de Fernando VII, um tratado no qual se estipulava formalmente por parte da Hespanha a restituição de Olivença, e pela nossa parte a entrega de uma porção de territorio na proximidade do Rio da Prata, sobre a qual desde antigos tempos havia contestação entre as duas corôas. No mesmo tratado se continha o reconhecimento expresso dos direitos da senhora D. Carlota Joaquina ao throno da Hespanha na falta de seu irmão, o que importava a derogação da *Lei Salica,* então existente, e que foi solemnemente revogada por decreto do Congresso constituinte; e, finalmente, estipulava-se a obrigação de apresentar um corpo de tropas portuguezas de 12:000 homens como auxiliar da independencia Peninsular e a solicitar que o governo inglez accedesse a esta convenção».

Infelizmente foi esta sancção que nunca se alcançou do gabinete presidido pelo Marquez de Wellesley, ficando portanto sem effeito aquella estipulação, e até mesmo a restituição de Olivença, muito de proposito separada pelo joven diplomata das outras duas questões.

O que porém a nós nos interessa principalmente n'este trabalho, que não é um tratado diplomatico ou historico, mas uma simples biographia, é a scena variadissima que ao tempo, a Hespanha offerecia aos olhos curiosos do Duque de Palmella, o modo por que essa visão nova actuava no seu espirito, as emoções que lhe suggeria, e a narração que de tão entrelaçados assumptos elle extrahe para o seu governo.

O quadro da politica peninsular não podia ser mais deploravelmente desanimador; e é durante estes annos (1809–1812) que elle se desdobra em toda a sua violencia crua. Fernando VII estava prisioneiro em França; José Bonaparte,

o *rei intruso,* estabelecido nos Paços de Madrid, dentro do
qual, poucos d'entre os hespanhoes haviam sido bastante
traidores para o acompanharem; as provincias de Hespanha
em fogo, na explosão do mais admiravel patriotismo,—levantando em cada cidade, em cada villa, em cada aldeia,
em cada desfiladeiro de montanha, em cada reconcavo de
escuso valle, nucleos legaes de resistencia sob o nome de
juntas, ou partidas heroicas de guerrilheiros,—escreviam
então em letras de lume ou em caracteres de sangue aquella
extraordinaria epopéa de um povo que se salva a si, contra
todos os elementos conjugados que se tinham proposto per-
del-o, e sem um unico *grande homem* em quem momentaneamente se symbolisassem sob uma fórma concreta as suas
aspirações mais vehementes, os seus sonhos de mais exaltado patriotismo.

As duas Revoluções da Inglaterra tinham tido a perso-
nalisal-as, uma, a figura dominadora e genial de Cromwell,
que Macaulay, n'um parallelo esplendido[1], não receia com-
parar á de Napoleão, dando ao seu compatriota a supremacia, na robustez do viril entendimento, na *saude intellectual
igualmente diffusa;* outra, a figura melancholica, energica,
taciturna, como a do grande avô, de Guilherme de Orange;
e é através da acção decisiva e forte d'estes dois homens que
nós vemos o esforço collectivo das multidões anonymas.

A França teve personagens que ficaram lendarios ou
no horror do crime ou na grandeza da intrepidez; e teve
finalmente, dando á Revolução, com o prestigio da gloria, a
consagração guerreira e politica, a grande figura, que justamente áquella hora, por uma reviravolta paradoxal do seu

---

[1] Macaulay, *Critical and historical essays,* vol. 1—Hallam's *Const.
History.*

destino sobrehumano, estava enchendo o mundo de pavor, de odio e de tyrannia.

A Hespanha teve um protagonista unico no seu drama de heroicidade e de patriotismo. Esse protagonista não tem nome!

Chamava-se genericamente o Povo, o povo inculto e rude, o povo que se compunha de contrabandistas e de frades, de toureiros e de chulos, de cavadores e de bandidos[1]; o povo que se levantou armado de chuços, de pedras, de alviões e de cajados, das enxadas dos seus jornaleiros, dos bordões dos seus pastores, das carabinas escondidas aos olhos curiosos do *alguazil* sob a cama de folhedo das suas choças miseraveis; o povo, que foi heroico e louco como Quixote, pratico e judicioso como Sancho, e que, indifferente ás declamações inopportunas que, mais tarde, duas centenas de oradores repetiriam emphaticamente aos echos da sitiada Cadiz, ía expellindo para fóra de si —como o sangue expelle o virus que o contamina, como o mar expelle os cadaveres que violam a sagrada pureza das suas aguas— o usurpador estrangeiro que o queria manietar e vencer.

Quando os generaes hespanhoes, dominados todos moralmente pela estatura colossal do grande inglez, consegui-

---

[1] «Os verdadeiros exercitos hespanhoes são os povos todos da Peninsula, paizanos, mulheres, frades; todos querem contribuir para a defeza da Patria, todos querem fazer aos francezes o mal que podem. Este é o motivo por que elles não podem conservar as provincias depois de as conquistarem. São-lhes precisos exercitos tão numerosos para conservar as suas conquistas como para as fazerem. Este deve ser o fundamento da nossa esperança.» *Officio inedito de D. Pedro para o Conde de Linhares. Sevilha, 1809.*

ram as victorias definitivas que têem o seu nome e a sua data na Historia, já desde as escarpas da Serra Nevada até aos desfiladeiros abruptos dos Pyrinéus, o povo tinha extenuado, vencido, desesperado, trucidado os francezes intrusos e hereges, os francezes até ali invenciveis de Marengo, de Austerlistz e de Iena...

II

A este espectaculo extraordinario, e pelas circumstancias pittorescas que o revestem, talvez sem precedentes em toda a Historia moderna, assiste D. Pedro attento, curioso, extremamente informado, sem deixar escapar ao seu fino espirito um unico elemento importante.

«O que tem salvo e salvará o povo hespanhol[1], diz elle e não se cansa de o repetir sob todas as fórmas, não é a habilidade dos seus chefes, é a sua determinação bem conhecida de não soffrer o jugo francez, é o movimento geral de resistencia que esta determinação tem excitado e excita.»

Primeiramente de Sevilha, onde a *Junta Central*, cuja idéa originaria pertence a Florida Blanca, se tinha reunido já depois da morte d'este; mais tarde de Cadiz, para onde a *Junta* se transportou deixando Sevilha nos horrores de uma revolução sem chefes, e onde em 1811 se reuniram as Côrtes constituintes, que muita vez funccionaram sob as granadas e bombas dos sitiantes francezes; D. Pedro informa lealmente e intelligentissimamente o seu governo de tudo que sob os seus olhos occorre, de tudo que nas fontes mais auctorisadas póde com difficuldade apurar.

---

[1] Correspondencia diplomatica inedita.

A sua elegancia ingenita, a maneira distincta por que vive e representa o paiz, o uso e a facilidade que tem de manejar a lingua ingleza, o seu tirocinio social anterior, que em tão distinctos meios o fizera apreciado e conhecido, dão-lhe facil ingresso junto dos principaes influentes da politica peninsular do tempo, isto é, dos diversos mi-nistros britannicos que na Hespanha se succederam n'esses annos.

Em todos encontra attenções e primores iguaes, mais depressa devidos ao seu encanto pessoal, que á sua qualidade de representante de um paiz então bem dependente da nação ingleza...

O primeiro ministro com quem se relaciona ao chegar a Sevilha é Mr. Frère, que já tinha exercido em Lisboa o mesmo cargo.

A influencia d'este, junto do governo revolucionario de Hespanha, é das primeiras. D. Pedro, que o retrata na sua *Correspondencia,* descreve-o muito embebido das idéas liberaes da Inglaterra, desejando ardentemente a convocação das Côrtes, das quaes espera a salvação do paiz.

«Frère tem a sympathia decidida dos que aspiram a alguma cousa inteiramente nova, e a subserviencia dos que tentam conservar alguma cousa do que já existia.» Entra por isso na *Junta* quando lhe apraz, toma parte nas suas deliberações, e, chegando um momento em que esta influencia, por demais ostensiva, desperta a guerra da opposição, é substituido temporariamente —e na qualidade de embaixador extraordinario— pelo Marquez de Wellesley, o irmão mais velho de Wellington.

Quando este notavel homem publico deixa a Hespanha para ir presidir ao governo de Inglaterra, é ainda um irmão d'elle e de Wellington, Mr. Henry Wellesley, quem vem occupar junto do governo hespanhol a legação britannica, mas então na qualidade de ministro.

Pela escolha d'estes nomes vê-se bem a importancia que a Inglaterra ligava ás questões da Peninsula iberica, centro e chave da sua resistencia ao despotismo e audacia da França napoleonica e revolucionaria.

Visto que a Gran Bretanha é quem politicamente dominava o governo da Hespanha, é aos seus ministros que D. Pedro se dirige incessantemente quando se trata de pugnar pela dignidade da nossa nação e pelos interesses d'ella[1].

Valendo-se tambem da posição n'aquelle instante favoravel de estar o seu governo intimamente alliado ao da Inglaterra, elle não deixa de fazer valer esta circumstancia perante o governo da Hespanha, sempre hostil e refractario

---

[1] D. Pedro, a 9 de novembro, em officio dirigido ao Marquez de Wellesley: «Visto ser muito provavel ter o exercito inglez de operar hostilmente em Hespanha contra os francezes, e sendo provavel que o exercito portuguez tenha por essa occasião de operar de combinação com elle, e que nem um nem outro dos exercitos entrarão em campanha sem previo convenio a respeito das subsistencias e transportes dos corpos, etc., etc., portanto elle, D. Pedro, entende e pede que esta convenção se faça em separado em tudo o que respeita ao exercito portuguez, para que mais tárde, em nenhum tempo, o governo hespanhol *possa julgar-se* isento de toda a obrigação para com o governo portuguez, e attribuir a assistencia do dito exercito unicamente a uma consequencia da ligação de Portugal e da Inglaterra.»—No mesmo officio D. Pedro acrescenta que seria este o ensejo mais propicio e favoravel de propor um tratado de alliança, em que entrasse como condição apoiada pela Inglaterra a restituição de Olivença, visto que, diz elle—«uma experiencia bem recente provou a Portugal que este paiz fôra demasiado confiante, quando, sem ser positivamente obrigado pelos tratados, auxiliou uma Potencia que bem depressa o deixou abandonado e só nos perigos da guerra. E a propria perda de Olivença foi o resultado d'essa confiança extrema».

a tudo que seja portuguez, e n'um officio ao Conde de Linhares D. Pedro diz:

—«Asseguro a V. Ex.ª que, sem sair nunca, segundo me parece, dos limites que prescreve a prudencia e o decoro, tenho fallado sempre n'um tom bastante independente e decidido para fazer sentir que S. Alteza Real *já não era aquelle vizinho da Hespanha, alliado ou mais depressa dominado pela França, e que o poder e a ambição d'esta Potencia conservavam n'um perpetuo constrangimento, mas o soberano de um vasto imperio, intimo alliado da Inglaterra, de que a Hespanha agora tanto depende.*»—

Em moral internacional, digam o que disserem os sonhadores ou os ingenuos, é sempre verdadeira a terrivel maxima: *la force prime le droit.* Mais ou menos fórma, mais ou menos correcção exterior, mais ou menos sympathia inutil, eis o que póde esperar o representante de uma nação pequena.

As intimações que não tenham por fundo de scena um exercito aguerrido e bem apetrechado podem inspirar uma vaga admiração nas almas sentimentaes; em politica são simplesmente risiveis.

Mas por isso mesmo é que as nações condemnadas pela fatalidade historica — em que entram, já se vê, como factores importantissimos os erros dos seus homens— devem ao menos escolher para seus representantes os que reunam aos predicados sociaes de sympathia e de tacto as qualidades de intelligencia, de bom senso e de agudeza mental.

D. Pedro era positivamente o ideal do diplomata. Seria distincto em todas as nações; era precioso em Portugal. Os vastos volumes ineditos dos seus *Despachos* e da sua

Correspondencia seriam uma grande lição para todo o neo-phyto da diplomacia. Sabe até aonde ha de ir, e onde deve parar, antes da advertencia que, vinda de outrem, seria sempre humilhante; sabe os argumentos que tem de em-pregar entre mil que lhe sejam suggeridos; sabe as *nuances* mais tenues e mais delicadamente esmaecidas da psychologia politica; no meio dos mais contradictorios elementos navega com segurança e mestria; perante a Hespanha faz valer a poderosa alliança ingleza; perante a Inglaterra deixa pre-sentir quanto será favoravel a este paiz uma politica em que a influencia portugueza, longe de ser reduzida a *quantité négligeable,* seja levantada á altura que lhe dê ensejo e pos-sibilidade de auxiliar poderosamente os intuitos e os desejos da Inglaterra.

E nunca o abandona, por um instante só que seja, o zêlo da patria, o amor da sua grandeza, o desejo da sua liberta-ção possivel dos rivaes que a estavam acremente disputando, a comprehensão íntima dos seus interesses mais vitaes.

Se em torno d'elle havia illusões e phantasias, D. Pedro não se illude. Ha momentos em que se entrevê n'elle o pessimismo que lhe inspiram os acontecimentos da Penin-sula; outros, os mais frequentes, em que o vence e sacode, diante dos prodigios d'essa resistencia popular, que nunca descreve sem vibrar de sympathia e de admiração.

Alguns dos seus despachos de epochas successivas[1] vêm em appendice junto a este volume, para que o leitor avalie

---

[1] A correspondencia de D. Pedro, datada de Sevilha e Cadiz durante os annos do 1809 a 1812, consta de *despachos* dirigidos para o Rio de Janeiro aos Condes de Linhares e das Galveias, de despachos dirigidos para Lisboa aos governadores do Reino, e de cartas dirigidas a D. Car-lota Joaquina sobre assumpto que ella tinha tanto a peito.

por si proprio, por estes *specimens,* a verdade das nossas affirmações...

São paginas de historia, que é pena ficarem para sempre occultas, essas longas correspondencias em que D. Pedro relata desde os milagres do cêrco de Gerona, que renovam os da heroica Saragoça, até ás victorias finaes do exercito alliado, de que superiormente resaltam a capacidade extraordinaria, a finura estrategica, a valentia sem temeridade, mas absolutamente admiravel, de Lord Wellington.

Ha trechos n'esta correspondencia de Cadiz que serviriam de lição a todos os politicos da nossa malfadada raça meriodional.

D. Pedro é por indole um moderado, e por educação e fidelidade um intransigente monarchico; é, pelo estudo, observação dos factos, lições dos livros e dos individuos, um inimigo convicto das innovações radicaes, dos improvisos politicos que nos perderam, contra os quaes tanto luctou, adquirindo por isto mesmo muitos mais inimigos do que o faria se pertencesse a qualquer das escolas nitidamente definidas em que o mundo então se dividia.

Nem conservador, nem radical; um amigo do progresso gradual, das transformações pacificas, da *evolução,* como não se dizia no seu tempo e se diz hoje.

A sua admiração pela Inglaterra, bebida nas intimidades intellectuaes que já largamente analysámos, tinha-o levado a estudar a fundo a historia politica d'este paiz, de que a ponderação e o bom senso foram sempre rigorosa lei.

Assistíra mentalmente a esse magnifico desenvolvimento da nação, que através de duas Revoluções não tinha posto a anarchia em nenhum dos centros fundamentaes da sua existencia politica; que em horas de temporaria crise fôra buscar ás tradições do seu passado a panacea contra os males do presente; que mantivera a sua hierarchia social; que não quebrára as molas politicas que desde sempre a tinham movido; que não fizera da guerra de classes nem do antagonismo de interesses oppostos o momentaneo instrumento de uma destruição radical do grande edificio, a cuja sombra tantas centenas de gerações tinham vivido felizes e satisfeitas; que, tendo lentamente e successivamente reformado os seus costumes e as suas leis, nunca alterára a sua estructura de modo visivel, e isto a ponto de haver hoje mesmo, muita gente, aliás instruida e lida, que considera a Inglaterra actual sob as mesmas fórmas que teve a Inglaterra do seculo xvii e do seculo xviii, e que não é capaz de atinar, porque d'ellas não encontra vestigios escriptos, com as mudanças que ali se operaram, nem com o momento preciso em que essas mudanças se deram.

É que o não ha realmente. A Inglaterra póde bem comparar-se com um corpo organico que foi crescendo sem nunca perder a fórma primitiva exterior. Parece a mesma por fóra. Por dentro foi successivamente desenvolvendo-se, differenciando-se, aperfeiçoando as suas multiplas aptidões, creando para funcções novas, novos orgãos que as exercessem. A evolução natural d'esta organisação politica é uma das maiores maravilhas da Historia.

III

A primeira parte da missão de D. Pedro, então de certo a mais interessante para o governo portuguez, é justamente a que nos não póde interessar hoje, desde que sabemos como as circumstancias se encarregaram de a inutilisar. É certo que elle conseguiu que a lei salica fosse abrogada, e que se declarassem os direitos eventuaes de D. Carlota

Joaquina á successão do throno de Hespanha; custou-lhe muitissimo alcançar este resultado; mas para que serviu tanto esforço? É certo que pugnou pela nomeação da Princeza D. Carlota para Regente da Hespanha, mas que montam tantos esforços perdidos? Sómente como *exercicio diplomatico* podemos considerar essas luctas pertinazes, em que tanta argucia e tanto tacto se dispendeu baldadamente.

Como, porém, o que nós desejâmos é penetrar bem no espirito do nosso biographado e seguil-o em todas as phases do seu desenvolvimento progressivo, não é inutil analysar as idéas que então o dominavam e dirigiam.

Os observadores de mais tino e de mais segura informação consideravam perdidos para as dynastias de Bourbon e de Bragança os dois sceptros de Hespanha e de Portugal.

E D. Pedro, que, julgando inteiramente impossivel a proclamação da Princeza D. Carlota como Regente da Hespanha, não julgava todavia impossivel a sua acclamação na America como herdeira do desthronado e talvez morto Fernando VII, deixava-se de vez em quando embevecer por uma idéa que tanto tinha de difficil como de grandiosa.

Esta idéa era a de fundar sobre os direitos de uma Princeza de Bourbon e de um Principe de Bragança um enorme imperio americano, que,—perdidas pelos dois Principes as suas possessões européas,—se compozesse das vastissimas, das opulentissimas colonias hespanholas e brazileiras, de que a proxima desmembração já se estava claramente prenunciando; um imperio unificado sob o sceptro legitimo de duas monarchias extinctas, que o interesse de todas as classes mantivesse solido, que prolongasse por largo espaço n'outro hemispherio a gloria do nome portuguez, o poderio da sua casa reinante; um imperio que servisse de asylo aos hespanhoes e portuguezes que a usurpação franceza e o despotismo de Napoleão houvessem expellido da Europa, e que, para a nova patria, governada pelos seus reis, levassem os seus sentimentos tradicionaes de lealismo e de fidelidade monarchica.

Foi este em alguns momentos rapidos o sonho grandioso e bello d'este estatista juvenil. Foi este o unico preito que o seu equilibrado entendimento pagou á phantasia romanesca dos tempos.

Mas bem depressa, d'esta utopia rapida e tão brilhante, o desenganou o claro conhecimento dos obstaculos que a ella opporia — para não fallar de mais nada — a politica ingleza, então interessada em crear, pela sua influencia directa nas relações entre as colonias americanas e a metropole, pela liberdade alcançada para o commercio d'aquellas, novos elementos de riqueza para si propria[1].

---

[1] Officio de D. Pedro de Souza ao Conde de Linhares. — Abril 1811. Trecho:

«... Nas varias conferencias que tenho tido com os differentes membros d'este governo sobre tão importantes assumptos não tenho deixado de seguir as instrucções de V. Ex.ª, manifestando-lhes do modo mais claro quão util seria o ligar inteiramente, nos negocios da America, como já succede nos da Europa, a politica das duas nações. Igualmente tenho insistido sobre a urgente necessidade em que está a Hespanha de dar ao commercio das suas colonias a extensão mais liberal, *fundado na certeza de que esta concessão será brevemente arrancada pela necessidade e não terá as vantagens que ainda póde traxer agora. E igualmente na impossibilidade em que está a Hespanha de exigir que o commercio inglez deixe de entrar pelas portas que as colonias inglezas lhe abrem agora por si mesmas.*

«Esta resolução, tão necessaria para pacificar as revoluções da America e para ligar inteiramente os interesses commerciaes da Gran

A grande revolução que da Inglaterra —oligarchia de proprietarios agrarios— ia fazer a Inglaterra emporio industrial e commercial incomparavel em toda a Historia antiga e moderna e fatalmente democratisada por esta nova fórma da sua energia nacional, estava então na primeira phase do seu desenvolvimento, que tem levado justamente um seculo a completar-se, e que completa hoje, faz, pela grandeza extraordinaria dos resultados e pela simplicidade e legalidade dos meios empregados, o pasmo de quem attentamente a estuda.

Mas, se os seus notaveis estadistas só muito vagamente anteviam ainda a amplitude que a liberdade do commercio e o collossal desenvolvimento da industria iam dar ao soberbo imperio britannico, muitos d'elles já tinham idéas assentes sobre o que mais convinha aos seus interesses materiaes a respeito d'esse problema americano, que foi um dos mais importantes do seculo que estava então na aurora.

D'ali a menos de quinze annos —e o que são quinze annos em assumptos d'esta natureza?— Canning poderia dizer que «chegára o dia em que, a respeito de dependencia politica, a America estava inteiramente perdida para a Europa»[1], e em que elle se submetteria ao principio proclamado pelos Estados Unidos, segundo o qual «a independencia das colonias povoadas pela raça latina era o novo

---

Bretanha com a conservação da monarchia hespanhola em ambos os hemispherios, está agora pendente das discussões secretas das Côrtes. Não duvido que por fim venha a determinar-se; porém, receio que seja com demasiadas restricções, e só posso explicar isto referindo-me ao que já tenho tido a honra de escrever-lhe sobre a composição d'estas Côrtes, sobre a falta de illustração da maior parte dos seus membros e sobre os preconceitos nacionaes que as dominam.»

[1] Gervinus, *Historia do seculo* xix, vol. x.

elemento politico da epocha, elemento que d'ali ávante devia completamente dominar nas relações politicas dos dois
mundos.»

Mas emquanto as conferencias com o ministro inglez, revelando-lhe quaes as idéas da Inglaterra a respeito d'estas
momentosas questões, o não esclareceram e não desengana-
ram completamente, D. Pedro, obedecendo ás instrucções
rigorosas do seu governo, ía pondo em acção os elementos
todos de que podia dispor para preparar os hespanhoes e
para lhes suggerir o mesmo desejo e o mesmo sonho que
o exaltavam a elle! Vejamos este trecho significativo de
um officio dirigido a D. Francisco de Saavedra, ministro e
secretario de Estado, e datado de Sevilha, 24 de dezembro
de 1809, officio em que o diplomata sobrio, sereno, um pouco
reservado e frio que foi D. Pedro, se torna, para mais facil
mente se insinuar no espirito do castelhano a que se dirige,
emphatico e grandiloquo como o espirito da propria Castella.

Depois de lembrar que a paz recentemente feita com a
Austria facilita mais do que nunca a Napoleão os meios de
invadir a Peninsula com muito mais numerosas legiões, es-
palhando o terror e o sangue em todo o territorio da Hespanha e quanto n'estas circumstancias seria para a Hespanha
de grande utilidade o ver assegurada a successão da Monarchia, diminuindo a força moral do usurpador, e tornando-lhe
inutil a prisão a que elle então sujeitava todos os membros da
Familia Real, o moço diplomata acrescenta textualmente:

«Como ficariam desconcertados os seus planos infer-
naes (de Bonaparte) se a nação hespanhola, uma vez isenta
de cair na anarchia em que Bonaparte tentou submergil-a
com a prisão de todos os seus Principes, apontasse una-

nimemente aos olhos do Tyranno e da Europa toda, o legitimo successor da Monarchia! Então, se Bonaparte acrescentasse uma nova atrocidade ás que já tem perpetrado (e que atrocidade haverá que não se possa esperar d'elle?), se Fernando VII e seu irmão perdessem a vida, dir-lhe-ía a nação hespanhola que, longe de ficar orphã, ía ser adoptada por uma princeza, cujo enlace augmentaria o seu poder e completaria o esplendor da Monarchia. Duas nações, filhas da mesma Peninsula, e que o destino creou para serem irmãs, unidas então mais do que nunca de interesses, offereceriam á França uma massa ainda maior de resistencia, e o maior e mais resplandecente imperio do mundo poderia resurgir de entre os incendios e ruinas d'esta revolução. Ter-se-ía conseguido, pelo unico modo por que é possivel conseguil-o esta reunião, que foi de tres seculos a esta parte o maior objecto ás vezes da ambição, sempre da politica dos soberanos e dos homens de Estado d'esta nação[1].

«Mas de que interesse, ainda maior e mais immediato se deve considerar a declaração que proponho, se as forças numerosas do Usurpador conseguirem opprimir temporariamente a maior porção da superficie de Hespanha[2]?

«Que divisões se não podem receiar nas vastas colonias da America, tão distinctas de interesses, tão distantes umas das outras! Que responsabilidade poderá tomar sobre si o governo, se para essa epoca o direito de successão da Infanta D. Carlota não estiver já publicamente e geralmente reconhecido! *E com que efficacia não deve desejar que as provincias todas da America, conservando-se unidas á sombra*

---

[1] E da nossa. O que desejava ardentemente D. João II, o nosso maior rei?

[2] É esta a questão que principalmente preoccupa D. Pedro.

do seu nome, sirvam de asylo á Monarchia hespanhola e a
todos aquelles que o odio contra os francezes, o desejo de
vingança e a esperança de voltarem cedo ou tarde a serem
os libertadores da patria, farão refugiar-se ali!»

Era d'este modo apaixonado e pathetico que, sob a oppressão tragica de Bonaparte, se fazia diplomacia e se fazia
politica! Até o tranquillo entendimento de D. Pedro de Souza
tinha d'estas expressões arrebatadas, no meio do drama
ingente de que a Peninsula era o tablado sangrento!

E constantemente nos officios a D. Martim de Garay e
a D. Francisco de Saavedra, esta preoccupação das colonias
americanas, de que poderia fazer-se o refugio das monarchias da Peninsula, transparece em phrases mais ou menos
persuasivas:

«Com que seriedade deverá a Junta suprema considerar
essa escolha (a da Infanta D. Carlota) pelo que respeita ás
suas numerosas e ricas colonias! Quem duvida que emquanto *uma cidade* se considerar livre em Hespanha e chamar á Regencia a Senhora D. Carlota Joaquina, toda a
America a não reconheça por tal, no caso mesmo em que
a Peninsula fique temporariamente opprimida pelas numerosas forças do Usurpador! Quem poderá prever por outro lado
a resolução que tomarão essas colonias tão distantes, e separadas umas das outras, no momento possivel da occupação
total da Hespanha pelos Francezes, não achando já organisada uma Regencia, ou não estando á frente d'ella, para servir de centro de união, a Princeza, cujo nome nenhum hespanhol em qualquer dos hemispherios deixará de respeitar[1]?!»

---

[1] Officio dirigido a D. Martim de Garay. Sevilha, 24 de setembro
de 1809.

Quando a sublevação successiva das colonias americanas, de que a invasão franceza foi pretexto, vem dar um aggravamento mais cruel e mais doloroso á crise hespanhola, D. Pedro descreve com grande perspicacia as causas que determinam esta sublevação, e a empreza vã da mediação britannica, que a Hespanha por exagero de patriotismo não quer acceitar. Mais tarde, quando o governo do Brazil (D. João VI), recuando diante da opposição da Inglaterra na questão dos direitos eventuaes de D. Carlota Joaquina ao throno de Hespanha, quer, por uma d'estas reviravoltas ineptas que são já de tradição portugueza, ceder elle proprio esses direitos, que ainda nem sequer lhe foram reconhecidos, a troco de um augmento de territorio em Montevideu, o bom senso de D. Pedro insurge-se contra a insolita contradicção, e nada mais espirituoso e fino que o modo por que elle se dirige ao Conde de Linhares *ousando* oppor-se a similhante inepcià:

«—Aponta-me V. Ex.ᵃ n'um dos seus Despachos a idéa de que S. A. Real, no caso que achasse a S. M. Britannica invencivelmente opposta ao reconhecimento dos direitos da Princeza Nossa Senhora, poderia entrar em negociações para que se conviesse em alguma justa e rasoavel compensação de tão reconhecidos direitos. Permitta-me pois V. Ex.ᵃ dizer-lhe que, segundo o meu modo de pensar, uma tal proposta no momento actual seria summamente prejudicial, de nenhum modo admissivel pelo governo britannico e muito difficil de pôr em execução.

«Os direitos de S. Alteza Real são demasiado evidentes, e trata-se de um objecto de demasiada importancia para que se possa jamais transigir sobre elles (ou seja por acquisições territoriaes ou seja pela repartição d'esses direitos entre os seus augustos Filhos, como succedeu com os Filhos de Filippe V relativamente ás corôas de Hespanha e de Napoles). O ministro britannico, considerando bem os seus interesses, deveria, creio, eu fomentar agora a reunião das duas monarchias; porém, de qualquer modo que os considere, a monarchia hespanhola ou ha de sobreviver a esta terrivel lucta ou perecer n'ella.

«No primeiro caso, a opinião nacional dos proprios hespanhoes, que tanto convem fomentar n'estas circumstancias, será a unica que decida da verificação dos Direitos da Princeza Nossa Senhora e da reunião das monarchias, sem que nada a possa impedir. E esta perspectiva é demasiado brilhante para que se deva voluntariamente renunciar a ella. Se, pelo contrario, a monarchia hespanhola, subjugada na Europa, se despedaça a si mesma na America, então sem duvida a justiça e a politica impõem ao Principe Regente Nosso Senhor a lei de tirar todo o partido possivel d'esta dissolução de um tão grande corpo politico.»

Era com esta largueza de vistas politicas, era com este tacto amadurecido, que um diplomata de vinte e nove annos se impunha aos velhos politicos portuguezes! Este modo de entender a repartição e a successão das monarchias obedece ainda inteiramente, como é natural do tempo, ao principio que dominou todo o antigo regimen, ou antes o regimen das monarchias absolutas, que na França tinha attingido a formula suprema em Luiz XIV e no seu antecessor Richelieu, e em Hespanha no proprio neto do monarcha francez imbuido dos mesmos principios do seculo xvii.

Nós hoje mal comprehendemos esta especie de direito segundo o qual os vassallos eram propriedade do Principe, e o direito do Principe se fundava na legitimidade hereditaria. As monarchias herdavam-se como qualquer outro bem.

Assente este ponto, e visto que D. Pedro estava ainda ao serviço das idéas que então reinavam, — e quem póde accusal-o de as servir lealmente, sendo como era um monarchico convicto? — nada mais judicioso que o seu conselho, no qual ainda assim já transparece a transacção em que se funda o constitucionalismo monarchico que se seguiu ao regimen absoluto de D. Maria I e de Fernando VII. Na situação bastante melindrosa em que se encontravam os servidores de um regimen caduco, na aurora de outro que lhe parecia em tudo mais racional, mais sympathico, mais vigoroso, é raro que a consciencia não vacille, que o espirito se não deixe influenciar por contrarias influencias.

O bom senso de D. Pedro via a impossibilidade de pôr um dique á maré impetuosa que ía subindo, mas, leal aos Principes que servia, se lhes não poupa o conselho, delicado, a advertencia amigavel, o respeitoso aviso, é no seu modo de proceder inteiramente fiel a idéas que, sem serem as suas, são todavia as do governo que representa.

Quando este, obcecado pelas illusões mais extraordinarias, lhe ordena que opponha os maximos obstaculos á convocação das Côrtes que a Hespanha em peso reclamava, que a Inglaterra favorecia, que se impunha até como uma velha tradição de Castella e de Aragão, o officio com que D. Pedro respondia á insolita pretensão não póde ser mais terminante e mais decisivo.

Que podia elle, representante intelligentissimo, mas impotente, de um paiz decapitado como estava o fraco Portugal da Regencia, contra a corrente dos tempos, contra a vontade da poderosa Inglaterra, contra o instincto nacional da opprimida e heroica Hespanha?

Apesar de divergencias que se deixam subtilmente adivinhar na fórma sempre correcta e respeitosa dos officios de D. Pedro, o governo do Rio de Janeiro reconhecia os serviços e o zêlo do diplomata juvenil e inexperiente a quem tinha confiado, por uma especie de instinctiva adivinhação, a missão entre todas difficil da Hespanha. E quando elle, finalmente, ao cabo de uma improba tarefa, consegue o reconhecimento dos direitos eventuaes da Princeza á successão do throno de Hespanha, o Principe Regente, em recompensa d'este zêlo tão provado e d'esta intelligencia tão excepcionalmente demonstrada, dá-lhe o titulo de Conde de Palmella, e envia-lhe para a sua esposa a banda de Santa Izabel, pondo em relevo no primeiro decreto o seu contentamento e a sua satisfação pelo modo distincto por que fôra servido[1].

[1] D. Carlota Joaquina escreve por esta occasião, ou antes alguns dias, uma carta autographa ao diplomata portuguez. Temos aqui presente essa carta cuja letra não deixa de ser elegante e aristocratica, e que não corresponde á idéa que instinctivamente se fórma d'aquella Princeza. Reza assim, com orthographia e tudo:

O activo empenho e vigilancia com que teems procurado a declaração dos direitos que tenho ao Throno d'Espanha e Indias em falta de meus muito amados Irmãos; tem merecido a minha especial consideração e apreço; julgando que n'esta occasião os teus serviços são dignos de que por elles te dê os mais sinceros agradecimentos; esperando que continuando do mesmo modo me darás occazioems em que experimentes os effeitos da minha gratidão, com a qual agora te desejo as maiores felecidades. Deos te guarde muitos annos.

Palacio do Rio de Janeiro 28 de Agosto de 1810.

A Princeza Carlota Joaquina de Borbon.

D. Pedro de Souza e Holstein.

IV

No meio da confusão e do cahos em que se debatiam os espiritos na Peninsula iberica, é provavel que as theorias liberaes, com que D. Pedro fôra tão profundamente seduzido pelos seus amigos mais dilectos, se modificassem momentaneamente sob a acção directa dos acontecimentos. Elle vibrava todo de enthusiasmo ao ver a heroica resistencia da Hespanha ao jugo da estrangeira oppressão, mas se realmente Bonaparte renegava n'esse momento a Revolução, não podia duvidar-se de que saíra d'ella armado de ponto em branco. O que os hespanhoes e os portuguezes d'aquelle tempo não podiam pois deixar de sentir ao contacto directo do invasor francez era odio a essa Revolução que Bonaparte ainda representava, apesar de tudo.

Só mais tarde é que a critica fez o processo á politica napoleonica e deixou claramente perceber a todos que, embora ella fosse filha legitima da Liberdade, era uma filha que renegára as melhores virtudes e os principios mais bellos de sua mãe.

N'aquelle instante era contra a Revolução representada em Bonaparte e nos seus marechaes, soldados rasos de hontem, e nos seus funccionarios, plebeus grosseiros de ha pouco, que se levantava a Hespanha, dando á sua insurreição um caracter puramente e profundamente patriotico, que a distinguia de todas as Revoluções passadas[1].

Portanto, a reunião das Côrtes hespanholas e o seu modo de proceder politico, e não apenas liberal e reformador, inteiramente subversivo e revolucionario, era na opinião de

---

[1] Vide Appendice.

D. Pedro uma cousa em contraste absoluto com todo o movimento da Peninsula havia tres annos.

A Revolução ou, antes, a insurreição da Hespanha tivera um principio diametralmente opposto ás Revoluções da França e da Inglaterra.

N'um dos paizes, diz elle, a propaganda dos encyclopedistas e a desordem financeira levaram os povos a sacudir o jugo da monarchia secular de S. Luiz; no outro a questão politica complicou-se com a questão religiosa. Quem faltou ao pacto jurado e antigo entre a realeza e o povo foi a dynastia dos Stuarts nas pessoas dos seus tres representantes ultimos.

Em Hespanha a revolução, pelo contrario, fez-se por uma especie de lealismo extremo. A fidelidade ao rei captivo, que n'aquelle tempo se chamou Fernando o *Idolatrado,* o odio ao rei *intruso* e usurpador, o amor ardente da religião foram os motores essenciaes da salvação dos povos.

Longe de querer subverter as suas leis, os seus costumes, os seus fóros, até as suas superstições, foi para conservar tudo isso que o povo hespanhol pegou em armas. Foram necessarios desastres repetidos na guerra, a fraqueza dos governantes, a desgraça unica na Historia de se não encontrar um só homem á altura da missão que era *necessario* cumprir, para que estas circumstancias, conjugadas fatalmente, abalassem as instituições antigas, que era util reformar, modificar, renovar talvez, pois que as tinham deixado falsear inteiramente pela maior parte, mas que não era occasião de lançar por terra...

O primeiro grito de reunião dos hespanhoes[1], a sua primeira formula foi—*resistencia á oppressão estrangeira,*

---

[1] Vide Appendice.

guerra aos francezes. Portanto, a França é que era a Revolução, a França é que era o nivelamento politico das classes, a abolição dos privilegios —collectivos ou individuaes— a guerra aos Padres, a guerra aos Nobres, a guerra aos Reis. E era contra essa concepção nova da vida publica que se levantava como um só homem a Hespanha tradicionalista e leal, a Hespanha supersticiosa e fanatica, se não evangelica e christã, que nunca se tinha cansado de queimar judeus, de processar hereges, de perseguir pensadores, a Hespanha amiga dos seus reis, que pouco a pouco, por desgraça sua, tinha deixado transformar a sua monarchia descentralisadora e prodiga de liberdades locaes na *camarilha* abjecta e anti-nacional do Principe da Paz...

Mas organisada a resistencia patriotica, reunidas as Juntas, e congregadas as Côrtes, que só tinham o nome de commum com as Côrtes tradicionaes dos *Grandes* e dos Prelados, e que não era mais que uma assembléa eleita por uma especie de suffragio universal de tres graus, em que os homens principaes eram principalmente juristas palradores, succedeu o que provavelmente não poderia deixar de succeder no carcomido, gasto e *falseado* regimen que só subsistia com a condição de que nenhum impulso por minimo que fosse o abalasse.

A attenção da Hespanha divide-se. O estrangeiro invasor deixa de ser o unico *inimigo*. A energia da população, que é uma potencia instinctiva a que não resistem nem as disciplinadas legiões que haviam atterrado o mundo, perde uma grande parte da sua força impulsora.

. A patria continua em perigo; o estrangeiro occupa grandissima porção do seu territorio; o Rei está preso em terra estranha; e os homens que deviam salvar a Hespanha d'este cahos, ideologos e juristas, discutem, discutem pontos abstractos de direito e de justiça, fazem constituições que, pela fórma e pelo momento em que são elaboradas, estão destinadas a uma duração ephemera, invocam principios ideáes, imitam finalmente, menos na gloria e no arrebatamento offensivo e guerreiro, essa França, para combater a qual se tinham justamente levantado.

Esta contradicção irrita D. Pedro como um absurdo; a inopportunidade das discussões, a brandura das providencias de guerra, a inhabilidade e a mediocridade dos homens, a pessima administração militar, o patriotismo desconfiado que leva os hespanhoes a não acceitarem com a direcção de Wellington a simplificação do problema peninsular, tudo isto offende aquelle senso pratico das cousas, aquelle sereno criterio que o distinguem.

«Deus queira que este Congresso que vae reunir-se — diz elle em 1810 — tenha a prudencia sufficiente para parar na borda do abysmo aonde se têem engolfado tantos outros.

«O que se espera d'elle nas actuaes circumstancias é que reuna indissoluvelmente as partes distantes d'esta vasta monarchia; que estabeleça a successão legitima ao throno de Hespanha; que corte os abusos introduzidos nos ramos da Guerra e da Fazenda; que forme exercitos; que ache recursos pecuniarios, e que finalmente constitua um governo energico e capaz de salvar a Hespanha.

«Não são sem duvida pequenas estas esperanças, nem faceis estes deveres, ignoro mesmo se cabem todos nos limites do *possivel*. Mas, infelizes das Côrtes e da Nação se, esquecendo-se as primeiras da crise em que se acha a Hespanha, pretenderem aproveitar esta occasião para discussões philosophicas e juridicas, formarem uma constituição nova em todos os seus detalhes, e cerrando os olhos ao que se passa em França, acabarem de destruir as bases antigas, e talvez em parte arruinadas, mas sempre respeitaveis, sobre as quaes está fundada ha seculos esta monarchia[1].»

Para bem apreciar a clara rasão que formula este juizo é preciso pensar que só hoje, depois da dolorosa experiencia do seculo agitado e torturado que vae findar, a opinião dos publicistas e dos historiadores está de accordo com esta antecipada critica, que assim attinge proporções de prophecia.

N'outro officio, D. Pedro repete:

«As Côrtes entregues aos seus debates pueris e aos seus systemas theoricos, não cuidam de tratar solidamente com o governo britannico para obterem subsidios e pacificarem as Americas. E para cumulo de desgraça nem têem podido convir em algumas bases geraes para conceder o commercio livre ás suas colonias, sem o que devem perder a esperança de as conservar.»

Pela clareza das previsões, que se realisaram todas, vê-se bem como o bom senso illumina os homens com luz muito mais continua e serena do que a inspiração momentanea do genio, ou do que o arrebatamento allucinante da paixão.

Jovelanos, um dos influentes da Revolução de Hespanha e das Côrtes Constituintes, que era como politico um theorico inconsistente, mas que era como artista um observador admiravel, tinha na sua satyra tão conhecida, *Pan y toros,* pintado do seguinte modo o povo Hespanhol[2].

Personalisando-os sob a fórma de caricaturas, elle collocára ao lado uns dos outros e na mesma linha todos os estadios de civilisação que podem percorrer os povos.

---

[1] Officio em 1810 ao Conde de Linhares. Correspondencia inedita.
[2] Gervinus, *Historia do seculo* XIX, vol. IX.

No quadro de Jovelanos havia uma Hespanha na infancia, sem população e sem industria, sem patriotismo, sem riqueza, até mesmo sem governo visivel, campos desertos, aldeias em ruinas, habitantes ociosos, e uma constituição que podia chamar-se uma mistura confusa de todas as constituições possiveis: eis o que compunha essa Hespanha infantil.

Uma Hespanha mais crescida, desprovida de todos os conhecimentos, com uma plebe bestial, uma nobreza orgulhosa da sua ignorancia, escolas barbaras e regidas por professores do seculo x, perfilava-se-lhe ao lado. Seguia-se-lhe uma Hespanha juvenil e guerreira sem soldados, mas com uma multidão de generaes que bastariam a abastecer de commandantes os exercitos do mundo inteiro, com uma esquadra sem marinheiros, mas capaz de prover todo o Oriente com ratoeiras de grande modelo. Logo, outra Hespanha viril, erudita, religiosa e scientifica, possuindo mais igrejas do que casas e fogos domesticos, em que os cegos cantavam á porta das tavernas os mysterios mais sagrados da Religião, e onde se viam em cartazes affixados ás esquinas annuncios de milagres tão dignos de credito como as *Metamorphoses de Ovidio,* onde se publicavam tratados de theologia e de jurisprudencia de grande utilidade para os tendeiros e boticarios, onde se occupavam, á maneira de passatempo pueril, da physica que cheirava a bruxaria diabolica. Havia uma Hespanha velha e juridica, com um Direito que fôra embalado no berço de uma idade barbara, até ao momento em que Filippe II, o Grande, o tinha feito saír das faixas infantis para o metter no carrinho de rodas, e do qual não saíra ainda para andar pelo seu pé; Hespanha, em que havia mais juizes do que leis, e mais leis do que acções humanas. Havia finalmente uma Hespanha decrepita, supersticiosa, que se arrogava o direito de acorrentar as almas e os espiritos; povo nutrido de contos milagrosos e ridiculos que contradizem miseravelmente a magestade divina; povo christão de nome, mas peior de que pagão nos costumes, e onde, com o terror da liberdade de escrever que os estrangeiros gosavam, se mantinham os indigenas na analphabeta ignorancia de escravos[1].

Ora, era justamente n'este paiz cahotico, que de todas estas Hespanhas juxtapostas fazia a valente e feroz e ignorante e arrojada Hespanha dos guerrilheiros e dos frades, que surgia do chão retalhado e sangrento, como nasce um cogumello de uma hora para a outra no solo humido da floresta, esse Congresso constituinte que nada tinha das velhas Côrtes nacionaes, e que vinha proclamar as theorias racionalistas mais abstractas, as doutrinas mais deslumbrantes dos idealistas politicos, sob as granadas e as bombas do estrangeiro que sitiava a unica e pequena cidade onde elle podéra reunir-se?

Como é que havia de ser viavel uma obra tão contra essa mesma logica, essa mesma rasão, essa mesma natureza, de que se proclamavam sectarios os membros mais exaltadamente liberaes das Côrtes de Cadiz? E como é que o vivo artista que pintára este retrato immortal da Hespanha do seu tempo fazia parte das Côrtes que eram a propria negação do seu original? Diga-se em justificação de Jovelanos que elle era principalmente um especulativo, frouxo, indolente, sem senso pratico, no dizer do proprio D. Pedro que, assistindo diariamente ás sessões do Congresso, faz á penna para o seu governo o retrato das suas principaes figuras.

---

[1] Gervinus, Descripção do Auto Satyrico de Jovelanos, *Historia do seculo* xix, vol. ix.

D. Pedro, que sabe a Historia da Inglaterra e que percebe que a perfeição consummada com que o machinismo
constitucional ali funccionava não era um improviso da rasão
pura, senão o resultado lenta e laboriosamente alcançado,
de um trabalho secular ponderado e judicioso; que sabe
tambem que a oligarchia aristocratica, que sob os dois nomes de *whig* e de *tory* ali repartia entre si o governo do
Estado, não tem rasão de ser, nem se póde improvisar em
Hespanha, porque reconhece e verifica o estado de horrivel
decadencia intellectual a que chegou a sua grande nobreza,
ha muito afastada da côrte pela camarilha inepta, e o seu
alto clero, supersticioso, ignorante e servil; D. Pedro não
ignora que nas tradições do proprio governo monarchico
hespanhol, que foi em Aragão e em Castella no seculo xv
tão livre como o da Inglaterra do seculo xviii, e mais adé-
quado ao espirito nacional (porque d'elle proviera e á feição
d'elle tinha sido creado), se encontrariam remedios para o
estado actual das cousas.

Não é contra as reformas necessarias e justas que elle
se insurge, pois que reconhece como ninguem a impossibilidade de conservar integro e completo aquillo que existe
e que é uma degeneração miseravel do que foi; é contra
o modo absolutamente inopportuno por que as reformas
se discutem theoricamente em vez de se realisarem na
pratica.

Não tem fé na panacea da palavra mais ou menos emphatica, quando é de factos determinados e decisivos que
se precisa. E emquanto a sua admiração pela resistencia
popular não affrouxa nunca, a sua descrença a respeito dos
dirigentes mais e mais se accentua.

De 1809 a 1812 succedem-se as Regencias, sempre mais
fracas umas do que as outras, os secretarios do Estado

de cada vez mais impotentes. A marinha está na ultima; o Erario tão pobre que se espera anciosamente em Cadiz de dia para dia, de hora para hora, a chegada das naus que trarão da America o oiro, sem o qual nada póde fazer-se e não póde pagar-se a ninguem; as insurreições successivas das colonias, Mexico, Rio da Prata, etc., vêm aggravar de um modo quasi incomportavel o estado das cousas internas; o bombardeamento de Cadiz é tão aturado e tão atrevido em 1812 que cáem bombas no palacio da Regencia, perto da sala onde funccionam as Côrtes, na legação de Portugal onde D. Pedro habita, etc., etc.[1].

No norte da Europa preparam-se comtudo acontecimentos graves que vão favorecer a sorte da Peninsula, e apesar de tantos elementos contrarios, os primeiros mezes

---

[1] Trecho de um officio de D. Pedro de Souza dirigido ao Conde das Galveias. Julho de 1812.

«Todos os governos que têem dirigido a Hespanha durante esta Revolução se têem successivamente desconceituado ao cabo de seis mezes na opinião geral da nação. É verdade que este descredito não tem sempre nascido da incapacidade dos governantes, e que nas circumstancias em que está a Hespanha, opprimida por uma força collossal, exhausta de tudo e finalmente privada de recursos pecuniarios pela sublevação da America, seriam necessarios, não homens, mas anjos, para dirigir de um modo satisfactorio o leme do Estado. O povo, que sempre julga pelos resultados e que só deseja victorias sobre os francezes e a cessação dos males que o opprimem, exige do governo mais do que seria rasão exigir!»

Resumo de outro officio:

«A falta de dinheiro é completa, portanto o exercito está desorganisado. O governo debil não adopta nenhum meio efficaz nem para conservar o sceptro da Hespanha que os francezes lhe arrancam aos pedaços, nem o das Americas que por inercia e falta de politica deixou escorregar das mãos.»

de 1812 já são menos dolorosos para o espectador d'esta tragedia prolongada.

É n'este tempo que a nova Regencia nomeada no principio do anno alcança da Inglaterra, até ali bastante irritada pelos obstaculos que o patriotismo intransigente da nação oppõe aos seus planos, um soccorro valiosissimo em oiro, em rações, em armas e fardamentos. A pretensão da Inglaterra, de que Lord Wellington seja nomeado commandante em chefe dos exercitos hespanhoes, é que a move a prestar estes soccorros, porém baldadamente.

Sobre estes pontos escreve em maio (1812) D. Pedro de Souza, lamentando a desorganisação militar, o pessimo estado das fortificações:

«Desgraçadamente a nova Regencia não tem sido mais feliz que as antecedentes, e como o caracter hespanhol e o estado precario d'este governo servem de obstaculo a que se adopte a unica medida que poderia produzir grandes resultados, a qual seria a de entregar a Lord Wellington o commando em chefe dos seus exercitos, é provavel que os mesmos estorvos hão de continuar ainda por muito tempo.»

Mas o temporal vae serenando, o horisonte acclara-se. Mais uma vez se prova que os erros ou as grandes acções individuaes entram como elemento subsidiario e subalterno na sorte das nações, e que as leis historicas seguem o seu curso, com uma logica impenetravel por ora ás nossas vistas limitadas.

Aos officios de uma desolada uniformidade que não contam senão circumstancias contrarias, acções de valentia que a falta de tino logo annulla, prenuncios pessimos, seguem-se despachos successivos de uma alegria e de uma esperança triumphantes!

Em maio de 1812 o Conde de Palmella escreve ao Conde das Galveias:

«A incrivel celeridade com que se conseguiu tomar Badajoz permittiu a Lord Wellington tornar a passar o Tejo a tempo de evitar maiores estragos. Portugal acha-se outra vez inteiramente livre de inimigos, e as armas de Sua Alteza Real o Principe Regente adquiriram n'este ultimo sitio, por unanime confissão de todos os alliados, uma gloria talvez superior á que já tinham merecido no decurso d'esta guerra, gloria que põe os soldados portuguezes de par com as melhores tropas do mundo.»

Depois, em agosto, fallando na batalha de Salamanca e nas operações que se lhe seguiram, ainda é cheio de enthusiasmo que diz:

«Agora seria temeridade em mim accrescentar uma só circumstancia aos dois officios de 21 e de 24 de julho do immortal Lord Wellington, nos quaes refere do modo mais luminoso e com a sua modestia costumada a manobra dos dois exercitos desde que Marmont, reforçado pela divisão de Bonnet, se julgou em estado de poder passar o Douro até á sua completa derrota no dia 22 (Salamanca).»

Descreve depois o jubilo doido de Cadiz em todas as classes da mais infima á mais elevada, as manifestações de apaixonado enthusiasmo feitas á embaixada britannica, o banquete de Sir H. Wellesley, em que, depois do brinde aos tres Principes alliados, se brindou ao exercito portuguez —«cujo heroico comportamento é hoje em dia admirado em toda a Europa.»

N'este meio tempo[1] o Conde de Palmella tinha recebido a communicação bem agradavel e que, segundo elle proprio o diz, «o enche de confusão e de reconhecimento», de que tendo Sua Alteza Real o Principe Regente nomeado o Conde de Funchal seu ministro e secretario dos negocios estrangeiros e da guerra, o tinha escolhido a elle para succeder ao mesmo Conde na missão de Londres. O correio que lhe trazia esta noticia tão lisonjeira para os seus meritos, trazia-lhe duas ordens de credenciaes, uma de embaixador, caso o governo britannico tivesse nomeado um embaixador para residir na côrte do Rio de Janeiro, ou pelo menos fizesse a promessa de o nomear, communicada officialmente e por escripto; outra de ministro, se o Conde de Funchal não houvesse alcançado o exito d'aquella nossa pretenção.

Agradecendo no seu officio, com as respeitosas hyperboles usadas nas antigas côrtes, as innumeras mercês que o Principe lhe tinha ultimamente prodigalisado e que elle julga recompensas superiores aos serviços efficazes que pôde porventura prestar, o Conde de Palmella accrescenta, porém, com uma serena dignidade que já é a consciencia do seu proprio valor:

—«Mas, a sinceridade que exige a minha situação e de que nunca devo apartar-me, me obriga a declarar que, conhecendo eu a minha insufficiencia, creio porém que a missão de Hespanha nas actuaes circumstancias era de todas aquella em que os meus serviços podiam ser menos inuteis a Sua Alteza Real. O ter eu seguido o curso d'esta Revolução ou Insurreição desde os principios, o achar-me

---

[1] Junho, 1812.

perfeitamente instruido do caracter de todos os que figuraram n'ella, uma especie de fortuna emfim, que, não sei por
que motivo, me acompanha aqui desde as primeiras negociações, tudo coincidia para me pôr talvez mais em estado de servir na Hespanha do que outros mais habeis do
que eu.»

Apesar de uma certa magua que transparece n'estas palavras ao ter de abandonar a legação em que brilhantemente
servíra, D. Pedro agradece commovido e satisfeitissimo a
missão mais importante e vantajosa a que é promovido,
para a qual todavia não deixa de olhar com certa apprehensão, com certo receio. Que longe estamos, na enfatuação
das mediocridades actuaes, d'esta desconfiança modesta,
d'este eterno melindre intellectual que só caracterisa o verdadeiro merito!

Antes de partir para Lisboa (setembro de 1812), de onde
se transportará para Londres, o Conde de Palmella teve
uma fortuna igual á que tivera em Lisboa antes de partir
para Sevilha, quando fôra portador das grandes noticias do
Porto para o governo de Lisboa.

É elle ainda quem, n'um officio em que se ha a mais
pura e sincera alegria patriotica, escreve ao Conde das Galveias:

«Lord Wellington entrou em Madrid; o sitio de Cadiz
está levantado; uma divisão alliada já tomou posse de Sevilha...

«Estes tão assignalados successos são tambem em grande
parte devidos ao valor dos soldados portuguezes.»

. . . .

Se fosse feita a publicação completa da larga correspondencia diplomatica de D. Pedro de Souza relativa a este
interessante periodo da historia peninsular, tudo que temos

dito do seu alto engenho e da sua exacta observação ficaria plenamente comprovado.

E que vivo e colorido quadro da Hespanha, faminta, miseravel, valente, revolucionaria e convulsa do tempo!

D'essa Hespanha heroica na defeza do solo, susceptivel no patriotismo até ao extremo de resistir, no meio da sua miseria e da sua desgraça, aos alliados poderosos que impondo-se-lhe a humilhavam! altiva a ponto de rejeitar os offerecimentos de um grande chefe, e de se oppor aos designios favoraveis, sim, mas sempre interesseiros de uma grande nação! E a galeria dos seus homens politicos como ella é vasta, variada e interessante, mas nunca excedendo a craveira media, pois que lhes faltava educação politica e o exercicio dos negocios publicos! Extraordinarias, epicas, só o são as figuras dos seus guerrilheiros audazes, de que Mina é o mais celebre e ousado!

Comtudo, á proporção que as circumstancias vão dando aos homens um forçado tirocinio, a personalidade d'elles, a principio frouxa e incolor, vae-se accentuando. E já na Hespanha de 1812 se presente a Hespanha Constitucional, tão grande no talento dos seus oradores, na decisão dos seus generaes, no patriotismo illustrado dos seus chefes!

É d'este meio, em que elle exercitára as qualidades ingenitas do seu espirito observador, tenaz, claro e justo, que o Conde de Palmella sáe finalmente para Lisboa e Londres acompanhado pela gentilissima esposa de dezeseis annos e pelos dois filhinhos que lhe haviam nascido em Cadiz, sob as granadas e as bombas da cidade sitiada.

Eram elles a futura Marqueza das Minas, Eugenia, e o futuro Conde de Calhariz, Alexandre, idolo e encantamento supremo de seus paes, que a Morte lhes arrancaria na flor da mais ridente e promettedora primavera.

D. EUGENIA TELLES DA GAMA
DUQUEZA DE PALMELLA

Do tempo de que tratâmos restam no palacio do Rato dois retratos, feitos em Cadiz por um admiravel pintor desconhecido.

Representa um o Conde de Palmella na plena flor da sua elegante virilidade. Cabello louro penteado para a testa, olhos azues claros, vivos, incisivos, penetrantes; bôca finamente recortada, em cujas pregas se aninha um sorriso de bondade maliciosa, feito de condescendencia, graça e desdem. O nariz bastante aquilino, feição proeminente d'esta physionomia intelligente e distincta, mais lhe accentua o caracter .de finura. O olhar tem um não sei que de alegria triumphante, que revela n'elle o homem a quem o destino collocou no logar proprio, no logar adequado para o desenvolvimento de faculdades especiaes. *The right man in the right place,* no expressivo dizer dos inglezes, mestres na arte das definições laconicas.

O retrato da Condessa de Palmella é uma delicia de outro genero.

Menina e *moça* como é, revela na physionomia uma precoce e encantadora gravidade. Os cabellos negros em dois grossos caracoes contribuem para envelhecel-a um pouco, mas os olhos escuros, submissos, ardentes de concentrado affecto, traduzem a paixão que o marido lhe inspirou desde sempre. São verdadeiros olhos portuguezes, de olheiras fundas e tragicas, olhos de quem saberá sentir um só affecto até á morte, e até á morte ser fiel a um culto unico e profundo.

É um par encantador, que as auras da fortuna bafejam, que os primeiros arreboes da fama illuminam com a sua luz matutina, tão doce e tão fallaz!

O tirocinio da Hespanha deu ao Conde de Palmella a unica cousa que faltava á sua intelligencia superior e rara,

17

isto é, deu-lhe a experiencia, que vamos ver largamente aproveitada em missões cada vez mais difficeis, em emprehendimentos e trabalhos cada vez mais complexos, cada vez mais assignalados pelas altas responsabilidades que impõem, pelas faculdades dominadoras que solicitam, pelas forças e pelas energias que, exercitando incessantemente, incessantemente vão crear.

CAPITULO VII

—

O CONGRESSO DE VIENNA

CAPITULO VII

—

O CONGRESSO DE VIENNA

——

SUMMARIO

Chegada a Lisboa. Demora de alguns mezes. O Conde de Palmella parte para Londres. Obstaculos que surgem por parte do Conde de Funchal. Anno e meio de inactividade. A Inglaterra politica e social do tempo. Retrocesso. Separação de classes. Oligarchia reaccionaria. A hypocrisia official verberada por Thackeray, Dickens, Byron, etc. Riqueza material em pleno desenvolvimento. O Conde de Palmella em París. É nomeado representante do governo portuguez na Commissão de limites. Dá ao Marquez de Aguiar conta do extraordinario espectaculo que o cerca, em officios magistralmente escriptos. O que era París n'aquelle primeiro momento da Restauração bourbonica. Contrastes violentos. O Conde de Palmella é nomeado Plenipotenciario junto ao Congresso de Vienna. Conversação com Wellington. Recommendação d'elle a Castlereagh. Lucta para que Portugal tenha um logar de igualdade ao pé das grandes Potencias. Alvitre de Palmella. Exito final dos seus esforços. Sua intelligencia e perspicacia. Como elle representou Portugal. Sua volta para Lisboa. Nomeação definitiva para Ministro de Portugal na Inglaterra.

CAPITULO VII

—

O CONGRESSO DE VIENNA

—

SUMMARIO

Chegada a Lisboa. Demora de alguns mezes. O Conde de Palmella parte para Londres. Obstaculos que surgem por parte do Conde de Funchal. Anno e meio de inactividade. A Inglaterra politica e social do tempo. Retrocesso. Separação de classes. Oligarchia reaccionaria. A hypocrisia official verberada por Thackeray, Dickens, Byron, etc. Riqueza material em pleno desenvolvimento. O Conde de Palmella em Paris. É nomeado representante do governo portuguez na Commissão de limites. Dá ao Marquez de Aguiar conta do extraordinario espectaculo que o cerca, em officios magistralmente escriptos. O que era Paris n'aquelle primeiro momento da Restauração bourbonica. Contrastes violentos. O Conde de Palmella é nomeado Plenipotenciario junto ao Congresso de Vienna. Conversação com Wellington. Recommendação d'elle a Castlereagh. Lucta para que Portugal tenha um logar de igualdade ao pé das grandes Potencias. Alvitre de Palmella. Exito final dos seus esforços. Sua intelligencia e perspicacia. Como elle representou Portugal. Sua volta para Lisboa. Nomeação definitiva para Ministro de Portugal na Inglaterra.

I

Deixando Cadiz, D. Pedro de Souza, Conde de Palmella, tencionava demorar-se algum tempo em Lisboa e informar-se ahi miudamente dos negocios que havia para tratar entre o governo portuguez e o gabinete de Saint James, aproveitando ao mesmo tempo o ensejo de pôr em alguma ordem os negocios particulares da sua casa, que sempre e gostosamente, como quem faz uma cousa apenas simples e natural, elle sacrificava aos negocios publicos.

Assim succedeu, não lhe correndo todavia as cousas como tinha imaginado, pois não pôde levar para Londres nem a esposa nem o filho primogenito que tanto estremecia.

A 13 de janeiro de 1813 chegava a Londres, e, com grande espanto seu, apesar da nomeação do Principe Regente que levava comsigo, apesar das suas duas cartas credenciaes que tinha ordem de apresentar immediatamente ou como Enviado extraordinario ou como Embaixador, conforme o modo por que o governo inglez nos correspondesse n'este ponto, o Conde de Funchal oppoz-se tenazmente a que Palmella occupasse officialmente o seu novo cargo, e mettendo no assumpto a Lord Castlereagh, ministro dos negocios estrangeiros, conseguiu que este pozesse varios obstaculos á entrega das recredenciaes de Funchal emquanto se não resolvessem algumas negociações pendentes entre o governo inglez e o nosso governo.

D. Pedro teve, pois, de conservar-se em Londres por espaço de anno e meio sem caracter official, e vivamente contrariado por este inesperado contratempo.

Preso por laços de parentesco e de amisade ao Conde de Funchal, era bem natural que não quizesse indispor-se com este funccionario portuguez; mas tambem naturalissimo seria que, moço, ambicioso de revelar-se e de tornar-se util, avido de acção como sempre se mostrou, este tropeço posto de repente diante do seu caminho o irritasse vivamente. Começava a manifestar-se em visiveis symptomas a inveja que através de uma carreira longa perseguiu implacavel o Conde de Palmella. Na correspondencia official que cuidadosamente percorremos pagina por pagina, officio por officio, sente-se a magua, adivinha-se a impaciencia de fazer alguma cousa, de ser *alguem*, mas não transluz nem o arrebatamento, nem a irritação de D. Pedro.

O grande diplomata exercitava-se, vencendo a sua propria e inquieta vontade, na arte de resistir á vontade d'aquelles com quem mil vezes teve de luctar pela dignidade, ao menos apparente, do seu então abatido Portugal.

Porque Portugal, que fôra dos mais expostos no combate, que fôra dos mais energicos na lucta, dos mais doridos e sacrificados no labor, nunca seria dos primeiros nas partilhas da victoria. A finura insinuante, o encanto pessoal do Conde de Palmella, arrancariam muita vez á dureza triumphante dos governos estrangeiros alguma concessão de fórma, alguma prova de consideração e de estima, mas o coração portuguez havia de sangrar-lhe sempre, vendo que todo o seu esforço persuasivo e ductil, toda a suggestiva graça da sua palavra, todo o poder da sua argumentada logica, toda a influencia individual que lhe davam amisades tão illustres, relações tão notavelmente distinctas, se quebravam invencivelmente de encontro á formidavel resistencia de alliados sem generosidade e de neutraes sem sympathia. Portugal tinha decaído da sua antiga grandeza, da sua energia poderosa, da sua independencia fidalga; batera-se com heroico valor e eram os inglezes que colhiam em louvores e em vantagens solidas o preço do seu precioso sangue; deixára-se devastar pelos exercitos estrangeiros, auxiliára admiravelmente o valente general que em successivas victorias tinha de novo acrescentado a gloria antiga do nome portuguez, e comtudo os aulicos intrigantes, os conselheiros ignaros, os dirigentes ineptos deixavam dia a dia annullar essas vantagens preciosas, e não era um só homem, desajudado de mais a mais pelo seu proprio governo, peado a cada instante pelas instrucções que lhe restringiam a iniciativa, que poderia vencer a má sorte que tantos erros longamente accumulados tinham fortalecido.

N'esta occasião D. Pedro pôde mais uma vez conhecer a enorme calamidade que se tornava para o paiz o ser governado por um Principe absoluto, cuja côrte residia a centenas de leguas de distancia.

Succediam então cousas que hoje seriam impossiveis. Um governo constitucional, sejam quaes forem as suas limitações e seja qual for a sua fraqueza, não póde comtudo ser desobedecido impunemente como era a esse tempo um Rei absoluto, em cujo direito divino já ninguem, nem elle proprio, acreditava, e cujo direito legal ainda não fôra nem definido, nem assente.

É natural que n'este tempo de forçada ociosidade o Conde de Palmella tomasse pé na sociedade londrina, onde o veremos mais tarde tão bem acceito. Homem do mundo na mais ampla e elegante accepção d'esta palavra, os salões disputariam o joven diplomata, conhecido nos circulos mais selectos pelo affecto com que o distinguíra uma mulher celebre, pela intimidade que conservára com os amigos mais famosos d'essa mulher, pela facilidade com que manejava as linguas italiana, ingleza e franceza, pelo seu conhecimento das artes, e dos requintes mais subtis do viver das altas classes.

Ninguem sabia melhor dar um conselho a uma elegante amiga sobre a escolha de uma joia artistica, de um quadro de auctor, de uma peça rara de ceramica, de uma mobilia authentica de determinada epocha. O gosto do Conde de Palmella, que resurgiu na familia como um indicio atavico, era tudo que ha de mais fino e subtil. Desde a *toilette* de uma mulher até ao ultimo remate de uma installação faustosa, a que não falte nem um dos pequenos accessorios, despercebidos dos profanos, mas que imprimem *cachet,* e fazem a delicia dos entendidos, D. Pedro sabia dirigir tudo, superintender e criticar tudo. E não precisâmos para confirmação d'esta affirmativa mais do que indicar as peças verdadeiramente superiores que, escolhidas por elle, fazem parte importantissima da mobilia e da collecção artistica do palacio dos Duques actuaes. Quadros, retratos, esmaltes, baixella preciosa da mais requintada belleza, tudo que elle escolheu constitue o orgulho e o encanto da neta[1], cujo talento artistico os contemporaneos têem podido apreciar em exposições publicas, e cujo gosto é, como o do avô, uma maravilha.

Se a elegancia da vida ingleza o prendia então, não é provavel que a scena politica concorresse n'esse momento com elementos novos para a formação do seu espirito de estadista liberal. A Inglaterra, que estava nas vesperas de uma das phases mais bellas da sua historia interna, deixava-a preceder por um periodo de reacção antipathica. Á primeira vista, na lucta com a França de Napoleão, ella tinha um papel generoso e nobre. Defendia as nações opprimidas contra a Aguia conquistadora e avida; defendia o direito contra o Arbitrio armado e usurpador; as liberdades e os fóros locaes contra o nivelamento e a regularidade geometrica da administração centralisadora do Imperio; mas os que de mais perto observassem os phenomenos da politica contemporanea veriam sem esforço que o pensamento de que partiu a guerra da Inglaterra contra a França não era positivamente gerado no amor do Direito, no amor da Liberdade.

A Revolução Franceza era o phantasma que tinha allucinado e espavorido as altas classes. O seu instincto de horror á França era um instincto de defeza contra um Idéal

---

[1] A actual Duqueza de Palmella, D. Maria de Souza e Holstein.

que emergia das brumas do futuro, e que essas classes não queriam ver realisado no seu paiz aristocratico, embora regido por instituições livres e susceptiveis de continuo aperfeiçoamento.

A lucta enorme contra Napoleão, que ía chegando ao seu desfecho, arrancára á nação um tal esforço de energia material, acrescentára a tal ponto a divida publica, e tinha, em consequencia de causas economicas que não vêm para aqui historiar, augmentado tão colossalmente a influencia dos industriaes e dos financeiros que, antes d'este novo aspecto social ter dado ensejo a transformações salutares, o que se via agora é que uma separação enorme, uma separação corruptora e anti-christã se estabelecêra entre os pobres e os ricos: *as duas nações* como lhe chamou Disraeli no titulo de um romance que ficou famoso. Em resultado do horror pela guerra a que a Revolução tinha levado o paiz, accentuou-se uma reacção furiosa contra tudo que parecia influencia das idéas liberaes, sob o influxo das quaes se havia transfigurado o mundo.

A Inglaterra dos grandes Whigs da Revolução, a Inglaterra mestra de Montesquieu, mestra de Voltaire, mestra de Turgot, a Inglaterra do livre exame e do livre pensamento, morta de pavor das proprias doutrinas que propagára, e cuja filiação logica se encontraria nos *Direitos do Homem,* parecia ter retrogradado intellectualmente e moralmente dezenas de annos.

Só a riqueza material se tinha desenvolvido brutalmente; quanto ao mais, a grande nação que, depois de Roma, exemplificára as maximas virtudes civicas e dera em tantas victimas illustres os modelos do patriotismo liberal mais esclarecido e mais alto, parecia, ao romper o anno de 1814, muito mais longe do governo representativo, do que estava

antes de 1789. Uma oligarchia poderosa de *lords* milliona-
rios governava inteiramente o paiz. A desigualdade entre as
classes constituia um verdadeiro opprobrio social; só a rica
existia. A outra, se o não era de direito, era de facto escrava,
e por isso mesmo abatida, miseravel, servil.

A igreja, aristocratica e riquissima nos seus altos digni-
tarios, dava a mão á aristocracia e mantinha, com a religião
obrigatoria, a hypocrisia official, o formalismo, a convenção
mais estreita; a venalidade e a confusão da vida publica
lembravam os peiores tempos do reinado de Guilherme III;
a burguezia, curvada no respeito dos titulos, dava os typos
de *Snob,* em que se revolvia genialmente o bisturi implacavel de Thackeray.

O *Cant* britannico, que teve então a sua hora mais pros-
pera, alimentava o desdem soberbo, o desdem immortal de
Byron, punha na voz do grande poeta do *D. Juan* notas de
tão amarga ironia, de tão satanica revolta, que ainda hoje
se adivinha, pelo effeito n'elle produzido, o que esse conven-
cionalismo mentiroso teria de irritante e de corruptor.

Sempre tradicionalista, mas desde muito liberal, a Inglaterra pensante abdicára a segunda das suas duas formulas
de vida, e só guardava a outra, reforçando-a com a ferocidade e o egoismo que o pavor das innovações n'ella creára.

Tudo que é novo é condemnavel, tudo que é antigo é
santo: eis o dogma que, formulado por Burke, em odio á Revolução, era adoptado agora como infallivel pelo clero an-
glicano, pela *gentry*, pelas Universidades.

O partido *tory*, sustentado pelo Rei e por uma enorme
maioria parlamentar, possuia indisputado o poder, e conservava um ministerio seu (o de Lord Liverpool) de 1812 a 1827.

O pensamento recuava attonito diante dos resultados im-
previstos e demolidores da sua livre expansão. Os que se re-

bellavam contra este exagero de terror, contra esta reacção desmedida, ou tinham de succumbir ou tinham de exilar-se.

O odio de Thackeray e de Dickens á grande machina aristocratica que dirigia então a Inglaterra, a ironia mordente de Byron contra a Hypocrisia victoriosa d'aquelle momento, são symptomas da oppressão em que o espirito se debatia asphyxiado, assim como é symptoma revelador d'essa reacção morbida a energia e a rapidez com que o organismo inglez a sacudiu de si, caminhando n'um sentido contrario desde então com rapidez que até ali não conhecêra.

E comtudo é provavel, apesar da tristeza que isto causa a quem de longe o vê, que os que estavam dentro do torvelinho em que a Europa redemoinhava desde a Revolução, e que tinham visto as melhores doutrinas produzirem o mais desastroso resultado, tivessem alguma rasão n'este recuar espavorido.

Seria alem do que póde exigir-se da humanidade o querer que conservassem o amor pelas theorias de Rousseau aquelles que as tinham visto realisadas em Robespierre; o querer que acreditassem nos bellos ideaes de paz universada e de universal fraternidade os que as tinham visto desfechar na dictadura ferrea e na guerra geral representadas em Napoleão.

Tudo isto fazia pensar profundamente o Conde de Palmella, modificando, corrigindo, ampliando o seu criterio politico, dando-lhe pontos de comparação, assumptos de estudo, experiencia das cousas publicas.

A sua correspondencia diplomatica inedita é volumosissima e contém preciosos trabalhos que justificam estas observações. A respeito da vida politica das nações em que permanece, D. Pedro escreve sempre ao seu governo dando-lhe informação abundante e segura, e commentando com intelligencia os acontecimentos, de que nenhum aspecto se furta ao seu olhar perspicaz.

Em abril de 1814 D. Pedro, n'um officio dirigido ao Conde das Galveias, envia-lhe copia das instrucções e dos esclarecimentos que, a pedido d'aquelle ministro do Principe Regente, no Rio de Janeiro, elle escrevêra para auxilio do novo ministro em Hespanha, D. José Luiz de Sousa Botelho[1].

Merecia ser publicado em extenso este officio, em que o antigo ministro de Cadiz procurava com a sua experiencia dos homens e das cousas de Hespanha elucidar a respeito d'elles o seu successor.

D. Pedro, apesar da volta de Fernando VII e do restabelecimento apparente das cousas no seu antigo estado, conhece o fermento que existe nos espiritos desde que a nação hespanhola, entre catastrophes medonhas, e no abandono forçado dos seus dirigentes, adquiriu por assim dizer a consciencia de si propria, e percebeu os graves abusos que corroiam a sua monarchia secular.

A exaltação republicana do partido liberal, antevê-a elle como um perigo grave para Portugal, recommenda muito ao novo ministro que vigie o movimento dos espiritos, que tente insinuar-se no animo de Fernando VII, não perdendo nunca de vista a restituição d'aquella Olivença que se lhe afigura um pedaço da patria, da patria mutilada emquanto esta iniqua expropriação subsistir.

O assumpto é d'aquelles que D. Pedro tem mais a peito, menos talvez pela importancia effectiva da praça de Olivença, do que pela chaga sempre aberta que a usurpação deixou no seu peito de portuguez.

---

[1] Correspondencia diplomatica inedita.

Não ha um momento em que elle deixe de pugnar pela entrega da cidade que nos roubaram, e embora nunca fossem coroadas de exito as suas diligencias contínuas, pertinazes, este mau resultado deve-se principalmente á agitação dos tempos, porque em mais de um Tratado foi consignado o nosso direito, mercê da argumentação cerrada e do zêlo incansavel do nosso negociador. O Conde de Palmella tem a respeito do futuro da Hespanha previsões que se realisaram, e dá a devida importancia ao grande partido liberal que ali se estava formando a esse tempo e que em breve começaria a serie das tentativas revolucionarias que vieram finalmente a rematar na Hespanha constitucional de Izabel II.

No mesmo mez de abril de 1814, saíndo finalmente da inacção que tanto o desespera, o Conde de Palmella vae com o Conde de Funchal a Paris tomar parte nas negociações dos preliminares da Paz.

Depois, na Commissão chamada dos limites, nomeado pelo Conde de Funchal, em virtude dos seus plenos poderes, representante do governo portuguez, póde elle emfim tomar uma participação activa, assistindo a todas as discussões, reassumindo um papel official nos negocios que interessavam o seu paiz, o qual tanto concorrêra para o desfecho final do drama ingente.

Pela mesma occasião travou ou renovou D. Pedro íntima amisade com alguns membros d'aquella Commissão importante, nomeadamente com o Barão Humboldt, o companheiro dos dias saudosos de Roma, associado a todas as recordações dulcissimas d'aquella hora inolvidavel e triumphante da sua mocidade.

O que era a cidade de París no momento em que —tendo-a visto na hora do maior triumpho de Napoleão—

o Conde de Palmella tornava agora a vêl-a, encarrega-se de
o dizer no *Quadro Politico* que, em officio escripto ao Conde
de Funchal, o diplomata emerito traça admiravelmente[1].

A grande capital apresentava um d'aquelles aspectos
paradoxaes, estranhos, que assume de vez em quando esse
Proteu das cidades, cujos caprichos desconcertam o mais
phantasioso espirito, impõem medo ao mais ousado, des-
mentem o mais lucido e o mais experiente. Humilhada, vio-
lada pelos barbaros do Norte, recebe-os nos seus muros sob
uma chuva de flores, ululando acclamações de delirio phre-
netico[2].

Paris acceitava com jubilo enthusiasta a servidão que
lhe traziam. Era ella a primeira a renegar a Epopeia Grandiosa que, se enchêra de lucto e devastação a Europa, fizera de algumas paginas da Historia de França as mais extraordinarias e as mais brilhantes que o mundo moderno
conheceu. A bandeira tricolor, que tremulára ao vento si-

---

[1] Correspondencia inedita. *Quadro Politico da França em 1814.*
Remettido como documento annexo a um officio em 20 de junho
de 1814.

[2] «Imagine, se lhe é possivel, o aspecto de Parls no momento em
que escrevo. O mais lindo sol de primavera, uma multidão enorme
compacta, os exercitos coalisados deslumbrantes de luxo, cobertos de
aço e de oiro; Russos, Prussianos, Austriacos, duzentos e cincoenta
mil homens em filas cerradas de trinta, desfilando nos Boulevards por
uma das gloriosas portas de Luiz XVI (!). Tambores rufando, bandeiras
desfraldadas, musicos, cossacos marchando no meio da multidão elegante que os acolhe, não como vencedores, mas como libertadores.
Passeios, varandas, janellas, tudo apinhado de gente. Á passagem de
cada soberàno as mulheres deitam-se-lhe aos pés erguendo as mãos
gritando: «Vivam os libertadores! Abaixo o tyranno! Vivam os Bourbons!» As mulheres das janellas respondiam a estas manifestações
e a estes gritos com gritos e manifestações iguaes. Insignias brancas,

18

bilante das batalhas na Italia, no Egypto, na Allemanha, na Russia, e na Hespanha, que fôra a Roma e a Vienna, que fôra a Moskow e a Berlim, a Madrid e a Lisboa, que o Tibre e o Danubio, o Rheno, o Tejo e o Neva tinham visto avançar com fremitos de pavor, a bandeira que, se para nós portuguezes e para tantos outros, significava um odiado ultraje, significava para a França um passado recentissimo de gloria, ía ser apeada da haste inflexivel para que a substituisse a esquecida bandeira de outr'ora; Napoleão abdicava e dizia á sua velha guarda, aos granadeiros sobrehumanos que nos grandes dias da victoria o tinham acclamado na vibração do mais embriagante orgulho, o adeus sublime de Fontainebleau; o exercito francez, espalhado, disperso, mettido em ferreo circulo de bayonetas estrangeiras, — e parecendo uma nação estranha sobreposta a outra nação[1], curvava a cabeça humilhada, impotente, remoendo mudas coleras; os emigrados voltavam endureci-

---

laços brancos, apparecendo como que por encanto em toda a parte; os lenços, as proprias saias rasgadas se arvoravam em bandeiras. N'este momento tudo é branco; é tudo paz, é tudo esperança e gloria (!) Diga isto á nossa amiga, que o communicará a quem deve sabel-o.»

Este trecho, de uma carta escripta de París em abril 1815, vem transcripto e commentado com infinito jubilo pela Duqueza de Gontaut, uma franceza, nas suas *Mémoires de la Duchesse de Gontaut, Gouvernante des Enfants de France pendant la Révolution*. A carta foi dirigida para Londres a Lady Bathurst, que a veiu communicar á Duqueza muito satisfeita, sem que esta tivesse a consciencia do humilhante que tudo isto era para a França, tal é a anarchia em que esses tempos de Revolução e de desordem põem os espiritos. O personagem de que se trata no final da carta era o Conde de Artois, que ainda estava em Londres a ver em que paravam as cousas.

[1] Conde de Palmella, *Quadro Politico*. Correspondencia inedita.

dos, mumificados na ignorancia, não tendo aprendido nada, e sem terem sequer aquella antiga scintillação de mocidade e valentia e graça que os tinha tornado encantadores na phase heroica da Revolução; entravam cheios de odio, premeditando vinganças, formando em torno do Conde de Artois as suas phalanges frivolas e funestas, a que se deveu mais tarde o *Terror branco;* exigindo tudo, elles que nada tinham feito, querendo ser tudo, elles que nada sabiam d'essa França que Napoleão modelára, fortemente centralisada, e que guardou para sempre nos seus quadros burocraticos e na sua organisação administrativa a marca que o seu creador lhe imprimíra.

Para vencer e aniquilar Napoleão que tinham elles feito, para tanto se atreverem a querer?

O Rei entrava finalmente em París, e, segundo testemunha ocular[1] que presenciava em transportes de jubilo a solemnidade grandiosa, *oito cavallos brancos, de branco ajaezados, tiravam altivamente a caleche que conduzia o veneravel soberano; ao pé d'elle a sua Antigona, como elle lhe chamava, á estribeira a cavallo o Conde de Artois, radiante de alegria e de graça, saudando o povo, como se o povo fosse todo composto de amigos; todos os Principes, todos os marechaes, a flor da nobreza, a gloria do nosso seculo, formavam o immenso, o sumptuoso cortejo!...* E Luiz *dezoito* de nome, datava do *decimo oitavo anno* do seu reinado os primeiros documentos officiaes que tinha de assignar, riscando assim com um traço da penna, manejada pela sua mão de gottoso, os vinte e dois annos que vão de Valmy e de Jemmappes até Wagram e Borodino... Tudo estava, ou

---

[1] *Mémoires de la Duchesse de Gontaut, Gouvernante des Enfants de France, etc., etc.*

antes, tudo ali parecia esquecido: os dias de enthusiasmo
e febre; os dias de intriga e de cruel perfidia; as tragedias
em que haviam succumbido illustres victimas, de que os
emigrados e os Principes tinham sem querer abreviado a
agonia e talvez preparado a immolação; as tardes palpi-
tantes de batalha e de gloria; os dramas de horror, e a epopéa triumphante...

Que lição extraordinaria para o observador, o estudioso,
que era o Conde de Palmella, que dentro da scena immensa, occupando n'ella um papel official, estava no caso
de não perder nem um dos seus aspectos.

Como as tintas violentas d'este quadro lhe haviam de
ferir a retina delicada! Como elle aprenderia ali a conhecer
os homens, a saber a que extremos de desordem moral
podem chegar as consciencias em periodos assim, de tão
convulsionada, febril e intensa vida! Uma experiencia d'estas, colhida em campo de observação tão fertil, havia de
enriquecel-o rapidamente d'aquella amarga sciencia que faz
os grandes politicos. Ali estavam no tablado altissimo os
personagens mais notorios que o mundo então conhecia:
Alexandre, o illuminado da *Santa Alliança* que não tarda
a formar-se, hospedado em casa de Talleyrand, o qual preparára, habilmente auxiliado pelo Tzar, a Restauração do
irmão de Luiz XVI (!)

Pois este momento de indescriptivel cahos não offusca,
como se vê pelo longo trabalho, que estamos compulsando[1],
o entendimento justo e claro de D. Pedro.

Elle sabe logo antever a irreductivel difficuldade do problema que apenas está posto. Não lhe escapou o pouquis-
simo affecto que o nome de Bourbon excitára em França;

---

[1] *Quadro Politico.*

comprehende as hesitações dos alliados, que táo duvidosa tornaram por momentos a Restauraçáó Bourbonica; percebe as luctas de interesses que váo travar-se e o perigo do exercito descontente, que vae dar ainda o desastre supremo de Waterloo! Entre as duas Franças que estáo em presença, uma de nada querendo abdicar, outra nada querendo ceder, o Conde de Palmella prevê perfeitamente[1] que vae surgir um conflicto, e que aquella pacificação apparente tem ainda no seio muito desastre, muita lucta, e muita guerra. Está, é certo, do lado opposto áquelle de onde hoje vemos o incomparavel espectaculo. É estrangeiro, é portuguez, é dos que soffreram cruelmente a oppressáo franceza, que, opprimindo o mundo, teve para o nosso paiz effeitos crueis que nunca mais até hoje deixámos de sentir; que admira que o preoccupasse principalmente a quéda do colosso, e que o seu coração pulsasse de jubilo ao presencial-a, de apprehensão ao adivinhar com a sua intelligencia táo fina que essa quéda não era ainda definitiva, que a colera do exercito francez amordaçado, vencido, era um elemento com que deveria seriamente contar-se?

Napoleáo, o destino de Napoleáo, os movimentos, os pensamentos do grande inimigo da Europa, é que vivamente o preoccupam, por ali se concentrar o perigo que presente e que poucos viam.

A 28 de julho de 1814 o Conde de Palmella escreve ao Marquez de Aguiar[2].

«Recebem-se de vez em quando noticias de Bonaparte, e as pessoas que o cercam asseguram que elle gosa da

---

[1] Correspondencia inedita. Officios successivos, ao Marquez de Aguiar, Conde de Funchal, etc.

[2] Correspondencia diplomatica inedita.

maior tranquillidade de espirito, e que vive satisfeito, occu-
pando-se de obras e de melhoramentos de toda a casta na
sua ilha de Elba, e fortificando os rochedos vizinhos para
se pôr ao abrigo de insultos dos barbarescos. Tem cunhado
moeda com a sua effigie e a inscripção *Napoleo Imperator
et Rex ubicumque felix*[1]. Os seus amigos, que são hoje
todos os amigos da Revolução, não dormem um só instante
e espalham constantemente vozes de alarma.

«Umas vezes se diz que Bonaparte fugíra da ilha de
Elba e que de accordo com Murat vae renovar a guerra na
Italia, outras vezes que algumas provincias do Meio Dia da
França se declararam pela Archiduqueza Maria Luiza, que
actualmente toma banhos em Aix na Saboya, e pelo deno-
minado Rei de Roma.

«*O certo é que não haverá tranquillidade na Europa emquanto viver o grande perturbador da paz das nações*, e que
se póde contar como uma verdadeira calamidade universal
o ter elle ficado com vida.»

Com estas palavras, em que deve descontar-se o odio
ainda palpitante contra o invasor da nossa patria, significa
bem claramente Palmella a lucidez com que vê o perigo,
que a tantos escapa, e que a imprudencia extraordinaria e
a extraordinaria inhabilidade da dynastia restaurada e dos
seus adherentes íam dia a dia aggravar.

A correspondencia do Conde de Palmella n'este tempo
é particularmente instructiva e interessante, e revela muitos
factos quasi inteiramente desconhecidos hoje.

---

[1] Tem havido ultimamente questão entre os especialistas a respeito
d'esta moeda, que uns affirmam outros negam ter circulado, etc. — Afigura-se-nos que esta affirmação feita por quem nunca falla no ar em
assumpto algum, é valiosa para a resolução d'este contestado ponto.

Por ella se vê, por exemplo, que o Principe Regente de Portugal não deixára por muitos annos de enviar ao que era agora Luiz XVIII úma avultada pensão, facto este que nunca até hoje nos lembra de ter visto consignado, e que prova a generosidade da alma, aliás bonissima, de D. João VI.

Importantes questões commerciaes, que não temos competencia para relatar e apreciar, se trataram durante o anno de 1814 entre o nosso representante e Talleyrand, e sempre zelando o decoro e a dignidade effectiva e apparente do paiz, n'um officio de agosto de 1814 o Conde de Palmella diz ao Marquez de Aguiar:

«Julguei dever dizer ao Principe de Benevente que Sua Alteza Real provavelmente sentiria que se verificassem os rumores que têem corrido de haver para o futuro de residir em Portugal um ministro de segunda ordem, em logar de um Embaixador. Mr. de Benevente tambem me negou que isso estivesse determinado, porém tenho quasi a certeza que pelo menos assim se determinou em consequencia de uma reforma economica projectada na folha das missões diplomaticas. Observei ao Principe de Benevente que o procedimento de Sua Alteza Real, a gloriosa parte que teve na Restauração da monarchia franceza e os estreitos vinculos de parentesco que ligam as duas Familias Reaes eram outros tantos motivos poderosos para se não verificar uma similhante reforma. Mr. de Lesseps, o mesmo que escreveu a *Viagem de la Peyrouse,* e que depois foi consul de França na Russia onde se achava na epocha da invasão de Bonaparte, acha-se designado para consul geral em Lisboa, e dizem ser homem de juizo e prudencia, apto para o logar que lhe destinam.»

Em notas successivas muito interessantes o Conde de Palmella reclama pelo mesmo tempo os preciosos *in folio* conhecidos pela *Biblia* dos Jeronymos e que levados por Junot estavam ainda em agosto de 1814 em poder da sua viuva[1].

Este manuscripto, que é um monumento nacional e historico para Portugal, estava depositado no convento dos Jeronymos em Belem. O general Junot cobiçou-o, mandou-o pedir ao prior do convento, o qual lh'o recusou, dando por motivo o ser esta obra um deposito do qual nem elle nem a communidade podiam dispor.

O general Junot obrigou á viva força o prior a entregar aos seus emissarios os manuscriptos preciosissimos.

São numerosos os officios dirigidos pelo Conde de Palmella ao Principe de Benevente, reclamando a entrega do precioso monumento litterario e historico, uma das nossas joias mais queridas, e que finalmente conseguimos em tempo ulterior nos fosse restituido.

---

[1] Ás reiteradas reclamações de Palmella se deve em parte a restituição dos insubstituiveis manuscriptos assim descriptos nos documentos a que nos referimos[1]:

«Les commentaires de la Bible par Nicola de Lyra, manuscrit du quinzième siècle en sept gros volumes in folio en parchemin reliés en veau avec des fermoirs et coins en vermeil aux armes du Portugal et avec des sphéres (emblème adopté par le Roi D. Manuel) *doivent* se trouver encore à l'hôtel du Duc de Abrantes et dans tous les cas la succession doit savoir où cet ouvrage manuscrit a pu passer. Cet ouvrage manuscrit fut envoyé au Roi D. Manuel par le Pape Jules II en retour du Présent que le Roi lui a fait des premices de l'or venu des Indes, et d'un ornement d'Eglise brodé en perles.»

---

[1] Correspondencia diplomatica inedita.

II

Em officio datado do Rio a 14 de junho de 1814, o Marquez de Aguiar annuncia ao Conde de Funchal, Embaixador em Londres (por sua inexoravel e teimosa vontade) que Sua Alteza Real o Principe Regente escolhêra ainda d'esta vez o Conde de Palmella, e escolhêra mais a D. Antonio de Saldanha da Gama e D. Joaquim Lobo da Silveira para seus Plenipotenciarios no Congresso que se houvesse de reunir.

N'estas circumstancias, o Embaixador de Portugal em Londres, que, em consequencia dos seus plenos poderes eventuaes, tinha ajustado com Lord Castlereagh achar-se em Vienna antes do fim de setembro (pois era elle que tencionava e queria cumprir tambem esta alta e melindrosa missão), escreveu ao Conde de Palmella, aconselhando-o a que não demorasse a sua partida para aquella côrte, na certeza de que apenas viesse D. Antonio de Saldanha, o qual era o portador das cartas credenciaes de ambos os Plenipotenciarios, elle apressaria igualmente a sua expedição para Vienna.

Portanto, o Conde de Palmella, com a alegria que tão natural se afigura a quem já o conhece, escrevia ao Marquez de Aguiar em 6 de setembro de 1814:

«Bem que a falta de instrucções me seja summamente sensivel, e que a dos plenos poderes me possa estorvar a admissão official nas primeiras conferencias e muito mais ainda a concluir qualquer ajuste, julguei comtudo não dever hesitar em me pôr a caminho, depois de me constar officialmente a nomeação de Sua Alteza Real, e creio que alem das informações que convem que eu desde já procure ad-

quirir e communicar a V. Ex.ª sobre o curso das negociações no Congresso, me acharei tambem habilitado pelo conhecimento pessoal que tenho dos negociadores que lá se
hão de ajuntar a promover e vigiar de alguma maneira os
interesses da corôa.»

E a 15 de setembro de 1814 partia para Vienna, feliz
por ir finalmente occupar um logar a que tinha direito pelo
zêlo, pela intelligencia, pela nobre ambição que o transpor-
tava, um logar em que elle honraria o seu nome, e honraria
até, no conceito dos seus mais ferrenhos inimigos futuros,
o nome do nosso querido Portugal.

Antes de partir de París teve, como consta do seu officio para o Marquez de Aguiar[1], uma larga conversação com
Lord Wellington, Duque da Victoria, ácerca das cousas
de Portugal que teria de tratar no Congresso. Palmella
pediu a Wellington, que sempre o distinguiu muito, embora mais tarde se oppozesse aos seus designios patrioticos,
alguns conselhos sobre o modo de melhor promover em
Vienna os nossos interesses — pois, acrescenta elle habilmente «não podia duvidar de que S. Ex.ª se interessaria
sempre por um paiz ao qual consagrára os seus immortaes serviços».

O Duque respondeu que entre os negocios para tratar em
Vienna a restituição de Olivença lhe parecia o mais essencial; affirmou-lhe mais que já tinha fallado sobre o assumpto com Lord Castlereagh, quando este ultimamente na sua
ida para Vienna passára por París, e que o Conde de Palmella acharia esse ministro bastante favoravel ás nossas pretensões. Comtudo o exito da negociação parecia-lhe muito
incerto. Quando Wellington estivera em Madrid com seu

---

[1] Vide Appendice.

irmão, Sir Henry Wellesley, fizera todas as diligencias para levar o governo hespanhol a effectuar a restituição de Olivença, mas sobre este ponto nada absolutamente podéra alcançar.

Nem mesmo os tinham *querido ouvir!*

—Julgo pois, continuou o Duque, que o unico meio de conseguir esse intento será ligar no Congresso a restituição de Olivença, como condição *sine qua non*, com as reclamações que a Hespanha tem direito a fazer de uma indemnisação pelos Estados de Parma.

O Conde de Palmella pediu a Wellington uma carta para Lord Castlereagh, enunciando a opinião que lhe manifestára, e outra para Sir Henry Wellesley, para que este, de accordo com o nosso ministro em Madrid, procurasse alcançar que expedissem instrucções a D. Pedro Labrador. A obstinação conhecida d'este diplomata, e o seu patriotismo levado ao exagero e á injustiça, obstariam a qualquer negociação favoravel para nós sobre o assumpto de Olivença, se Labrador podesse invocar o pretexto da falta absoluta de instrucções a tal respeito.

O desagradavel assumpto da escravatura, cujo trafico era combatido pela Inglaterra,—com aquella felicidade singular que faz com que o triumpho dos maximos interesses da philantropia, da liberdade, da moral humana, coincida sempre com o seu proprio interesse nacional,—era uma das questões mais espinhosas, e menos gratas para os nossos plenipotenciarios, que tinham de debater-se em Vienna.

A abolição repentina d'esse trafico arruinava o Brazil; portanto, o Conde de Palmella, por ordem explicita do seu governo, tinha de diligenciar por todas as fórmas que a abolição não fosse immediata, e que o praso para a extincção d'este trafico não fosse menos de cinco annos.

Wellington concordou com o Conde de Palmella em que a Inglaterra não exigiria de Portugal maiores concessões do que as que podesse obter na mesma questão da França e da Hespanha[1].

E quando no fim da interessante conferencia, o Conde de Palmella, sempre preoccupado pela resolução da questão de Olivença, que era, guardadas as proporções devidas, para o grande patriota que foi Palmella, uma especie da questão da Alsacia e da Lorena para os patriotas francezes de 1871 a 1885 (esse sentimento de angustia está muito diminuido na geração actual que já cresceu sem que a França estivesse de posse das duas provincias), lhe tornou a fallar na iniquidade injustificavel de que foramos victimas por parte da Hespanha, o Duque da Victoria disse-lhe algumas palavras que D. Pedro acha da maior importancia não omittir ao seu governo.

—«Seria impossivel, disse Wellington, fallar mais fortemente a respeito d'esta questão ao ministerio hespanhol do que o fizemos eu e meu irmão, a não lhe declarar a guerra em nome da Gran-Bretanha, e ainda quando fosse possivel que chegassemos a esse ponto estou convencido de que os hespanhoes mais depressa a acceitariam do que fariam a cedencia, pois tal é o seu caracter nacional.»

Lembrou-lhe então Palmella que no Tratado que em 1810 elle ajustára com a Regencia de Hespanha, se tinha estipulado a restituição de Olivença, e que se não tinha levado a effeito esse Tratado unicamente por falta de acceitação do governo Britannico, e que isto lhe parecia mais um es-

---

[1] Correspondencia diplomatica e inedita entre o Conde de Palmella e o Marquez de Aguiar.

timulo para que no Congresso a Inglaterra interviesse em nosso favor.

—«A falta da nossa acceitação, respondeu Wellington, não foi causada, como V. Ex.ª julga, pelo artigo d'aquelle Tratado que dizia respeito á união eventual das duas monarchias. *Essa união seria infallivel, e nada a poderia estorvar,* se o ramo masculino da Familia Real de Hespanha se extinguisse.

«Porém eu aconselhei que se não accedesse então ao Tratado, porque o seu resultado ligaria demasiadamente as operações do exercito portuguez com as dos hespanhoes, e eu não queria que depois de terem deitado a perder todos os seus exercitos perdessem tambem o portuguez.

—«É incrivel, continuou o Duque depois de uma interrupção em que Palmella, contraditando, asseverava que em tal Tratado não existia uma unica estipulação que ligasse o nosso exercito com o hespanhol—é incrivel o estado de atrazo militar em que se acham ainda os hespanhoes. Depois de cinco annos de guerra não têem um exercito que mereça esse nome. Na batalha de Toulouse por pouco que, devido a elle, a acção se não perdeu[1].»

III

A 27 de setembro chegava o Conde de Palmella a Vienna, e ao Marquez de Aguiar, em officio escripto dois dias depois, dá conta da sua viagem, e do numero e deslumbramento dos regios hospedes que n'aquella cidade se achavam reunidos.

---

[1] Officio ao Marquez de Aguiar, datado de París, 14 de setembro de 1814.—Correspondencia diplomatica inedita.

Alem da Familia Imperial *au grand complet* que ali se juntára para receber os seus hospedes illustres, estavam em Vienna o Tzar, a Tzarina, os Reis da Dinamarca, da Baviera, do Wurtemberg, a Grã Duqueza Catharina da Russia, e quasi todos os Principes Soberanos da Allemanha. Os Plenipotenciarios ao Congresso, alguns dos quaes já tinham em nome das grandes Potencias assignado a Paz de París, eram, pela Prussia o celebre ministro reformador o Principe de Hardenberg, assistido sempre em rasão da sua surdez por uma figura não menos considerada e não menos illustre, o Barão Humboldt, tão amigo de Palmella dos dias de Roma; pela Russia, o Conde de Nesselrode; pela Inglaterra, Lord Castlereagh e Lord Bathurst; pela França, Talleyrand; pela Austria, Metternich.

Alem d'estes o Conde de Palmella cita nos seus officios o Cardeal Consalvi, secretario d'Estado do Papa, tambem muito seu conhecido do mesmo tempo em que elle convivêra com Humboldt; o Conde de Bernstorf, ministro d'Estado de El-Rei da Dinamarca; o Marquez de Saint Marsan, pelo Rei da Sardenha; o Commendador Ruffo, (que havia annos fôra ministro em Portugal), pelo Rei da Sicilia, etc., etc.

D'estes, no emtanto, só figuraram ostensivamente no Congresso os oito signatarios da Paz de París.

O resto perde-se na immensa multidão de ministros, de enviados, que ascendiam a noventa da parte dos Principes Soberanos e a cincoenta e tres da parte dos Principes *mediatisados,* e que coalhavam as salas e ruas de Vienna.

Assistindo ao Congresso na qualidade de seu secretario, lá estava uma das figuras mais notaveis da Allemanha do tempo, um dos homens que mais influiram no movimento politico da sua epocha e para quem Palmella se sente attrahido pela sua graça mais franceza que *tudesca,* Frederico

Gentz, o publicista notavel, o amigo de Metternich, de Sta-
dion, de Pitt, o inimigo infatigavel de Napoleão, diplomata
cuja penna redigíra o Manifesto da Austria e a declaração
de Guerra das Potencias do Norte; physionomia finissima,
olhar penetrante, testa alta, corpo esbelto e distincto; homem
de gosto, de requintada elegancia, curioso de artes, adorando as flores, os tapetes da Persia, os moveis raros, e cuja
velhice foi atravessada por uma aventura celebre nos fastos
artistas e mundanos da quadra em que viveu[1].

Diplomata de uma escola hoje extincta, intelligencia de
finissimos contrastes, de uma penetração e subtileza raras,
ondeante, flexivel, capaz de encontrar em cada questão, por
melindrosa e difficil, o meio de a contornar ou de a resolver, que admira que Palmella se sentisse attrahìdo por esta
notavel figura, sua congenere em tantos pontos[2]?

Aos olhos da posteridade, todavia, os dois personagens principaes do Congresso são Alexandre e Metternich.
Do accordo de ambos vae datar uma hora de sombrio retrocesso, de crepuscular e nefasta tristeza na vida da Europa. Mas os contemporaneos, n'este momento de brilhante
tumulto, em que a quéda do inimigo universal embriaga de
alegria os mais tranquillos, attrahindo-os no mesmo circulo
de movimento estonteador, não têem ensejo de observar a
fundo o drama essencial que se está representando, nem

---

[1] A sua paixão por Fanny Essler, aliás acceita com a benevolencia
mais sympathica por todos os graves amigos, philosophos, mulheres
de espirito, etc., que o cercaram na vida.

[2] Ver a proposito de Frederico Gentz, a *Historia do seculo* xix,
por Gervinus —*Estudos sobre a Allemanha moderna* por Philarète
Chasles—*Correspondencia de Rachel Lievin*—*Memorias e escriptos politicos* de Geñtz, etc.

de ver o quadro extraordinario e imprevisto na perspectiva
em que hoje o vemos. Nos seus apontamentos auto-biographicos, que são escassissimos sobre a missão de Cadiz
—para descrever a qual tivemos principalmente de recorrer
á correspondencia copiosa que ficou inedita— o Conde de
Palmella, mais minucioso agora, falla do alvoroço enorme
que sentiu com trinta e dois annos de idade, mais moço
que todos os estadistas e diplomatas que figuravam no famoso Congresso, ao pensar que diante d'elles todos terá
de discutir, de fallar, de defender interesses preciosos e sagrados, de affirmar emfim a sua individualidade ambiciosa
de um theatro adequado.

No emtanto, embora pareça insolita tal despreoccupação, aquella extraordinaria Assembléa de soberanos e de
estadistas, ao reunir-se em seguida a uma tragedia de sangue que durára vinte e cinco annos, e na vespera de novas
perturbações que todos deviam prever, só pensava em vaidades, em ostentações, em festas, em cerimoniosas impos-
turas.

«*Le Congrès danse et ne marche pas,* dizia d'elle o Principe de Ligne, sobrevivente anachronico do antigo espirito
francez.

Acompanhavam as cerimonias do Congresso, no dizer
de um distincto historiador inglez[1], *all the fierce vanities
of the past days of feudalism,* todas as ferinas vaidades dos
ultimos dias do feudalismo.

E no emtanto, se as vaidades eram fundamentalmente as
mesmas, tinha-se modificado muitissimo a maneira de as
manifestar. Se nos congressos de outros tempos a caracteristica principal fôra a pedantesca interpretação do direito

---

[1] Harriet Martineau, *A History of the thirty years peace.*

publico, da theologia, e a questão das precedencias, no de Vienna a habilidade, a flexibilidade, o *savoir vivre* dos negociadores em tudo que fosse questão de formalismo, mostraram-se incomparaveis.

Era pelo alphabeto ou pelo acaso que se decidia a ordem das assignaturas em tudo que fosse acta ou documento[1]. Gentz, o mais intelligente e habil dos diplomatas, arranjára toda a especie de alvitre engenhoso para facilitar as relações mutuas dos Plenipotenciarios[2].

Nas ruas de Vienna os dois Imperadores encontravam-se a pé, apertavam-se cordialmente as mãos e continuavam juntos o seu passeio; Castlereagh e Metternich passavam de braço dado; a chusma dos transeuntes compunha-se dos primeiros nomes da Europa.

O ministro inglez, um *commoner* na Gran-Bretanha, vencia em fausto e magnificencia as realezas mais poderosas e mais antigas.

Faltava, pois, aquella gravidade imponente que os antigos diplomatas ostentavam nas suas negociações solemnes. Sob a capa de uma falsa cordialidade cada qual pensava em melhor illudir o seu adversario, ou em melhor esconder as suas intrigas engenhosas.

Aos bailes da côrte imperial succediam os bailes de mascaras dados por particulares faustosissimos. Representações theatraes, quadros vivos, fogos de artificios, cavalhadas, re-

---

[1] Gervinus, *Historia do seculo* XIX.

[2] O Conde de Palmella conta na sua correspondencia inedita do Congresso de Vienna que a ordem das assignaturas era ás vezes determinada pela ordem das distancias em que estavam da casa do secretario, Frederico Gentz, as casas dos diversos Plenipotenciarios de quem elle as fa successivamente recolhendo.

vistas de tropas, cortejos de equipagens variadissimas e de elegantes cavalleiros:—eis o pão quotidiano que alimentava a capital de um Imperio, no qual tres annos antes a banca- rota do Estado reduzíra á miseria um numero infinito de familias, e onde n'aquella mesma occasião cincoenta mil in- validos viam cerceadas ou suspensas as suas minguadissi- mas pensões; onde a fome obrigava milhares de habitantes da Transylvania a emigrar com destino incerto; onde os hos- pedes regios, convidados ás festas de Ofen, eram levados por estradas que pela primeira vez se tornavam transita- veis. No meio da indigencia universal a côrte despendia só nas festas do Congresso trinta milhões de florins[1], e era ver- dadeiramente pittoresco e grandioso o espectaculo em que figuravam as summidades litterarias, politicas e militares da Allemanha, e a opulenta nobreza da Austria, Hungria e Bo- hemia, com os seus trages meio orientaes e as suas joias esplendidas...

Todos querem ser apresentados aos Imperadores, aos Principes, aos Reis; todos querem vencer o seu vizinho proximo n'algum ponto particular, de etiqueta ou de repre- sentação. Em toda a parte a civilisação produz estas vai- dades, em toda a parte a vida social apresenta estes con- flictos, quanto mais n'aquella capital relativamente pequena, onde em concentrado espaço se reunia o que a vida civili- sada da Europa tinha de mais brilhante, poderoso, deslum- brador e exclusivo.

Ninguem parecia lembrar-se ali que a Europa inteira estava ainda combalida, fremente do immenso cataclysmo que, sacudindo-a nos seus alicerces seculares, a transfigurou para sempre; ninguem parecia imaginar que o colosso, a

---

[1] Gervinus, *Historia do seculo* xix.

cujos pés esses representantes do velho regimen tremeram todos (que das mãos de um, que se submettêra á humilhação de ser seu sogro, tinha com uma sacudidela arrancado o globo, o sceptro, a espada de Cesar herdada do antigo Imperio), podia ainda voltar como um phantasma sinistro, fazendo echoar de novo no mundo attonito o som terrivel do seu clarim de guerra, inundando de novo o solo, saturado já de sangue, de mais sangue alem das ondas que tinham corrido já.

Palmella nem por um instante deixa de perceber o lado verdadeiramente impressionador d'este espectaculo tão pouco conforme ao que elle tinha imaginado e sonhado. O seu espanto diante de uma tal despreoccupação transparece continuamente, pertinazmente, em successivos Despachos, em Officios reservados, do mais alto interesse historico.

IV

Uma difficuldade na apparencia insuperavel tolhia logo desde os primeiros dias os passos do nosso Plenipotenciario.

O portador dos seus diplomas e dos d'elle proprio seria D. Antonio Saldanha da Gama, o segundo negociador que ainda não chegára, e que devia vir acompanhado tambem pelo terceiro, D. Joaquim Lobo da Silveira.

N'este lance, como em todos os da sua vida diplomatica, valeram-lhe as preciosas relações pessoaes que soubera pela sua irresistivel seducção grangear e manter.

Castlereagh, a quem o Conde de Palmella fôra ardentemente recommendado por Wellington, aconselhou-o sem hesitação a que pedisse as credenciaes e fizesse as costumadas visitas, annunciando-se nos seus cartões como Plenipotenciario de Sua Alteza Real o Principe Regente de Portugal; e que na occasião em que se tratasse das conferencias, se ainda a esse tempo Palmella não estivesse munido dos competentes Diplomas, se adoptaria um meio qualquer que supprisse, sendo necessario, as credenciaes que se demoravam[1]. Felizmente para o Conde de Palmella, elle tinha chegado a Vienna tres ou quatro dias antes do marcado para a abertura do Congresso. A essa antecipação e á sua diligencia e fino tacto se deve, embora a Historia tenha sido omissa em reconhecel-o, a participação de Portugal ao lado das outras Potencias de primeira ordem no Congresso de Vienna[2], unica vantagem essencial que do Congresso nós colhemos.

Eis a largos traços a historia do que se passou.

No dia 29 de setembro, o Conde de Palmella procurava novamente Lord Castlereagh, para que este, sempre com elle attencioso e benevolo, quizesse informal-o do estado dos negocios relativamente ao Congresso, e do plano em que se tinha assentado para installação d'aquella importante assembléa.

Lord Castlereagh com a maior franqueza expoz-lhe então as difficuldades, a impossibilidade mesmo em que estavam para installar desde logo o Congresso. Mil duvidas surgiam, sendo uma das primeiras a que occorreria forçosamente ácerca da admissão de alguns Plenipotenciarios, cujos soberanos não eram reconhecidos por todos os outros,

---

[1] Officio para o Marquez de Aguiar, datado de 29 de setembro de 1814.

[2] Damos em appendice os documentos authenticos que comprovam a nossa affirmação e que mostram a actividade e o zêlo do Conde de Palmella.

como, por exemplo, os de Murat, os de El-Rei da Saxonia, os de Genova e de alguns outros Estados, cuja existencia politica tinha de ser ali mesmo objecto de discussão. Outra duvida igualmente importante incidia no voto que teria de conceder-se aos differentes ministros, pois não seria racional que o ministro de Hamburgo ou de qualquer dos pequenos Principados da Allemanha tivesse no Congresso um voto igual aos do ministro da Russia ou da Inglaterra.

Em consequencia, pois, d'estas duvidas, tão difficeis de resolver, julgaram as Potencias que se devia antes de tudo reunir uma commissão preparatoria encarregada de formular um projecto para constituição do Congresso geral, e que á sancção d'este se submetteria depois o plano em que assentasse a dita commissão.

Esta commissão preparatoria é que vem finalmente a ter toda a importancia, e a ser por assim dizer o Congresso[1].

Para a formação d'essa Junta preparatoria (cuja alta significação e cuja alta importancia Palmella previu e percebeu logo) tinha-se pensado em diversos methodos, mas como era indispensavel que ella se restringisse a um numero limitado de membros, e que ao mesmo tempo se não escandalisassem os excluidos, se resolvêra finalmente que ella fosse só constituida pelos ministros das seis Potencias da

---

[1] A verdadeira abertura do Congresso geral nunca se realisou. *O Congresso nunca se abriu.* Não houve propriamente Congresso, o qual n'esse caso deviam constituir noventa Plenipotenciarios de Principes Soberanos e cincoenta e tres de Principes *mediatisados,* que foi quantos compareceram em Vienna.

Houve sómente commissões especiaes de Plenipotenciarios que assignaram Tratados particulares entre os Estados; depois, todos esses Tratados se juntaram n'um instrumento unico, chamado o *Acto final* do Congresso de Vienna, de 19 de junho de 1815.

Europa mais consideraveis pela extensão do seu territorio na Europa e pelo numero da sua população, isto é, a Russia, a Austria, a França, a Inglaterra e a Hespanha.

Este plano, dizia Castlereagh ao Conde de Palmella, era ʼo mais natural, o mais facil e estava já quasi adoptado, devendo no dia seguinte (3o de setembro) reunir-se em conferencia os ministros das seis Potencias e convir nʼuma especie de manifesto que se publicasse no dia 1 de outubro para annunciar á Europa esta resolução e os motivos dʼella.

Imagine-se o que Palmella sentiu ao escutar esta communicação para elle e para o paiz que representava tão desagradavel e humilhante.

Portugal derramára a flux o seu generoso sangue, de que é prodigo sempre, víra assaltados e talados os seus campos, violado e ultrajado o seu territorio, perdêra milhares de vidas preciosas e centenas de milhares de cruzados nʼessa guerra de que Napoleão saía vencido, e cuja consequencia indirecta fôra indiscutivelmente o fim do Imperio francez, para se ver agora desdenhado, reduzido á humilhação de ficar ao par das nações mais insignificantes.

O Conde de Palmella tinha já sufficiente experiencia da politica, sufficiente conhecimento da Historia, sufficiente tirocinio da diplomacia para saber que as Potencias preponderantes na Europa é que haviam de fazer no Congresso de Vienna o que tinham feito no de París; isto é, dictar absolutamente a lei a todas as outras.

Mas embora seja a força que sempre domina e dominou na politica, não está erigido em dogma que esse *facto* seja considerado um *direito*. Se assim procedessem agora as Potencias principaes nunca mais uma nação pequena teria direito de fazer-se ouvir. A extensão do territorio e o numero da população constituiriam em direito internacional uma supremacia que até aqui nunca tinha sido, pelo menos officialmente, reconhecida e confessada.

O Conde de Palmella não se submetteria sem lucta e lucta perseverante a essa abdicação do seu paiz.

Portanto, ali mesmo na conferencia, com Lord Castlereagh, observou logo o desdouro que resultaria para Portugal de uma declaração que o degradasse do logar que elle devia occupar entre as primeiras nações da Europa, e a que tinha dobrado direito depois do brilho que as suas armas acabavam de conquistar.

A admissão de Portugal ao Congresso tornava-se, pois, uma cousa puramente illusoria, pois que o papel d'essa assembléa não seria mais que o de uma absoluta submissão ás leis que lhe fossem impostas pela commissão das grandes Potencias.

O Conde de Palmella insistiu principalmente na humilhação que seria para nós —ainda por assim dizer ensanguentados da grande e aspera lucta contra as armas da França— a preferencia concedida á Hespanha. E valendo-se da sua insinuante e persuasiva eloquencia feita de raciocinio e seducção, Palmella conseguiu interessar em nosso favor o espirito do Plenipotenciario inglez, tão influente no Congresso.

Castlereagh, porém, dizia-lhe que já tinha empregado esforços para que fossem admittidos na commissão não só os Plenipotenciarios portuguezes, mas tambem os da Hollanda e Suecia, mas que julgava isso totalmente impossivel:

Primeiro: porque a analogia dos nossos interesses com os da Gran-Bretanha fazia recear ás demais Potencias que a admissão dos Plenipotenciarios que esta propunha tendesse só a augmentar a influencia da Inglaterra e a dar-lhe mais tres votos na commissão.

Segundo: porque uma vez que se excedesse a nosso favor o principio adoptado —a população e a extensão do territorio na Europa— não haveria motivo para se excluir a Dinamarca, o Wurtemberg, Napoles, a Sardenha, ou outros que se julgassem ultrajados e que fossem propostos pelas outras Potencias.

Castlereagh promettia comtudo expor as rasões de Palmella e em todo o caso promptificava-se a zelar os interesses de Portugal como os da Inglaterra, e consultar o Plenipotenciario portuguez em tudo que podesse dizer-nos respeito, informando-o dia a dia do procedimento da commissão.

O Conde de Palmella saíu consternado d'esta entrevista, e não lhe sendo possivel, antes da conferencia que devia realisar-se no dia seguinte, fallar com todos os ministros das principaes Potencias, tratou pelo menos de interessar em seu favor aquelles que mais de perto conhecia: o Barão Humboldt e D. Pedro Labrador.

Ninguem mais reclamava de entre as Potencias excluidas, embora algumas, taes como a Dinamarca e a Baviera, estivessem representadas pela pessoa dos seus Soberanos na capital do Imperio austriaco.

A fina intelligencia do Conde de Palmella não se deixou em todo o caso obscurecer pela decepção experimentada.

Pondo em actividade essa delicada e subtil comprehensão das cousas que n'elle foi tão singular, occorreu-lhe que um processo haveria pelo qual, sem augmentar demasiadamente o numero dos membros da projectada commissão, viria n'ella a ser admittido o representante de Portugal.

Esse processo, fundado na rasão e na pratica, seria o de constituir a commissão preparatoria do Congresso com aquelles ministros das oito Potencias que haviam já assignado o Tratado de París. Não havendo nem um instante a perder[1], no dia 3o de setembro o Conde de Palmella dirigia a Lord Castlereagh duas cartas[2], nas quaes expunha as suas idéas e pretensões. Se o resultado fosse favoravel, Portugal escapava á humilhação que queriam impor-lhe e tinha justos motivos de considerar-se bem tratado. Se nada conseguisse, o diplomata portuguez cumpria, pelo menos com aquelle zêlo que lhe era habitual, a sua obrigação de velar pela dignidade do seu paiz. E era esta, no fim de contas, a unica esperança a que elle se acolhia.

Qual não foi, pois, a satisfação do Conde de Palmella, quando n'essa mesma noite, encontrando-se n'um grande circulo da côrte, foi successivamente chamado de parte por todos os ministros com quem tinha relações pessoaes, e de todos ouviu confidencialmente que a sua carta, communicada por Lord Castlereagh na conferencia d'aquella mesma manhã, produzíra bastante effeito; que o principio n'ella proposto para a formação da commissão preparatoria parecêra não sómente admissivel, mas fundamentado, e que se tinha suspendido a publicação do manifesto projectado, ficando adiada a decisão final para outra conferencia, que se realisaria a 2 de outubro.

«Aproveitei este intervallo, diz D. Pedro de Souza, para fallar aos ministros que ainda não tinha visto, o Principe de Metternich, o Conde de Nesselrode e Mr. de Talleyrand.

«Os dois primeiros deram-me esperanças muito favoraveis de que se havia de adoptar a minha proposta, mas devo dizer que o terceiro abundou sobre todos n'este sentido por motivos que em outra occasião procurarei expor,

---

[1] Officio ao Marquez de Aguiar, com data de 4 de outubro de 1814.
[2] Vide Appendice.

e constou-me depois que na conferencia de 30 de setembro elle e D. Pedro Labrador foram os dois que mais decidamente fallaram a este respeito[1]».

Palmella, escrevendo a 3 de outubro de 1814, dizia satisfeitissimo:

«Creio poder annunciar a V. Ex.ª, se não com toda a certeza, ao menos com a maior probabilidade, que o objecto que me propuz está conseguido e que na commissão preparatoria do Congresso serão admittidos em pé igual ás dos seis Plenipotenciarios das Grandes Potencias os de S. A. R. o Principe Regente de Portugal. D'ahi resultará, segundo espero, não só ser representado Portugal como deve, e o mais decorosamente aos olhos da Europa toda, mas tambem o facilitarem-se em summo grau as negociações que em consequencia das reaes instrucções aqui teremos de tratar[2].»

E acabava o seu officio incluindo n'elle a carta de Lord Castlereagh, confirmando as esperanças de Palmella pelo feliz exito da sua proposta.

Por este summario das negociações se vê que, embora a Historia não attribua ao Conde de Palmella a gloria de ter alcançado para Portugal um logar honroso no Congresso (pois que bem podia chamar-se o Congresso a esta commissão), foi a elle e a mais ninguem que tal gloria se deveu, e essa seria a final de contas a vantagem visivel que o nosso Paiz colheria na magna assembléa.

---

[1] Por isso todos os historiadores que se occupam do Congresso de Vienna attribuem a participação de Portugal n'esse Congresso á influencia de Talleyrand e a mais ninguem.

[2] Officio datado de Vienna, de 3 de outubro de 1814, para o Marquez de Aguiar.

V

Emquanto estas negociações se travavam e mesmo depois
de ellas haverem chegado a bom porto, pois que a 10 de
outubro de 1814 Palmella escrevia ao Marquez de Aguiar
um officio avisando-o de que estava organisada a commissão
preparatoria, a lucta entre as grandes Potencias era gravissima. Este Congresso, como diz textualmente o Cónde de
Palmella, incumbido, não da pacificação da Europa, já fir-
mada pela victoria dos alliados sobre a França, mas da ingente tarefa da reconstrucção politica das nações continentaes,
esteve mais de uma vez a pique de ser surprehendido por
uma declaração de guerra entre Potencias rivaes que dis-
putavam a influencia e mando.

Eram desmedidas as ambições da Russia, que reclamava
a Polonia inteira; da Prussia, que requeria a anexação da
Saxonia, sendo desthronado o seu soberano legitimo; contra
esta exigencia protestava ardentemente a Austria. E emquanto esta fazia causa commum com a França n'este ponto,
advogando o principio da legitimidade que o Congresso não
devia querer violar, os monarchas da Russia e da Prussia,
unidos pela amisade pessoal, fortes da sua organisação militar superior, combinavam-se para mutuamente se auxiliarem
no seu desejo de engrandecimento territorial. Dos povos da
Saxonia ou da Polonia ninguem fallava. Eram rebanhos de
carneiros, que iriam com a terra onde tinham nascido e vege-
tado pertencer ao proprietario que definitivamente tomasse
d'elle posse[1]. Apparentemente Vienna dançava e divertia-
se; os estadistas, os Principes, as mulheres reuniam-se em

[1] Gervinus, *Historia do seculo* xix.

bailes, em jantares, em theatros, em festas. Mas debaixo
d'esta festiva apparencia quantas luctas!

Talleyrand, invocando o principio da legitimidade (!) de-
clarava que, se as Potencias alliadas queriam dispor a seu
talante dos paizes que occupavam, era inutil o Congresso,
e que elle voluntariamente se retirava, pois que a França
nada pretendia e nada queria estorvar. Mas, acrescentava
elle, qualquer ministro que servilmente sanccionasse as repartições arbitrarias que as grandes Potencias pretendiam
fazer, cobrir-se-ía de um opprobrio eterno e reconheceria
por isso *officialmente* não existir outro direito alem do direito
da força. O Rei de França, mais do que ninguem, se achava
interessado em não reconhecer esse principio (a sua dynastia pela força é que tinha sido despojada do throno, e
em nome do direito é que a elle de novo ascendia), a con-
solidação do seu throno dependia do restabelecimento dos
principios violados por Bonaparte, e era inutil fallar na restauração da Europa se esses principios se não observassem
rigorosamente!

Fallando com o Conde de Palmella, Talleyrand dizia-lhe
que o que mais o espantava era ver um liberal como Lord
Castlereagh, que podia fazer o papel de arbitro, entrar cegamente nos planos interesseiros das outras Potencias.

Sabe-se como Talleyrand luctou contra o papel inteiramente secundario e subalterno que á França quizeram dar
as Potencias do Norte.

O Conde de Palmella não perde um unico pormenor
d'esta lucta interessante e de tudo dá conta ao seu Governo,
em Despachos que seria impossivel resumir aqui, e que dão
a historia completa do Congresso de Vienna. A Historia, fazendo n'este ponto inteira justiça a Talleyrand, registou os
seus esforços patrioticos para que a França dos Bourbons

recuperasse um pouco da sua antiga influencia e não fizesse um papel inteiramente nullo no Congresso.

Mas são invenciveis as leis da Historia. Que importa o talento de homens como Talleyrand, o zêlo, o patriotismo, a intelligencia de homens como Palmella, quando as nações, ou pelos erros accumulados de successivas gerações, ou por causas inaccessiveis ao juizo e apreciação do nosso entendimento, se collocaram em situação de nada poderem por si proprias?

Talleyrand foi vencido no seu desejo de oppôr-se ás ambições desregradas das tres Potencias do Norte e á indifferença da Inglaterra a respeito de negocios continentaes, indifferença que ella fazia pagar com preciosas concessões para os seus planos de commercio e de colonisação, assim como Palmella foi vencido na sua justa ambição de recuperar o que a inaudita arbitrariedade da Hespanha nos tinha arrancado, n'uma hora de tanta franqueza e de tanta decadencia nossa.

Aos pretextos para adiar a abertura do Congresso geral succediam-se novos pretextos, e assim, de adiamento em · adiamento, o tão famoso Congresso de Vienna se foi limitando a commissões parciaes de Plenipotenciarios, que assignaram Tratados particulares entre os respectivos Estados, até que da reunião de todos esses Tratados se constituiu um Instrumento unico chamado o *Acto final do Congresso de Vienna* (9 de junho 1815), assignado pelos já citados Plenipotenciarios das oito Potencias que tinham figurado no Tratado de París, e no qual Portugal figurou ao lado das grandes Nações da Europa, n'um pé de igualdade, que foi a nossa unica indemnisação de tanto desastre soffrido.

Directamente, nós não tinhamos ali grandes interesses a salvaguardar nem fomos lesados em pretensão alguma que no Congresso esperassemos ver resolvida. O Conde de Palmella, ao partir, sabia já que Olivença nos não seria restituida, e sabia que na questão da escravatura, tão antipathica, mas tão essencial para o Brazil e para as nossas possessões de Africa, a sorte da Hespanha e da França seria a nossa. Castlereagh, procurando particularmente o Conde de Palmella, depois das conferencias em que o nosso Plenipotenciario defendêra energicamente os interesses do seu Governo e principalmente do Brazil, affirmou-lhe que o desejo da Inglaterra era concluir comnosco um ajuste separado, em que o direito á indemnisação fosse consignado, observando-lhe que para dar satisfação á opinião publica e ao parlamento lhe cumpria ao menos mostrar que fazia esforços para que Portugal, Hespanha e França cessassem o trafico em todas as suas possessões. Ao que Palmella redarguiu que na occasião opportuna seria explicito a respeito dos abusos do direito de visita e da necessidade de indemnisar o nosso commercio pelos prejuizos que soffreria. E para que se veja quanto a respeito da Africa era absolutamente errado o ponto de vista da Inglaterra em 1815, basta citar estas palavras de Castlereagh consignadas no Protocollo da sessão de 20 de janeiro:

«Quant aux établissements sur la côte d'Afrique, Lord Castlereagh a été d'avis qu'ils ne méritaient pas d'entrer pour beaucoup dans la discussion; ces établissements n'étant fondés que sur le système inhumain de la traite des nègres il était naturel qu'ils tombassent avec ce système.»

Ao que Palmella redarguiu que era justamente para que elles não caíssem completamente, como Lord Castlereagh antevia, que Portugal pedia algum tempo para transformar o systema agricola e commercial d'essas possessões. Demais, Portugal tinha já tomado providencias efficazes para cumprir as clausulas do seu aliás pessimo Tratado de 181o com a Inglaterra, diminuindo os lucros que armadores e traficantes colhiam da sua triste industria.

Seria longo e inutil historiar miudamente o Congresso de Vienna, tão conhecido já em quasi todos os seus pormenores, ainda mesmo aquelles cujo segredo as Potencias principaes então guardavam cuidadosamente entre si. Sabe-se que a noticia da fuga de Napoleão da ilha de Elba caíu como um raio no meio da soberana assembléa, que se por debaixo da cortina talhava á vontade os destinos da Europa, na apparencia pouco mais fazia que divertir-se e dançar.

Os Plenipotenciarios entenderam-se n'essa hora de crise, para declarar em nome da Europa que «Napoleão Bonaparte se collocára fóra de toda a relação civil e social, e como inimigo e perturbador do repouso do mundo, se entregára á vindicta publica». Promettiam defender o Rei de França ou todo e qualquer governo atacado por Bonaparte (13 de março de 1815), e prepararam a toda a pressa o *Acto final do Congresso,* assignado, como já dissemos, pelas oito Potencias que tinham formado a commissão preparatoria, e á qual os outros Estados foram «convidados a adherir».

A anciedade reinou até que a noticia de Waterloo, sabida só cinco ou seis dias depois da batalha, serenou novamente os animos, e tornou possivel a reacção mais violenta e mais universalmente organisada que se vae seguir na Europa inteira, e Palmella, fallando a respeito do *Acto final do Congresso,* escreve ao Marquez de Aguiar, com a sua perspicacia habitual, que a Historia justificará plenamente:

«Na repartição dos territorios que se achavam á disposição do Congresso não se adoptou, como era para desejar, um systema fixo, ou fosse segundo os principios rigorosos da justiça e do Direito Publico, ou da conveniencia commum e do equilibrio da Europa. D'essa falta de base proveiu o não haverem discussões geraes em que se pesassem os interesses de todos, e *reduziu-se o Congresso a uma serie de negociações separadas, nas quaes cada uma das grandes Potencias se propoz objecto differente. Por fim viram-se obrigadas a transigir mutuamente e a desistir de uma parte das suas pretensões para conseguirem a outra parte; por isso os ajustes complicados que se fizeram não contentaram nem os Governos nem os Povos.*

Tendo representado, com aquella elegancia superior que o distinguia, entre os diplomatas mais distinctos, o seu paiz decaído, mas rico de tanta tradição nobilissima; tendo velado com ardente zêlo ao lado dos seus companheiros, D. Antonio Saldanha da Gama e D. Joaquim Lobo da Silveira, pela dignidade da sua nação, e conscio de ter feito o possivel para a salvaguardar n'aquella reunião, onde o poder effectivo e a effectiva influencia pertenceram exclusivamente á Russia, Austria, Prussia e Inglaterra, D. Pedro de Souza, Conde de Palmella, deixa emfim Vienna, e vem a Lisboa abraçar a esposa, o filho e a filhinha que lhe nascêra mezes depois da vinda de Cadiz, filhinha que elle ainda não víra, partindo mesmo sem os levar comsigo, em setembro de 1816, para Londres, onde finalmente ía exercer, sem novos obstaculos, o logar honroso e nobremente conquistado de Ministro e Enviado extraordinario do Principe Regente junto á Côrte de Inglaterra.

CAPITULO VIII

EMBAIXADA EM LONDRES

CAPITULO VIII

—

EMBAIXADA EM LONDRES

—

SUMMARIO

Partida de Palmella para Londres. Estado do paiz reduzido a uma colonia brazileira governada por inglezes. Desconsolação de Palmella. Compensação que achou na vida ingleza. Conhecimento com a famosa Princeza de Lieven. Retrato d'esta mulher extraordinaria. Nomeação inesperada de D. Pedro para ministro dos Negocios Estrangeiros e da Guerra na côrte do Rio de Janeiro. Motivos que o prendiam então á Europa. Questão de Montevideu. Intrigas da Hespanha contra nós junto ao throno da Russia. Sua arrogancia e inimisade. Appello ás Potencias. Má disposição d'estas contra nós. Serviços eminentes de Palmella. Carta de Wellington a Fernan Nuñez. Proposta do Governo do Rio. Resposta digna e habil de Palmella. Viagem a Bruxellas ao encontro dos negociadores do Congresso de Aix-la-Chapelle. Successo das negociações de Palmella. Cartas a este de Metternich e Castlereagh. Crise politica atravessada pela Inglaterra. Seus symptomas caracteristicos. Inicio da Reforma Parlamentar. Á formula antiga: *o throno e o altar*, deve succeder hoje: *o sabre e o throno*. Correspondencia de Palmella com sua mulher. Traços de caracter. Revelações d'alma. Narra a sua ida com Wellington ao campo de batalha de Waterloo. Quadros e *silhouettes* do Paris da Restauração. O salão da Duqueza de Broglie e os seus íntimos. Resumo final da missão de Londres. Idéas de Palmella sobre o estado de Portugal. Cartas a D. Antonio de Saldanha. Volta para Lisboa. A revolução de 1820. Tentativas ordeiras e legaes de Palmella. Sua intervenção nos conselhos da Regencia. Inutilidade da resistencia á onda militar e popular. Sua partida para o Rio com uma carta de Frei Francisco de S. Luiz.

CAPITULO VIII

—

EMBAIXADA EM LONDRES

—

SUMMARIO

Partida de Palmella para Londres. Estado do paiz reduzido a uma colonia brazileira governada por inglezes. Desconsolação de Palmella. Compensação que achou na vida ingleza. Conhecimento com a famosa Princeza de Lieven. Retrato d'esta mulher extraordinaria. Nomeação inesperada de D. Pedro para ministro dos Negocios Estrangeiros e
da Guerra na côrte do Rio de Janeiro. Motivos que o prendiam então á Europa. Questão de Montevideu. Intrigas da Hespanha contra nós junto ao throno da Russia. Sua
arrogancia e inimisade. Appello ás Potencias. Má disposição d'estas contra nós. Serviços eminentes de Palmella. Carta de Wellington a Fernan Nuñez. Proposta do Governo do Rio. Resposta digna e habil de Palmella. Viagem a Bruxellas ao encontro dos
negociadores do Congresso de Aix-la-Chapelle. Successo das negociações de Palmella.
Cartas a este de Metternich e Castlereagh. Crise politica atravessada pela Inglaterra.
Seus symptomas caracteristicos. Inicio da Reforma Parlamentar. Á formula antiga: *o
throno e o altar,* deve succeder hoje: *o sabre e o throno.* Correspondencia de Palmella
com sua mulher. Traços de caracter. Revelações d'alma. Narra a sua ida com Wellington ao campo de batalha de Waterloo. Quadros e *silhouettes* do Paris da Restauração. O salão da Duqueza de Broglie e os seus intimos. Resumo final da missão de
Londres. Idéas de Palmella sobre o estado de Portugal. Cartas a D. Antonio de Saldanha. Volta para Lisboa. A revolução de 1820. Tentativas ordeiras e legaes de Palmella. Sua intervenção nos conselhos da Regencia. Inutilidade da resistencia á onda
militar e popular. Sua partida para o Rio com uma carta de Frei Francisco de S. Luiz.

I

Em 1816, depois de algum tempo passado em Lisboa,
na sua volta do Congresso, o Conde de Palmella, partindo
sósinho para Inglaterra, porque a Condessa, pelo seu estado
melindroso, não pôde acompanhal-o, toma definitiva posse
da Legação de Londres, elevada pouco depois a Embaixada.

Ali fica exercendo officialmente o cargo de Embaixador junto do Gabinete de Saint-James, mas incumbido entretanto de uma delicadissima missão diplomatica (que frequentes vezes o leva a París) até 1820.

Estes quatro annos podem considerar-se uma especie de tregua na vida de D. Pedro.

O estado do paiz ia-se aggravando aqui da maneira que todos sabem e que é impossivel acompanhar minuciosamente, a não ser nos pontos em que se prenda com a vida que estamos narrando.

A Côrte do Rio de Janeiro parecia ter-se pouco a pouco desinteressado da metropole, e era esta que, descida da sua categoria politica, estava reduzida a uma especie de colonia anglo-brazileira. Quando uma crise nacional longamente preparada se approxima finalmente do seu funesto desenlace, os que viram, sem poder sustal-a, a marcha fatal dos acontecimentos, desejam pelo menos um ensejo que os furte á responsabilidade do mal que não fizeram, do mal que não poderam infelizmente evitar.

Parece ter sido este o estado de espirito de D. Pedro de Souza n'este periodo desalentador de todas as energias, morto para todas as esperanças, e durante o qual a tragedia peninsular ía desdobrando os seus quadros afflictivos.

A tentativa de 1817, com que Palmella não poderia sympathisar, deu-se já durante a ausencia d'elle.

Contra o velho regimen, que se esboroava de per si, sem grande precisão de quem o demolisse pela força, ia levantar-se uma geração nova, cheia de alentos, de fé ingenua, de ousada inexperiencia, de emphatico enthusiasmo; com essa geração que faria a revolução de 20 não podia pactuar um filho da aristocracia, elevado pelo favor pessoal do Rei aos mais altos cargos da nação (porque era o Rei que, apesar da rivalidade e da inveja, teimava em sustental-o e distinguil-o) e servidor leal do principio monarchico, que nunca, nem por um instante, abandonou.

Portanto, que papel lhe restava n'esse momento? Dar os seus conselhos, embora conscio de que os não entenderiam senão tarde de mais para serem cumpridos. Servir o seu paiz pela unica maneira em que n'esta occasião podia fazel-o efficazmente.

A vida de Londres não podia deixar de ter infinitas attracções para o Conde de Palmella, que, primeiramente sósinho, depois com a Condessa, a conheceu no que ella tinha de mais distincto e elevado.

Entre as pessoas com quem D. Pedro em Londres mais privou, avulta com principal relevo a Princeza de Lieven, esposa do Embaixador da Russia e tão celebre no mundo politico e litterario da primeiro metade do seculo.

A Princeza de Lieven continuou a escrever ao Conde de Palmella durante longos annos, e as suas ultimas cartas são de 1850.

A amisade d'esta mulher, de uma altivez e de uma *morgue* que ficaram proverbiaes na alta sociedade europêa, a intima ligação que se estabeleceu entre os Condes de Palmella e ella, bastariam a todo o conhecedor da vida social d'aquelle tempo, para comprovar a altissima cotação que tinha em Londres o Embaixador portuguez.

Diz-se que a Duqueza de Manfrigneuse de Balzac foi copiada do natural da orgulhosa russa, cujo circulo intimo se compunha exclusivamente dos homens mais eminentes e das mulheres mais elegantes e mais bellas do seu tempo; cujo espirito superior, intensamente versado em todos os segredos da diplomacia e da politica de meio seculo, era comparavel ao de uma Princeza Orsini, ao de uma Maintenon, e fascinou desde Metternich até Guizot, passando por Aberdeen, Palmerston, o Imperador Nicolau, etc., etc.

Muitos attribuiam esta seducção, por ella exercida em todos os homens illustres que compunham a sua côrte, a motivos meramente sentimentaes. Crêmos que a calumniavam. A Princeza de Lieven era principalmente uma *mulher politica,* typo bastante antipathico para muita gente, mas dominador e poderoso para uma determinada *élite.*

Os preconceitos aristocraticos d'esta mulher famosa deixaram uma lenda curiosissima; no emtanto, o seu modo de entender a aristocracia attenua-lhe um pouco a cruel arrogancia. Não era propriamente a *casta,* como no Faubourg Saint Germain, o que ella exigia no seu circulo; era a importancia individual, os titulos e as posições.

Quem não fosse titular, ministro, alto dignitario dò Estado não existia aos seus olhos. D'aqui os grandes odios que inspirou, mas tambem as illustres e grandes amisades que teve em toda a sua vida. O typo de mulher politica reflecte-se com estranha realidade nas suas cartas[1].

---

[1] A Princeza de Lieven, cujo outono foi illuminado pelo affecto extraordinario que Guizot lhe consagrou, manteve até ao fim, através das peripecias mais varias, a sua importancia e o seu *salon.* De París, onde acabou a vida, separada desde muito do marido que era um insignificante, *un pauvre sire,* que ella nunca pôde tolerar, a Princeza escrevia em 1847 ao Duque de Palmella, então na Madeira, uma carta interessante em que lhe faz a largos traços o resumo dos negocios da Europa, e de que transcrevemos alguns trechos para dar idéa do seu genero de intelligencia, da sua importancia social e do seu amor das cousas politicas:

«... *Comme je vous envie, mon cher Duc, votre repos, votre soleil, vos promenades! Vous m'enviez peut-être les nouvelles, la causerie,*

Quando os Condes de Palmella a conheceram, conheceram tambem a joven Princeza Esterhazy, Embaixatriz da Austria, e entre os tres casaes estabeleceu-se uma intimidade quotidiana. Os salóes das duas embaixatrizes do Norte

---

l'opera Italien. On n'est jamais content de son sort! Mais vous ne voulez pas de morale, vous voulez des faits; il y en a de bien gros, et de bien gros surtout que se préparent. L'affaire de la Suisse occupe l'Europe entière. Les Suisses ne se sont pas battus. Le (illegivel) *a plié bagage devant les radicaux. Les grands cabinets ne s'attendaient pas à cela. La France a la première proposé une entente, pour empêcher ou arrêter la guerre civile; l'Autriche, la Prusse et la Russie ont accedé sur le champ au projet de la note française. L'Angleterre a répondu par un contre-projet qui ne convenait à personne.»*

Segue-se a longa e luminosa exposição de todas as negociações, ainda ignoradas pelo publico, e em que se vê perfeitamente o papel que a Inglaterra representa de protectora, segundo Madame de Lieven, da *revolução*.

Passando da politica para a arte, a Princeza continúa:

«... Albony est aux Italiens, et m'ennuie profondément. Elle a pris pour cheval de bataille Semiramis, vieux cheval bien usé. La voix de Albony est belle, pure, flexible, tout ce qui vous m'en avez dit, mais elle a si peu de mordant! On court beaucoup l'entendre cependant. Pas de (illegivel) *encore, excepté un peu dans mon salon. La diplomatie bien agitée, car il n'y a pas eû de si grand mouvement depuis 17 ans. La Chambre sera agitée aussi! Il y a beaucoup de passion dans l'opposition; il y a beaucoup de poltrons aussi. Tout cela est fort curieux. M. Guizot a son aplomb et sa fermeté ordinaire. Elle ne lui fera pas défaut... Adieu, mon cher Duc, je voudrais bien que cette année si prochaine nous fut bonne, pour nous revoir, et un peu plus longtemps. Mille amitiés fidèles.»*

Depois, mais tarde, d'ali a tres annos, quando uma nova Revolução agitava a França já em Republica —a segunda Republica— a Prin-

eram o ponto de reunião obrigado dos ministros, dos membros do Parlamento e do corpo diplomatico. E emquanto a Princeza Esterhazy só pensava em divertir-se, em representar charadas, em fazer dançar a gente moça e em dançar ella propria, á Princeza de Lieven eram indispensaveis

———

ceza, ainda de pé, e presidindo a um dos mais bellos e brilhantes salões do seculo xix, escrevia ao seu velho amigo da mocidade, sem nada ter perdido do seu espirito vivaz de outro tempo:

«(Paris, ce 21 février 1850) — *Je me sens bien coupable, mon cher Duc, ou plutôt j'en ai l'air. Vraiment mes yeux, et la vie agitée que je mène ici sont deux empêchements fort naturels à ma correspondance. En revanche la conversation va grand train et si vous étiez ici mon bavardage serait intarissable. Ce mouvement d'esprit donnerait la fièvre, s'il n'était perpétuel. Mais l'habitude s'en mêle et on finit par rire de ce qui devrait inspirer des terreurs. Vous raconter Paris est impossible. Venez le voir. Je ne me plains pas trop de la republique, elle a rendu les relations de la société beaucoup plus faciles. Je vois chez moi beaucoup plus de monde: des vieux de toutes les couleurs, des jeunes aussi (moins ce qui tient à l'Elysée, j'en excepte Morny, qui tient à cela beaucoup). Du reste Molé, Changarnier, Broglie, Berryer, Montalembert, Lafitte et tous ceux que vous connaissiez avant. Beaucoup de femmes aussi, les jeunes et les jolies de préférence, voilà mon salon. La situation s'embrouille ici beaucoup. Le President perd du terrain, l'assemblée n'en gagne pas. Le ménage entre les deux pouvoirs est mauvais. Le public s'accoutume beaucoup à n'avoir de vrai respect que pour les généraux et à attendre d'eux leur salut...*

«*Voilà pour la France. Que vous dire de cette belle Europe? Vous savez tout! Moi je suis bien animée sur la Grèce. La piraterie commise là par Lord Palmerston a soulevé un cri d'indignation universel. Les anglais au moins en sont honteux. Cela passera à Lord Palmerston comme tout lui passe.*

«*Cher Duc, tâchez de me promettre votre venue à Paris. Paris vous va si bien! Quel plaisir de vous revoir! Adieu et mille amitiées bien tendres.*»

as conversações politicas e a influencia nos homens que regiam no seu tempo os negocios da Europa.

É esta figura extraordinaria, que tanto devia attrahir o homem que já mostrára a sua predilecção pelas mulheres de talento, e na mocidade fôra amado pela maior d'ellas todas, que parece ter n'esse periodo exercido um decidido imperio intellectual no Conde de Palmella.

Muito erecta, a ponto de, sendo baixa, parecer de elevada estatura; pequena e altiva cabeça pousada sobre um collo de cysne alto e onduloso; nariz fino e longo; bôca rasgada; barba curta; olhos pequenos e vivissimos; lindos cabellos de oiro; porte desdenhoso e frio; graça essencialmente aristocratica; aspecto grave, que se amenisava de relance com um sorriso fino e raro: eis o retrato que nas *Memorias* e *Correspondencias* contemporaneas ficou da amiga intima de Guizot, que tão amiga foi tambem do Conde de Palmella, e tanto, do fundo do seu espirito, o apreciava.

Um bello dia —nos fins do anno de 1817— surprehendia D. Pedro em Londres a nomeação para ministro dos Negocios Estrangeiros e da Guerra, com que D. João VI o agraciava, chamando-o ao Brazil.

E elle, servidor de um regimen em que não tinha já a menor fé, e pessoalmente grato ao Rei, não ousava recusar um cargo que tão fundamente lhe repugnava n'aquella occasião, nem se sentia com animo de deixar a Europa a que tudo o prendia—familia, educação, gostos, relações, a propria convicção cada dia mais arreigada do erro politico da dynastia e da nobreza, em abandonar assim Portugal, e quasi a certeza de que um cataclysmo inevitavel subverteria a breve trecho o regimen monarchico, disposto a suicidar-se pela fraqueza e pela despreoccupação dos seus interesses mais vitaes.

Por felicidade de D. Pedro estavam justamente em meio as negociações mais importantes de que teve de occupar-se n'esta epocha, e ellas lhe deram pretexto plausivel a demorar-se na Europa, onde os seus serviços importantissimos eram urgentemente requeridos.

Embora todos os assumptos então tratados, todas as negociações ultimadas, tivessem caducado com as Revoluções que d'ali a pouco haviam de convulsionar para largos annos a Peninsula Iberica, não deve concluir-se que fossem menos meritorios os serviços diplomaticos do Conde de Palmella. Elle fez quanto pôde, n'uma occasião que tantas circumstancias tornavam critica, para servir o paiz; os acontecimentos posteriores annullaram porém todo o esforço então empregado e fizeram de tanto trabalho arduo e difficil um trabalho vão.

O seu biographo não póde, apesar d'isso, deixar na sombra esse labutar incessante em que elle se consumia para bem de um regimen que ía desabar, de um paiz que ía decaíndo hora a hora, sem consciencia dos perigos e sem força de os esquivar. Sabe-se que as tropas de D. João VI occuparam em 1812 Montevideu e todo o territorio hespanhol situado na margem esquerda do Rio da Prata, que confinava com a fronteira do Brazil.

O motivo ou pretexto d'esta occupação foi a sublevação iniciada por Artigas, no Rio da Prata, contra o Governo da Hespanha representado por José Bonaparte.

As colonias hespanholas da America do Sul tinham-se insurgido todas; a Hespanha, mesmo depois de restaurado o Rei legitimo, nada podia fazer de efficaz para acalmar a sublevação geral que finalisou pela independencia de todas as colonias erigidas em outras tantas republicas. E no Rio da Prata a vizinhança da Revolução incommodava, como é natural, o Governo de D. João VI, receioso do contagio e das perturbações que d'ali podiam provir para si proprio.

Em palavras o Governo do Brazil affirmava ao de Hespanha que estava prompto a retirar as suas tropas quando a Hespanha tivesse mandado para ali tropas leaes que garantissem a ordem, e que annullassem a revolução. Mas a occupação militar mantinha-se em Montevideu, a Hespanha não se contentava com estas rasões, e a guerra parecia imminente entre ella e o nosso paiz.

Tanto assim que, segundo Gervinus *(Historia do seculo* xix), Fernando VII, influenciado pelas intrigas do Embaixador da Russia que lhe havia feito sonhar com as mais extraordinarias vantagens tanto em Portugal como na Italia, caso elle accedesse á politica então dominante da Santa Alliança, escrevêra ao Tzar «submettendo-lhe o seu plano de se apossar de Portugal como de um penhor para se indemnisar das usurpações do Brazil em Montevideu e Rio da Prata, o que, dizia elle, lhe permittiria mais facilmente oppor um dique á ambição dos inglezes na Peninsula». É fóra de duvida que o Tzar o dissuadiu da empreza atrevida, mas aproveitou a occasião para o induzir a acceder aos principios da Santa Alliança e aconselhou-lhe que se dirigisse ás Potencias para lhes pedir que o auxiliassem efficazmente nas suas complicações com Portugal, e o ajudassem a submetter as colonias á sua auctoridade.

O Tzar tinha o plano de que a restauração da monarchia absoluta abrangesse o globo inteiro (Gervinus).

De facto, o Governo hespanhol appellou, n'uma nota circular energica, para as Potencias alliadas que, reunidas em conferencia em París, se estabeleceram primeiro mediadoras e depois arbitras da contenda que parecia eternisar-se.

Fizeram parte d'essa conferencia como plenipotenciarios:
pela Austria o Barão de Vincent, pela França o Duque de
Richelieu, pela Inglaterra Sir Charles Stuart, pela Prussia
o Conde de Goltz, pela Russia Pozzo di Borgo.

Esta conferencia tomou conta do melindroso assumpto,
e segue-se uma longa, uma interminavel negociação, cujos
documentos existem alguns ainda ineditos, outros publicados
entre os *Despachos e Correspondencia* do Duque de Palmella, e que, tendo começado mal para nós, acabou da
fórma mais favoravel aos nossos interesses e dignidade.

É no meio d'ella que o Conde de Palmella apparece
nomeado ministro de Estado dos Negocios Estrangeiros e
da Guerra no Governo do Rio de Janeiro, e substituido
em París, para onde D. Pedro viera temporariamente, pelo
Marquez de Marialva.

A delicadeza dos assumptos tratados, e o profundo conhecimento que Palmella tinha d'elles, foi motivo sufficiente
para adiar até final conclusão dos negocios a sua partida
para o Brazil.

De resto, os ultimos annos do reinado de D. João VI
eram tão frouxos, havia tanto de arbitrario em tudo que se
fazia em Portugal, que ninguem se espantou com o caso,
já repetido, e que tinha um precedente ainda de certo bem
vivo na memoria do proprio Conde de Palmella. A demora
de D. Pedro de Souza foi para Portugal muito favoravel.

Durante a negociação, que se prolongou bastante tempo,
e que passou por diversas phases[1], a arrogancia da Hespanha, a sua má vontade contra nós, exhibiu-se largamente;

---

[1] Damos em appendice, para quem desejar elucidar-se a respeito
d'esta questão, sem ir procural-a em documentos officiaes extensos e
aridos, uma *nota* de Palmella que a resume admiravelmente, e uma es-

da parte de Portugal o zêlo, a intelligencia subtil, a firmeza de Palmella podem ser pedra de toque das suas aptidões diplomaticas, e houve da parte das Potencias, primeiramente muito influenciadas em favor da Hespanha pela Russia, então predominante em Madrid, um reviramento lento, mas decisivo, em favor do Governo portuguez, devido em parte ao seu habilissimo negociador.

Seria fastidiosa e extensissima a narração de todos os lances por que passou este negocio, e citaremos apenas por curiosidade o trecho de uma carta particular de Wellington ao Duque de Fernan Nuñez, pela qual se deixa conhecer, se a compararmos com a nota de Palmella dada em appendice, o muito que a negociação tinha caminhado em nosso

-----

pecie de dissertação, que é um modelo do genero, escripta por Frederico Gentz, o eminente publicista austriaco.

Enviando esta dissertação ao seu Governo em officio datado de 15 de julho de 1817, diz assim o Conde de Palmella:

«Tenho a honra de remetter incluso um documento bastante interessante que me enviou Mr. Gentz, na esperança de que eu o levaria á presença de S. M. El-Rei N. S. É uma especie de dissertação sobre a questão da entrada das nossas tropas no territorio de Montevideu, e verá V. Ex.ª que a conclusão é inteiramente conforme ás explicações que S. M. F. mandou ultimamente dar em seu nome ás Côrtes alliadas, das quaes, porém, Mr. Gentz não podia ter conhecimento quando escreveu este papel.

«V. Ex.ª sabe da reputação de que este escriptor gosa litteraria e diplomaticamente, e julgará se convem tirar algum proveito dos bons desejos que elle mostra de nos prestar qualquer serviço....»

Frederico Gentz continuou a mostrar a maior sympathia a Palmella, e do Congresso de Aix-la-Chapelle, onde nem Portugal nem a Hespanha foram representados, escreveu uma serie de cartas ao nosso biographado, dando-lhe conta de tudo que mais importante ali se estava passando.

favor. Vae textualmente o francez um pouco phantasista do nobre general, mais forte nas armas do que nas linguas.

[1] *Je vous conseille très fort d'adopter la proposition portugaise. Le Portugal en abandonnant le territoire de Montevideu se mettra dans son droit, et vous perdriez le fruit de toutes nos peines pendant dix huit mois que nous avons cette affaire en mains.*

Je vous avoue aussi, querido Primo, *que voyant la marche que vous avez pris en égard à vos colonies, les délais qui en ont été la conséquence, et la probabilité que la question va échapper des mains du Gouvernement Britannique par les démarches du Gouvernement des Etats Unis, je ne vois pas très clairement que la vraie politique n'exigerait pas de Portugal d'abandonner le territoire plûtot que le vous céder*... (Signé) *Wellington, Duque de Ciudad Rodrigo.»*

Esta carta tem, no momento em que estamos a escrever o presente capitulo, uma especie de significação fatidica, tanto é certo que as mesmas causas produzem com pequenas alterações accessorias os mesmos effeitos no que respeita o caracter fundamental de um povo.

E Palmella, n'um officio a Lord Wellington, dizia-lhe textualmente:

«*Mr. Pizarro* (o ministro de Fernando VII) *n'écoute, au lieu de la voix de la raison et de l'interêt même de sa cause,*

---

[1] Carta confidencial de Wellington ao Duque de Fernan Nuñez, ministro de Hespanha em París. Colligida nos volumes ineditos da correspondencia diplomatica do Conde de Palmella com a Côrte do Rio de Janeiro.

que celle d'un petit amour propre toujours blessé et d'un faux orgueil national. Il faut avouer que le Cabinet de Madrid fait tout ce qui dépend de lui pour nous forcer à séparer en Amerique nos interêts de ceux de L'Espagne, et pour peu que cet état de choses dure je ne sais en verité si le Brésil pourra continuer à maintenir le système d'isolement et de reserve qu'il a suivi jusqu'à présent.»

A sagacidade de Palmella fêl-o perceber immediatamente que o acto, talvez inopportuno, talvez imprudente do seu Governo, tinha um lado que se prestava a ser defendido perante a Europa colligada contra as idéas da Revolução. Montevideu foi occupado, e essa occupação tinha sido mantida mesmo depois da restauração do Rei legitimo de Hespanha, não como um acto de hostilidade, ou como uma tentativa de conquista, da Côrte do Rio de Janeiro, mas sim como efficaz prevenção contra a influencia revolucionaria de um *cabecilha* victorioso, que soltava no Rio da Prata o grito da independencia, o qual fôra e estava sendo prolongado em repercussões retumbantes, pelo Mexico, pelo Chile, pelo Peru, por todas as opulentas colonias hespanholas, por tanto tempo opprimidas sob um jugo terrivel, e que hoje se sentiam moral e financeiramente amparadas pelos Estados Unidos, já interessados a fundo por tudo que interessava a liberdade de acção, a independencia politica do Novo Mundo.

·Emquanto em París as negociações procedem e Palmella aproveita habilmente a sympathia pessoal de Castlereagh e de Wellington para com elle, a fim de os tornar officiosamente favoraveis á causa de Portugal, a Côrte do Rio de Janeiro, sempre vacillante e incerta, pergunta-lhe de lá, em plena discussão do assumpto melindroso, e quando, para justificar o passo do Governo do Rio, Palmella tinha exhaurido os recursos da mais agil dialectica, «se não seria conveniente retirar as tropas do territorio occupado».

Em resposta a esta pusillanime inconstancia, o negociador portuguez responde:

«Retirar as tropas n'este momento, deixando guarnecidas sómente as márgens do Rio da Prata e do Uruguay, diminuiria em muito pouco a enorme despeza que se está fazendo, deixaria as nossas armas expostas a soffrer um desaire, tanto pela renovação dos ataques de Artigas, como pela possibilidade de que os insurgentes de Buenos Ayres se unissem a elle, e privar-nos-ía inteiramente da possibilidade de obtermos da Hespanha a compensação que temos agora o direito de pedir. Emfim, será o modo mais indecoroso de terminar a negociação que tem attrahido a attenção de toda a Europa.

«Se a Hespanha, depois das nossas diligencias, se recusasse finalmente a um ajuste qualquer racional, então talvez o partido mais acertado para nós fosse o de *evacuar inteiramente todo o territorio hespanhol,* ainda mesmo com o risco de se renovarem por algum tempo as correrias de Artigas nas nossas fronteiras, porque d'esse modo nem a Hespanha, nem os mediadores teriam o direito de exigir mais da nossa parte, e ficariamos pelo menos sem compromettimentos e em completa liberdade para aproveitar um dia ou outro os acontecimentos futuros, e a tornar sob melhores auspicios a occupar um territorio cuja posse será sempre preciosa para o Brazil. Nas circumstancias actuaes, porém, creio que nos não veremos obrigados a recorrer a esse partido extremo, e não hesito em repetir a V. Ex.ª o que me atrevi a suggerir já desde o principio d'esta negociação, isto é, que se *deve a todo o custo e com os maiores sacrificios* manter já agora a posse d'aquelle territorio até á conclusão da negociação, porque considero n'isso interessada a gloria de S. M. e a das armas portuguezas, motivo que deve fazer calar qualquer outra consideração.

«Já agora, depois do estrondo que fez por toda a parte a nossa Expedição ao Rio da Prata, depois das grandissimas despezas que por esse motivo se incorreram, seria uma vergonha eterna o retirarem as tropas d'ali sem tirarmos alguma compensação *e sem mostrar ao menos que se não tentou de animo leve* uma tal empreza.»

Era justamente d'essa culpa que no seu íntimo Palmella accusava o Governo do Rio, deixando apenas entrever subtilmente esta convicção desconsoladora.

As vantagens que Palmella contava retirar do facto consummado eram as seguintes: Entrar necessariamente na mediação entre a Hespanha e as suas colonias, se esta fosse admittida pelas demais Potencias;

Obter uma indemnisação pecuniaria pelas nossas despezas ou, quando não, uma cessão vantajosa de territorio;

Ajustar em todo o caso convenientemente a nossa linha de fronteira;

Recuperar Olivença.

Para não termos que nos referir novamente a esta questão, n'aquelle momento de tão alta consequencia, e cuja importancia capital foi annullada pelas circumstancias posteriores que, sobrevindo, deram a todas as questões da Peninsula Iberica e das possessões americanas dos dois paizes uma face inteiramente diversa, diremos que por causa d'ella, Palmella teve de viver principalmente em París nos dois annos de 1818 e 1819.

Que foi por causa d'ella obrigado a uma viagem a Bruxellas, para se encontrar com os principaes negociadores do Congresso de Aix-la-Chapelle, taes como Metternich, Wellington, Castlereagh, e que em todas as phases por que a negociação passou a sua energica firmeza, a subtileza da sua intelligencia, o zêlo ardente pelos interesses de Portugal não se desmentiram um só momento.

Finalmente, a decisão das Potencias mediadoras e arbitras corôou os esforços do infatigavel diplomata.

N'esta decisão incluia-se formalmente a restituição de Olivença, uma delimitação vantajosa no territorio do Rio da Prata, e uma indemnisação pecuniaria de sete para oito milhões de francos, como condição necessaria para a entrega de Montevideu feita pelas nossas tropas ás tropas hespanholas.

Mas, pela fatalidade estranha que perseguia então as duas nações da Peninsula, e que, por assim dizer, annullou tanto esforço, dissipou tantos thesouros de energia, fez da obra dos nossos melhores espiritos uma obra vã, esta decisão, tão honrosa para Portugal, da qual tanto lustre proviria ao illustre diplomata que, através de obstaculos sempre renascentes, a conseguiu, não se chegou a cumprir, porque, entre as proprias tropas que em Cadiz estavam para embarcar a caminho de Montevideu, rebentou a sublevação, tão celebre pelo nome de Riego, e d'ahi a revolução de toda a Hespanha e o abandono forçado de qualquer plano tendente a restabelecer o dominio da corôa de Fernando nas extensas colonias da America meridional.

Vamos, pois, seguir D. Pedro de Souza ao Rio de Janeiro, para onde teve finalmente de partir no verão de 1820, acudindo ao chamamento insistente de D. João VI; mas antes d'isso, narremos algumas das circumstancias biographicas interessantes que da sua correspondencia particular podemos colher, e deixemos de vez em quando o arido campo da politica e da diplomacia em que tanto somos for· çados a demorar-nos.

II

Quando o Conde de Palmella chegou a Inglaterra em 1816, iniciava-se ali uma quadra verdadeiramente calamitosa. Ao longo periodo da guerra, que pozera na tensão maxima os nervos da forte raça anglo-saxonia, seguira-se um periodo confuso e triste de depressão e de miseria.

Uma formidavel crise financeira e industrial açoitou a nação. Houve tumultos, mortes, latrocinios, incendios.

Operarios exasperados pela fome e incitados pelos agitadores, que sempre surgem em casos taes, fizeram processões de significação revolucionaria, que a tropa dispersou carregando.

O Principe Regente foi apedrejado, e levou dois tiros. que lhe furaram os vidros da carruagem ao retirar de Westminster onde tinha ido abrir o Parlamento.

Os salarios tinham descido e augmentára parallelamente o preço do pão. A fome é má conselheira, e o tempo era particularmente antipathico ás classes inferiores, porque durante o periodo precedente a governação publica tomára um tom auctoritario que a Inglaterra difficilmente tolera, e o partido *tory* dominava sob a fórma dura e exclusiva que lhe era então peculiar, determinando na opinião publica uma reacção liberal que nunca mais desarmou até 1832, e que depois se tem feito constantemente sentir.

As posições formidaveis occupadas por uma aristocracia eivada de fortissimos preconceitos hereditarios, cheia de privilegios —que tinha ido accumulando e que, se não estavam

na lei escripta, estavam em todo o caso nas leis que se
executavam e nos costumes que se impunham, — tinham
de ser formidavelmente atacadas para que d'ellas fossem
desapossados os dominadores do Governo. Até esse tempo
os *torys* governavam a Inglaterra a seu prazer, e contando
com umá immunidade larga, que tinham conseguido alcançar; os *whigs* governavam-na como tutores que dispunham
absolutamente da nação-pupilla emquanto esta lhe estava
confiada; era preciso que ambas as poderosas oligarchias
se persuadissem que a nação queria exercer o direito, que
desde tantos seculos lhe fôra felizmente garantido, de go-
vernar-se a si propria como melhor lhe aprouvesse, por meio
do seu Parlamento *realmente* representativo.

A lucta, cujos finaes resultados ainda se desdobram dia
a dia diante dos nossos olhos, tem, porém, antes de accen-
tuar-se e definir-se sob a fórma legal que lhe deu a victoria,
primordios de extrema desordem, de anarchia intellectual,
cujo espectaculo de certo desnortearia o mais perspicaz
observador.

No mundo politico, social e economico da Gran-Bretanha
estava-se preparando a formação de correntes diversas que
vão pronunciar-se. Apparecem os inicios da Reforma Parlamentar a que legalmente o paiz deverá a sua evolução democratica. Os radicaes fazem nas grandes cidades demonstrações significativas; homens isolados dos dois grandes
partidos apresentam no Parlamento projectos de leis especiaes. Wilberforce vae clamar pela abolição da escravatura;
Romilly e Mackintosh vão trabalhar na modificação das leis
penaes; Grattan e Burdett luctarão contra o Rei, contra os
partidos, — que a final se dão por vencidos nas pessoas
dos seus membros mais evidentes, — pela emancipação
dos catholicos; Gray e Russell interessar-se-hão particular-

mente pela reforma eleitoral; Brougham pela reforma do ensino.

Começa em toda a parte, ora desordenadamente, com o impeto instinctivo que a miseria e o descontentamento dão ás acções da plebe; ora legalmente, com as armas que a lei fornece aos politicos, aos jornalistas, aos pensadores, a lucta universal contra o regimen viciado e retrogrado mantido pelo Governo e pela maioria *tory*. Esta lucta, que vae travar-se nas espheras superiores da sociedade politica, combina-se com a agitação profunda no meio operario, ainda sem organisação e sem experiencia.

De 1816 a 1819 póde dizer-se que está em crise a sociedade ingleza. Crise com explosões intermittentes, com leis draconianas de excepção, com revoltas contra as machinas recentemente applicadas, com clubs secretos propagando entre os proletarios a idéa socialista da distribuição de todo o territorio da Gran-Bretanha feita pelos seus habitantes, etc., etc.

A tudo isto se refere a correspondencia diplomatica de Palmella. Nem sempre elle está imparcialmente orientado nas questões complexas e fundamentaes que se travavam então, e que só mais tarde seriam legalmente resolvidas. Espirito de ordem, repugnam-lhe como attentados anti-sociaes todas as revoltas feitas para alcançar ainda o mais justo empenho; amigo íntimo dos dirigentes politicos, e ignorando, pela distancia em que d'elles está, os males incomportaveis da grande maioria da nação, e não tão inteiramente identificado com o viver íntimo da sociedade politica que possa apreciar em todo o seu rigor, o hypocrita formalismo que escondia miserias e desigualdades odiosas, D. Pedro de Souza está mais depressa inclinado a admirar a grande constituição ingleza e o seu mechanismo regular e perfeito, do que a sympathisar com aquelles que pensam em modifical-a gradual, mas profundamente, em quasi tudo.

Quem lhe déra a elle para Portugal aquella Constituição, cujas bases liberaes lhe pareciam tão largas e tão beneficas!

Percebe-se no emtanto o interesse com que tudo segue e tudo aprecia.

Em 8 de abril de 1817 escrevia ao Conde da Barca para o Rio de Janeiro:

«O Parlamento está agora em ferias. Acabou-se a primeira parte de uma sessão trabalhosa, empregada em lamentações sobre os males do commercio e deterioração da prosperidade publica, em planos de economia levados ao ultimo excesso, em descobertas de conspirações causadas pelo descontentamento da quasi totalidade das classes pobres da nação. Este quadro que apresenta a Inglaterra interior não corresponde aos brilhantes successos com que terminou a ultima guerra, nem ao poderio que extende sobre os mares e sobre as suas numerosissimas colonias.

«Os recursos porém d'este paiz, e principalmente os que lhe subministra o espirito publico da numerosa classe illustrada da nação, são taes, que me não parecem ainda annunciar como proximo o momento de decadencia que cedo ou tarde chega para todos os povos.»

Foi realmente, como D. Pedro tão bem fez notar, o *espirito publico das classes illustradas* que salvou a Inglaterra de cataclysmos sociaes que pareciam imminentes. As leis podiam ir gradualmente corrigindo o que as proprias leis tinham de deficiente; a opinião publica podia ir preparando

as Reformas politicas que modificassem para melhor as in
stituições e os costumes; a revolta do povo ignorante acal-
mar-se-ia ao ver que defensores intelligentes preparavam a
sua emancipação futura e zelavam os seus interesses materiaes e moraes; a Revolução não teria ensejo de manifestar-se onde tantas influencias legaes preparavam pacificamente a Evolução desejada.

Houve um momento em que alguns dos dirigentes julgaram que para oppor um derivativo efficaz á formidavel
opposição — que estava a tactear o terreno, a medir e a
contar as proprias forças, a experimentar as armas, a preparar os elementos da lucta, e as probabilidades da victoria,— seria vantajosa uma nova guerra, que *distrahisse a
nação* dos males interiores e dos remedios que pensavam
já em applicar-lhe.

E o Conde de Palmella escreve:

«O que é bem certo é que a Gran-Bretanha não se acha
agora em estado de emprehender uma nova guerra, e que
os ministros que a promovem se veriam na impossibilidade
de a sustentar.

«Esta certeza, que a fórma do Governo inglez não deixa
ignorar a nenhum Gabinete da Europa, tende sem duvida a
diminuir a influencia de Londres sobre os negocios do continente, e a fazer recear que a ambição da Russia e o espirito revolucionario da França abusem de novo de um tal
conhecimento.»

E muito mais preoccupado com a politica internacional,
como ministro de um governo estrangeiro que é, do que
com as dissensões intestinas da politica ingleza, acrescenta
ainda:

«A rivalidade que se accentua entre a Russia e a Inglaterra, fazendo pairar sobre a Europa a ameaça contínua de

serias conflagrações, faz com que a Europa continue a ter
em pé de guerra massas enormes de soldados.»

Isto, que é para os povos um enorme peso incomportavel, concorre para que n'elles augmente «a fermentação
temerosa que o espirito do seculo, avido de liberdade e de
constituição, faz prever cada vez mais vivo.»

É em vista de tudo isto que muitos julgam, acrescenta
o Conde de Palmella, «que os governos, conhecendo a consequencia das concessões que os povos exigem, procurarão
distrahil-os, assim como aos soldados, por meio de uma
guerra que os absorva e distráia».

Interessante quadra de tão varios aspectos, atravessada
por correntes de opinião tão diversas entre si, e na qual
estão frente a frente como adversarios irreconciliaveis o
velho mundo, que se levanta combalido e contuso de entre
ruinas amontoadas que sobre elle desabaram, e o mundo
novo inexperiente, ambicioso, que tenta realisar-se e que o
vae conseguir, no meio de abalos convulsos de outro quarto
de seculo, cheio de sangue e de lagrimas. E que similhanças
com os tempos de hoje e que differenças esse tempo offerece
á nossa observação!

Como hoje, estavam então em pé de guerra, esmagador
e extenuante, exercitos numerosos, esquadras enormissi-
mas; como hoje, o povo soffria um terrivel mal-estar, que
o irritava e o tinha inquieto...

Preoccupavam-no porém, diversamente do que hoje succede, as questões politicas que os nossos paes resolveram
com o sangue das suas veias e o sacrificio doloroso e longo
de todo o seu ser; e hoje o que preoccupa em toda a parte
as multidões descontentes são as questões economicas, que
a transformação completa da sociedade actual, a resolução

do problema politico, o augmento da população, a desloca-
ção e concentração da riqueza, etc., etc., tornam preponderante.

Os exercitos n'esse tempo estavam ao lado do povo em
Hespanha; estiveram em Portugal; e muitas nações houve,
em que essa identificação fraternal entre exercitos e povo
constituia para os governos um perigo. Foram os *pronunciamentos* militares da Hespanha que deram a esta a constituição e o regimen liberal.

Hoje em toda a parte o exercito é *conservador*. Dizia-se
n'esse tempo *throno e altar;* hoje, que o altar está inclinado
a receber favoravelmente, com os *ex voto* do povo, a expressão da sua angustia secular, deve dizer-se *o sabre e o throno,*
porque será com o sabre ou antes com os terriveis machi-
nismos de guerra inventados pela sciencia (talvez com o fim
humanitario de destruir o mal da guerra pelo seu proprio
excesso), que o throno manterá em respeito, na Allemanha
militarisada, na Europa inteira transformada em caserna, o
impeto enorme, o impeto que acabará por ser irresistivel
do *quarto estado,* que avança faminto na rasão directa da
sua longa abstinencia.

N'este tempo de que tratâmos, comquanto haja, mesmo
na Inglaterra, quem suggira como derivativo *uma guerra
que distráia a opinião,* quem, segundo Palmella, avente
nas regiões superiores «que o edificio politico e economico
d'este paiz não póde subsistir senão em um estado de guerra
que lhe permitta sustentar o systema que seguiu n'esta ultima; e quem se persuada outrosim, que logo que os povos
do continente se acharem envolvidos em novas hostilidades
recaírão as suas fabricas e manufacturas n'aquelle estado
decadente do qual depois da Paz todos á porfia procuram
sair, em detrimento da introducção de generos inglezes»,—

o Governo não tem outro remedio senão render-se á necessidade de uma longa paz, para remediar o *deficit* de suas finanças, para diminuir a sua enorme divida nacional. Não só para isto, porém, precisa elle de paz, mas isto não vê então o governo conservador que está á frente da nação. É para organisar sobre a base de grandes reformas, que vão finalmente iniciar-se, a sua organisação interna, que é actualmente a que mais proxima está do ideal democratico dos sonhadores do seculo xviii.

E quando se pensa que n'este periodo houve realmente uma corrente que impellia para a guerra como o meio mais facil de distrahir as classes inferiores do seu pruido de reformas, e de augmentar, pela desgraça geral, a riqueza industrial da Inglaterra, sentimos verdadeira indignação perante o atroz egoismo que póde existir nas nações e nos individuos, perante a ferocidade ingenita que ha no fundo mais recondito da humanidade!

Os restantes negocios de que Palmella tratou em Londres foram: a convenção feita em 1817, regulando os meios de reprimir o trafico illicito da escravatura; a indemnisação que obteve de 500:000 libras sterlinas do Governo britannico por apresamento illegal de navios nossos, alem das 300:000 que se haviam estipulado no Tratado de Vienna; e, finalmente, a quantia de 113:000 libras, alcançada para o exercito portuguez pela parte das presas que lhe couberam da guerra peninsular. De todas estas negociações restam os documentos diplomaticos, as longas correspondencias que denotam a maxima actividade e o mais ardente zêlo pelo decoro e pela dignidade de Portugal, o officio de Castlereagh, em que elle offerece, alem da indemnisação pecuniaria *«a disavowal of the proceeding of the British Officer, and an ample and liberal apology to the Portuguese Gover-*

nment for the violence into which he was betrayed[1]», etc., etc., quando um navio inglez, respondendo á aggressão de um corsario americano, fez fogo contra elle em territorio portuguez, isto é, nas aguas da Ilha do Fayal.

III

Alem d'esses Officios e Despachos, que são importantissimos, apparecem de novo entre os papeis que estamos consultando para este trabalho cartas particulares que durante um longo periodo nos faltaram.

São as primeiras cartas que encontrâmos entre o Conde de Palmella e sua mulher.

Muitas outras deveriam existir, pois não ha correspondente mais assiduo desde o tempo em que estas apparecem até final, e durante um grande periodo, marido e mulher tinham estado separados.

---

[1] The undersigned also begs leave to add that the British Government are farther of opinion that the most suitable reparation for the violation of the Portugese territory appears to be what has already been offered on the part of the Government, a disavowal of the proceeding of the Bristh Officer *and an ample and liberal apology* to the Portuguese Government for the violence into which he was betrayed by the aggression of the american vessel. But in order to manifest the uniform disposition of the British Government to what is most agreable to the wishes of His Majesty's Ally, the King of Portugal, the undersigned is commanded to notify to the Count de Palmella that they are willing to reemburse to the inhabitants of the Island the value of the damages they may have actually sustained from the fire of the British frigate. = (Assignado) Castlereagh.

Traducção: O abaixo assignado tambem pede licença para acrescentar que o Governo britannico se sente inclinado a crer que a repa-

Quando em 1813 o Conde de Palmella se dirigiu de Lisboa para Inglaterra, não pôde levar a Condessa, pelo seu estado avançado de gravidez, e só depois de dois annos, em 1815, na volta do Congresso de Vienna, beijou pela primeira vez a sua segunda filha, Eugenia. Quando em 1816 definitivamente tomou posse da Legação de Londres ainda a esposa o não pôde acompanhar pelo mesmo motivo, e só no principio de 1817, já mãe de outra pequenina (Izabel), parte, com os tres filhos e com a cunhada D. Catharina, a encontrar-se com o marido.

Antes de aportar a Inglaterra morre-lhe a filhinha de seis mezes que trazia com tanto orgulho e tanta alegria ao esposo querido, e quando este, indo a Falmouth ao encontro da mulher e dos filhos, procura avidamente pela creança que ainda não vira, é o seu pequenino cadaver que aperta contra o coração. Muitas dores d'este quilate, mais crueis ainda de supportar, esperam os Condes de Palmella; muitas vezes a Morte irá bater á porta d'aquella casa, onde, se não fosse ella, moraria a felicidade do coração, e onde por causa d'ella tantas lagrimas correram; mas não é agora occasião de nos referirmos a este triste assumpto.

---

ração mais efficaz para a violação do territorio portuguez parece ser o que foi já offerecido da parte do Governo, a desapprovação do procedimento do official britannico e o cortez pedido de desculpa apresentado ao Governo portuguez pela violencia a que esse official foi levado pela aggressão do navio americano. Mas, para manifestar a disposição unanime do Governo britannico a tudo que mais conforme seja com os desejos do Alliado de Sua Magestade o Rei de Portugal, o abaixo assignado acha-se auctorisado a notificar ao Conde de Palmella que o seu Governo está prompto a reembolsar aos habitantes da Ilha o valor das perdas e damnos que tiveram em consequencia do fogo da fragata ingleza.=(Assignado) Castlereagh.

Como as negociações sobre a questão de Montevideu levassem D. Pedro a Paris muitas vezes e o obrigassem a demorar-se lá bastante tempo, a correspondencia entre marido e mulher é frequente e affectuosissima.

Extenuado ás vezes pelo seu longo correio para o Brazil, pelos innumeros passos que tem de dar, pela sua falta de saude, que no clima de Londres se aggravou, é raro o dia em que D. Pedro deixa de escrever á esposa estremecida, creança que elle moldára a si na mais terna effusão de carinho, entre amoroso e paternal.

E são justamente essas cartas sem pretensões, escriptas *à la diable,* em pressa vertiginosa, ao saír de uma conferencia, depois de umas poucas de horas de trabalho de gabinete, que revelam de D. Pedro de Souza aquella face intima, sympathica, tão humana, tão desconhecida da posteridade, e que foi de certo o segredo com que elle encantou, positivamente *encantou,* os contemporaneos que de perto o trataram.

Este diplomata, em cujos hombros repousavam responsabilidades tão sérias, faz todas as encommendas femininas que lhe pedem com um cuidado e um zêlo iguaes aos que emprega nas cousas do Estado. A Condessa de Palmella tinha aó chegar a Londres dezenove annos incompletos, e a primeira dor da sua vida, comquanto violenta, teve natural e prompta consolação no amor do marido e dos filhos, na vida nova que se lhe desenrola como um panorama de magia diante do olhar juvenil. A *alta vida* de Londres era, como já dissemos, uma das cousas mais encantadoras, mais estonteadoras que se conhecem, e ella, amimada, querida, procurada, vivendo entre os mais illustres e os mais distinctos, gosa, como é natural, este periodo de absorventes distracções.

Por isso, apesar da veneração e do respeito que lhe inspira o grande homem que é seu marido, apesar da especie de pavor com que se informa dos graves interesses que o preoccupam, tem infinitas cousas a mandar vir de París quando o Conde de Palmella ahi se demora.

E são chailes, e são Cachemiras, e são meias de seda, e luvas, e plumas, e cambraias, e livros carissimos que ensinam a fazer flores, etc., etc. E elle, paciente, risonho, dando a maior attenção ás pequenas questões *tão importantes* da moda e da *toilette,* aconselha, corrige, escolhe, e apenas de vez em quando ousa suggerir á gentilissima esposa de vinte annos, se não seria melhor fazer de uma só vez as encommendas que vem 'como um rol obrigado em todos os correios, «e para as quaes já habitualmente não bastam dois saccos».

Na *Memoria historica* consagrada por Almeida Garrett á figura adoravel da Condessa de Palmella vem narrada esta anecdota que bem revela quanto o Embaixador portuguez e sua esposa sabiam zelar até ao requinte mais delicado a dignidade da nação que ali representavam: «Era uma festa no Paço; a Embaixatriz de Portugal na sua chegada não achára assento destinado para ella no logar que tinha direito de occupar. Posto que timida em rasão da sua idade, e isenta de sentimentos pessoaes de orgulho que não poderiam conciliar-se com a religiosa modestia que mostrava em todos os actos ordinarios da vida, não hesitou comtudo em reivindicar, como podéra fazer a pessoa mais costumada a figurar em occasiões publicas, o logar que na qualidade de mulher do representante da corôa de Portugal conhecia competir-lhe; e com uma presença de espirito que causou admiração e mereceu ahi mesmo o applauso da Côrte toda de Inglaterra, arrojou uma cadeira de outro sitio da sala e tomou o logar que lhe pertencia como quem era¹».

Ao passo que assim fazia respeitar na sua pessoa o paiz que officialmente seu marido representava, ninguem mais affavel, mais lhano, mais singelamente e genuinamente christão que esta doce mulher, em cujas veias azues gira o sangue de Vasco da Gama e de João das Regras.

Póde bem imaginar-se quanto esta brilhante ascendencia historica concorreria na tradicional Inglaterra para o prestigio da joven Embaixatriz, que, de mais a mais, fallava perfeitamente o inglez, o hespanhol e o francez.

Não admira pois que, continuamente reclamada para os *drawing rooms,* os *raout* diplomaticos, os bailes de *Almack,* tão famosos e exclusivos, patrocinados pela sua amiga Lieven (e para os quaes esta se farţava de recusar admissões, cousa que augmentava extraordinariamente o desejo que havia de lá penetrar), corridas de Epsom, *at home* elegantes de fastientas *ladies;* íntima das duas garridas Embaixatrizes que dominavam a moda—que admira, pois, que a joven Condessa de Palmella, cuja graciosa vivacidade estava então em plena flor, cuja alma por assim dizer intacta se abria aos esplendores de uma vida tão cheia de interesses, fizesse milhares de encommendas ao seu encantador *parisiense,* que as satisfazia com tão esmerado gosto, com tão extremada galanteria, advertindo-a amoravelmente só quando eram excessivos os gastos que ella, na imprudencia dos seus curtos annos, mal sabia calcular.

Os filhos são no emtanto o assumpto principal d'esta correspondencia íntima tão interessante, a saude dos filhos, para quem se consultam as mais altas auctoridades clinicas

---

¹ *Memoria Historica da Duqueța de Palmella,* por Almeida Garrett.

de Londres, a educação dos filhos, que principia apenas e
já preoccupa tão profundamente os dois esposos, as promessas adoraveis que faz ao coração de ambos a infancia
deliciosa d'aquelle que foi o seu melhor e o mais puro enlevo, e cuja perda em plena adolescencia brilhantissima foi
para ambos a dor que nunca mais se consola, a dor de que
nunca mais quizeram consolar-se.

Ás vezes a carta do Conde de Palmella é dirigida á esposa e á irmã ao mesmo tempo e começa assim: *Minhas
queridas mulheres da minha alma e do meu coração!* Outras
vezes diz-lhes enternecido: *Minhas queridas filhas do coração, pois alem de marido e irmão parece-me tambem que sou
pae de ambas.*

Em todas ellas mostra a maior solicitude pela saude, pelo
bem-estar da familia, manda recados para os creados pelos
seus nomes, informa-se de tudo que diz respeito á casa,
revela emfim uma alma de meiguice, bem diversa d'essa
fria alma que lhe atribuiram os que só o conheceram de
longe sob o correctissimo aspecto de diplomata e de homem
publico.

Em 4 de junho de 1818, D. Pedro, escrevendo de Paris
á mulher, diz o seguinte:

«Hoje tive a visita inesperada de uma pobre mulher que
me affligiu bastante. Era a amante de Gomes Freire, que
vivia com ella havia muitos annos como sua mulher; mos-
trou-me entre outras cousas um bilhete que elle lhe escreveu
pelo seu confessor nas vesperas de morrer e que me enter-
neceu muito. Ella, coitada, está de mais a mais miseravel,
com os olhos gastos de chorar.»

Temos a certeza que ao menos durante algum tempo
esta miseria levou comsigo o soccorro que a attenuasse.
A generosidade, a caridade de D. Pedro são cousas abso-

lutamente maravilhosas. Não ha recorrer a elle sem o encontrar. Não accentuariamos isto tanto, se este livro não
fosse ao mesmo tempo um livro de historia e um livro de
defeza contra os que leviana ou cruelmente julgaram sempre
o Duque de Palmella.

Outra vez, muito cansado dos seus trabalhos, lá escreve:
«Hoje me tenho occupado das compras de sapatos e lenços
que vocês me encommendaram e tambem dos diamantes
da mana Catharina, ácerca dos quaes um dos melhores ou-
rives de Paris me deve trazer ámanhã uns desenhos. Sinto
porém que tu me não queiras repetir positivamente quaes
são os enfeites que mais desejas, porque na verdade não
tenho um instante de meu para cuidar em cousa nenhuma,
nem sei a quem poderei dirigir-me para consultar sobre esse
ponto.»

Em 10 de dezembro de 1818:

«Saberás que hoje subscrevi em teu nome (D. Eugenia
Telles da Gama) para um monumento que se pretende erigir
á memoria de Camões. Creio que é pagar uma divida de
familia. Subscrevi por ti mil francos, e espero que tu os
aches màis bem empregados do que em enfeites. Por minha
conta subscrevi dois mil.»

Quando em novembro de 1818 tem de ir a Bruxellas ao
encontro dos embaixadores que vinham de Aix-la-Chapelle,
e que são Metternich, Castlereagh, Wellington, etc., escreve
da linda cidade belga á mulher:

«Cheguei aqui antes de hontem, no dia mesmo em que
o Imperador Alexandre partia d'esta cidade. Houve grandes
festas em seu obsequio, ás quaes felizmente não assisti,
porém consegui o objecto principal da minha jornada, que
era ver os personagens que aqui se juntaram á saída do

Congresso de Aix-la-Chapelle[1], e, por consequencia, determinar mais positivamente tudo que diz respeito ás negociações que tão cruelmente me têem demorado em París. Hoje chegaram o Principe de Metternich, o Duque de Wellington, e Lord Castlereagh espera-se depois de ámanhã.

«... Estejam certas de que as não esqueço um instante só, nem de dia, nem de noite. Bem vês comtudo que se tivesses vindo a París ultimamente ter comigo teria sido necessario, ou seguires-me aqui ou ficares em París mais só ainda do que estás em Londres. Isso consola-me um pouco de não ter instado mais pela tua vinda, porque a jornada que fiz aqui rapidamente e por tão poucos dias havia de cansar-te; por outra parte, sinto que não vejas este paiz, que é magnifico. As campinas são tão bem cultivadas! e muito mais alegres que as da Inglaterra. A cidade não é grande, mas é muito bonita.

«Ámanhã espero ir com o Duque de Wellington ver o campo de batalha de Waterloo. Não se póde para esse effeito ter melhor *cicerone*.

«Jantámos hontem com El-Rei, que eu tinha conhecido muito em Londres, ainda como Principe de Orange. É um excellente Principe, com maneiras extremamente singelas, e que de certo não esperava, quando o tratava quasi como

---

[1] A Côrte do Rio nomeou o Conde de Palmella seu plenipotenciario n'este Congresso, mas elle, com o seu bom senso habitual, guardou as credenciaes e poupou ao seu paiz o desaire de ser avisado de que não o chamavam ali. Metternich e Castlereagh escrevem-lhe cartas elogiando esta prudente determinação que obstou a que Portugal fosse humilhado pela recusa das Potencias a reconhecer-lhe o direito de comparencia.

companheiro em Londres, ver d'ahi a pouco sentado n'um throno.»

A 27 de novembro Palmella escreve:

«A minha vinda a Bruxellas não foi infructifera; achei aqui Metternich, Castlereagh, Wellington, e consegui as informações todas que podia desejar. Hoje fui apresentado á Princeza de Orange, Gran Duqueza da Russia, que me pareceu extremamente amavel. Hontem fui com o Duque de Wellington ao campo de batalha de Waterloo, e na verdade é uma memoria bem interessante, que conservarei toda a minha vida, a de o ter ouvido e visto n'aquelle campo de batalha explicar as manobras, e responder a todas as perguntas que lhe faziam. Os Lieven tambem aqui estiveram e partiram para Paris; o Duque de Richelieu passou por cá, e o Conde de Nesselrode, ministro dos negocios estrangeiros do Imperador da Russia. Emfim, todo o Congresso de Aix-la-Chapelle se vasou aqui. No meio de todos estes negocios e da curiosidade de ver cousas novas tenho vivido n'uma inquietação que só cessará quando te tiver abraçado.»

E tanto mais meritoria é esta saudade da casa, da familia, da esposa ainda infantil que tanto o adorava, quanto a vida de Palmella em Paris é um d'estes encantamentos sociaes para que elle fôra positivamente feito.

A sociedade que frequenta é a melhor d'essa *Restauração* elegante que n'um supremo esforço de vontade tentava resurgir as tradições graciosas do regimen extincto.

Succedem-se os jantares, os bailes, as festas no Paço, as reuniões íntimas a que é convidado incessantemente o elegante Embaixador portuguez.

E na correspondencia d'elle surgem em pequeninas phrases as elegancias do tempo um pouco *surannées,* e por isso hoje táo interessantes já, pela data que as assignala. Reina nas altas regióes o gosto inglez trazido da emigração pela Familia Real e pela Côrte, e nos salões illuminados *a giorno* passam esbeltas e de longos caracoes *(des anglaises)* as Duquezas de Balzac, pallidas, garridas e desdenhosas...

Palmella, nas noites em que náo vae á sociedade, frequenta a Opera, o Vaudeville, o Theatro Francez, ouve Talma, ouve Pellegrini, interessa-se pelas novidades dramaticas; uma vez canta n'um concerto íntimo, com a Grassini e a irmá, um terceto, que elle classifica rindo «como um acontecimento que fará epocha na sua historia musical». Outras vezes vae a Tivoli, de que vem enthusiasmado: «foi uma festa extraordinaria e confesso-te que fiquei pasmado da magia do espectaculo. O jardim, todo illuminado com vidros de diversas cores, e apparecendo, pela parte da entrada que é a mais alta, como uma campina coberta de luzes». Depois a montanha russa, que *desceu mais de uma duzia de vezes,* os fogos de artificio deslumbrantes, a ascensão aerostatica, o barulho dos carros que voam pela montanha abaixo, etc., etc.».

Eram novos então aquelles espectaculos de que hoje todos estão cansados, e o Conde de Palmella gosa-os como uma creança, acrescentando: «Tive n'esta noite ainda mais saudades tuas e da mana Catharina do que costumo e muitas vezes exclamei alto para os meus companheiros (o Conde de Funchal e D. José Maria de Souza) a pena de não se acharem ahi vocês, para participarem dos prazeres verdadeiramente encantadores de tal festa».

Do Paço tambem falla muita vez, e de Neuilly, onde vae visitar o Duque de Ôrleans (o futuro Rei dos francezes), a quem sempre o uniram laços de extrema sympathia, a que se refere nos seus apontamentos auto-biographícos.

N'uma carta descreve o primeiro hypodromo que París teve: «A respeito de divertimentos ha agora um novo, ao qual fui hontem pela primeira vez e senti bem não te ter commigo. É um circo á maneira dos antigos, onde se corre em cavallo e em carro, já se sabe tudo fornecido pela administração; os cavallos optimamente ensinados. Ha todos os exercicios cavalleirescos e jogos, e torneios, e ao domingo, quando faz bom tempo, é um excellente *rendez-vous* para os elegantes, porque de mais a mais o jardim é lindo e fica mesmo defronte do Bois de Boulogne.»

Emfim, é interessantissimo, através d'estas cartas despretenciosas e rapidas, o París da Restauração, de que nos apparecem pequenos recantos luminosos, *silhouettes* rapidas, mas expressivas.

Hoje é *la rentrée* de Mademoiselle Mars depois de tres mezes de ausencia; ámanhã uma revista da guarda nacional, funcção magnifica, com París todo illuminado á noite «embora fossem poucos os vivas, e diminuto o enthusiasmo»; pouco depois é o *whist* do sr. de Talleyrand, e é uma *assembléa* em casa de Lady Elizabeth Stuart, onde apparece Madame de Crawford «com a sua linda neta a Duqueza de Guiche, casada de quatro dias e verdadeiramente radiante»; e mais longe uma burricada (oh parisienses da terceira Republica, uma burricada!) a Montmorency, sitio delicioso, em que o grave diplomata se diverte como um rapaz acompanhado pelo Marquez de Marialva e por mais portuguezes da Legação. Succede-se a esta bucolica excursão, que lembra os romances do tempo, uma festa magnifica nas Tuilherias, «espectaculo no theatro do Paço, tragedia, comedia e baile, todas as senhoras decotadas e cobertas de diamantes». E este velho París, de que nada resta hoje, faz-nos a sensação de uma bella cousa que morreu!

Uma das salas que Palmella mais assiduamente frequenta é a da Duqueza de Broglie, a bella, a grave Albertina de Staël, aquella que em pequena perguntava á mãe «se teria realmente feito a conquista de D. Pedro.» Que saudades elle teria ali do passado inolvidavel! Saudades que guardou para si, para não offender justas susceptibilidades tão feminis! A Duqueza de Broglie presidia então á sala distincta entre todas, onde brilhava o grupo dos seus amigos illustres, baptisados em França com o nome de *Doutrinarios,* grupo de que ella era o idolo austero e casto.

Ali o fino Doudan observava calado, de olhos fitos na adoravel mulher de quem foi o silencioso escravo; Prosper de Barante, Camille Jordan, Benjamin Constant, os amigos de outr'ora, misturavam-se com Victor de Broglie, com Charles Remusat, com Royer Collard, e sobretudo attrahiria Palmella pela estranheza e pelo contraste, a magra figura de *Cévenol* protestante de Guizot, cujos olhos de lume revelavam a concentrada energia de um caracter, e a intensa vida de um talento incomparavel.

Albertina, a todos acolhia com soberano tacto, realisando a imagem que mais tarde traçava d'ella o proprio Guizot quando lhe chamava «a mulher rara em quem se juntavam com tanta modestia e escrupulo, a virtude e a graça, a dignidade e o abandono, a elegante riqueza do espirito e a simplicidade perfeita do coração»!

Como este theatro era adequado ao intelligente homem do mundo que foi Palmella! Como ali o prenderiam com subtil encanto as saudades do passado e as graças diversas, mas tão poderosas tambem, de um mundo novo que se iniciava.

Finda, porém, a negociação de Montevideu, unico motivo que o prendia ainda a Paris e á Europa, o Conde de

Palmella teve de dizer adeus ás duas brilhantissimas sociedades de que era ornamento e elle e a esposa, acompanhados de quatro filhos e da irmã solteira, D. Catharina, já noiva do Conde de Linhares, que fôra a Inglaterra pedil-a, deixavam Londres —imagine-se com que saudades!— chegando na primavera do anno de 1820 a Lisboa, onde o esperavam acontecimentos de uma gravidade historica que ninguem desconhece.

Depois de entregar a Sua Magestade Britannica as recredenciaes de Embaixador, o Conde de Palmella, em officio datado de Londres (15 de junho de 1820) e dirigido a Thomaz Antonio de Villa Nova Portugal, fazia um resumido summario dos actos pelos quaes assignalára a sua missão junto ao Governo de Saint James.

Não resistimos á tentação de transcrever para aqui essa exposição, que dará aos leitores uma idéa exacta dos serviços prestados pelo habil e sympathico Embaixador.

«A unica satisfação que me appetece no decurso d'esta ardua missão é a de obter a benigna approvação de S. M. El-Rei N. S., e esta atrevo-me a esperar que a não desmereci, considerando, não só o importantissimo emprego ao qual o mesmo augusto senhor houve por bem elevar-me, emprego que em todo o sentido é superior ás minhas forças; mas, reflectindo tambem *na situação em que achei os negocios d'esta missão quando tomei posse d'ella, e comparando-a com o estado em que os deixo á minha partida*[1]. Seja-me licito para prova d'esta asserção dizer em poucas palavras, que, sem fallar do emprestimo de seiscentas mil libras, de que consegui, conjunctamente com os meus collegas no Con-

---

[1] O sublinhado é nosso.

gresso, desonerar o Erario Regio, tive a fortuna de obter
para os vassallos de S. M., lesados pelas presas illegalmente
feitas pelos cruzadores britannicos, e para o seu heroico exercito de Portugal, o pagamento já verificado ou proximo a
verificar-se de uma quantia que excede a oito milhões de
cruzados. Conclui a convenção de 1817, que poz a salvo o
decoro de S. M. e os interesses dos seus subditos, e que,
sem embargo de ser da natureza a mais complicada, não
tem dado até agora, nem dará, segundo espero, para o futuro, logar á menor duvida, nem explicação (caso que raras
vezes acontece em similhantes tratados) e que só tem sido
criticada n'este paiz pelo partido que promove a extincção
do trafico, porque lhe pareceu para nós tão vantajosa, que
até fez um cargo ao ministerio britannico de havel-a assignado. Lisongeio-me de não ter nunca, nem por sombras
comprommettido em papel ou acto algum que de mim ema-
nasse o real decóro da corôa de S. M., mas antes de o haver
sustentado com uma independencia de que fazem fé as minhas notas e especialmente das que n'esta occasião subiram
á presença de S. M., e que, seja-me licito dizel-o, este ministerio nem sempre estava acostumado em similhantes circumstancias a encontrar.

«Um dos resultados d'este procedimento foi o receber
S. M. a satisfação mais explicita que jamais foi dada pelo
Gabinete britannico, pelos desacatos commettidos por *sir*
James Yeo, e abrir exemplo para se reclamarem iguaes sa-
tisfações sempre que por desgraça a prepotencia maritima
da Inglaterra nos ponha no caso de as dever exigir.

«Finalmente, na negociação com a Hespanha e com os
mediadores, negociação talvez a mais difficil que jamais occorreu, pela duvida em que nós mesmos temos estado sobre o verdadeiro e ultimo objecto que nos propomos, tenho

ao menos a consolação de haver convencido a Europa toda da justiça e lealdade dos conselhos de El-Rei N. S.; de haver feito para sempre calar as asserções calumniosas do Gabinete de Madrid; de haver feito renovar explicitamente a garantia de Portugal e de deixar este negocio em situação tal que S. M. póde e poderá livremente para o futuro, e se não se achar por modo algum compromettido, adoptar o arbitrio e seguir a linha de proceder que a sua sabedoria lhe dictar[1].»

Esta missão de Palmella em Londres e Paris, exercida com tanta dignidade e tão fino tacto; com tanto zêlo e tão delicada intelligencia, e na qual elle aproveitou habilmente de todos os elementos que podiam, facilitando-lhe o arduo trabalho, dar mais vivo realce e mais importancia politica ao seu paiz, é uma das joias que esmaltam a sua carreira diplomatica de mais intenso brilho.

Nunca, desde o Marquez de Pombal, ministro portuguez fallára com mais dignidade e mais serena reserva, e fôra attendido com mais consideração pessoal.

Aos que o acoimaram de *inglezado* responde a historia documentada d'esta missão. Ninguem mais admirou a Inglaterra, e mais luctou contra ella!

IV

Ainda em Londres, e longe de tudo que podesse directamente elucidal-o, Palmella não se illudia a respeito do estado de Portugal.

---

[1] *Despachos e correspondencia diplomatica do Duque de Palmella*, vol. 1, pag. 124.

A 27 de janeiro de 1820, depois da insurreição de Cadiz, D. Pedro escrevia em carta particular a D. Antonio de
Saldanha algumas phrases, que não podemos deixar de transcrever aqui, embora já fossem publicadas entre os *Despachos* do Duque de Palmella.

«As medidas obvias e urgentes são: pôr o nosso exercito em estado de se reunir e marchar á primeira ordem,
e mantel-o ao corrente dos seus vencimentos (a este tempo
já se lhe devia uns poucos de mezes de soldo), e mostrar o
governo em todos os seus actos firmeza e energia, porém,
ao mesmo tempo, justiça e equidade. Agora quaes sejam
os meios de pagar ao exercito isso é que na verdade me
parece difficil de indicar.

«Novos tributos certamente não se devem impor, e novos
emprestimos são difficeis ou impossiveis de conseguir; mas
creio que se poderia estabelecer um melhor systema para a
cobrança dos impostos existentes e principalmente para as
alfandegas, e n'um caso de necessidade aconselharia uma
contribuição da terça parte ou da metade do rendimento
das commendas da corôa que se acham distribuidas pela
nobreza[1] (bem vês que o conselho não é interessado), porque
me parece que não escandalisaria a Nação, e que seria um
dinheiro facil de cobrar, alem de que seria um grande passo
dado para o resgate de todos os dizimos, que deve ser a
final ancora de salvação. Estes remedios momentaneos, po-

---

[1] Por esta revelação ainda timida das suas idéas de politica e de
economia percebe-se bem a opposição que elle excitou no partido aristocratico. Á sua extrema moderação, á sua desdenhosa frieza diante dos
excessos e das exaltações demagogicas deveu o odio profundo que
entre os radicaes inspirava. Politicos d'esta tempera só podem ser jul-
gados pela posteridade. Os contemporaneos são-lhes sempre adversos.

rém, não bastam; é necessario uma *cura radical,* e sem
ella não evitaremos um dia ou outro o perigo que já se nos
apresenta.»

A 6 de março do mesmo anno:

«As noticias de Hespanha são realmente calamitosas...
O momento vae-se tornando sobremaneira critico para Portugal... Creio que uma reforma prompta no governo de
Portugal é de absoluta necessidade, e que El-Rei não deve
hesitar em mandar *immediatamente* o seu filho primogenito,
nomeando-lhe um conselho de gente capaz, *se a achar,* e
dando-lhe poderes muito extensos. Qualquer que seja o desenlace de Hespanha, as consequencias hão de ser sempre
fataes para Portugal...»

Era, portanto, com esta *visão clara* das circumstancias
politicas que D. Pedro, perfeitamente ao corrente das duas
revoluções de Hespanha e de Italia, chegára a Lisboa, nos
principios de agosto de 1820.

A 23 d'este mez, ainda em carta particular a D. Antonio
de Saldanha[1], Palmella escrevia-lhe meio tranquillisado pela
apparencia estagnada do paiz, meio sobresaltado pela pre-
visão de cousas que deviam parecer evidentes ao seu claro
espirito.

«Aqui tudo está tranquillo na apparencia. Não sei se
ha brazas debaixo das cinzas, mas sei que se não se tratar *systematicamente* dos remedios de que necessita este
doente, elle ha de expirar breve, ou de estouro ou de consumpção. Do Rio de Janeiro espero noticias pelo primeiro
paquete de Inglaterra... Annunciam-se medidas favoraveis
ao commercio portuguez, diminuição dos direitos dos vi-
nhos, a cessação da remessa mensal de cincoenta contos,

---

[1] *Despachos e correspondencia do Duque de Palmella,* vol. 1.

etc., porém, nada relativamente á vinda de uma das Pessoas Reaes...»

Poucas horas depois de Palmella escrever estas palavras de inquietação e de surpreza pelo socego apparente do paiz, a 24 de agosto de 1820, Sepulveda «o Riego Portuguez, idolo da nação», como lhe chama Gervinus, soltava o grito que ía iniciar em Portugal, embora com intermittencias e crises convulsivas, uma vida nova.

É que o paiz estava farto, mortalmente farto, da brutalidade desdenhosa com que o opprimia o Proconsul inglez, e por isso, apesar do resultado tristissimo que tivera a conjuração de Gomes Freire, e da morte suppliciante com que este pagára o seu sonho generoso, elle tentava outra vez libertar-se pela força do jugo abominavel.

A tropa e o povo do Porto tinham fraternisado no campo de Santo Ovidio, acclamando o movimento revolucionario.

Creára-se um Governo provisorio; a Junta governaria em nome de El-Rei D. João VI até á installação das Côrtes que íam ser eleitas. Essas Côrtes, de que ninguem ainda fez a historia, foram, é verdade, uma tentativa mallograda, de ideologos e de sonhadores, mas não foi inutil inteiramente o seu trabalho, nem póde fazer-se a critica do constitucionalismo portuguez sem o filiar n'essa assembléa, onde a eloquencia e o enthusiasmo liberal jorraram em borbotões dos labios de Fernandes Thomaz, de Borges Carneiro, de tantos outros que ficaram representando a honestidade inexperiente, a utopia politica desinteressada e brilhante nos fastos do nosso liberalismo.

O Conde de Palmella, rico de todas as experiencias que temos narrado, não devia surprehender-se e não se surprehendeu ao rebentar da Revolução de 1820, que elle antevira, remomerando os erros dos Governantes do tempo.

Antes, porém, que essa Revolução tomasse a fórma de-
magogica, o que elle então quereria era, aproveitando a
energia nacional posta em movimento, levar o espirito publico á iniciação de uma nova era de legalidade e de actividade politica.

· Que se convocassem Côrtes sim, mas as velhas Côrtes
nacionaes, em que tantas verdades os Reis tinham ouvido
dos povos; as Côrtes compostas dos tres Estados da nação
portugueza, que a levantassem do abatimento moderno em
que jazia, que a libertassem do jugo estrangeiro, que estu-
dassem a lei organica a cuja sombra Portugal quereria d'ali
ávante viver. E que fosse o Rei que outorgasse a Constituição ao povo Portuguez, e que fosse em nome do Rei que
as Côrtes tradicionaes fossem convocadas.

Chegou a adoptar-se este alvitre proposto por Palmella,
depois de reunido uma especie de conselho composto das
pessoas mais consideraveis de Lisboa, mas a onda da revolução militar e popular levou adiante de si todas as resoluções legaes que se alvitraram já tão tarde. Os Governadores do Reino, sabendo que o Conde de Palmella fôra
nomeado ministro de El-Rei D. João VI, e querendo re-
partir com alguem das tremendas responsabilidades que
sobre elles pesavam, chamaram-no aos seus conselhos[1].

Elle, porém, percebia que tinha chegado o momento para
a Monarchia Portugueza —que de facto se tornára uma especie de simulacro vão— de se reconstituir pela liberdade
ou desapparecer como uma instituição vencida.

Se fosse possivel — e era possivel, pois que assim se fez
mais tarde — collocar a dynastia portugueza á frente do movimento liberal; suggerir-lhe que satisfizesse ella propria as

---

[1] *Despachos do Duque de Palmella,* vol. ɪ.

ambições irresistiveis de tudo que em Portugal ainda pensava e sentia, que realisasse as aspirações da alma portugueza, impellindo-a no caminho de uma civilisação que lá
fóra resplandecia e de que aqui mal se enxergavam as fórmas indistinctas; que voltasse para o solo sagrado da patria,
d'esta patria conquistada ao estrangeiro por um esforço tão
sublime de energia nacional, engrandecida e dilatada por um
arrojo de aventura e vontade epica, d'esta patria que tinham
illustrado Affonso Henriques, o Mestre de Aviz, o Infante
de Sagres, D. João II, Gama, Cabral, Camões, e que se
sentia humilhada agora no seu papel subalterno de colonia,
em que estrangeiros mandavam, que a brutalidade de Beresford tinha manietada e humilde;—se fosse possivel con-
vencer a dynastia brigantina de que uma tentativa pelo
menos lhe era determinada pelas leis da Historia, o nosso
pobre Portugal teria ainda um futuro grande, e um novo
papel, se não tão brilhante, pelo menos igualmente digno
lhe estava marcado no mappa ideal das nações.

O pensamento de Palmella não era uma utopia irrealisavel. A prova é que se realisou em parte. A prova é que
por meio d'esse plano, Portugal ainda conheceu dias de
orgulho e de gloria, e que a morte que lhe estava imminente,
a morte que nenhuma vontade nacional, desajudada da dynastia hereditaria, poderia evitar-lhe, foi afugentada para
longe, e ainda hoje nos não logrou anniquilar.

Já o dissemos aqui e repetimol-o. É moda hoje malsinar os que ao Portugal antigo ajudaram a substituir o Portugal liberal, a cuja benigna lei fomos creados. Os que tal
fazem esquecem de certo o que era a triste colonia revo-
lucionada que em 24 de agosto no Porto, e em 15 de
setembro em Lisboa, soltou o duplo grito que chamava
D. João VI e que expulsava o duro Proconsul inglez!

D. Pedro de Souza demorou-se ainda em Lisboa até principios de outubro, e n'esse intervallo fez conhecimento com Frei Francisco de S. Luiz, a quem se abriu francamente sobre as suas idéas e projectos, que este pareceu abraçar com a maior sinceridade.

Frei Francisco de S. Luiz encarregou o Conde de Palmella de levar uma carta para D. João VI, em que lhe ponderava a necessidade de voltar para a metropole e de transigir com as idéas irresistiveis do tempo, fazendo, já se vê, o possivel para dominar os excessos do movimento, pondo-se por assim dizer á frente d'elle.

A Junta do Porto entrou em Lisboa a 1 de outubro no meio de uma verdadeira tempestade de alegria popular, e pouco depois Palmella, deixando a esposa aqui entregue aos cuidados da familia, e para não expol-a aos riscos do seu rumo incerto, embarcava'n'um paquete inglez e seguia para o Rio de Janeiro cheio de apprehensões pelo sombrio futuro que antevia para a patria.

CAPITULO IX

NO RIO DE JANEIRO

CAPÍTULO IX

—

NO RIO DE JANEIRO

—

SUMMARIO

Partida para o Rio de Janeiro. Tristezas íntimas e apprehensões publicas. D. Pedro em perigo no mar alto. Arriba a Gibraltar. Cartas de viagem. Cartas deliciosas da Duqueza de Palmella a seu marido. A chegada ao Rio. As primeiras impressões. Difficuldades da vida politica. A revolução militar da Bahia e do Rio de Janeiro. Carta do Duque de Palmella a seu cunhado Conde de Linhares. Demissão do ministerio. Demora no Rio. Pormenores interessantissimos da correspondencia íntima entre os esposos Como ella revela bem o tempo de que é datada. Retrospecto politico. Vãs tentativas de Palmella. Decreto lavrado tardiamente. Posição humilhante de D. João VI. Partida d'este para Lisboa. Conselho de ministros na altura dos Açores. Voto de Palmella desattendido. D. João VI vem entregar-se incondicionalmente ás Côrtes: Exilio de Palmella, decretado pelas Côrtes. Retira-se para Borba. Nostalgia ou repouso agradavel? Comparação entre dois Estadistas. Extractos de leitura que revelam as cogitações de D. Pedro de Souza. Estado do paiz no anno de 1823.

CAPITULO IX

—

NO RIO DE JANEIRO

—

SUMMARIO

Partida para o Rio de Janeiro. Tristezas intimas e apprehensões publicas. D. Pedro em perigo no mar alto. Arriba a Gibraltar. Cartas de viagem. Cartas deliciosas da Duqueza
de Palmella a seu marido. A chegada ao Rio. As primeiras impressões. Difficuldades
da vida politica. A revolução militar da Buhia e do Rio de Janeiro. Carta do Duque de
Palmella a seu cunhado Conde de Linhares. Demissão do ministerio. Demora no Rio.
Pormenores interessantissimos da correspondencia intima entre os esposos. Como ella
revela bem o tempo de que é datada. Retrospecto politico. Vãs tentativas de Palmella.
Decreto lavrado tardiamente. Posição humilhante de D. João VI. Partida d'este para
Lisboa. Conselho de ministros na altura dos Açores. Voto de Palmella desattendido.
D. João VI vem entregar-se incondicionalmente ás Côrtes. Exilio de Palmella, decretado pelas Côrtes. Retira-se para Borba. Nostalgia ou repouso agradavel? Comparação
entre dois Estadistas. Extractos de leitura que revelam as cogitações de D. Pedro
de Souza. Estado do paiz no anno de 1823.

I

Nunca a separação dos seus custou tanto como agora, ao
homem bom, affectivo e sensivel, que era no fundo aquelle
de quem até aqui, os que d'elle escreveram só viram o aspecto glacial e reservado de diplomata de uma nação pequena e infeliz, de politico de uma escola moderada, sem
illusões e sem exageros.

De bordo do paquete que ía conduzil-o ao Brazil D. Pedro escreve á desolada esposa:

«Minha rica Eugenia, despedaça-se-me o coração, nem
tenho animo nenhum para te repetir este adeus. Cuida muito

em ti, e na Europa ou na America dou-te a minha palavra
sagrada de que nos tornaremos a reunir dentro de alguns
mezes. Abraço os nossos filhos e as minhas irmãs. Não tive
valor para me despedir da mana Catharina. Adeus minha
vida, adeus minhas ricas irmãs.»

Deixando Lisboa, o Conde de Palmella soffria muito ao
deixar —e para que distancia enorme n'aquelle tempo!—
a mulher, os filhos, as irmãs queridas, a civilisação europêa
que tão bem conhecia e tão intensamente gosára; soffria
alem d'isto porque era aos seus olhos lucidos e sagazes bem
tenebroso o futuro da patria; porque tudo se lhe afigurava
obscuro e incerto n'esse redemoinho de paixões e de interesses, de vagos sonhos e de conflictos varios, que em Portugal succedêra á podre calmaria de tantos annos.

Dois seculos asphyxiadores tinham passado sobre nós,
enfraquecendo-nos as energias, obscurecendo-nos o entendimento, fazendo da nossa vontade firme e audaz, uma vontade convulsa e impulsiva de nevroticos; depois, a galvanisa-
dora influencia de Pombal pozera-nos em movimento mais
como machinas ou automatos do que propriamente como
individuos. Faltára á administração pombalina aquella força
inspiradora que teve Cromwell, que deveriam ter os grandes
conductores de homens, para lhes insuflarem lá dentro a
chamma vivificadora da fé que *cria,* da fé que faz milagres.

Viera em seguida a invasão oppressora do estrangeiro
na sua dupla face tão cruel para os brios nacionaes.

Ao francez ligeiro e sceptico, que nos opprimia e nos
explorava rindo, seguiu-se o bretão orgulhoso e brutal, cujo
desdem era o latego que despertava do seu somno de estupefacção, do seu torpor de senil esgotamento, a alma ultrajada
e vencida da nação portugueza.

Mas n'esse acordar havia ainda um não sei quê de som-
nambulismo estranho. Uns declamavam vãs rhetoricas, des-
embainhavam outros a espada rebelde; o povo ignaro e rude
clamava sem bem saber o quê, clamava as palavras que lhe
suggeriam, e no lamento alliviava o seu incomportavel mal-
estar; n'uns havia aspirações vagas para um estado social
differente e mal definido; havia n'outros o descontentamento de classe fomentado por agitadores habeis; povo,
exercito, burguezia, tudo queria outra cousa, sem muito
bem explicar a si mesmo o que é que queria.

A verdade é que se chegára a uma d'estas encruzilhadas
da vida nacional em que é indispensavel tomar uma direcção
qualquer, pois é impossivel permanecer no ponto em que
se está.

E D. Pedro, contemplando o espectaculo melancholico
que é a agonia de uma nacionalidade, tinha ao mesmo tempo
bastante estudo e experiencia das cousas publicas, adquiridos
em centros de civilisação mais adiantada do que a nossa, para
bem perceber quanto era deficiente, imperfeita, quebradiça
n'uns pontos, molle e gelatinosa n'outros, sem plasticidade
e sem cohesão, a materia prima da qual, os que acordaram
estremunhados, ao cabo de um entorpecimento secular, queriam repentina e improvisamente fazer um *povo livre*.

Uma esperança lhe restava ainda, a de interessar
D. João VI na obra da regeneração social, a de persuadil-o
a que outorgasse ao povo portuguez todas as liberdades
justas, e pondo-se á frente d'esse movimento que devia, não
suffocar, mas aproveitar, corrigisse os abusos, emendasse
as leis, fixasse n'uma Carta livremente outorgada os deveres
e os direitos do povo, e voltando á patria, ao querido solo
portuguez, se contentasse em ser o primeiro magistrado da
nação, de quem, segundo o antigo espirito, devia ser pae,

mas que abandonára tão egoistamente aos seus proprios recursos, ou á sua propria miseria.

No mar alto o navio em que D. Pedro tinha embarcado
cheio de apprehensões e de tristeza soffreu um rombo que
o poz a pique de perder-se; e de Gibraltar, onde conseguiu
arribar, o Conde de Palmella escreve á esposa a 12 de novembro de 1820:

«Minha querida Eugenia da minha alma, bem pouco es-
peras tu a estas horas receber uma carta minha, com a data
que acabas de ler. É o caso de depois de vinte e quatro
horas de vento favoravel (mas de saudades que vão sempre
augmentando), mudou o tempo e declarou-se uma tempestade com vento pela proa; n'estas circumstancias appare-
ceu-nos o capitão do paquete todo transtornado, caíndo-lhe
o suor frio pela cara abaixo, e declarou-nos que a embarcação tinha um rombo e fazia vinte e duas pollegadas de agua
por hora, que nos achavamos a trezentas milhas de qualquer terra, e no perigo mais imminente. Fizeram uma especie de conselho de guerra e decidiram-se a mudar de direcção deixando-nos levar conforme o vento soprasse para
a terra mais proxima que se podesse alcançar. No fim de
tres dias chegámos aqui, tendo encontrado no caminho uma
fragata ingleza que nos prestou alguns soccorros, mas o
paquete vem em tal estado que necessitava ainda quinze
dias de concerto! Vê lá que raiva eu devo ter ao capitão
que me apressou a saír de Lisboa, sabendo ou suspeitando
pelo menos o mau estado em que vinha a sua embarcação,
e me fez perder por este modo quinze dias que eu tinha
ainda passado comtigo, e no seio da minha querida familia!

«Agora, para continuarmos a historia das minhas aventuras, saberás que entrei em Gibraltar hontem á noite, tarde,

e que já n'este momento (são dez horas da manhã) te estou escrevendo muito á pressa, porque arranjei agora mesmo o modo de concluir a minha viagem, e como o vento é muito favoravel apressam-me a embarcar sem perda de um só instante.

«Encontrei aqui a fragata austriaca *Carolina,* a bordo da qual vae o Barão Stürmer (ministro para a nossa côrte) e sua mulher. Este veiu ver-me agora mesmo, e veiu propor-me o dar-me passagem a bordo da sua fragata. Repugnei um pouco em acceitar este favor, principalmente porque prevejo ser necessario ir n'uma especie de cumprimento e de incommodo, que é bem desagradavel n'uma longa viagem, mas calculando por outra parte, a demora aqui de mais quinze dias, a incerteza do vento, o mau estado do paquete, a pessima opinião que tenho do capitão, e sobretudo a importancia da minha prompta chegada, para se não baldar o sacrificio que faço tão grande, em me separar temporariamente de ti e dos nossos filhos, calculando tudo isso, resolvo-me a acceitar a offerta. Não posso mesmo ter a consolação que me propunha de te escrever mais longamente e de fazer-te uma especie de diario da minha viagem. É a segunda vez que vejo este magnifico porto de Gibraltar; a primeira foi ha vinte annos, e n'uma disposição mais alegre que a que tenho agora. Muito desejava, até para que tu visses uma das maravilhas do mundo, ter-te aqui commigo, mas nem posso ter mesmo algumas horas de demora para ir ver a montanha e as fortificações. Beija mil vezes os nossos filhos. Teu para sempre.»

E emquanto D. Pedro do porto de Gibraltar, onde descançava de tantas emoções crueis algumas horas rapidas, mandava estas palavras singelas á mulher estremecida, ella

de cá, ignorante ainda dos perigos que elle corrêra, escrevia
lhe paginas de amor que merecem conservar-se, e que mais
do que nenhumas palavras nossas provam se era ou não
uma alma boa, encantadora e terna a que lhe inspirava uma
paixão assim sentida.

«Lisboa, 8 de novembro de 1820.

«Meu querido amigo da minha alma e do meu coração,
só agora é que soube que partia ámanhã o paquete para
o Rio, por isso não te poderei dizer tanto como eu queria.
As saudades têem sido de morrer, e a primeira noite em
que para aqui vim ficar cuidei que estalava! Muito, muito
me custa! A unica cousa que me consola um pouco é estar
com as nossas irmãs (as de D. Pedro). Tomára poder adivinhar como tens estado estes dias. Deus queira que por lá
o vento tenha continuado a ser tão bom como era quando
tu de cá partiste.»

A carta continúa narrando os pequeninos incidentes de
uma vida toda amor, toda familia, e da qual se apagou a
luz mais pura e mais brilhante.

Conta as orações que resou pelo ausente querido, as
pessoas íntimas que viu, as palavras que as irmãs lhe re-
petiram para elle, e falla dos filhos, dos queridos filhos que,
depois do marido, são todo o seu enlevo na terra.

«O Alexandre chorou muito; o Domingos estava a apontar para o mar e dizia *Papa is gone,* e já hoje te procurou
e chorou por ti.»

«... Não pódes crer a desconsolação que estou sentindo
ao pensar que has de receber esta carta d'aqui a tanto
tempo! E quando terei uma tua? ai, estremeço! As tuas

duas cartinhas que me escreveste de bordo, não pódes crer a impressão que me fizeram! Trago-as sempre commigo. Não posso pensar senão em ti; de noite acordo é logo a primeira idéa que tenho: o paquete! E ponho-me então a imaginar tu n'elle, ou escrevendo, ou lendo ou fumando. Tenho tido umas saudades do cheiro do teu charuto[1]!... Estou certa que tu tambem has de ter pensado muitas vezes em mim e nos nossos ricos filhos. Seis mezes é verdade que se passam depressa, mas é preciso estar sem nada saber talvez que cinco!..............................»

São uma verdadeira preciosidade estas cartas que affluem agora para nos fazer penetrar intimamente na vida de D. Pedro de Souza, no seu viver íntimo, na sua mais recondita psychologia. As palavras que diz e as que *inspira* bastam para que o fiquemos conhecendo. É elle que se revelará; o nosso papel fica, sempre que tenhamos documentos d'estes, inteiramente subordinado ás revelações íntimas que se forem desdobrando debaixo dos olhos dos leitores.

A viagem continúa. O Conde de Palmella chega á bahia do Funchal e d'ahi escreve a 17 de novembro de 1820:

«... Aqui chegámos esta madrugada com cinco dias de viagem desde Gibraltar, e acho-me graças a Deus em perfeita saude, á excepção das saudades de que não tenho esperanças de curar-me tão cedo, antes experimento que vão cada dia em augmento, e já se verificou a prophecia que tu me fizeste varias vezes, de que eu me havia de ar-

---

[1] Qual é a phrase de *amor litterario* dos grandes pintores do coração feminino que vale esta phrase tão simples, quasi infantil na sua despretenciosa ternura!

repender da resolução que as circumstancias me obrigaram a abraçar! Verdade seja que este arrependimento não
é filho da rasão, mas do coração, pois quando torno a re-
flectir com algum sangue frio, ainda me parece que nos não
restava outra alternativa mais do que a de nos separarmos
temporariamente ou a de nos retirarmos se nos fosse possivel para Calhariz, atraiçoando assim a minha consciencia,
e deixando na *época mais critica* o serviço do soberano
e da patria no qual tenho empregado toda a minha vida.
Emfim! seja como for, o certo é que estas considerações
não tiram nem a magua, nem as saudades, que a America
está ainda n'uma distancia enorme e que assim se passa
soffrendo uma grande porção da vida!....»

Conta depois os incidentes da viagem e a respeito dos
seus companheiros falla com esta graciosa bonhomia de
grand seigneur um pouco ironica que n'elle é uma feição
das mais salientes:

«A companhia compõe-se de Mr. de Stürmer, que creio
viste em Londres, grande jogador de xadrez e que tem sido
quasi o nosso unico recurso, porém tanto elle como a mulher
têem estado sempre enjoados a tal ponto que até hontem
não poderam levantar cabeça. Madame de Stürmer é uma
franceza boa e bonita, com bastante ar de uma pequena
bourgeoise de Paris. Parece-me boa rapariga, e faz com
seu marido (que, creio, casou com ella por inclinação) um
ménage muito unido e muito exemplar, ao menos tenho-os
visto auxiliarem-se mutuamente na desagradavel molestia
que têem padecido, unica fineza de que um e outro têem
sido susceptiveis estes dias todos. Temos alem d'elles a
bordo d'esta fragata, um inglez, homem de bastante in-

strucção e viveza, que vae nomeado pela côrte de Austria para residir como Consul Geral na China; é preciso saber que esta embarcação leva uma carga de quinhentas mil libras de mercurio das minas da Illyria para vender na China e estabelecer este ramo de commercio com aquelle Imperio, por conseguinte temos mais duas ou tres sobrecargas allemãs que tambem nos fazem companhia.

«... Espero que quando estivermos nos mares mais tranquillos dos tropicos e do Equador teremos a bordo musica, barcarolas, etc. Até agora não se tem ouvido outra musica mais que a das ondas.

«... Tenho tido ao menos a consolação de sonhar algumas noites com os nossos filhinhos, nos quaes não posso pensar sem me enternecer mais do que eu quero, e que abraço de todo o meu coração.

«... Entretanto sempre faço tenção como já te disse de dar uma saltada em terra, não só para gosar d'esse pequeno refrigerio, mas tambem para aviar alguns negocios e deitar as minhas cartas no correio.»

N'esta paragem no Funchal, assim como depois na Bahia, D. Pedro de Souza procurou fallar, e fallou francamente, com os governadores da ilha e da provincia, fazendo-lhes ver qual o plano de moderação e de cordura que elle tentaria contrapor, se El-Rei o auxiliasse sinceramente, aos planos revolucionarios e cahoticos da Junta do Porto e de Lisboa, e de terra D. Pedro escreve:

«Escrevo-te mais duas linhas de casa do Governador que me tem recebido e tratado ás mil maravilhas, e me obrigou absolutamente a pernoitar. Esta tarde, porém, embarcamos, e têem sido tantas as visitas, os negocios, os passeios, etc., n'estas poucas horas, que me falta o tempo para tudo. Do mar te escreverei mais devagar.

«Voltámos agora de um passeio de duas leguas a cavallo a casa de José de Carvalhal, o mais rico proprietario d'esta ilha e talvez de Portugal[1]: tem uma quinta lindissima, com um parque á ingleza no melhor *genero;* chama-se o *Palheiro do Terreiro.* Já aqui começa a haver bananas, ignames, ananazes e todas essas producções de Africa! Hontem deu-nos o Governador um baile magnifico de mais de 200 pessoas! Adeus, que a pressa não dá tempo para mais. Manda-me o mais rapidamente que podéres uma copia em miniatura do teu retrato de París... Ahi vae um ramo de murta do *Palheiro do Terreiro.* Adeus.»

Na Bahia, onde conseguiu que o capitão da fragata tocasse por dois dias, Palmella de novo desembarcou, para tratar de assumptos publicos que o interessavam a fundo. A viagem da Madeira á Bahia foi de vinte e quatro dias com optima monção, e de lá, como é seu costume, D. Pedro conversa terna e minuciosamente com a mulher a 14 de dezembro de 1820, dando-lhe conta de que conferenciou com o Conde de Palma, a quem achou doente de fadiga e de receios «pelas responsabilidades do momento».

No entretanto a Condessa de Palmella, inconsolavel de saudades, escreve longas cartas ao seu ausente querido, e essas cartas concorrem tanto como as d'elle para dar idéa d'esse *Palmella intimo* que temos querido contrapor ao Palmella da lenda, tão sceptico e tão frio, tão diverso do verdadeiro homem que elle foi.

---

[1] Pae ou avô do Conde de Carvalhal. D'esta enormissima riqueza já nada resta aos proprietarios originaes.

«Meu muito querido amigo da minha alma e do meu coração, onde estarás tu a estas horas? Sempre que te escrevo me desconsola o pensar que esta carta te ha de chegar ás mãos d'aqui a tanto tempo... E quando saberei eu de ti alguma cousa? Espero em Deus que has de ter uma viagem muito feliz, que te has de lá dar muito bem, e que em breve tempo nos havemos de tornar a ver. Os nossos filhos todos os dias resam para que todas estas cousas succedam, e estou certa de que elles serão ouvidos por Deus.—O Alexandre tem chorado muito com saudades tuas... A Eugenia está muito boa; dorme no meu quarto... O Domingos está optimo; com o frio torna a ter a sua boa côr; está gordissimo... O Manuel já anda solto e é tão galante! Tenho tantas saudades tuas quando lhes vejo fazer, a algum d'elles, alguma gracinha. Penso no gosto que tu terias e fazme a maior pena que o não possas ter. Em logar d'isso vaes seccadissimo a bordo d'esse paquete, e morrendo de saudades, eu tenho ás vezes tão fortes que me parece que me estala o coração, para me consolar gosto então de ler as duas cartinhas que me escreveste de bordo, as quaes conservo como duas reliquias. O Domingos chorou muito um d'estes dias, porque te queria ir ver por força, e quando se lhe pergunta: *onde está o papá?* diz *que está no bote.* N'outro dia viu um navio pintado e disse-me: *o papá estava aqui n'este...*»

E, pormenor engraçadissimo, que revela como no *ménage* o Conde de Palmella teve por muito tempo de ser ao mesmo tempo marido e pae, e a infantilidade graciosa d'aquella que, depois, a vida e a adversidade nobremente supportada fizeram uma grande mulher christã:

«Eu vou-me exercitando (no governo da casa) para quando tu vieres poder governar tudo, e poupar-te todo o

24

trabalho, não pódes crêr o gosto com que faço estas cousas todas, porque vejo que n'ellas te dou prazer, e que posso vir d'aqui a algum tempo a servir-te de alguma cousa.»

Affluem as notas familiares, as noticias de casa, da familia, dos amigos, dos proprios creados, para quem, á portugueza e fidalga feição antiga, os Condes de Palmella eram protectores affaveis, considerando-os complemento, embora humilde, da propria familia.

De vez em quando a creança saudosa e triste, porque era então uma creança a Condessa de Palmella, lembra-se que é mulher de um homem d'Estado, que o seu Pedro, de quem ella sente uma saudade anciosa, faminta, tem sobre os hombros graves responsabilidades e graves cuidados, e por isso ella tenta preludiar n'estas cartas da sua mocidade ainda em flor, ás outras, ás que lhe escreverá mais tarde, quando tiver acceitado consciente e calma a grande missão que acceitou, quando tiver abdicado da propria felicidade domestica em favor do serviço exclusivo da patria, e se tiver identificado apaixonadamente com todos os trabalhos e preoccupações do grande homem publico que foi Palmella, e abnegado de si para o acompanhar em espirito nos lances perigosos e nas torturas intimas do seu accidentado destino.

Mas quando estas idéas graves lhe acodem, e ella tenta dar-lhe conta da politica, a confusão extraordinaria que a cérca desorienta-a:

«Isto está o peior, o mais atrapalhado que é possivel! Deus queira que ainda chegue o remedio a tempo¹.»

---

¹ O remedio para estes crentes da monarchia que reconhecem as mudanças do tempo, é a volta de El-Rei ou do Principe Real animado de sinceras idéas de progresso e liberdade.

E chamada logo das cousas publicas com que não sabia ainda entender-se, tão estranhas e perturbadas as via, para a sua dor íntima que percebia tão bem:

«É terrivel esta minha saudade, chego até a ter dó de mim[1]; acho-me n'este mundo como o espargo no monte, e bem pódes vir depressa, se não achas-me sem olhos. Adeus, adeus, meu rico da minha alma, não posso deixar de chorar rios de lagrimas emquanto te estou escrevendo. Quando terei eu a fortuna de te abraçar? Entretanto, faço-o d'este modo que é bem triste....»

E, bem feminina, continúa n'um *Post scriptum* mais longo do que a carta:

«Faz hoje quinze dias que partiste! Parece-me que ha já tanto tempo! E quando conto os dias esmoreço, por ver que me falta ainda tanto tempo, antes de saber alguma cousa de ti. Isto com effeito é terrivel, não saber de ti nada tantos mezes! Custa-me ás vezes a ter paciencia, ás noites principalmente que é quando costumavamos estar juntos a conversar! Agora estamos sempre sós nós quatro, e ás horas em que nós principiavamos a viver, é preciso metter-me na cama. Quasi á meia noite e meia hora, quando muito á uma hora está tudo accommodado, e eu a dar voltas, porque apesar de me levantar ás nove horas, tem-me custado muito a costumar-me a deitar cedo.»

Não ha nada como cartas íntimas escriptas sem vislumbre de suspeita de que outros olhos as leiam alem d'aquelles a que são destinadas, para nos fazerem penetrar na vida, nos costumes, no modo de pensar, sentir e fallar dos personagens que pretendemos fazer conhecer.

---

[1] Que lindo.

II

Do Rio, aonde chegára a 23 de dezembro de 1820, D. Pedro escrevia em 22 de janeiro de 1821:

«... Estou-te escrevendo ás nove horas da noite, só, em minha casa, tendo diante de mim o teu retrato e os dos nossos pequeninos, que ainda exaltam, se é possivel, mais as minhas saudades.

—«Faz ámanhã um mez que aqui cheguei (era o primeiro paquete que tinha depois da chegada), e ainda que sobre-carregado de trabalhos e de cuidados, tenho gosado, graças a Deus, boa saude, ao ponto de ter apanhado sem incon-veniente o sol do meio dia, por horas a fio nas revistas de inspecção que tenho feito. Hoje temos o thermometro a (illegivel) á sombra e se ajuntares a este divertimento o de passar umas poucas de horas de farda grande no Paço no meio de quatrocentas pessoas, bem poderás avaliar o quanto se fica cansado e estropeado... Estou alojado fóra da ci-dade a meio caminho da Quinta de El-Rei de S. Chris-tovam, com uma boa chacara n'um sitio nada feio, e cujo unico inconveniente é o estar afastado do mar, e ter por conseguinte menos viração... Ha sitios lindissimos muito perto da cidade e onde moram muitas pessoas da socie-dade, e por exemplo o que chamam a Bahia do Botafogo é sem exageração comparavel aos mais bellos sitios da Italia ou da Suissa. Falta gente branca, luxo, boas estradas, em-fim faltam muitas cousas que o tempo dará, mas não falta, como em Lisboa e seus arredores, agua e verdura, pois mesmo n'esta estação, a peior, temos tudo aqui tão verde como na Inglaterra. A gente nossa conhecida, Bellas, Lavradios, Arcos, etc., etc., fizeram-me muito boa recepção e não cessam de me perguntar por ti, e de se lamentarem por não teres vindo.

«Todos choram as cebolas do Egypto, e voltam a cara para o Oriente. Tenho-os visto em suas casas a jantar, porque nos primeiros dias, por falta de cozinheiro, andei jantando á roda, por casas de amigos. Agora estou arranjado, tal qual. Um preto, soffrivel cozinheiro, uma carruagem soffrivelmente montada, e um bom cavallo para andar, de que faço uso todas as tardes, sem o que morreria pelos effeitos do calor e do trabalho sedentario que é na verdade muito... Levanto-me muito cedo, ás seis ou sete horas *todos os dias;* não me falta em que occupar a manhã; janto ás tres horas com o Binda[1], o Flores, outro official de secretaria que tenho commigo, e ás vezes dois ou tres amigos, como o Gastão, o Marquez de Bellas, etc.

«De tarde ando a cavallo, e á noite, se não vou á Opera Italiana (o que fui só duas ou tres vezes, ainda que não é de todo pessima) recolho-me a casa, e quando estou cansado ponho-me a jogar o xadrez com o Binda e a fumar...

«Pelo navio viajante que saíu de Lisboa a 2 de dezembro, e pelo paquete do mez de novembro de *Falmouth,* tive o grandissimo gosto de receber cartas tuas até ao numero 6. Já estava com uma sede ardente de noticias de casa. Deus abençoe os nossos filhos queridos, beija-os um a um da minha parte. O Alexandre estou certo que ha de ter tido algumas saudades minhas, e que continúa a ser bom rapaz, e a dar-nos esperanças de ser algum dia a nossa consolação.»

---

[1] Não sabemos se este nome é um appellido ou uma alcunha nem a quem se refere.

A 10 de fevereiro, D. Pedro já começava a sentir a dificuldade da sua posição media entre dois partidos extremos que levaram o paiz finalmente a pique de subverter-se na catastrophe de que ainda emergiu ao lume d'agua:

«... O trabalho que tenho a fazer é immenso, o successo dos meus esforços pelo serviço de El-Rei e pelo bem publico é muitissimo incerto, e entretanto é indubitavel que vou attrahindo sobre mim o odio e as calumnias dos dois partidos extremos, um dos quaes me considera como satellite do *Despotismo,* outro como agente dos *Revolucionarios.*

«Taes são as contrariedades e as amarguras para que deve sempre estar preparado todo o homem que se acha envolvido em negocios publicos em epochas como a presente! Entretanto o ficar neutral e annullar-me para evitar esses desgostos é o que eu não posso nem quero fazer. Continuarei pois sem receio das consequencias, e sem esperança de recompensa, nem de reconhecimento, a seguir a linha de proceder que a minha consciencia e o meu entendimento me dictam até que veja se posso com honra retirar-me comtigo e com os nossos filhinhos para Sanfré ou para Calhariz.

«Perdôa, minha querida, este desaffogo e não creias por isto que eu vejo hoje as cousas mais em negro ou que tenho motivos de me desconsolar.

«Pelo contrario: Sua Magestade trata-me com summa bondade, ouve-me, soffre-me o que até aqui não tem soffrido a outros, e segue, se não em tudo, pelo menos em parte as idéas que o meu zêlo lhe suggere. Porém as circumstancias são tão medonhas, e seriam necessarios taes remedios e taes medicos para os applicar, que na verdade desconfio muito do resultado.»

Quando o Conde de Palmella, para não affligir a mulher, terminava com estas palavras a sua carta desanimada, já sabia que era inevitavel o desenlace que teriam n'aquelle periodo convulso e sobre um mar inquieto, em que tantas paixões diversas se combatiam expandindo-se, os seus esforços de nauta experiente.

O seu conselho de mandar a Portugal D. Pedro, tendo-o primeiramente chamado a conselho, tendo-o por assim dizer iniciado na missão que viria aqui cumprir, foram tão tardiamente acceitos que o mesmo foi que se os tivessem rejeitado.

E no emtanto houve um momento em que Palmella acreditou que o remedio ainda podia operar algum beneficio, pois que a 16 de fevereiro escrevia á esposa, a quem tudo confiava com ternura solícita:

—«Posso dizer-te (com a certeza que ha nas cousas humanas) que está determinada a ida do Principe D. Pedro para Portugal, e que se effectuará muito brevemente, e como esta noticia se ha de espalhar por Lisboa, dispenso-te mesmo de me guardares segredo, comtanto que não digas que sou eu que te escrevo. Está-se em duvida se levará comsigo a Princeza Real ou se esta irá ter com elle d'aqui a alguns mezes. De resto não se tem determinado ainda as pessoas que o acompanham, mas já é um grande passo, e que espero será bem vantajoso, o determinar-se a sua ida.»

Era tarde, porém. As cousas tinham de tomar o seu curso, sem que a vontade, aliás isolada do unico homem que entendia de alto a situação, conseguisse sustel-o.

Mal comprehendidos e tardiamente acceitos e sobretudo incompletamente executados os conselhos de D. Pedro de

Souza, —pois não se tratava de disposições isoladas, mas de um systema logico de reformas,— a verdade é que os erros estavam feitos e já nada podia obstar ao triste resultado da incuria e da cegueira que vinham de longe.

Na manhã de 26 de fevereiro rompeu a revolta no Rio, correspondendo á revolta na Bahia. O Conde de Palmella era demittido dos conselhos de El-Rei, e o seu ministerio substituido por outro que tomou logo posse.

Melhor do que ninguem, D. Pedro de Souza explica os incidentes meio comicos meio tragicos que se succederam, pois que sob as cousas que publicamente se viam estava o drama de familia, que em dois actos envenenou tão cruelmente os ultimos annos do pobre Rei D. João VI.

Vejamos a carta excellente e clarissima que o Conde de Palmella escreve a 3 de março ao seu já cunhado e amigo Conde de Linhares, marido da irmã Catharina, que tão devotadamente o tinha acompanhado e á esposa até ha pouco.

«Rio de Janeiro, 3 de março de 1821.

«Meu querido irmão e amigo do coração. Acabou-se a nossa comedia, ao menos para mim, e dar-me-hei por muito feliz que acabe a pau como um entremez, e sobretudo que não acabe em tragedia.

«Creio que da secretaria te remettem a Gazeta do dia 27, na qual verás a revolução que aqui tivemos na vespera, a mudança do ministerio, etc. As cousas tinham chegado ao ponto que já não podiam deixar de ter esse desenlace, porque El-Rei não se decidia a cousa nenhuma, sem embargo dos meus clamores e dos do Conde dos Arcos.

«Thomaz Antonio, o mais inepto e o mais lisonjeiro de todos os homens, mantinha a El-Rei na sua inacção: entretanto as nuvens negras amontoavam-se e a insurreição da

Bahia causava aqui a maior fermentação. Logo que tivemos essa noticia propuz a Sua Magestade que accelerasse a ida de seu filho; que fosse com elle o Conde dos Arcos, que se dirigissem immediatamente á Bahia e levassem comsigo um manifesto de El-Rei que tambem devia publicar-se no Rio de Janeiro, annunciando as bases fundamentaes da Constituição que El-Rei concedia aos seus povos sobre principios os mais liberaes e só com a condição de se dividir o corpo legislativo em duas camaras. Para applicar estas bases no Reino do Brazil deviam ajuntar-se aqui os Procuradores das Camaras das principaes cidades e villas do Reino e para Portugal ia o Principe tratar de desenvolver com as Côrtes as sobreditas bases e de as ordenar n'um Codigo Constitucional. Propuz alem d'isso a El-Rei que nomeasse immediatamente mais tres ou quatro Ministros de estado, que os reunisse em conferencia no seu gabinete, que afastasse o Targini e mais alguns empregados publicos, que se têem feito odiosos, e que formasse uma junta para propor immediatamente os melhoramentos necessarios e reformas na Administração, Fazenda e Exercito, etc.

«El-Rei, em vez de adoptar a totalidade d'estas idéas, que tinham entre si um nexo necessario, resolveu-se por conselho de Thomaz Antonio a publicar só e isoladamente o chamamento dos Procuradores das Camaras do Brazil. D'aqui seguiu-se o exasperar o partido Europeu, que pensou que uma tal medida tendia á separação dos dois Reinos.

«O Principe recusou-se a partir immediatamente, não querendo separar-se de sua mulher, nem por poucos mezes; entretanto cresceu a fermentação e eu pedi a minha demissão vendo que não podia merecer a plena confiança de El-Rei que era necessaria em taes circumstancias para salvar o Estado; porém não me foi concedida a demissão (pedida

no dia 24) e quando El-Rei me tinha ordenado de redigir
um manifesto com as bases da Constituição, unico meio de
evitar a revolução n'esta cidade (ordem que recebi no dia
25 á noite) já não era tempo de lançar mão nem mesmo
d'este remedio, porque a tropa instigada por tres ou quatro
botafogos, appareceu formada no Rocio na madrugada seguinte e dictou a lei como quiz.

«Acceitou portanto El-Rei e jurou uma Constituição que
ainda se não conhece e eu entrei como Pilatos no Credo
na proscripção de todo o ministerio. O Príncipe Real mostrou n'aquella occasião o maior desembaraço e presença de
espirito e mesmo muita fidelidade, porque a tropa quiz, sem
duvida, acclamal-o e elle sempre atalhou esse ultimo des-
aforo gritando «Viva El-Rei, nosso senhor, viva meu Pae!»
Ha comtudo muita gente que suppõe que elle estava instruido d'antemão do que se meditava, e é certo que se
deixa rodear e aconselhar por má gente. El-Rei tem-no chamado sempre desde esse dia para assistir ao despacho.

«Ainda vivemos em receio de novas agitações porque
a fermentação continúa; não se póde contar com a tropa
e vae surgindo um partido Brazileiro, que se julga lesado
pelas ultimas medidas que se tomaram e que ameaça de
uma reacção. Entretanto diz-se agora que El-Rei voltará
para Portugal com seu filho e n'esse caso Deus sabe o
que será d'este paiz.

«Eu já pedi licença para voltar para Lisboa e aproveitarei
a primeira occasião que se me offerecer para effectuar a
minha ida e metter-me no Calhariz (se me deixarem) com
minha mulher e filhos. Estou cansado bastante das agitações
do espirito em que me tenho achado ha seis mezes a esta
parte, e é triste sorte a de ser testemunha de duas revoluções
e ver baldados todos os meus esforços para as evitar. Pro-

testo porém que não só não tenho remorsos, mas que nem mesmo me arrependo de ter vindo a este paiz, porque dei com isso a maior prova de zêlo, e sacrifiquei ainda que inutilmente ao meu dever todas as mais considerações. Creio que em geral o público me faz aqui justiça e creio que a fará ainda mais com o tempo, mas na verdade não desejo nem acceitarei mais empregos que possam tornar-me a envolver nos embaraços de que saí.

«Faze-me o favor de mandar esta carta ao Marquez de Marialva, pois não tenho forças para escrever mais, e recommenda-me a todos os meus amigos de Londres e París.»

E no mesmo dia, escrevendo á Condessa sob a impressão dos mesmos sentimentos:

«3 de março de 1821.

«Vou dar-te uma noticia bem inesperada que por um lado poderá causar-te algum desgosto, mas pelo outro te dará de certo muita satisfação.

«Dentro de um mez ou dois, o mais tardar, depois de receberes esta carta, tens-me lá comtigo e terei a grandissima alegria de te abraçar e de nunca mais me separar de ti[1]. Pelas Gazetas que te remetto inclusas verás os acontecimentos d'esta cidade, no dia 26 de fevereiro passado. Tocou-me em sorte o chegar a Lisboa e ao Rio de Janeiro para ser testemunha de uma crise em ambas as partes, que foi attrahida sobre nós, pela cegueira do Governo e pela allucinação dos povos.

«Juro-te em minha consciencia que acabo a minha vida politica *para sempre* sem saudades e sem remorsos. Se eu

---

[1] Como falhou esta esperança! A odysséa de Palmella é, bem depois d'isto, que começa.

tornasse a achar-me de novo na situação em que me achei tornaria a fazer justamente o que fiz, e a consequencia seria a mesma: isto é, os Principes e os que os cercam julgar-me-íam um Agente dos Revolucionarios, e um Liberal exagerado, e os demagogos assim como a nação que os acredita tornariam a alcunhar-me como me alcunham de ser um esteio do Despotismo, ou um homem combinado com a Inglaterra, porque eu elogiava a Constituição ingleza, Constituição debaixo da qual aquelle Povo se tem feito o mais rico, o mais poderoso, o mais illustre do Universo.

«Esta é a recompensa que se colhe quando em negocios publicos e em tempos de corrupção e de egoismo se pretende seguir uma conducta imparcial recta e independente. Portanto, Calhariz e mais Calhariz, e se isso ainda não basta, Sanfré, — sempre havemos de ter um bocado de pão para dar aos nossos filhos e teremos a consolação de os educarmos nós mesmos e de viver quietos e descansados. A unica cousa que me demorou· ainda aqui é a repugnancia que tenho de deixar este paiz como um proscripto ou um fugitivo; por isso faço tenção de deixar passar mais um mez e de aproveitar então a melhor occasião que se me offerece e que será provavelmente o paquete inglez do fim d'este mez ou principio do outro... Devo dizer-te que El-Rei me tratou até ao ultimo dia com amisade e mesmo carinho, e me fez a honra de dizer-me que era este o resultado de não ter seguido os meus conselhos, e *de certo* que é assim, pois até ao ultimo dia ainda se os seguisse, teria evitado a humilhação que soffreu, mas o passado, passado... — Eu espero, se não morrer bem depressa, escrever e publicar a historia d'estes ultimos successos...»

Logo depois, 27 de março.

«...' Aproveito a occasião da partida do expresso que leva a noticia do nascimento do Principe D. João, para escrever algumas regras e renovar-te a certeza de que brevemente alliviarei as minhas saudades.

«... Deu antes de hontem á luz S. A. R. com feliz successo um Principe que foi immediatamente baptisado por nascer summamente delicado; hontem á noite receou-se muito não o poder conservar com vida.

«Hoje ainda não tive noticias do Paço, aonde nem o Conde dos Arcos nem eu temos ido desde o dia da nossa proscripção politica. Não que nos seja vedada a entrada, mas por me parecer mais proprio, nas circumstancias actuaes, o evitar que se diga ou se possa dizer que El-Rei conserva ainda algum contacto com o precedente ministerio. Os actuaes Ministros[1] são gente sensata e de bem, e procuram servir do melhor modo que podem no meio das innumeraveis difficuldades de que se acham cercados. O Principe Real assiste agora todos os dias ao despacho, e falla-se muito no publico de um club composto de militares e paizanos que mais influiram nos acontecimentos de 26 de fevereiro, que parece ter uma grande influencia agora em todos os actos do Governo.

«... A maior noticia que me resta agora a dar-te é a proxima ida *para Portugal de El-Rei e de toda a Familia Real,* a qual não posso assegurar-te ainda que se verificará, mas sim que é muito provavel que El-Rei e o Principe sobretudo a desejam effectuar, e que se diz que terá logar o mais tardar d'aqui a trinta dias.»

---

[1] Silvestre Pinheiro, o notabilissimo escriptor; Monteiro Torres, Ignacio da Costa Quintella e o Conde da Louzã (D. Diogo).

Para que a historia dos acontecimentos do Brazil continue a desenrolar-se *flagrantemente* diante da vista dos leitores, continuamos a citar trechos d'estas cartas que a vão, dia a dia, descrevendo:

27 de março.

«... A partida de El-Rei parece estar determinada para se verificar até ao meiado do mez que vem. Digo que parece porque em taes circumstancias e com estes senhores nunca se póde contar com certeza senão depois das cousas feitas, mas entretanto os preparos da Esquadra estão já quasi acabados e eu tenho um camarim ou buraco na charrua em que vão as duas familias Béllas, os Marquezes de Alegrete, a Marqueza de Aguiar e muita mais gente... Nada se decidiu ainda ácerca da minha sorte futura, mas subsiste a intenção que já te annunciei. Em todo o caso não nos faltará, se Deus quizer, um bocado de pão para comer, com a consciencia bem tranquilla e bem certa de ter cumprido com as minhas obrigações por quanto esteve ao meu alcance e á custa dos maiores sacrificios. Recebi pelo Padre Mexia o teu retrato, de que muito gostei, sem embargo de se não parecer demasiadamente.

«Falta-me o do Manuel, que te tinha pedido e falta-me sobretudo a noticia de que já me déste outro filho com o bom successo que sempre tens tido até aqui. Sonhei uma noite d'estas que tinha nascido. Parece-me que foi a 17 d'este mez.»

A 3 de abril, ainda preso no Rio «por motivo muito poderoso e que se não atreve a communicar por escripto», o Conde de Palmella repete a promessa solemne de partir para Lisboa *dé por onde dér* até ao fim do mez.

Conserva a esperança de que El-Rei parta dentro de dez dias e a ser assim, é provavel que o acompanhe, pois tem logar n'um dos navios da Esquadra:

«Não pódes crer como estou aborrecido e desesperado da minha demora aqui, e quanto desejo ver-te e gosar se possivel for de algum descanso no seio da nossa familia; a sorte, porém, que ha algum tempo para cá nos tem sido tão contraria oppõe-se á verificação d'este ultimo desejo em toda a sua extensão e só me resta a perspectiva alias bem doce de viver comtigo e com os nossos filhos em alguma parte do mundo onde me não persigam as intrigas, as calumnias e o odio gratuito de amigos falsos, de gentes ignorantes ou de inimigos, aos quaes eu nunca fiz mal, pois graças a Deus não me accusa a consciencia de o ter feito a ninguem em todo o decurso da minha vida, nem de ter deixado de cumprir em toda a sua extensão os meus deveres publicos como Ministro d'El-Rei e como bom portuguez. É provavel que o tempo faça triumphar a verdade, e ainda quando assim não seja conservarei a grande consolação de não ter remorsos. Entretanto é certo que os Reis nem se lembram nem agradecem os sacrificios que se fazem por elles, e que esquecendo-se das verdades que se lhes disseram e dos serviços que se lhes prestaram, nem sentem nem merecem amisade desinteressada. É certo tambem que os outros homens julgam pelos resultados e não consideram se havia ou não possibilidade de os evitar.»

—«Mas basta de moralisar»— acrescenta logo a estas graves palavras de estadista e de homem publico desilludido o espirito frio e um tanto desdenhoso que foi D. Pedro de Souza. E o resto da carta corre mais desassombrado e menos grave para que uma nuvem de tristeza não fique pairando teimosa na linda fronte juvenil da que elle associou ao seu destino agitado.

Como quadro dos costumes do tempo ouçamol-o ainda:

«Vão na mesma embarcação commigo as duas familias de Bellas, a de Alegrete e varias outras pessoas. Quem me dera poder saltar aos pés juntos estes dois mezes e estar já comtigo e com a Condessa d'Alva e todos os nossos filhos.

«Já te tenho preparado varias pedras d'este paiz, e entre outras cousas um collar de amethystas que me parecem magnificas... Não tenho noticias a dar-te nem de mortes, nem de casamentos. O Conde de Villa Flor parece que casa antes de partir para Lisboa, mas não se juntam por agora os esposos. O Conde dos Arcos filho-foi feito camarista e a senhora D. Luiza, dama do Principe e da Princeza.

«O Conde dos Arcos pae está com o Principe no maior auge de valimento de que ha idéa, a ponto de ir Sua Alteza Real visital-o a casa todos os dias. O Padre Mexia creio que já está despachado Conego para Elvas, pois n'estes ultimos dias têem chovido os despachos.

«A estação começa agora aqui a ser mais favoravel e por consequencia os passeios mais agradaveis e a saude mais segura; muito sinto não ter passado aqui os quatro mezes que vão começar em vez d'aquelles que findaram, mas estava destinado a toda a casta de trabalho e não serão pequenos os da viagem com o calor da linha e a perspectiva de um terceiro verão que vou achar em Portugal.»

Mais uma cartinha rapida escripta a 24 de abril na vespera da partida a bordo da fragata *Princeza Real,* uma das embarcações que acompanharam El-Rei, e eis finda esta interessante correspondencia do Brazil, onde o *homem* se retrata com traços de tão fina intellectualidade, de tão doce e affectuoso coração.

III

A distancia entre Lisboa e o Brazil era então tão grande que emquanto o Conde de Palmella escrevia as cartas extremosissimas de que damos apenas os trechos necessarios ao fio da nossa narração, a Condessa, de cá, sem noticias, escrevia-lhe diariamente estas cartas de intenso amor que, são sempre monotonas, porque nada mais monotono que o infinito, e na ordem moral nada se parece mais com o infinito, do que o amor de uma mulher que em toda a vida amou uma só vez!

«... Ainda que eu não tivesse recebido senão duas regras, isso bastava para me consolar, porque agora, a não ser alguma carta tua, nada ha que possa alliviar as minhas grandes saudades. Deveras que me parece ás vezes que me estala o coração; cada dia tenho mais pena de ter aqui ficado, esmoreço quando me lembra que ainda esta nossa separação ha de durar mezes. Tenho mesmo o coração coberto de um véu preto, e não sei como poderei passar ainda tantos mezes assim n'esta tristeza.»

N'este meio tempo tinha sido deixada a Condessa de Palmella pela sua adorada companheira desde a infancia, a irmã de D. Pedro, Catharina, que casára com o Conde de Linhares e com elle partira para fóra do paiz. Bem se póde imaginar como esta separação dos dois seres que ella mais

amava impressionou a juvenil esposa de Palmella, tão sensivel, alma tão aberta a todas as impressões, e a todas as
dores!

Na carta em que lhe conta a separação da irmã estremecida que lhe servia de irmã mais velha, a saudade e a
tristeza da Condessa de Palmella são intraduziveis. Não ha
um passo na sua monotona existencia de mulher extremosa,
longe do marido que tão interessante e feliz lhe tornára o
passado, que ella não conte, enganando assim as fundas tristezas da separação; e a vida de familia na Lisboa d'aquelle
tempo apparece-nos através d'estas cartas singelas bem
outra d'essa vida no ar, preenchida por divertimentos fri-
volos, que hoje vivem as classes que são ricas ou que fin-
gem sel-o.

Ás noites o serão em casa, as visitas ás pessoas da familia, os jantares intimos de parentes; de dia, os deveres
religiosos e domesticos, as visitas de cerimonia, e eis tudo.
Tambem que diverso, —e n'esse ponto o progresso que
temos feito é enorme, embora tenha tambem o seu aspecto
mau— que diverso o conforto das casas de hoje comparado
com o que então havia nas casas ainda as mais aristocraticas de Lisboa.

As poltronas inglezas que os Condes de Palmella tinham
trazido de Londres eram festejadas como uma novidade
agradabilissima.

«Temos aqui um quarto muito *confortable* com cha-
miné e duas poltronas que vieram e um dos canapés. Todos
lhes fazem umas festas!... Mandei-lhes fazer umas capas
escuras, porque senão, como são de marroquim encarnado,
d'aqui a pouco estavam todos esfolados.»

Da elegante mobilia trazida por Palmella, a Condessa só
tinha desencaixotado aquelles moveis, pois que, habitando

com sua cunhada Maria Thereza, casada com D. José de Sousa Botelho, depois Conde de Villa Real, não tinha ainda casa propriamente sua.

Em Lisboa corriam os dias tristemente agitados do anno de 1820. Em dezembro, á volta do brigue que levára a noticia do levantamento do Porto, acresceu a esperança de que a Familia Real voltasse á metropole.

«Não se faz idéa, escreve a Condessa, do gosto em que todos têem estado com a esperança de que El-Rei ou alguma pessoa da Familia Real virá. Leu Manuel Fernandes Thomaz no Senado, quando todos estavam juntos para a eleição das Côrtes, copia da Carta Regia, e houve um grito geral e muitos vivas a El-Rei.»

«Não posso explicar a alegria que tive com a tua carta, tanto mais que já não a esperava. Recebi-a no dia 21. Não posso dizer o que senti, com todas as cousas que n'ella me dizes, senti umas taes saudades, uma tal impressão como nunca tinha tido. Esta não é a primeira vez que estamos separados, mas nunca me custou tanto como agora. Não sei se é por ser mais tua amiga, mas isso parece-me que ha muito tempo que não é possivel que possa augmentar o amor que eu te tenho. E uma grande consolação tenho; é ver que a tua amisade por mim não tem diminuido nada, antes tenho a presumpção de que tambem tem augmentado. Tomára poder-te mostrar o meu coração. Só assim é que eu ficaria contente...»

Tinham-se feito as primeiras eleições, acompanhadas de mil episodios comicos que não podiam deixar de acompanhar n'um paiz quasi barbaro, como era então o nosso, a iniciação de um regimen que tantas qualidades politicas demanda.

E a Condessa de Palmella conta os *potins* politicos que circulam:

«Remetto as Gazetas, a de hoje quando mandei a Lisboa (Lisboa era a Baixa) buscar as que ahi te mando ainda não tinha saído. Já has de saber as novas alcunhas: *Corcundas, Empenados* e *Colherinhas.* Os Corcundas são os que seguem o partido de El-Rei (Sob este nome mais tarde quantas victimas succumbiram!), os segundos são aquelles que ainda se não declararam e que estão a ver qual é melhor. Ha uma historia do Marquez de Borba que tem sua graça. Foi a casa d'elle o ajudante do Sequeira¹ saber da parte d'este como elle estava e para lhe dar as boas festas. O Marquez agradeceu muito e disse: *Diga lá ao sr. Sequeira que nos dias passados não estive bem com uma corcunda que me nasceu, mas por agora já estou melhor.*

«... Fui ver a sala das Côrtes; é muito bonita, mas pareceu-me um pouco pequena e estreita, é um pouco no gosto da Camara dos Deputados em París. As paredes são amarellas muito claras, com cortinas encarnadas. É bonita. Dizem que se abrirão as Côrtes no dia dos annos da Princeza Real, que são a 22 d'este mez. O tempo não tem deixado chegar os Deputados. Já houve um que passando de Aldeia Gallega morreu afogado.»

Todas estas pequeninas noticias com o *cachet* do tempo têem uma graça infinita para o chronista que através d'ella descortina uma epoca aliás proxima, mas tão diversa da nossa, e de que restam tão poucos vestigios íntimos, pois que na litteratura portugueza nem ha *cartas* nem ha *me-*

---

¹ O Sequeira era um dos chefes mais acclamados da revolta militar, e que depois foi tão celebre como miguelista.

morias, onde se apanhem em flagrante as feições mais caracteristicas e individualisadas de cada um dos periodos que
passaram.

Era linda, como já dissemos, a Condessa de Palmella, e
apesar de singela e de uma encantadora modestia, tem para
o marido esta phrase de garridice angelica:

«Tenho o meu retrato para te mandar, mas está tão
mal pintado, que se não fosse ter agora esta occasião, e não
saber quando terei outra, não t'o mandava. Está tanto mais
feio do que eu sou, até tenho vergonha de que lá te vejam
o meu retrato tão feio!...

«... Hoje abriram-se as Côrtes (26 de janeiro de 1821),
vae tudo azul por Lisboa; muita tropa por toda a parte.
Nas salas do Governo quando as Côrtes estavam para ser
convocadas no dia de Reis appareceu um pasquim dizendo:
*Constituição dia de Reis, constituição de cem mil reis, e
constituição sem Reis, não vale cem reis.*»

Como pormenor interessante da vida economica do tempo, a Condessa de Palmella, explicando porque não póde
ainda montar a sua propria carruagem diz ao marido que
está gastando *960 réis por dia* com a carruagem effectiva
que foi forçada a tomar. A par d'isto a mesa das casas fi-
dalgas, se não era elegante, era de uma fartura pantagrue-
lica, dava de comer a toda a sorte de gente; amigo pobre
ou rico, cliente da casa (á romana), parente afastado ou
proximo, chegava a hora e tomava simplestemente o seu
logar, emquanto a copa e a cozinha se enchiam a deitar
por fóra de parasitas de baixa classe, parentes ou aggre-
gados das creadas, dos escudeiros, das aias, etc., etc. N'este
ramo, o gasto era talvez muito superior á média dos gastos

de hoje, embora a vida hoje seja incomparavelmente mais civilisada e fina e cuidadosa.

A Condessa de Palmella diz ao marido n'uma carta: «Todos os dias comem cá em casa mais de trinta pessoas.»

Por isso póde bem avaliar-se o genero especial da vida portugueza antes da invasão dos costumes estrangeiros trazidos pela emigração e da perturbação enorme que a guerra civil trouxe ao nosso viver social, nos terem modificado absolutamente habitos, costumes e idéas.

As Côrtes tinham principiado a funccionar com a maior inexperiencia e algum desastramento da parte dos partidos e do povo.

«Hoje houve grande motim á porta do palacio das Côrtes o povo com a tropa; por fim forçaram a sentinella e entraram na sala mais cento e cincoenta pessoas do que deviam, isto foi o que ouvi, emquanto durava a sessão secreta. Deus nos acuda e permitta que não torne a haver outro barulho, porque se um soldado perde a paciencia e atira, ninguem sabe o que será. Os soldados têem ordem para não fazerem mal a ninguem, mas dizem que hoje até choravam de raiva.

«... Ouvi uma cousa que não deixa de ter graça: lá andava um rapazito de pé descalço pelos corredores da casa das Côrtes e um homem disse-lhe que se retirasse e perguntou-lhe o que elle ía lá fazer. Respondeu-lhe o rapaz: *O mesmo que vossemecê, porque eu tambem sou Nação...*»

O Marquez de Castello Melhor (cunhado da Condessa de Palmella) recusára o cargo para que fôra nomeado na Regencia, por uma Carta dirigida ao Arcebispo Presidente das Côrtes. A Condessa de Palmella, enviando a copia d'essa carta, escripta sem hombridade e sem valentia, porque dava como desculpa de não participar do Governo uma falta de saude illusoria, e não confessava a sua franca divergencia com as cousas, diz assim com superior intuição feminina:

«Mando-te a copia da Carta do Marquez de Castello Melhor ao Presidente das Côrtes desculpando-se de não poder acceitar o seu logar na Regencia. Não sei bem o que lhe acho. Parece-me um pouco *magro*. Falta-lhe alguma cousa. Tomára saber o que tu entendes.»

Querem saber agora o que era a medicina em Lisboa no anno da graça de 1821?

Note-se que a Condessa de Palmella, de constituição delicadissima, estava gravida e para muito breve, e que sem duvida ella teria dos melhores medicos da cidade a tratarem-na.

«... Sangrei-me hontem, e fui graças a Deus muito bem succedida. Tiraram-me quatro onças de sangue, e ainda o Castro queria que me tornasse a sangrar hoje outra vez, mas como hontem tive um desmaio e hoje outro, estava bastante fraca, por isso assentou que era melhor deixar-me descansar, o que estimei bem. Mas peço-te muito e muito que fiques inteiramente descansado a meu respeito porque estou boa, e parece-me que d'esta vez hei de ser tão bem succedida como das outras, o que tenho é cada dia mais saudades tuas e muito mais quando tenho qualquer incommodo. Logo me lembra que se te tivesse commigo não o teria, ou então tinha-te a ti para me alliviares... Estou persuadida que as muitas saudades e cuidado que tenho em ti é que me fizeram isto.

«Ninguem póde fazer uma idéa do que se tem passado em mim n'estes ultimos tres mezes, e então faço diligencia para me reprimir porque ás vezes receio escandalisar a mana Thereza, a qual é para mim o melhor que é possivel. Mas nada me consola como quando te tinha a ti e á minha rica mana Catharina, a qual choro e chorarei toda a minha vida...

«... Os nossos filhos estão optimos. O Manuel teve uma indigestão ante hontem, que me assustou muito porque teve como um desmaio, mas logo que se lhe metteram os pés em agua quente e vinagre tornou a si, e ficou tão bom que o medico não lhe quiz dar nada. Está como d'antes, galantissimo e muito bonito. Logo tu me lembraste. A afflicção que tu havias de ter!...»

As lembranças do bom tempo passado, na alegria e na *civilisação* de outros paizes, acode-lhe mil vezes ao pensamento.

«N'estes tres mezes tenho pago com usura os annos de Londres e de Paris! Paciencia! Ainda espero tornar a ser feliz. Logo assim que te vir tudo me ha de esquecer. Sonho tantas vezes comtigo!... e fazem-me umas saudades tuas as festas que os pequenos me fazem e todas as suas gracinhas! O Domingos diz que *Babe* é o *darling* do Papá e o *nini* é da Mamam, eu não gosto que elle diga isso mas tem graça...»

Tendo casado com doze annos de idade, a Condessa de Palmella fôra a verdadeira *child wife* amimada infinitamente pelo marido e pela cunhada Catharina. A partida d'esta é como que a partida de uma mãe, e docemente queixosa a alma agradecida da creança que vae amadurecendo deixa-se ouvir assim:

... «Tive (nova sangria com que a *arrasaram),* a minha familia toda á roda de mim, mas posso dizer, apesar d'isso tudo, que me *achei só,* porque não te tinha 'a ti, nem a minha rica mana Catharina. É incrivel a falta que me fazem ambos, mas agora é que eu percebo que me deitavam a perder; e assim me dizia no outro dia a *Sophie* não sei a que respeito. Não tenho a quem me amparar, e é preciso andar só. Espero que isto me ha de servir para quando tu vieres *te livrar do trabalho ao menos das cousas caseiras,* porque d'isso já começo a estar ao facto.

«Saberás que n'estes dias que aqui esteve a minha mãe achou-me muito geito para governar a casa, fiquei com muita presumpção, mas foi por amor de ti.»

Quando uma alma singela e boa se revela assim, tão simplesmente, sem artificio, sem rhetorica, haverá maior encanto do que escutar-lhe as confidencias? Por nós o dizemos: transcrever estas cartas é um prazer íntimo que resgata o trabalho de outras analyses mais complicadas, de outros estudos mais aridos.

«Tenho a sala cheia de gente e *estou só* porque me faltas tu, diz ella n'uma carta. Lamartine dirá mais tarde: *Un seul être vous manque et tout est dépeuplé* dirigindo-se ao vasto horisonte que o envolve e cérca. As almas que amam têem a mesma illuminação íntima a esclarecel-as, quer sejam grandes poetas acclamados, quer simples mulheres obscuras sem pretensões e sem phrases!

No entretanto o ausente amado com aquella paixão estranha e viva estava a chegar, e na ultima carta da correspondencia do periodo do Brazil a Condessa de Palmella já o pressente, pois diz assim:

«Quando terei eu a fortuna de te tornar a abraçar? Hei de estar a ver-te e ainda me ha de parecer impossivel. Sonhei

ha pouco tempo que tinhas chegado e que eu olhava para ti e
perguntava depois aos outros: *Isto é verdade ou eu estou sonhando?* Hoje então parece-me que sinto o coração estalar
de saudades. Precisava de conversar um bocadinho comtigo
d'este modo, já que ainda mal o não posso fazer d'outro!...»

Feliz o que *inspira,* feliz sobretudo a *que sente* um affecto assim, apaixonado, enthusiasta, exclusivo. Um amor
d'estes desabrocha espontaneamente em flores, que bastam
para engrinaldar a mais pesada cruz, que bastam para em-
balsamar a mais arida charneca, e para juncar de folhas
olorosas e macias. a mais dura e pedregosa estrada que os
pés hajam de trilhar! Feliz da mulher que amar assim o
esposo do seu coração e do seu destino!

IV

Temos agora que voltar um pouco atrás, para resumir-
mos a relação dos acontecimentos politicos que então mais
estreitamente se prenderam com a vida politica de Palmella.

Quando este, aportando ao Rio de Janeiro, tomou conta
dos Negocios Estrangeiros e dos da Guerra, ficou completo
o ministerio que até ali só tinha por membros o Conde dos
Arcos e Thomaz Antonio de Villa Nova Portugal, grande valido de D. João VI, e pessoa de uma intelligencia extremamente limitada, e por isso mesmo funesto conselheiro do
Soberano, em quem áquelle tempo tinha de residir toda a
iniciativa e toda a força.

Percebeu logo o Conde de Palmella que os acontecimentos de Portugal não eram ali comprehendidos, que ninguem os filiava na sua verdadeira origem, e que o espanto
e sobresalto que excitavam não continham em si a virtude

que podesse vencel-os. Julgavam os conselheiros d'El-Rei e julgava o proprio Rei que o contagio das idéas que aqui ferviam não se propagaria até ás longinquas plagas brazileiras.

E continuaram portanto a viver na doce despreoccupação do dia seguinte, tão grata á indole portugueza. O Conde de Palmella tentou despertar d'aquella perigosa ignorancia os dirigentes, mas no Conde dos Arcos fraco apoio encontrou, e o favorito de D. João VI, Thomaz Antonio, estava tão cheio de illusões que repelliu todos os conselhos tendentes a levantal-o da commoda apathia em que ía vegetando á sombra do regio favor.

A noticia do levantamento da Bahia assustou porém o Paço e atabalhoadamente, já muito tarde para serem uteis as determinações tomadas, Palmella conseguiu ainda assim que D. João VI mandasse lavrar um Decreto, com as seguintes determinações:

1.ª Enviar seu filho D. Pedro á Europa, com o titulo de Condestavel e plenos poderes para reger Portugal na sua ausencia;

2.ª Auctorisal-o a proclamar em seu nome a outorga das bases de uma Constituição, estabelecendo a divisão dos Poderes, a representação nacional em duas Camaras, e as principaes garantias da segurança pessoal, da liberdade de imprensa, da inamovibilidade dos Juizes, etc., etc.;

3.ª Convocar simultaneamente no Rio de Janeiro uma especie de Assembléa composta de duas pessoas notaveis de cada uma das Provincias do Brazil, para n'essa assembléa se discutir qual o systema que deveria adoptar-se para o Governo «d'aquella parte da Monarchia que ainda se não julgava apta para receber Instituições iguaes ás de Portugal».

Chegou a ser assignado o Decreto em que estas tardias providencias se tomavam, mas a revolta de 26 de fevereiro respondia ás tentativas feitas por Palmella para que o drama dynastico do Rio de Janeiro não tivesse o desenlace cruel que a Historia conhece e registou.

O ministerio de que fazia parte o Conde de Palmella foi immediatamente substituido; á Esquadra, já prompta para levar D. Pedro a Portugal, deu-se ordem para desapparelhar.

Dois mezes se conservou ainda D. João VI no Rio de Janeiro, na humilhante posição que as circumstancias lhe tinham imposto, o que um bocadinho mais de intelligencia e de boa vontade teria evitado talvez.

Palmella em vão lhe tinha dito que os Reis do absolutismo frouxo, inerme, desarmado, como fôra o d'elle, estavam findos; que ou tinha de tomar um papel activo, pondo-se denodadamente á frente do irresistivel movimento moderno, ou tinha de obedecer completamente.

D. João VI, pachorrento, bonacheirão e sceptico, encolhia os hombros fungando a eterna pitada, mais adormecido ainda, pelo clima do Brazil, do que já o estava antes de para lá ter fugido.

Finalmente, empurrado positivamente do Rio de Janeiro, El-Rei resolveu-se a regressar ao reino, que abandonára ao seu mau destino havia tantos annos.

O Principe ficou Regente no Brazil. O ultimo Rei do absolutismo vinha entregar-se de pés e mãos ligados á Revolução de Lisboa.

Na viagem occorreu um incidente em que Palmella tentou ainda salvaguardar a dignidade da monarchia, que elle queria limitada, legalista, mas de pé, pois lhe parecia e justamente, que a monarchia é a condição indeclinavel da independencia d'este pequeno torrão appetecido, e que uma monarchia humilhada e manietada corresponde á mais completa anarchia dos poderes.

Na altura dos Açores, em dia de S. João, reuniu-se a bordo da nau *D. João VI* um Conselho de ministros a que Palmella foi chamado, e em que se discutiu qual seria a attitude que a El-Rei cumpria assumir na sua chegada a Lisboa.

O Conde de Palmella votou que se desembarcasse n'uma das Ilhas Açorianas e que se enviasse a Lisboa pessoa auctorisada para tratar com a Regencia e com as Côrtes, que então já se achavam reunidas, sobre as bases de uma Constituição que deveria ser outorgada por El-Rei.

Este projecto, pensava o Conde de Palmella, offerecia meio para uma conciliação em que fosse salvaguardada a dignidade da Corôa sem offensa das pretensões dos subditos. D. João VI no territorio portuguez com uma esquadra sua, e o apoio moral das Potencias, poderia não dictar a lei, mas ao menos deixar de a receber em condições tão duras, que preparavam a funesta reacção futura, e todas as demais convulsões que a ella se seguiram em longos annos de inquietação e sobresalto.

Fugir aos francezes, fugir aos revolucionarios, fugir sempre, não vencendo os obstaculos, mas torneando-os, eis o destino d'este pobre Principe infeliz, mas bom, que nascêra para frade e que em tão agitado periodo estava á frente da nacionalidade portugueza, não para a nortear n'um ou n'outro sentido, mas para a levar á mercê das ondas, sem bussola e sem norte, por incerto roteiro e para incerto fim. Nada se resolveu. D. João VI veiu entregar-se incondicionalmente á mercê do partido que fôra para o principe infinitamente arrogante, e que mais o seria quanto mais humilde e rebaixado o visse. (Gervinus.)

Antes de que em Lisboa se podesse conjecturar quaes seriam as intenções de D. João VI, tinham as Côrtes resolvido declarar-se em sessão permanente logo que o **regresso** do Soberano fosse annunciado, e não consentir que este desembarcasse antes de haver jurado fidelidade ás **bases** da Constituição.

Chegaram mais tarde as noticias de «que El-Rei accedia aos desejos do povo e que approvava de antemão a Constituição futura».

Mas as Côrtes protestaram contra os termos em que vinham redigidos os documentos relativos á questão Constitucional, e mesmo contra a palavra *approvação,* da qual o «pacto fundamental concebido pela nação soberana» não tinha a menor necessidade para ser valido.

Já D. João VI sabia esta má vontade dos radicaes quando a bordo da nau se recusou a tomar qualquer resolução energica.

«Era demasiadamente honesto, diz Gervinus; alem d'isso odiava a nobrez, era medroso, e preferia a tudo que o deixassem em paz!»

Em Lisboa sabia-se no emtanto que Palmella aconselhára energia onde só víra fraqueza, iniciativa onde a docilidade só aggravava os perigos, e que, sendo convictamente partidario de uma doutrina nova, não era comtudo capaz nem de se deixar arrastar por illusões infantis, nem de pactuar com os desmandos e as vãs declamações do radicalismo revolucionario.

Quando El-Rei aportou a Lisboa, foram-lhe dirigidas varias reclamações, e foi-lhe lido o Decreto das Côrtes que vedava a um pequeno numero das pessoas do seu sequito, entre as quaes Palmella, a faculdade de desembarcar em Lisboa.

Obrigado a ir residir a 20 leguas de distancia da capital —pois que aqui, como em toda a parte, a Liberdade estreou-se pelos habitos da mais insoffrivel tyrannia — Palmella escolheu para logar do seu desterro a villa de Borba, onde tinha propriedades.

Ali se conservou mais de dois annos (até maio de 1823), e mais tarde, referindo-se a esse periodo de deliciosa bonança no meio da tempestade quasi permanente que lhe foi a vida, dizia elle e repetia-o mil vezes, que de tempo algum guardava no coração maior saudade do que d'esse tempo passado em occupações todas ruraes, entre gente simples e affectuosa, ao pé da mulher e dos filhos queridos, que pela primeira vez, se póde dizer, gosava á sua vontade.

É provavel que a perspectiva da distancia illudisse o grande homem publico que foi Palmella. Estes homens, nascidos para a refrega e para a lucta, têem sempre ou julgam ter a vaga nostalgia do descanso á sombra amiga das arvores.

No meio da procella em que as energias todas do seu ser se dilatam e expandem, têem elles saudade da paz profunda do lar, da grande calma adormecida dos campos, dos prazeres sãos da existencia rural; mas ali devora-os provavelmente a propria inactividade para que não foram feitos, soffrem dos males a que assistem de longe, espectadores impotentes e a que julgam talvez poder dar algum remedio, e a mesma força que tão uteis os torna na vida activa se conspira contra elles para os atormentar na forçada inacção.

Não tivemos nós d'isto mesmo um grande exemplo contemporaneo, tanto mais frisante por vir justamente de um *rural,* de um *agrario,* de quem a mulher dizia: «Uma beterraba a crescer interessa-o a elle mais que todas as vossas politicas», e que, ao sentir-se reduzido a *ver crescer beterrabas,* por pouco que não enlouqueceu de furia brava?

Como quer que seja, a verdade é que D. Pedro nunca se queixou d'esta quadra em que teve de conservar-se inerme contemplador do cahos politico em que o seu pobre paiz se debatia...

Consolaram-no n'essa immobilidade forçada os livros que tanto amou sempre, e que, para quem aprendeu a extrahir-lhes a essencia fina e rara, são o melhor alimento de um espirito elevado.

Ficaram, em varias cadernetas soltas, extractos da mão de D. Pedro das suas leituras d'aquelles tempos.

São trechos em original de Virgilio, Horacio, Ovidio, Lafontaine, etc.; são scenas das tragedias historicas de Shakespeare; sentenças de Plutarco, de Bacon, de Chamfort; longos periodos de obras de historia, como, por exemplo, do bello livro de Hallam, *The state of Europe during the middle ages.*

Ha citações que só por si denunciam em que problemas de alta philosophia politica se demorava então o cultissimo espirito de D. Pedro de Souza: «*Let no one who begins an innovation in a State expect that he shall stop it at his pleasure, or regulate it according to his intention*[1].»

. . . .

E n'outra pagina:

«*E por isso S. Paulo não attribuia a si mais que o plantar das cousas, porque Deus ha de dar o incremento, e assim o dará elle em todas as vossas cousas como as plantardes com o zêlo que eu confio que vós tendes em todas e por isso não vos espantem as grandes nem tenhaes em pouco as pequenas;*

---

[1] Que nunca julgue quem estabelece uma innovação em qualquer Estado, fazel-a parar a seu prazer, ou regulal-a conforme os seus intentos.» Hallam's *State of Europe*, etc.

fazei igual ponderação, e os fins d'elles remettei-os a Nosso
Senhor, e posto que algumas vos não saiam como desejaes
nunca entre em vós desconfiança emquanto fizerdes as cousas
com gosto, zélo e limpa tenção... [1]»

N'outro logar, extractando o parallelo feito por Hallam
entre as liberdades de Castella e da Inglaterra, elle deixa
bem ver quaes as suas cogitações d'aquelle periodo de ela-
boração fecunda, embora talvez nem sempre consciente:

«Havia dois defeitos essenciaes na constituição de Castella, defeitos em virtude dos quaes ella foi finalmente sub-
vertida. Faltavam-lhe aquelles dois brilhantes da corôa da
Liberdade britannica: a representação dos homens livres
(free holders) nas Côrtes, e o julgamento por meio de jury.
As Côrtes de Castella tornaram-se um Congresso de deputados de algumas cidades animadas de coragem civica e in-
trepidas nas occasiões de adversidade em grau eminente,
mas limitadas de mais em numero e muito pouco relacio-
nadas com a aristocracia agraria, para manterem a balança
necessaria contra a Realeza. Comtudo, apesar de tantas
desvantagens, esse paiz possuia uma fórma de governo liberal, e animava-o na defeza d'ella uma nobre coragem.
A Hespanha, no seu ultimo e memoravel, embora curto,
resurgimento poderia bem ter regressado ás antigas instituições e effectuado um plano de politica que o grande exemplo da Inglaterra bem mostrava poder adaptar-se ás segu-
ranças da Liberdade. *Possa a sua tentativa futura* ser mais
habilmente planeada, e concluida com maior felicidade.»—
Hallam, *State of Europe,* etc. [2].

---

[1] Carta do Infante D. Luiz a D. João de Castro.

[2] «*There are two essential defects in the Constitution of Castile*
through which perhaps it was ultimately subverted. It wanted those two

. . . .

Hoje, que todas as Constituições estão feitas e fallidas, mal se percebe talvez a anciedade com que os verdadeiros patriotas d'aquelle tempo procuravam esclarecer-se acerca dos processos de governo que tirassem os seus respectivos paizes da confusão e da crise em que estavam desde o principio do seculo.

São reveladores das meditações de Estadista de Palmella os magnificos cadernos dos seus extractos de leitura.

O poetá, o erudito, o espirito classico e finamente culto enlevava-se com a musa antiga e a musa moderna nas suas producções mais felizes; o politico interrogava avido o vidente que foi Shakespeare, o historiador politico que foi Hallam, o pensador que foi Bacon, o grande conhecedor de homens que foi Plutarco, o critico luminoso que se chamou Chamfort...

E todos lhe diziam que um paiz onde o individuo está ao mesmo tempo embrutecido pela ignorancia, immobilisado pela arbitrariedade, corrompido pela preguiça, e governado

---

brilliants in the coronet of british liberty: the representation of free holders amongst the commons, and trial by jury. The cortes of Castile became a congress of deputies from a few cities public spirited indeed, and intrepid as we find them in bad times to an eminent degree, but too much limited in number and too unconnected with the territorial aristocracy to maintain a just balance against the crown. Yet with every disadvantage that country possessed a liberal form of Government, and was animated with a noble spirit for its defence. Spain in her last memorable though short resuscitation might well have gone back to her ancient institutions and perfected a scheme of polity wich the great example of England would have shown to be well adapted to the security of freedom... May her next effort be more wisely planned and more happily terminated.»

ou antes desgovernado pelo favoritismo estupido, tem de saír d'este estado, seja a que preço for, ou é sem remedio o seu mal, e sem demora possivel a sua morte; e o estado mental, financeiro, administrativo e militar da nação portugueza, visto pelos olhos de quem conhecia, não só a Historia que se fixou nos livros, mas a Historia que dia a dia se tece nas Chancellarias, nos Parlamentos, no Gabinete dos Estadistas e dos Soberanos, era realmente de apavorar.

Não se lhe via bem saída nem remedio, e nada admira que ainda os mais intelligentes e os mais sabedores preferissem entregar-se inertes ao acaso, que para desconhecidos fins os conduzia, do que participar das responsabilidades na manobra da desconjuntada e desmastreada náu portugueza.

CAPITULO X

O MINISTERIO DE PALMELLA

CAPITULO X

O MINISTERIO DE PALMELLA

SUMMARIO

Mallogro da Revolução de 1820 e suas causas fataes. A reacção em toda a Europa. Tendencias liberaes do povo inglez, contrariadas por Castlereagh, favorecidas por Canning. Reviravolta habil da Inglaterra. Quanto custou o triumpho das idéas liberaes na Europa. Tarefa ingrata dos estadistas n'este periodo intermediario. O nosso estado de decadencia em 1823. Contra-revolução. Palmella feito Marquez e chamado por D. João VI ao governo como Ministro dos Negocios Estrangeiros. Uma das epochas mais crueis da sua vida. É odiado pelos radicaes e pelos absolutistas. Combatem-n'o os governos estrangeiros. A circular de Palmella aos agentes diplomaticos portuguezes. Nomeação da Junta Preparatoria da Carta. Impossibilidades ao cumprimento das promessas de D. João VI. Assumptos importantes que o Marquez de Palmella tem de tratar durante o seu curto ministerio. Negociações arduas relativas ao Brazil e á successão do throno portuguez. Revolta de 24 de abril. Prisão de Palmella. É exigida a sua soltura immediata pelo Corpo diplomatico. El-Rei refugia-se a bordo de *Windsor Castle*. Prisão do Infante e sua expulsão. Reconstituição do ministerio Palmella e Subserra. Passagem de Palmella pelo ministerio do Reino. Subserra tem de deixar o governo pelas imposições de Canning. Demissão de todo o ministerio. O Marquez de Palmella é feito novamente Embaixador em Londres. Estado de decomposição extrema da sociedade portugueza. Morte de D. João VI. A obra dos liberaes injustamente malsinada. Genesis do liberalismo. A liberdade saíu eivada pelos vicios da velhice da lucta emprehendida para se realisar. A nossa epopéa liberal e as suas figuras mais bellas.

CAPITULO X

—

O MINISTERIO DE PALMELLA

—

SUMMARIO

I

Acontecêra com a nossa Revolução de 1820 o que succede com todas as revoluções que ainda não completaram o seu cyclo evolutivo. É tão impossivel transformar de uma hora para outra a sorte e a indole de um povo, como fazer da noite dia, ou vice-versa, em certo momento e á vontade dos homens.

Ás sociedades obedecem como a natureza á logica íntima das suas leis organicas. Todavia as leis da natureza ninguem ousa imaginar que as póde alterar instantaneamente, e não ha cerebro exaltado que não imagine possivel impor uma determinada fórma ao organismo social, que se desenvolve ou decáe em virtude de forças que lhe são proprias.

Aqui succedeu justamente o que era de suppor. Depois de abertas as Côrtes, de proclamada a soberania do povo, de lançados ao vento os quatro ou cinco pontos dogmaticos em que assenta o moderno direito publico, as cousas continuavam a ser exactamente o que tinham sido, isto é, um cahos, inextricavel e sem grandeza.

O temporal napoleonico, encontrando uma nação adormecida, varrêra tudo adiante de si, e nada deixára de pé do que a tinha constituido outr'ora.

Era necessario refazel-a lentamente, prudentemente; mas como? Ninguem sabia!

Os que antes da victoria fraternisam, em qualquer movimento revolucionario, têem, logo depois, de separar-se, sob pena de atraiçoarem o seu proprio ideal. Os mais energicos são os que mais se expõem no ataque aos velhos baluartes, mas são depois não só os mais exigentes, senão tambem os mais incommodos, quando se trata da reconstituição da ordem social momentaneamente abalada, e sem a qual as sociedades nem adiantam nem prosperam.

As esperanças que a minoria intelligente da nação teria posto porventura nas Côrtes de 20 dissiparam-se todas a breve trecho.

O povo não estava preparado para aquillo, não o percebia. Que lhe importava a elle na sua abjecção, e na sua miseria, com essa declamação ôca e sonora importada do estrangeiro como tudo o mais? Portanto a intriga do Paço, a furia da nobreza e do clero, a agitação dos militares avidos de governarem e de se moverem, habituados pelo longo periodo das guerras a essa preponderancia adquirida, acharam facilmente um terreno favoravel para a propagação do descontentamento publico contra a burguezia idealista, que sonhava abstractamente...

Nos povos muito atrazados como o nosso —o que seria elle então!— a chaga mais corruptora de todo o organismo social, o que o desaggrega e dissolve, é a indolencia, a preguiça que resistem passiva mas obstinadamente a todos os costumes novos, a todas as mudanças de direcção na actividade publica, e que cobrem as instituições antigas, apodrecidas, incapazes de viver, na phrase de um notavel historiador, com as bellas apparencias e o bello nome de genio particular a cada nação.

Se os deputados, ao passo que definiam em phrases retumbantes as theorias da liberdade dos povos —vã palavra se não corresponde a actos palpaveis e reaes— tivessem procurado crear leis que favorecessem a industria e desenvolvessem a agricultura, que creassem a instrucção popular, que arrancassem ao seu lethargo mental a nação entorpecida, talvez que não fosse tão ephemera a vida d'essas Côrtes portuguezas que deixaram na Historia uma lenda sympathica e mais nada.

Era facil portanto, dada a nenhuma raiz das novas instituições, o papel dos que fizeram, sob a inspiração da sinistra Egeria do Absolutismo chamada D. Carlota Joaquina, e do Infante D. Miguel, seu instrumento malleavel, e em nome do pobre D. João VI, a contra-revolução a que o povo chamou na eterna mania portugueza das alcunhas a *Villafrancada* ou a *Poeira*.

Alem de que não ha meio, nem para os individuos nem para as nações, de se considerarem isolados, e a atmosphera que em 1823 se respirava era o menos possivel favoravel á liberdade.

As potencias orientaes da Europa, Austria, Prussia e Russia tinham desde 1815 formado a *santa alliança* para se opporem, sob uma fórma hypocrita e empregando termos de falsa devoção e de falsa moral, ao estabelecimento dos principios liberaes; a Europa ficára aterrada pelas conclusões democraticas da constituição hespanhola e pela absoluta indifferença com que as Côrtes tinham passado a rasoura por sobre todos os privilegios da nobreza e do clero.

O povo inglez era favoravel ás idéas liberaes; o partido whig assistia com benevolencia tacita a este movimento iniciado no meio-dia da Europa; a Côrte de París, indignada, dizia pela bôca de um dos seus homens de espirito (cremos que o proprio Luiz XVIII) que de Londres se podia dizer o mesmo que de Nossa Senhora: depois de ter sido a *Consolação dos afflictos*, era o *Refugio dos peccadores*[1], mas a realidade é que, n'este ponto, o divorcio era completo entre o povo e o governo. Castlereagh adoptára por lei combater em vez de favorecer a acção do principio constitucional e as reformas politicas das nações, como Pitt tinha combatido o Terror e a Revolução, quer dizer, formando com Metternich uma alliança moral francamente confessada.

Esta politica dava aos adversarios de Castlereagh argumentos de accusação contra o ministro, que se esforçava por apagar as antigas tradições e por destruir a estima que a Inglaterra e a sua Constituição inspiravam a todos os amigos da liberdade. Em 1822, pelo suicidio de Castlereagh,

---

[1] Alludindo aos revolucionarios que para ali se acolhiam.

Canning entrára no ministerio Liverpool, mas a sua acção estava longe de poder-se ainda fazer sentir, como se fez sentir mais tarde.

Como se vê, pois, em face da Europa reaccionaria as tentativas liberaes estavam sendo pelo menos inopportunas. Em Portugal abortaram por si; na Hespanha foi a intervenção franceza que as fez abortar.

O cahos confuso das cousas e dos individuos era de tal modo tenebroso que seria impossivel saír d'elle por meios inspirados pela sabedoria dos homens!

Os que hoje vêem de longe o caminho tortuoso, accidentado, que os acontecimentos levaram, percebem —mas não era facil percebel-o então— que todas essas experiencias mallogradas tinham de dar-se, para que d'ellas saísse finalmente algum resultado pratico, e que em taes acontecimentos a acção individual teve pouca força.

A colligação dos governos, a força instinctiva dos povos que a combatiam, e as combinações inesperadas que d'esta lucta surda irrompiam em cada volta do caminho, é que fizeram tudo. A Historia vae-se fazendo lentamente. São vãos os clamores com que os homens acompanham os incidentes ou as catastrophes que n'ella se desenrolam.

Nenhum estadista impoz o seu cunho definitivo n'este periodo de tentativas comparaveis ás que faz a Natureza antes de completar uma creação sua.

Metternich, homem do passado em todos os seus preconceitos e fraquezas, alliou-se, no vivo terror da Revolução, a todas as grandes Potencias, e quiz impor o seu systema de repressão reaccionaria contra as idéas liberaes em toda a Europa e mesmo alem do Atlantico (Brazil); mas justamente no momento em que esta obra ía tomando um incremento deveras assustador e invencivel, e dando por isso ao partido *apostolico* uma preponderancia extraordinaria em toda a politica europêa, a Inglaterra — até ali alliada aos Estados colligados, e colligados apenas n'um cego instincto de defeza — temendo esta associação poderosa de mais e os seus planos possiveis, destacou-se por uma reviravolta da sua politica opportunista, da alliança tenebrosa, e oppoz aos seus planos retrogrados uma resistencia grande, de que aproveitou mais tarde commercialmente n'uma escala colossal.

Foi ella que mostrou aos povos o pendão das suas liberdades, alliando-se moralmente com estes — sem nada formal, segundo o seu costume — contra o despotismo dos governos.

E obedeceu porventura a um plano previamente traçado em todos os seus lineamentos? Não, de certo. As circumstancias é que foram determinando os actos. O poderoso instincto da conservação n'uns, o odio á Revolução que tão cara custára á Inglaterra, por outro lado, são os principaes motores d'este movimento retrogrado das nações; depois os resultados politicos, que esta corrente europêa determinava, esclareceram a Inglaterra, revelando-lhe que ella estava auxiliando o jogo dos seus adversarios, servindo os interesses contrarios áquelles que a tinham feito poderosa, respeitada e grande, contrariando a tendencia natural do seu povo para enriquecer-se no meio do empobrecimento universal...

E n'este conflicto de interesses egoistas a causa liberal salvou-se na Europa latina.

. . . .

Mas quantos annos e quantos obstaculos antes d'esse final triumpho! E que desgraçadas circumstancias tiveram de vencer ou de supportar os homens que n'esse periodo longo e inglorio foram obrigados a lidar com os negocios publicos em Portugal e na Hespanha!

Aqui a Revolução, não melhorando nada, tinha aggravado cruelmente todos os males. O nosso estado financeiro era desastroso e sem esperança; as relações com os governos estrangeiros estavam rotas; o Brazil, separando-se da metropole, deixára a nação portugueza n'uma especie de desnorteamento, como que na angustia de dolorosa mutilação; o commercio já decadente estava n'uma decadencia ainda maior. Nenhuma d'estas desgraças fôra produzida pela tentativa generosa de 1820, a não ser a interrupção de relações com os governos estrangeiros. Mas, como nenhuma tambem fôra remediada, attribuiam-lhe a ella todas as culpas.

Feita a contra-revolução, o Conde de Palmella foi lembrado. D. João VI gostava muito d'elle; alem d'isso era o unico homem capaz de saber entender-se no *imbroglio* da politica internacional.

El-Rei chamou-o, pois. Fel-o Marquez de Palmella e Ministro dos Negocios Estrangeiros, e um dos periodos mais crueis da sua vida abriu-se por este modo.

A verdade é que elle não podia cumprir o seu programma de governo, nem sequer tornar publicos os obstaculos de ordem internacional que topava a cada passo. Os absolutistas, arrependidos de o terem consentido para Ministro (porque elle fôra homisiado pelos de 20), ao perceberem-lhe as idéas de liberal e de *civilisado,* accusavam-no amargamente e combatiam-no com a arma envenenada e sempre terrivel da calumnia.

Os *liberaes,* querendo através de tudo e contra tudo a realisação completa do seu sonho, accusavam-no com igual furor.

No meio de tanta circumstancia contraria elle fez o que pôde e como o pôde. A acção dos homens publicos em periodos anormaes, a julgar-se equitativamente, tem de ser

apreciada na intenção e no esforço empregado. Os resultados quasi nunca lhe correspondem senão quando a corrente historica os auxilia, e n'esse caso a força collectiva
arrasta a direcção individual em vez de lhe obedecer.

Por isso mesmo, como o mundo tem até aqui ouvido
principalmente os juizes apaixonados e parciaes ácerca da
carreira politica de Palmella, é justo que sáia do tumulo a
sua propria voz, persuasiva e logica, a defender-se e a ex-
plicar-se.

Daremos na integra, julgando não ter direito para outra
cousa, as palavras com que o Duque de Palmella narra nos
seus *Apontamentos* auto-biographicos o periodo desagradavel que passou a bordo d'este navio sem bussola chamado
o Governo de Portugal durante a epocha triste e nauseante
que medeia entre dois movimentos chamados a *Villafrancada* e a *Abrilada.*

Esta narração, combinada com os longos esclarecimentos
que o leitor póde encontrar nos *Despachos e Correspondencia diplomatica do Duque de Palmella,* dar-lhe-hão completa
idéa da sua tarefa politica e dos tremendos obstaculos que
se lhe antepozeram, annullando-lhe por assim dizer a força
e a vontade.

II

Segundo a sua orientação, já de sobejo conhecida, e preparada por tão longa e fructifera experiencia, o Marquez
de Palmella, logo que tomou posse do Ministerio dos Negocios Estrangeiros dirigiu aos Encarregados de Negocios,
que se tinham conservado nas suas respectivas missões, uma
circular em que, fazendo a historia dos ultimos acontecimentos, annunciava a proxima outorga de uma Carta fundamental que conciliasse «no mais alto grau possivel o im-

perio da Lei e a felicidade dos povos (phrasealogia do tempo a que nem o espirituoso diplomata podia então eximir-se) com a dignidade e firmeza do throno, e que afiançasse os direitos do cidadão, afastando-se prudentemente dos dois extremos, do poder absoluto e da anarchia revolucionaria».

«A intenção de El-Rei, continuava Palmella, é que esta Carta seja traçada e promulgada com toda a verdade, fundada, quanto possivel for, sobre as antigas leis d'este Reino, aperfeiçoadas como pede o seculo em que vivemos, e tendo em vista as Instituições de outras monarchias constitucionaes da Europa.»

E concluia manifestando o desejo, de que o Governo portuguez se achava animado, «de renovar as relações de amizade que existiam entre a Corôa portugueza e as demais nações da Europa antes das circumstancias extraordinarias que temporariamente as tinham interrompido».

Installou-se logo depois uma Junta Preparatoria da Carta, da qual faziam parte os personagens mais conspicuos, de que elle Palmella foi nomeado Presidente, e perante a qual pronunciou um discurso em que o seu programma de liberal moderado foi francamente exposto.

Estes primeiros passos excitaram logo, como é de suppor, o odio da Rainha e do partido, cujo visivel instrumento, de uma plasticidade perigosa, era o Infante D. Miguel, e não conciliariam, como tambem é facil de concluir, os exaltados que a contra-revolução tinha vencido.

Por outro lado, as tendencias de Palmella mereceram o desagrado absoluto de todos os governos reaccionarios, pela aspiração liberal, pela necessidade de formular uma Constituição que das suas declarações ressumbrava.

Com D. João VI é claro que não podia elle contar para nada. Pobre rei Lear sem poesia e sem aspecto impressivo

e tragico; joguete de circumstancias que ora o amedronta-
vam pela violencia, ora o feriam pela revelação cruel do seu
destino de pae excepcionalmente desgraçado, ora lhe excitavam ditos em que de um modo bem caracteristico se revelava a manha bonacheirona, a ironia sonsa que o tornam
na galeria brigantina um typo á parte.

No fundo, D. João VI não tinha concorrido absolutamente
em cousa alguma para a contra-revolução, em que um dos
actos mais salientes e *gloriosos* foi o trazerem-no puxado
a homens, em vez de ser puxado a mulas, no seu coche real
tranformado em carro de triumpho...

Emancipado da tutela das Côrtes, que ao menos o li-
sonjeavam, o tratavam com as hyperboles do respeito mais
exagerado, e o desobrigavam do incommodo officio de reinar, governando ellas por sua conta e risco — o que o levava
de vez em quando a dizer com o seu riso de bonhomia impagavel, desdobrando de manhã a *Gazeta official: Vamos
a ver o que eu ordenei hontem*— o infeliz Rei caira sob um
jugo bem mais duro e que elle odiava, o jugo da Rainha e
do Infante, declarado Generalissimo do Exercito e exaltado
pelo regresso do Marquez de Chaves, e dos que, restituindo
D. João VI ao que então se chamava os seus *inauferiveis
direitos,* julgaram ter prestado á Corôa um serviço digno
das mais altas recompensas.

N'uma só cousa podia o Marquez de Palmella contar
com D. João VI, e essa homenagem deve ser-lhe prestada
pela Historia. O seu instincto bondoso e pacifico oppunha-
se tenazmente aos excessos reaccionarios para que tendia
o partido triumphante.

Emquanto a Restauração de Fernando VII, feita pelas
bayonetas francezas e pelo Duque de Angoulême, se assi-
gnalava contra vontade d'este pela mais desbragada e san-

grenta perseguição aos liberaes, D. João VI coadjuvava
os seus ministros Palmella e Subserra na sua opposição a
esse pendor cruel que já se percebia no partido do Infante.
Este bem queria seguir os exemplos dos de Hespanha, mas
n'este periodo ao menos não lh'o permittiu o pobre Rei,
bondoso, embora fraco.

Quanto ás promessas que D. João VI havia feito nas
suas proclamações (suas? escriptas e pensadas por Rodrigo
Pinto Pizarro e pelo Conde de Subserra), quanto ao compromisso solemne que tomára de outorgar ao paiz uma Carta
Constitucional, fingia elle que se esquecia, e os outros pouco
ou mesmo nada se lembravam. O unico que percebia a impossibilidade de continuar como se estava era, póde bem
affirmar-se, Palmella. Subserra, adorado pelo velho Rei,
antes queria vel-o satisfeito do que irrital-o com as exhor-
tações ácerca das promessas que fizera e dos deveres que
contrahira.

... Que o deixassem em paz! era o unico desejo de
D. João VI; que o protegessem contra a ambição dos
seus!... contra as intrigas crueis da Rainha, uma hysterica
de crueldade...

E esta abstenção regia favorecia, já se vê, o partido
absolutista, para o qual não havia differenças entre democratas radicaes e liberaes moderados, e, o que é logico, mais
ainda odiava estes que os primeiros, pois considerava mais
viaveis os planos de uns que a chimera dos outros.

«A influencia dos governos estrangeiros, diz o Duque
de Palmella nos seus *Apontamentos,* que unanimemente ap-
plaudiam a contra-revolução e cujos representantes na Côrte
de Lisboa gosavam junto a El-Rei um accesso facil e continuo, começou, logo depois de completado o destroço do

partido liberal na Hespanha, a pôr estorvos á realisação da
promessa de El-Rei, de que outorgaria á Nação uma Carta
Constitucional. A Commissão, composta dos Plenipotenciarios das grandes Potencias da Europa que n'esse tempo se
conservava permanente em París, e por cujos conselhos
Fernando VII reassumíra o poder absoluto, e d'elle fazia
um uso mais violento, mais apaixonado do que se fazia em
Portugal, essa Commissão não cessava de empregar todos
os meios directos e indirectos para evitar que em Portugal
o Governo se afastasse dos principios que tinham preva-
lecido na Hespanha. Póde bem dizer-se que tudo cons-
pirava para tornar, se não impraticavel, pelo menos ardua
e difficilima a tarefa d'aquelles que queriam sinceramente
o estabelecimento de um governo constitucional em Portugal.»

Não era grande o numero d'esses em torno de D. João VI.
O completo desbarato do partido liberal na Hespanha, e o
triumpho insolente dos contrarios, diminuíra entre os influentes do tempo o numero dos que esperavam ver um
regimen novo estabelecido em Portugal. O odio violento
que a Rainha e o seu partido votaram por esse tempo a
Palmella, eloquentemente o assignala como um dos poucos,
como o unico talvez, que desejava essa transformação legal.
É que, mais perspicaz e mais instruido, elle percebia perfeitamente que, chegadas as cousas publicas á anarchia, ora
brava ora mansa, em que estavam, era preciso encetar uma
vida diversa, ou resar os responsos finaes sobre o cadaver
da patria! E era contra esse aniquilamento que se revol-
tavam os seus brios de portuguez, a sua ambição de estadista, o seu tino de diplomata, tudo que havia n'elle de simplesmente intuitivo e de supremamente intellectual...

Muito arrependidos, tanto a Rainha como o partido do Infante, de terem permittido que Palmella fosse chamado aos Conselhos da Corôa, planeavam já desfazer-se d'elle, como mais tarde chegaram a tentar violentamente.

•

«Começou então, diz o Duque, a trabalhosa lide em que andei envolvido por espaço de dois annos incompletos, tendo de luctar sem o apoio de ninguem contra a inercia de El-Rei, a indifferença ou as intrigas dos meus collegas, o odio e as ciladas da Rainha, do Infante e dos seus sectarios, a opposição mais ou menos extreme manifesta dos governos estrangeiros, com a unica excepção da Inglaterra, onde as idéas liberaes de Mr. Canning me davam alguma esperança de auxilio, modificada, porém, pela resolução de não intervir directa e effectivamente nas dissensões intestinas que viessem à occorrer entre nós e pela antipathia que aquelle estadista desde logo manifestou contra o Conde de Subserra, a quem considerava como partidario e fautor da influencia da França. Esta antipathia por fim levou Mr. Canning ao extremo de exigir quasi com ameaças a demissão do Conde, estimulando por este modo El-Rei D. João VI a dissolver, como dissolveu, todo o ministerio para se consolar de certo modo do sacrificio que lhe exigiam do seu ministro valido e parecendo-lhe que assim conseguia algum desforço da violencia que lhe impunham, visto imaginar-se áquelle tempo que eu gosava do bom conceito do Gabinete inglez, o que na verdade era certo, mas não comprado em tempo algum por condescendencias contrarias ao meu dever e aos interesses da monarchia[1].

_____

[1] Para confirmação d'estas palavras veja-se, no vol. i dos *Despachos e Correspondencia do Duque de Palmella*, toda a parte que

«A composição do ministerio portuguez desde o primeiro momento da restauração tinha sido o mais alheia que é possivel aos sãos principios constitucionaes, pois que não havia ministerio solidario, e, o que é peior, havia um ministro assistente ao despachó, o qual, trabalhando só com El-Rei no expediente das Repartições especialmente a seu cargo, assistia depois aos trabalhos successivos dos demais ministros separadamente com cada um d'elles.

«D'esta maneira, não só exercia sobre o espirito de El-Rei uma influencia exclusiva em certos ramos, mas tolhia aos seus collegas a possibilidade de se acharem ao corrente do andamento geral dos negocios, e de tomarem parte n'elles pelos seus conselhos e pela sua responsabilidade.

«Esta era, officialmente, a situação dos ministros, mas é justo confessar que as relações particulares entre mim e o Conde de Subserra modificavam algum tanto os inconvenientes acima indicados e que, pelo menos ostensivamente, o Conde de Subserra manifestava por mim uma contemplação que me collocava em situação excepcional, comparada com a dos meus outros collegas.

«Pela minha parte, quaesquer que fossem as suspeitas de então, ou as calumnias posteriores, é fóra de duvida que houve sempre a maior lealdade, e desde logo dei provas d'ella, quando nos primeiros dias da formação do mi-

---

elle tomou nos negocios complicados do tempo, como recorreu á influencia de outras potencias para contrabalançar a extrema influencia da Inglaterra nos negocios no Brazil, como, emfim, a sua sympathia pelo regimen inglez estava sempre sujeita ao seu amor pela patria, ao seu zêlo pelos interesses quê lhe pareciam mais vitaes da nacionalidade portugueza. Quem nos déra a nós que todos os amigos da Inglaterra em Portugal tivessem tido o tino, a dignidade, a obstinação habil do Duque de Palmella!

nisterio fui chamado ao quarto do Infante, por um seu confidente, para me insinuar a conveniencia da remoção do Conde de Subserra. Repelli fortemente esta instigação, e atrevi-me a dirigir ao Infante conselhos de sujeição a seu Pae, de prudencia e de moderação, que por certo não fructificaram no animo d'aquelle a quem eram dirigidos. Pelo contrario, foram provavelmente o primeiro incentivo do odio e das perseguições que sobre mim attrahi.

«É igualmente certo que, longe de promover as intrigas do Governo inglez e do Marechal Beresford contra o Conde de Subserra, estive sempre o mais fóra d'ellas que é possivel, procurando dissuadir, por meio do ministro de S. M. em Londres, as prevenções de Canning.

«Pareceu-me necessario mencionar aqui estas recordações para dar assim mais viva e verdadeira idéa do pélago de contradicções e difficuldades em que me sentia submerso, isolado quasi, cercado de adversarios, luctando contra innumeras prevenções, e se no meio d'este cahos me não foi possivel levar a cabo a obra que tinha emprehendido e em que punha todos os desejos de uma ambição nobre e patriotica, contribui comtudo, ao menos com os meus esforços, para que não houvesse as reacções e as perseguições que se meditavam, para que se mantivesse a chamma sagrada da esperança da liberdade, a fim de que podesse reviver em epocha mais favoravel. Sobretudo, não deslisei nunca dos meus principios fundamentaes, nem fiz d'elles sacrificio ás influencias predominantes.»

Os negocios principaes que houve a tratar n'aquelle tempo foram:

1.º Defesa da pessoa e auctoridade de El-Rei, assim como da paz intestina sem perseguições e sem excessos;

2.º Carta Constitucional promettida aos portuguezes;

3.º Negociação relativa ao Brazil, cuja independencia fôra declarada pouco antes da *restauração*, negociação que se ligava com a outra, não menos importante, e muito mais complicada: a da futura successão do throno de Portugal.

A estes negocios, já de si tão arduos e escabrosos, veiu acrescentar novas complicações de diversos generos a revolta de 30 de abril de 1824, conhecida pelo nome de *Abrilada*.

«Direi alguma cousa sobre cada um d'estes pontos — escreve o Duque — e servirão estes *Apontamentos* em tempo opportuno, de nexo á publicação dos principaes documentos d'aquella epocha, pelo menos dos que se relacionam com os actos do meu ministerio[1], do mesmo modo porque esses documentos servirão para corroborar os factos aqui apontados, e para desvanecer muitos preconceitos e confundir calumniosas imputações.

«Emquanto ao primeiro ponto: opposição á reacção violenta e sanguinaria, já disse que houve franca e completa concordancia por parte do Conde de Subserra.

«Nem El-Rei nem elle propendiam para actos violentos, e os demais ministros eram pouco influentes, e circumscriptos cada um na sua respectiva repartição.

«É certo porém que os Ministros da Justiça e do Reino, Marinho Falcão e Joaquim Pedro Gomes de Oliveira[2], cedendo á influencia da Rainha, praticaram um e outro algumas perseguições, as quaes, bem que de uma gravidade incomparavelmente inferior ás que n'aquelle tempo se pra-

[1] Vide *Despachos e Correspondencia do Duque de Palmella,* vol. i.
[2] Avô de Oliveira Martins.

ticaram em Hespanha, e que depois vimos em Portugal, excediam comtudo as intenções de El-Rei e as dos dois ministros mais influentes.

«Isto deu logar mais tarde a uma primeira mudança que se effectuou no ministerio, demittindo-se os dois ministros citados e entrando em seu logar Leite de Oliveira, que em epocha posterior se fez tão tristemente notorio com o titulo de Conde de Basto.

«Todavia deve confessar-se que as queixas e as accusações de que foi então objecto o Governo, para os homens de 1820 não tinham sufficiente fundamento, e que, não obstante as arbitrariedades ou actos de força com que foi manchada aquella epocha, raras vezes poderá encontrar-se na Historia uma reacção menos violenta e menos perseguidora que a de 1823 [1].

«Deve-se isto á indole de D. João VI e dos seus dois principaes conselheiros. A continuação d'esta ordem de cousas, a sustentação d'esta tolerancia geral, dependia da conservação da auctoridade de El-Rei, auctoridade que a cada instante lhe era disputada pela exaltação do partido absolutista e cubiçada pela Rainha, que tinha no filho um instrumento docil [2] disposto para os maximos excessos.

---

[1] Respiram este mesmo espirito de tolerancia e mansidão todos os *Despachos* do Duque referentes ao tempo em que taes assumptos têem cabimento. Vide *Despachos e Correspondencia*.

[2] Ainda não foi sufficientemente estudada a extraordinaria plasticidade do Infante D. Miguel, pessimo no meio dos maus, bom no meio dos bons, inteiramente dependente dos que o cercavam. Que longa vida séria, honesta e digna elle teve depois da sua criminosa mocidade! Este problema psychologico afigura-se-nos de um tal interesse que não sabemos como ainda não tentou algum dos espiritos curiosos que se occupam d'esta especie de questões.

«O genio ambicioso, louco, intrigante da Rainha não deixava ao seu regio esposo um só momento de descanso!

«O exercito estava quasi todo compromettido nos movimentos de 1823. A parte d'elle que se achava sob o commando do Marquez de Chaves regressára triumphante á capital e podia ser considerada uma guarda pretoriana pelas orgulhosas pretensões do seu chefe, e longe pois de offerecer um ponto de apoio á auctoridade real inspirava a D. João VI um continuo pavor.

«O partido liberal, sem organisação, sem força alguma militar, e sem prestigio, porque os erros commettidos de 1820 a 1823 lhe tinham feito perder em-grande parte o que d'antes possuia, estava disperso e desalentado.

«O Infante tinha o cargo de Commandante em chefe do Exercito, possuindo não só a influencia moral, mas tambem a auctoridade legal de que se podia de um instante para o outro recear o abuso.

«O apoio da gente moderada e bem intencionada é, como se sabe, sempre fraco e quasi nullo em epochas de delirio e de paixão; finalmente, o auxilio effectivo de forças estranhas era difficil e a experiencia o fez reconhecer impossivel.

«Por um lado, o ciume reciproco das potencias da Europa teria interposto obstaculo insuperavel á entrada das tropas francezas quando o Governo portuguez as quizesse receber, e esse mesmo obstaculo, ainda que em menor grau, se oppunha ao auxilio das tropas inglezas, como foi manifesto pela recusa de Canning e a sua negativa á carta em que eu lhe pedia este auxilio. Escrevi-a obedecendo primeiro que tudo aos ardentes desejos de El-Rei, e segundo, tambem até certo ponto aos dictames da minha propria rasão.

«Indicava n'ella quanto seria para desejar que em epocha tão excepcional podesse o Monarcha contar com uma força auxiliar, ou dos seus alliados ou de tropas estrangeiras assalariadas pela Nação para sustentar o Soberano legitimo, o partido Constitucional, o partido, emfim, de toda a gente moderada e sensata e de bem contra a tyrannia de que nos ameaçava aquella mesma facção, que mais tarde no reinado do Infante D. Miguel assás demonstrou o que era; e para impedir por outro lado loucas tentativas de revolução e desordem. Aquella carta a Canning, posto que infructifera, não me arrependendo de a ter escripto; honro-me pelo contrario do seu conteúdo.

«Para rebater as declamações insulsas d'aquelles que tantos annos depois se lembraram de blasonar do seu patriotismo vão, esquecendo as terriveis difficuldades d'aquella epocha, bastará porventura indicar que nunca se considerou desaire para Portugal nem a vinda do corpo auxiliar britannico em 1826, nem tão pouco a dos corpos estrangeiros que em 1832 acompanharam D. Pedro IV a Portugal, sem fallar nos innumeros exemplos da nossa Historia nem dos que abundam na Historia das outras nações[1].

«Frustrado porém este intento, occorreu um arbitrio talvez ainda mais desagradavel, que só como remedio n'um caso tão extremo lembrava, e vinha a ser a nomeação do Marechal Beresford Chefe do Estado maior do Infante D. Miguel. Este arbitrio collocava, é certo, á frente do Exercito um homem que, não obstante os importantissimos serviços militares por elle prestados a Portugal, inspirava uma repugnancia fundada em boas rasões ao sentimento nacional,

---

[1] Da Inglaterra, por exemplo, na segunda revolução auxiliada pelos soldados de Guilherme de Orange, etc. Está cheia a Historia d'estes factos, que em momentos *criticos* da vida dos povos deixam de ter a significação que *a frio* o nosso entendimento lhes dá!

um homem que, alem d'isso, pela tendencia das suas opiniões, fortalecia talvez o partido absolutista.

«Este homem porém, como inglez e sujeito ao seu governo, pensava com effeito que El-Rei devia cumprir a palavra que dera, de estabelecer as bases de um governo constitucional, e pelo seu caracter e pela sua posição era o unico que podia incutir respeito aos sectarios do Infante e restabelecer a disciplina do Exercito[1].

«Esta combinação, cujos inconvenientes e cujas vantagens eram tão claros, tornou-se porém igualmente impraticavel pela incompatibilidade que havia entre Beresford e Subserra.

«Assim foi forçoso ao Governo continuar a viver no meio de fluctuações, de compromissos, de transigencias, de embaraços de toda a especie, até que a revolta de abril de 1824, precedida pelo assassinio atroz do Marquez de Loulé, veiu trazer uma crise, que nos primeiros momentos se apresentou insanavel, da qual se saíu quasi por milagre, e que, segundo leis imprescrutaveis, foi a origem de uma futura serie de acontecimentos que teria sido inteiramente impossivel antever[2].»

O segundo ponto difficil de que o Governo teria que tratar era o da Carta Constitucional promettida aos portuguezes.

«Para que essa promessa se cumprisse fiz tudo quanto era humanamente possivel, diz o Duque de Palmella. Posso

---

[1] Que estava inteiramente abalada desde que o ferreo guante do marechal lhe tinha faltado.

[2] Sobre a *Abrilada* é precioso o testemunho do ministro francez Hyde de Neuville, que a narra extensamente nas suas *Memorias*.

affirmar que fui então dos poucos portuguezes e o unico ministro que n'aquella epocha desejou sinceramente o estabelecimento do Governo Constitucional.

«Promovi a realisação d'esta idéa até ao ponto de me comprometter com os amigos, e de me tornar suspeito aos governos estrangeiros[1].

«D'estas verdades ha provas bem publicas na nomeação de uma Junta presidida por mim, o que bem claro demonstra que fôra minha a iniciativa; nas circulares da Secretaria dos Estrangeiros aos Agentes Portuguezes, no discurso da abertura da Junta Preparatoria e em toda a Correspondencia emanada da Secretaria dos Negocios Estrangeiros[2].

«E posto que tenham querido os meus inimigos encontrar na linguagem dos dois primeiros documentos motivos para me accusar de opiniões anti-liberaes, não deixará a posteridade imparcial de reconhecer o verdadeiro sentido e tendencias d'esses documentos, redigidos em linguagem que os erros e o peccado original do partido revolucionario justificavam de sobra, mas sempre obedecendo a um principio unico: o desejo de ver estabelecer em Portugal o regimen representativo.

«Appello para a correspondencia dos diplomatas estrangeiros quando venha a publicar-se e desde já para a obra de Monsieur de Chateaubriand, bem conhecida, *o Congresso de Verona*.

«Muitas provas mais se encontrariam se fossem conhecidas as correspondencias confidenciaes dos homens mais

---

[1] Vide Cartas publicadas ao Conde de Porto Santo, etc.—*Despachos e Correspondencia*, vol. I.

[2] *Despachos e Correspondencia do Duque de Palmella*, vol. I.

notorios do partido absolutista d'aquelle tempo, entre outros
a do Visconde de Canellas, de que ainda se poderão apresentar alguns fragmentos.

«Finalmente, se fosse preciso acrescentar mais provas,
junte-se-lhe a correspondencia que officialmente passou entre
mim e os ministros das côrtes estrangeiras acreditados em
Portugal, e Mr. Canning no anno de 1824, na qual se manifesta a opposição formal da commissão das grandes Potencias reunida em París ao chamamento dos Tres Estados do
Reino, decretado pelo Senhor D. João VI a instancias minhas; e a reclamação que dirigi ao gabinete inglez para obter
o seu apoio contra a influencia das potencias absolutistas.

«O odio da Rainha e do Infante, a minha prisão em 30
de abril de 1824 e os acontecimentos que se succederam
bastariam para remover todas as duvidas sobre as minhas
intenções se ellas de boa fé podessem existir.

«A historia d'esta questão póde resumir-se em poucas
palavras.

«No momento da creação da Junta Preparatoria esperava que ella podesse satisfazer o seu fim, porque ainda era
recente a promessa de El-Rei, porque a reacção nos negocios de Hespanha ainda não tinha começado na sua phase
violenta, e ainda se suppunha que tambem ali seria cumprido o programma apresentado pelo Duque de Angoulême
na proclamação de Andujar.

«Estas condições politicas foram-se todavia successivamente modificando, e a influencia cada vez mais poderosa
da Rainha e do seu partido, e a indifferença, a inercia, a
inhabilidade do partido moderado demonstrou-me evidentemente que eu não tinha força nem apoio para vencer esta
corrente abertamente favorecida pelos agentes diplomaticos
estrangeiros residentes em Lisboa.

«Restava-me a alternativa ou de abandonar toda a esperança de um resultado favoravel, ou de me habilitar temporariamente a obter o restabelecimento das nossas antigas Côrtes, as quaes, uma vez que a sua reunião fosse periodica, e que os dois estados do Clero e Nobreza se reunissem n'uma só Camara, serviriam ao menos de garantia contra o poder arbitrario que nos reduzíra ao estado em que estavamos.

«Isto poderia considerar-se como um quasi cumprimento das promessas regias, e não encontraria, por ser fundado nas nossas antigas leis, opposição tão invencivel como a promulgação de uma lei constitucional nova.

«Convencido de que mais não podia alcançar então, quiz alcançar uma parte.

«Esta é a explicação do meu proceder n'essa epocha. Esse foi o motivo que me induziu a abraçar a proposta do Arcebispo de Evora, que offerecia á Junta um meio termo entre a acceitação e a rejeição completas de projecto da Carta Constitucional que n'ella se havia formado.

«De entre os quinze membros da Junta a maioria era opposta a toda e qualquer modificação do regimen absoluto. Quatro membros d'ella sinceramente affectos ás idéas constitucionaes, mas ignorando os obstaculos insuperaveis que na qualidade de ministro eu conhecia a fundo, e isemptos da responsabilidade que pela minha situação pesava sobre mim, deram voto negativo ao projecto do Arcebispo de Evora, o qual precisou ainda assim da minha coadjuvação e dos meus esforços para ser approvado. A verdade é, pois, que, de entre os partidarios de uma Constituição que se achavam na Junta, uns pensaram que, não podendo preencher a missão para que tinham sido chamados, deviam abster-se de qualquer compromisso, e eu pensei que, não podendo alcançar o que abstractamente seria mais completo, devia ao menos procurar o bem que julgava exequivel.

«Se este calculo foi errado (e a experiencia assim pareceu demonstral-o a principio, pois que El-Rei não teve coragem de sanccionar a proposta da Junta), ao menos foi feito conscienciosamente e de boa fé, como se deduz do facto de El-Rei ter promulgado em junho de 1824, quando já se sentia desopprimido da influencia dominante, uma carta de lei fundada na consulta da Junta Preparatoria, promulgação que se fez devida ás minhas novas e vehementes solicitações.»

. . . .

Quanto ao negocio do Brazil, já publicamente conhecido por documentos variados[1], póde caracterisar-se em breves phrases que vamos citar:

«A impossibilidade de reduzir novamente o Brazil ao estado de dependencia tornou-se desde o principio manifesto aos homens costumados a considerar os negocios do Estado, mas nem por isso deixava de se conhecer tambem a grande difficuldade que havia de induzir não só El-Rei, mas a nação portugueza a perderem uma tão bella e vasta herança dos seus maiores.

«O tempo é sempre elemento indispensavel para levar os homens a resignarem-se á Lei da necessidade, e para dissipar as illusões creadas; mas desgraçadamente n'esta occasião a demora prejudicava, porquanto as condições vantajosas que ao principio poderiam propor-se e conseguir-se

---

[1] *Discursos parlamentares do Duque de Palmella*, vol. 1, pag. 217.— *Despachos e Correspondencia do Duque de Palmella*, vol 1.

íam tornar mais difficeis de dia para dia[1], á medida que os brazileiros vissem diminuir os perigos que nos primeiros momentos podiam recear.

«O Governo inglez, quasi que sem rebuço, mostrou desde logo a intenção de favorecer a insurreição das colonias hespanholas e portuguezas, fazendo ceder qualquer consideração de moral publica á que sobre todas e sempre o domina: isto é, a de promover e desenvolver o seu commercio.

«Era comtudo indispensavel obrigação nossa dar algum passo, fazer alguma diligencia, antes de renunciar á esperança de recuperar o Brazil.

«A primeira tentativa que naturalmente lembrou foi a de solicitar a intervenção do Imperador de Austria. Este, na qualidade de sogro do Principe D. Pedro, interessado por isso no seu bom nome e na sua fortuna, assim como na sua qualidade de defensor dos principios da Legitimidade, devia influir na sustentação dos direitos da Corôa portugueza, e parecia mais do que ninguem indigitado para intervir de um modo salutar n'esta questão.

«O Gabinete austriaco porém, contra a expectação do nosso, recusou-se á intervenção por tão justas rasões solicitada. Reconhecendo eu logo que esta recusa provinha do receio de excitar ciumes no Gabinete inglez, resolvi modificar o primeiro pedido, e solicitar a mediação da Austria conjunctamente com a da Inglaterra, na esperança de temperar ao menos por este meio a parcialidade do ministro inglez. Acceita esta proposta entabolou-se em Londres uma negociação entre Plenipotenciarios portuguezes e brazileiros

---

[1] Citando em 1898 estas palavras escriptas pelo estadista experiente que foi Palmella, não podemos deixar de pensar na triste e verdadeira applicação que elles têem hoje em questões parecidas com esta.

debaixo da mediação do ministro britannico e do ministro
austriaco.

«Os pormenores d'esta negociação podem colher-se da
correspondencia official então trocada. A sua maior difficuldade consistia na exigencia preliminar do reconhecimento
da sua independencia feita pelos Brazileiros.

«Se esta exigencia tivesse podido satisfazer-se desde
logo, teriamos nós sem duvida alcançado em compensação
as condições mais favoraveis.

«Esta concessão preliminar era justamente o que o Governo portuguez não se achava com força moral para conceder *in limine,* e a negociação complicava-se sobremaneira
pelas questões de successão á Corôa de Portugal que tanto
El-Rei D. João VI como os seus ministros desejavam assegurar ao Principe D. Pedro, mediante estipulações bem difficeis de combinar. Seria necessario salvar n'essas estipulações não só os interesses, mas tambem a dignidade da nação
portugueza, evitando que depois da morte de El-Rei ella
ficasse sujeita a um governo estabelecido no Brazil. Para
este caso lembrava a residencia alternada do Soberano ora
n'um ora n'outro hemispherio, com a condição tambem da
residencia do herdeiro da Corôa como regente e com independencia administrativa n'aquelle dos dois reinos onde não
residisse o Soberano.

«Para apoiar estas diligencias com algum apparato de
força e proteger os interesses dos portuguezes estabelecidos
no Brazil preparou-se um armamento consideravel em Lisboa, com que se ameaçava enviar uma expedição, no caso
de ficar frustrada a negociação de Londres.

«Os acontecimentos de 3o de abril vieram porém influir
fatalmente n'esta questão, obrigando o governo de El-Rei,
abalado no seu centro, a perdel-a temporariamente de vista,

e fazendo com que se abandonassem os preparativos começados da expedição.

«O ministro inglez, cansado das delongas da negociação e ancioso de concluir um tratado de commercio com o Brazil, lançou mão finalmente de um pretexto para retirar a sua mediação. Foi este pretexto ter El-Rei D. João VI mandado, por conselho do Conde de Subserra, um emissario secreto ao Brazil (Carlos Mathias Pereira) sem ter dado conhecimento d'este passo ás potencias mediadoras.

«Aconteceu isto nos fins do anno de 1824, coincidindo com a demissão do ministerio de que eu e Subserra faziamos parte. Havendo logo depois o Governo inglez nomeado um Plenipotenciario, *sir* Charles Stuart para ir ao Brazil negociar o seu tratado de commercio com ordem de fazer escala por Lisboa e de offerecer ali os seus bons officios para terminar a contenda com o Brazil, prestou-se o governo de El-Rei D. João VI de uma maneira bem pouco conforme aos interesses e decoro nacional ás insinuações da Inglaterra, entregando-se por assim dizer á discricção do diplomata britannico[1], que foi nomeado conjuntamente Plenipotenciario portuguez, concedendo-se assim a um estrangeiro a faculdade de estipular a separação perpetua das duas partes da Monarchia portugueza e o reconhecimento quasi gratuito da independencia da Corôa do Brazil, que a tão caro preço se poderia ter trocado. As condições d'este reconhecimento são notorias, e o unico disfarce com que se pretendeu em Portugal cobrir este opprobio (o decreto abdicando a Corôa do

---

[1] D'estas culpas é que Palmella está inteiramente illibado. Luctou sempre pela nossa dignidade. Quando, pela fraqueza em que estavamos, *não podia salvar a essencia,* salvava sempre *a fórma,* o que tambem é um modo de defender o decoro exterior de uma nação fraca.

Brazil em D. Pedro) é assas pueril. A compensação que se quiz encontrar no reconhecimento do titulo vão de Imperador ao Senhor D. João VI é mais pueril ainda, e estes dois actos ficam sendo talvez os documentos mais vergonhosos da diplomacia portugueza, assim como a prova mais patente dos inconvenientes que resultam das revoluções de Gabinete, e da preferencia dada a considerações e intrigas mesquinhas sobre interesses permanentes e verdadeiros.

«Não desejo lançar censuras, hoje inuteis, sobre as intenções de quem participou nos factos a que alludo, mas não posso deixar de os deplorar, especialmente na occasião em que refiro recordações dolorosas, como são para mim quasi todas d'essa epocha... [1]»

. . . .

Depois de citar textualmente as palavras de D. Pedro de Souza, não podemos deixar de recommendar aos leitores d'este trabalho que leiam attentamente nos *Despachos e Correspondencia do Duque de Palmella,* todos os documentos que se referem á questão do Brazil.

Ahi se verá com que zêlo elle luctou, com que nobre eloquencia advogou a causa de D. João VI, como foi ao encontro de todas as habilidades do Gabinete britannico, com que nitidez lhe declarou que as percebia, como finalmente aquelle que tanto accusavam de *inglez* soube pugnar contra a Inglaterra pelos interesses do regimen e do Rei que servia.

É com magua que não transcrevemos para aqui toda a interessante correspondencia d'esse tempo, que facilmente póde ser compulsada por quem queira verificar a exatidão das nossas palavras.

[1] Apontamentos auto-biographicos ineditos

Nos seus *Apontamentos* Palmella continúa:

«N'um estado de verdadeira anciedade de espirito e sem acabar de tomar uma decisão vieram surprehender-me os acontecimentos de 3o de abril.

«O plano que seguiram os sediciosos é bem conhecido. Valendo-se o Infante da auctoridade que exercia como Commandante em chefe do Exercito reuniu na madrugada d'esse dia a guarnição de Lisboa no Rocio, annunciou n'uma proclamação a absurda falsidade de que se havia n'aquella noite attentado contra a vida de El-Rei, cercou o Paço da Bemposta vedando todo o accesso á presença de seu Pae, e mandou proceder á prisão simultanea de um grande numero de individuos tomados todos por surpresa, sendo eu comprehendido n'esse numero.

«A lista da proscripção abrangia todos aquelles que não tinham notoriamente seguido as bandeiras do absolutismo e apresentava entre outras singularidades a ordem de prisão para o official (Visconde de Santa Martha), que á frente do seu regimento levantára a primeira voz da contra-revolução em 1823.

«Ha motivos para acreditar que n'aquelle dia o Conde de Subserra teria sido assassinado (como nas vesperas o tinha sido Loulé) se tivessem conseguido apoderar-se d'elle. O plano da conspiração grosseiramente traçado, mas executado com audacia, falhou unicamente pela inexperiencia do Infante, que a não soube sustentar e não se atreveu a resistir ás instancias do Corpo diplomatico resolutamente dirigido pelo Barão Hyde de Neuville, Embaixador da França. Exigiu este, juntamente com os seus collegas, que lhe fosse franqueado o ingresso á presença de El-Rei e deu desde logo a maior publicidade á declaração que lhe fez esse infeliz

Monarcha, cheio de terror e de lastima, de que não tinha sombra de fundamento o que se allegava para tal golpe politico[1].

«As reclamações do Corpo diplomatico, apoiadas tambem pelo Marechal Beresford, que gosava de grande influencia no partido absolutista, extorquiram por assim dizer ao Infante a ordem da minha soltura, sendo o unico dos presos d'aquelle dia que não cheguei a passar vinte e quatro horas na Torre de Belem[2].

«Os poucos dias que mediaram desde a minha soltura até á retirada de El-Rei a bordo da Nau ingleza *Windsor Castle,* foram para mim dias amarguradissimos, pela posição em que me vi collocado, e sobretudo pela indignação que sentia vendo o meu Soberano assaltado de temores e tribulações continuas, e sujeito por assim dizer á tutela de um principe, destituido não só de sentimentos filiaes, mas tambem da intelligencia, da illustração e dos principios mais indispensaveis para poder governar.

---

[1] Vide *Mémoires du Baron Hyde de Neuville.* Libraire Plon, 1892.

[2] Idem. O Barão conta como *a interessante* Marqueza de Palmella lhe appareceu em casa, no momento em que elle ía partir *para casa do Nuncio,* onde tinha dado *rendez-vous* a todo o Corpo diplomatico para juntos se apresentarem no Paço. *Vinha debulhada em lagrimas,—* o que nada admira conhecido o seu apaixonado extremo pelo marido e sabendo-se o horrivel momento que Lisboa atravessava. Seu marido tinha sido preso, e nada mais tinha podido mandar dizer por um dos seus creados senão que fosse ter já com o Embaixador de França e o Ministro de Inglaterra. «Tinham empregado a astucia para prender o Marquez. Viera um official annunciar-lhe que o Infante ía a Belem e desejava fallar-lhe. O Marquez de Palmella levantára-se logo seguindo o official. A poucos passos, soube que estava preso e que era levado para a Torre de Belem.» Depois de contar largamente toda a scena

«N'aquelles dias foi-me necessario, para evitar novos e maiores perigos, usar de precauções continuas até ao ponto de me ver obrigado a passar as noites fóra de minha casa.

«Entretanto, não me sendo vedada toda a communicação com El-Rei, obtive do Monarcha a confidencia de que estava disposto a subtrahir-se por todos os modos ao jugo que lhe havia sido imposto, e combinei com o Embaixador da França e o Ministro de Inglaterra, unicas pessoas que entraram n'este segredo, o projecto do embarque de El-Rei a bordo da nau *Windsor,* de onde poderia livremente manifestar a verdade e declarar os sentimentos de que estava possuido. Era este unico plano que as circumstancias então tornavam praticavel, porque a timidez de El-Rei, que elle mesmo confessava, tolhia toda a possibilidade de o induzir a appellar corajosamente para a lealdade dos seus subditos, emquanto não estivesse collocado fóra do alcance dos conspiradores.

passada no Paço, e os leitores devem procural-a, pois que é interessantissima, no livro apontado, o Barão continua:

«Insisti, e todo o Corpo diplomatico me apoiou, na soltura do Marquez de Palmella; era principalmente a *Lord* Beresford, confesso, que se encaminhavam indirectamente as minhas palavras, pois que elle se fizera advogado e interprete do Infante, e fallava da sua *submissão,* das suas *boas intenções.* Tinha muita curiosidade de ver como o Marechal conseguíra conciliar a pretendida liberdade do Rei, a obediencia do Infante, com esta detenção prolongada do ministro dos Negocios Estrangeiros...»

«O Corpo diplomatico retirou ás nove horas da noite (do Paço). No dia seguinte á uma hora, a pedido de El-Rei, tornou a reunir-se em torno da sua pessoa. Sua Magestade estava mais tranquillo. Annunciou a soltura do Marquez de Palmella e algumas providencias que íam ser tomadas.

«Na vespera do dia designado para executar esta revolução retirei-me secretamente para bordo da *Windsor Castle,* onde pouco depois veiu encontrar-me o Conde de Subserra, que havia procurado abrigo a bordo de uma nau franceza.

«Informei-o do projecto que se havia adoptado, occupando-me desde logo com elle, n'aquelle dia e na noite seguinte, de traçar a proclamação que depois foi publicada em nome de El-Rei[1], assim como todos os decretos, instrucções e ordens necessarias para chamar o Infante a bordo, para o demittir do commando do exercito e prendel-o, para mandar soltar todos os presos politicos, dar uma nova organisação ao exercito, e expedir communicações a todos os pontos do reino.

«A proclamação produziu o effeito mais salutar. No dia 9 de maio executou-se a resolução de El-Rei. O Infante foi colhido por surpreza quando atravessava o Tejo, e desenvolveu-se sem desordem alguma, antes com applauso quasi geral, o plano concebido, o unico possivel em circumstancias tão excepcionaes.

«Não se permittiu ao Infante voltar para terra; foi logo transferido para uma fragata ingleza, e d'ali para a fragata portugueza *Perola,* que o levou a Brest. Depois de alguns mezes de demora em Paris passou á Côrte de Vienna, onde se demorou até 1828.»

. . . .

III

Lisboa era uma Tunis. As revoltas successivas e contradictorias, os *pronunciamentos,* a desordem, a miseria, a

---

[1] *Despachos e Correspondencia do Duque de Palmella,* vol. 1.

brutalidade da plebe, a indisciplina do exercito, os embaixadores estrangeiros espantados, conspirando com o Rei e
com os servidores leaes d'este para castigarem a Familia
Real sublevada e criminosa....

Foi em Marrocos ou foi em Portugal que estas scenas
se deram no primeiro quartel do seculo, ainda no tempo dos
nossos paes?...

E ha hoje quem, vendo um quadro d'estes de abjecta
decomposição e de miseria extrema, ouse dizer que foi vã
a obra dos constitucionaes; que não fizeram nenhum bem
á patria, os que a arrancaram a esta anarchia dissolvente,
os que deram o seu sangue e a sua vida, para a restituirem
á civilisação, á ordem, á prosperidade material dos individuos (que culpa tiveram elles que não fosse tambem á do
Estado?) a tudo que ella tem sido, depois de ser *isto* que
vêem!

A ingratidão d'esta geração pelos companheiros de D. Pedro IV é deveras revoltante e absurda. Importa uma ignorancia absoluta das leis invariaveis que regem a Historia.
Um paiz chegado á degradação que este periodo accusa,
póde levantar-se por uma serie de revulsivos que n'elle
determinem crises e abalos violentos, e despertem energias apagadas, nunca por uma remodelação lenta e pacifica. Da febre violenta que devora o organismo e decompõe
o sangue não se sáe pela simples applicação de regras de
hygiene...

Para que esse regimen fosse efficaz devia ter sido appli-
cado antes, muito antes, quando Palmella ainda o tentava,
quando o corpo social tinha ainda vitalidade para reagir,
força organica para se levantar do torpor de envenenamento
em que caíra...

Acabado este acto da tragi-comedia de que Lisboa foi theatro, D. João VI, que ficou ainda alguns dias, para con-valescer do susto, a bordo da nau ingleza, tornou a compor o seu ministerio, violentamente desfeito.

Dos antigos ministros, o excluido foi o futuro Conde de Basto, a quem substituiu o Arcebispo de Evora.

O Marquez de Palmella, por ordem de El-Rei, conser-vou interinamente a pasta do Reino. Até janeiro de 1825 durou ainda o ministerio Subserra-Palmella, e esses mezes foram, comparados com os dois annos ultimos, um periodo de calmaria ou antes de extenuação.

O Infante partíra, e os elementos do partido, não o tendo a elle por cabeça visivel, estavam desorientados, em-bora a Rainha continuasse a nutrir n'elles a esperança de futuras revoluções, refugiada em Queluz (longe do Rei que, para fugir d'ella, estava na Bemposta), vestida de lucto, um lucto grotesco de chita suja, e rodeada pela ralé *absolutista* que constituia a sua côrte.

Este momento da vida portugueza é um dos mais atro-zes e dos mais indescriptiveis! Ninguem se entendia, e era em vão que os *civilisados,* como o Marquez de Palmella, queriam restituir esta infrene e plebea demagogia monar-chica, a um paiz decente, com leis, com costumes e com idéas de nação europêa!

Por isso é que elle, aproveitando o periodo de calmaria apparente que succedia ao desencadeamento brutal das pai-xões mais sanguinarias, fazia tentativas para acalmar os es-piritos, usando aquella tolerancia que foi sempre a caracte-ristica essencial da sua politica.

Solicitou então e conseguiu a publicação da Carta de Lei de 4 de junho, restabelecendo as antigas Côrtes do Reino.

A sua intenção, segundo elle affirma em documentos que ficaram, era aproveitar a reunião dos Tres Estados para dar a maior solemnidade ao testamento que, segundo elle, D. João VI devia fazer com o fim de pôr fóra de duvida (á maneira do antigo regimen) as questões importantes da successão ao throno e da Regencia. Julgava o Marquez de Palmella da maxima importancia politica alcançar para este mesmo fim a adhesão das Côrtes. Era o unico meio, ao alcance da prudencia ou da vontade humana, de evitar a revolução, a guerra civil, que a todos se afiguravam imminentes.

Baldou-se todavia este plano, para o qual era necessaria a unanimidade das vontades nacionaes, e contra o qual se levantou a opposição e desconfiança das côrtes estrangeiras, promptas a imporem-nos em tudo a sua lei.

No entretanto a intriga ingleza contra Subserra ía progredindo. Chegaram as cousas a ponto de Canning, irritado contra o ministro inglez Sir Edward Thornton, pela influencia que este diplomata desde o dia 30 de abril principalmente deixára tomar ao seu collega, Embaixador da França, Hyde de Neuville [1], tomar a resolução, muito desagradavel para El-Rei, de o fazer substituir.

O Embaixador que mandou em logar de Thornton, pessoa muito da sua confiança, Lord Heytesbury, trouxe ordem de empregar os maiores esforços para que D. João VI se decidisse a separar-se de Subserra.

Cedeu o pobre Rei, fraco e humilhado, ás ameaças de fazer saír do Tejo a esquadra ingleza, e para ao menos se consolar d'esta violencia que lhe arrancava o seu valido, tomando por assim dizer uma triste desforra, demittiu pela

---

[1] Vide *Mémoires du Baron Hyde de Neuville.*

mesma occasião o Marquez de Palmella, cuja intelligencia e cujo tacto lhe íam faltar em momentos tão criticos, cujo conhecimento dos mais intrincados segredos da diplomacia europêa lhe salvaria pelo menos o decoro e a dignidade na questão do Brazil, desastradamente acabada para nós, sem compensações de especie alguma.

Antes de concluirmos a historia melancholica d'este periodo, digâmos quaes os vestigios que o Marquez de Palmella então deixou da sua passagem pelo ministerio do Reino.

A elle se deve a creação da *Aula de physica e de chimica,* sob a direcção de Luiz Mousinho de Albuquerque, dando assim em Portugal um decidido impulso á cultura d'estas sciencias. Foram celebres e escutadas pelos mais cultos espiritos d'aquelle tempo as lições de Mousinho de Albuquerque [1].

Pela iniciativa de Palmella crearam-se igualmente: *a Aula de cirurgia,* no hospital de S. José, estabelecimento que faltava completamente a Portugal no principio do segundo quartel do seculo xıx! um instituto de surdos-mudos, para cuja direcção se chamou um dos mais habeis preceptores da Europa; uma officina de lithographia, arte que então começava a florescer na Europa, e que nem conhecida era entre nós.

Abriu-se uma *Escola normal,* fechada logo depois; organisou-se melhor o Terreiro Publico, e publicou-se uma lei sobre cereaes, que pela primeira vez foi baseada em dados estatisticos, e tentava remediar efficazmente os inconvenientes resultantes da falta absoluta de legislação a tal respeito.

---

[1] Vide obras completas da Marqueza de Alorna, etc.

Applicaram-se grandes sommas ás obras do Mondego e da estrada do Douro; a varias obras publicas em Lisboa, á canalisação de algumas das suas ruas principaes, e acabamento quasi completo do edificio da *mãe d'agua*, no qual desde o tempo de D. João V se não tinha trabalhado. Concertou-se tambem n'essa occasião a estrada de Aldeia Gallega até Evora, que foi por muito tempo a menos má que existia no paiz.

Pela enumeração dos trabalhos feitos, iniciados ou simplesmente esboçados, vê-se a intelligencia multiforme, informada, esclarecida e pratica, que atacou por algum tempo o ramerrão da burocracia nacional!

A sua demissão de ministro dada por D. João VI ao Marquez de Palmella foi acompanhada com a gran-cruz da ordem de Christo, e com o posto de Embaixador em Inglaterra, cargo para o qual tinha sido designado o Conde de Subserra, mas ao qual este preferiu, e com toda a rasão, a Embaixada de Paris.

Teve Palmella ordem de accelerar a sua partida, e no mez de março de 1825 embarcava de novo para Inglaterra n'uma fragata portugueza *(Princeza Real)* no mesmo instante em que chegava a Lisboa *Sir* Charles, depois *Lord,* Stuart, com a missão a que acima nos referimos, em citações dos *Apontamentos* do Duque de Palmella, missão que deu de si uma humilhação mais para esta pobre patria portugueza, que a tanto tem resistido!...

Se em vez de escrevermos com fundamentos authenticos uma determinada biographia fizessemos a Historia do paiz, descreveriamos aqui a largos traços o que era a sociedade politica portugueza n'esta hora de tão ominosa recordação.

Parecia chegada a decomposição extrema do organismo nacional. Havia de tudo; violencias, em que a alma peninsular revelava o seu flammejante incendio; delirios, èm que se expandia todo o furor fanatico que em tantos seculos nos levára do mysticismo de Ourique até ao milagre da *Senhora Apparecida;* colapsos de extenuada energia; clamores de frades energumenos, bravatas da caserna habituada ao *sport* dos *pronunciamentos;* crimes, brutalidades sem nome. A linguagem desbragada dos tribunos da plebe fortalecia-se pela ameaça ou pelo varapau dos futuros *caceteiros;* nas igrejas, o povo amotinado bradava, dirigido pela fradaria phrenetica, — *morte aos pedreiros livres!* ... na imprensa apparecia toda uma litteratura de cordel digna das alfurjas em que era elaborada, secreção immunda da gangrena universal, babujando, maculando os nomes mais notorios, tentando inutilisar os combatentes de mais valor...

E em face de tudo isto os governos estrangeiros tratavam de assegurar com o Brazil relações que fructificassem no futuro, e deixavam o pobre Portugal curtir n'esta corrupção e n'esta desordem as suas angustias sem remedio e sem esperança...

. . . .

Um anno quasi dia por dia depois da partida de D. Pedro de Souza e Holstein para Londres —na qualidade de Embaixador, que já tão proficientemente exercêra— morria em Portugal o fraco, o desditoso Rei, que talvez em tempos normaes de legalidade e de paz tivesse sido um monarcha modelo!

Era bondoso, e era inerte: optimas qualidades para chefe Constitucional de um paiz bem dirigido. Valia muito mais do que Jorge IV de Inglaterra, do que Luiz XVIII e principalmente do que Carlos X. Seria incapaz das devassidões e das ferocidades de *dandy* que assignalaram a car-

reira do amigo de Brummel; das abstenções ou das intrigas
com que *o Conde de Provence* tornou viavel a sua candi-
datura ao throno de França; e do *terror branco* com que
Carlos X envolveu como n'uma mortalha gelida a Restauração *bourbonica.*

Trahiram-no, torturaram-no dia a dia, fizeram d'elle um
joguete miseravel de intrigas palacianas; a mulher foi o seu
algoz, os filhos fizeram-no mil vezes amaldiçoar a hora
funesta em que lhes deu o ser, e não se aponta uma só
crueldade com que elle punisse crimes taes! Matavam-lhe
ou prendiam-lhe os amigos e elle não matou delibera-
mente ninguem. Se era fraco, era tambem bom, e ha
tantos fracos crueis, que devemos guardar uma recordação
piedosa e benevola aos que, não podendo fazer o bem ou
porque lhes fallece a energia ou porque lhes foram hostis
as circumstancias, conseguiram ao menos não fazer muito
mal e não deixar de si uma memoria odiosa.

. . . .

. . . .

Pensem bem no quadro que deixâmos esboçado confu-
samente. Procurem vel-o na realidade das suas tintas cruas,
nos seus mil aspectos degradantes os que se não pejam hoje
de desdenhar, de criticar ou então de gisar a seu modo a
obra, imperfeita embora, mas quasi milagrosa, dos liberaes
portuguezes.

E depois a vontade dos homens seria impotente para se
oppor ao triumpho do pensamento liberal, visto que elle
vingou através de obstaculos de toda a especie, que em
toda a parte lhe oppozeram os dirigentes e os poderosos.

Era logico o encadeamento de factos que desde os arreboes do seculo xviii até áquelle instante se íam desenro-

lando no mundo perante o olhar de todo o observador intelligente. E senão, vejamos o genesis visivel d'esses factos.

A liberdade do pensamento e da palavra dada pela Reforma á Inglaterra originára e favorecêra o desenvolvimento
verdadeiramente expansivo e maravilhoso da sua escola philosophica e liberal, desenvolvimento para o qual a emancipação da America concorreu com novos elementos ainda
politicamente mais fecundos.

A França encyclopedica do seculo xviii é na Inglaterra
e na America que vae beber as suas theorias e a sua concepção do Direito, que então pareceram originaes pelo desconhecimento em que a Europa latina estava do espirito e
da Legislação do Norte.

Realisadas politicamente essas theorias por uma nação
longos seculos opprimida, e em que todos os poderes se
tinham deixado absorver pelo poder monarchico, que esta
propria absorpção anti-natural enfraquecêra, foi facil de-
molir a monarchia que concentrava em si a nação inteira.
Seguem-se n'um *crescendo* irrepremivel: os excessos dema-
gogicos — o Terror — a Dictadura militar — o desenvolvimento conquistador do Cesarismo francez: e, resultado
que se deixava antever vêm depois as reacções nacionaes
dos povos, que despertaram, mediram as proprias forças
e perceberam que, se tinha sido facil a sua aniquilação e
a sua conquista, isto era simplesmente motivado pela decadencia moral e intellectual, pela indolencia entorpecida a
que as monarchias respectivas os tinham levado, embrute-
cendo as massas para mais facilmente as dominarem e sub-
metterem.

Á energia multiforme das nações europêas, que do
Norte ao Sul accordaram movidas pelo mesmo desespero
que Napoleão perigosamente creou e excitou, respondeu

assustada, a energia, tambem sacudida pela mesma força externa e pelo mesmo terror íntimo, dos soberanos colligados e das classes que elles principalmente protegiam e mantinham.

Então na Europa inteira deu-se o que Gervinus chama *o periodo de lucta entre a convicção racional dos Principes e dos homens d'Estado que tinham por inevitavel um governo democratico e a sua antipathia invencivel a tudo que fosse a minima acção independente dos povos, a minima restricção, por insignificante que fosse, do poder e da soberania dos imperantes.*

Foi este o periodo em que Metternich impoz ao mundo o cunho da sua politica terrivelmente reaccionaria, e no qual, queimando os ultimos cartuxos, os principes e os seus conselheiros usaram de todas as armas de um despotismo oppressor, para se opporem á onda enorme que subia, onda a cuja pureza genuina se misturava muito lodo e muita escoria, mas que era irresistivel, como são irresistiveis as correntes da Historia.

Já Napoleão, o espirito de despota mais completo que teve a idade moderna, o dissera:

«A propria atmosphera dos tempos modernos asphyxiaria irremediavelmente os *feudaes;* o espirito da Revolução, que estava em plena intensidade de vida na America, que não tinha morrido na Inglaterra, acabaria por dominar o mundo, e seria a fé, a religião, a moral dos povos futuros.»

Mas este momento era confuso e incerto ainda.

A Inglaterra que, pela sua posição insular e pela sua magnifica organisação politica, fôra a unica nação inviolada pelo despotismo invasor de Napoleão, e a que constituíra o nucleo de resistencia que, agrupando-se em torno d'ella, e por ella nutrida e sustentada, pôde ao cabo de uma lucta ho-

merica vencer o grande, o universal Vencedor, a Inglaterra
trahindo a sua missão historica —no desnorteamento em
que a puzera o espectaculo contemporaneo e a lucta em
que os seus governos se tinham exhaurido— poz-se algum
tempo ao lado d'esses mesmos soberanos e principes a cujo
regimen debilitante e oppressor se devêra positivamente o
collapso em que o mundo civilisado tinha caído, e a facilidade com que um soldado heroico o submetteu.

Restaurou-se em toda a parte, á sombra ou na indifferença da grande nação mestra das nações modernas, o simulacro das monarchias absolutas, cuja *realidade* o vento
da Revolução tinha varrido e dispersado.

Fez-se a Restauração bourbonica em França, e com ella
a reacção que tantos milhares de vidas destruiu. Na Hespanha Fernando VII, acompanhado da sua ignobil camarilha,
restabeleceu todos os pôdres costumes do outro seculo.

Publicou-se e proclamou-se no Norte a *Santa Alliança*
dos reis contra os povos, e esta liga iniqua, invenção de Alexandre no seu periodo de *illuminismo* mystico, mascarou-se
com o nome de *liga christã contra a guerra e contra a injustiça.* D'este conluio de *caridade,* de *paz,* de *justiça,* d'este
governo paternal dos soberanos sobre os povos, resultaria
e resultou o obscurantismo mais denso, a oppressão mais
esmagadora, e depois a lucta a todo o trance, de que a Liberdade veiu a sair finalmente —após annos de medonho
soffrer universal.— Mas de tal refrega saíu a Liberdade,
tão gasta da lucta emprehendida, das transacções momen-
taneas acceitas, das transigencias criminosas a que foi forçada a submetter-se, que parece ter nascido já eivada pelos
vicios da velhice, que a tinham de fazer tão extraordinaria
e prematuramente degenerar em relaxação, licença e scepti-
cismo politico.

A filiação dos acontecimentos é esta, na sua simplicidade elementar.

Já se vê que isto não desmente as complicações que sobrevieram, as circumstancias que, aqui ou ali, aggravaram os problemas politicos de cada nação, e deram a cada *caso* nacional uma caracteristica diversa.

No mundo inteiro, acordado pelo mesmo sobresalto, movido por um ideal identico, combatido pelos mesmos processos, tendo de soccorrer-se dos mesmos meios estrategicos, levantaram-se, sob diversas denominações e diversas bandeiras, dois grandes partidos de lucta, perfeitamente caracterisados.

O partido do passado, e o do futuro. O partido ardentemente retrogrado e o partido ardentemente e temerariamente revolucionario.

A lucta ingente, entre estes dois grossos exercitos é que se travou; mas um terceiro troço de combatentes veiu interpor-se entre um e outro, para ambos igualmente odioso; era o d'aquelles que, vendo das duas facções extremas a intransigencia e o radicalismo perigoso, queriam lançar uma ponte segura entre o mundo antigo e o mundo novo, e passar sem maiores cataclysmos e maiores desgraças de um velho regimen caduco, para um regimen racional, legal, e pacifico na sua liberdade e na sua justiça.

É a este partido moderado, — que se sacrificou, mas que realmente muito conseguiu e muitas convulsões tremendas e successivas pôde modificar ou evitar, — que pertencia, como temos visto até aqui, o Duque de Palmella.

Se Portugal conheceu, após os dias nefastos da invasão franceza e após os dias humilhantes do Proconsulado inglez, alguns dias de gloria e de triumpho, muitos annos de paz, de prosperidade material e de independencia é a esse partido e ao seu chefe que tal resultado — quasi impossivel de prever. em 1826 — incontestavelmente é devido.

Escrevendo estas palavras em 1898, pouco depois das festas e das illuminações do quarto centenario do *Descobrimento do caminho das Indias,* por Vasco da Gama, nós sabemos que é incerto, que deve causar apprehensões e cuidados o futuro da nossa patria, mas sabemos que esse futuro estava coberto de sombras mais densas ainda no anno de 1826 — e que no emtanto uma grande geração[1] salvou por setenta annos a independencia de Portugal e nos deu a nós, que temos hoje já filhos ou netos, uma vida tranquilla, civilisada e sã.

Dizer que falliu o ideal da Liberdade que nossos avós sonharam, porque após cincoenta annos de paz interna e de fomento material indiscutiveis, nós não somos uma nação forte e poderosa e triumphante — isto quando todas as condições politicas, economicas e sociaes do mundo se têem fundamentalmente transfigurado — é uma das mais flagrantes injustiças de que resa a Historia, tão fertil em injustiças.

Leiam o que foi a vida cruel, accidentada d'essa geração a que nossos avós pertenceram, lembrem-se do que tem sido a vida relativamente feliz, absolutamente pacifica, de nossos paes e a nossa, e comparando estas duas paginas da Historia, não maldigam os que sonharam com uma reviviscencia, com uma transformação completa da Patria Portugueza, e por ella deram o seu sangue, o seu repouso, alguns a propria vida, e todos longos annos d'ella!

---

[1] Essa grande geração é que hoje nos falta. Progrediu bastante a moralidade e a illustração geral. Desceu muito a estatura dos dirigentes. O povo e a classe média valem hoje muito mais. A desproporção diminuiu entre a collectividade e os que devem governal-a.

Não foi tão maravilhoso o elixir de vida como elles promettiam na sua ardente fé? Mas onde é que hoje existe essa felicidade completa dos povos, tão impossivel de realisação absoluta como a dos individuos? A Inglaterra, que é ainda hoje, como era então, a nação privilegiada a muitos respeitos, teve justamente na epocha a que nos referímos um longo eclipse, porque desmentiu por espaço de tempo bastante longo a sua tradição e o seu destino, e se em tempos tão complexos e tão perturbados ella mantem ainda hoje a sua bella attitude de calma unidade, é que levou muitos seculos a educar-se, e começou essa educação politica quando os povos continentaes ou se despedaçavam nas luctas do feudalismo, ou se ensanguentavam nas Guerras da Religião, ou se curvavam sob uma tutella oppressora, na magnifica pompa das monarchias absolutas.

Podiamos, é certo, ter feito da transformação por que passámos alguma cousa de muito mais fecundo em beneficios moraes e em resultados economicos, mas isso não é a condemnação da geração que se sacrificou tão admiravel e desinteressadamente pelo que suppoz seria a nossa salvação nacional; isso é em parte a condemnação das gerações que se succederam e que não souberam educar-se para uma missão mais alta e mais difficil, e tambem póde ser attribuido ás complicações inesperadas, que novos problemas politicos, coloniaes, financeiros, introduziram na vida de cada nação antes de algumas d'ellas estarem aptas pelo estudo para favoravelmente os resolverem.

Se um futuro não muito remoto provar á evidencia que o liberalismo não salvou a independencia e a grandeza de Portugal, o que não póde ser contestado, é que esse drama em varios actos, cujo feliz desfecho foi o estabelecimento entre nós do regimen constitucional, prolongou (por cincoenta annos pelo menos!) uma vida que estava em risco imminente de dissolver-se.

E se faltasse á nossa bella Historia o episodio épico da Terceira, a lucta soberba do Porto, os feitos arrojados de Saldanha e Villa Flor, a linda figura de soldado de D. Pedro IV, essa epopéa moderna tão vibrante, de que o Duque de Palmella foi a cabeça raciocinadora, dominadora e dirigente, com certeza que nos faltava alguma cousa de sublime que ainda hoje faz palpitar de emoção e de orgulho os corações sinceros que a sabem comprehender e *sentir!*

FIM DO PRIMEIRO VOLUME

APPENDICE

EXTRACTO

DO

PROCESSO DE ANNULLAÇÃO DO PRIMEIRO CASAMENTO

DE

D. IZABEL JULIANA

EXTRACTO DO PROCESSO

—

Apontamentos tirados da justificação que deram os primeiros Marquezes de Pombal para requererem a nullidade do matrimonio de seu Filho José Francisco de Carvalho com D. Izabel Juliana de Souza. A copia exacta d'esta justificação foi tirada pelo Dr. Ernesto Adolpho de Freitas a 6 de setembro de 1844 de uma outra copia antiga que existia em poder do Dr. Manuel Felix Pinheiro, na qual existia o original da primeira petição feita pelos Marquezes de Pombal, assignada por elles, e despachada pelo Arcebispo de Lacedemonia com a sua assignatura e rubrica

Justifiquem e se tome o depoimento aos proprios Conjuges, e nomeâmos para Escrivão o P.e João Rodrigues das Neves, Vigario da freguezia de S. Paulo d'esta Côrte. Lisboa, 22 de abril 1772.

Ill.mo e Rev.mo Sr.—Dizem os Marquezes de Pombal que havendo-se celebrado o matrimonio de seu Filho José Francisco de Carvalho e Daun com a Sr.a D. Izabel Juliana de Souza no dia 11 de abril de 1768, em cujo dia o dito Esposo contava quatorze annos e dez dias de idade, e a dita Esposa mais um anno, por haverem os Supplicantes crido em boa fé que a mesma Esposa deliberadamente e de boa vontade casava com o Filho dos mesmos Supplicantes, com o mesmo contentamento com que seu Pae o Sr. D. Vicente de Souza Coutinho, sua Avó a Sr.a D. Antonia de S. Boaventura e Menezes, sua Tia a Sr.a D. Leonor de Portugal, e todos os mais Srs. seus proximos parentes concorreram para o contrato e celebração do referido matrimonio, sem que aos mesmos Supplicantes passasse pela imaginação, que no sexo e nos tenros annos da dita Sr.a Esposa coubesse o fingimento de uma vontade, que não

tinha de contrahir o sobredito matrimonio: vieram depois
da celebração d'elle a ser informados muito a seu pezar de
factos taes, e tão inopinados como são os seguintes:

Primeiro facto. Que a dita Sr.ª Esposa, logo que foi
ajustado o referido matrimonio, mostrou a elle uma tal repugnancia, que sendo successivamente instada pelas ditas
Sr.ᵃˢ sua Avó e Tia a fim de alcançarem d'ella o seu consentimento, e chegando a desenganar-se no tempo mais
proximo ao dito matrimonio de que todas as suas instancias
tinham sido e seriam inuteis para vencerem a repugnancia
da mesma Sr.ª sua Neta e Sobrinha, se auxiliaram então
para a reduzirem dos bons officios do P.ᵉ Fr. Manuel de
S. Boaventura, religioso Carmelita Descalço, o qual ficou
successivamente trabalhando em tal fórma que até á vespera, até á mesma manhã e até á mesma hora da celebração
do dito matrimonio esteve o dito Religioso incessantemente
ponderando á dita Sr.ª Esposa as graves consequencias que
lhe resultariam de manifestar em publico a sua dita repugnancia na mesma hora do recebimento, com dizer de todos
os parentes que se achavam já n'aquella hora juntos para
assistirem ao acto da celebração do mesmo matrimonio, e
com uma escandalosa desobediencia ás ordens de seu Pae
e da dita Sr.ª sua Avó.

Segundo facto. Que havendo a dita Sr.ª Esposa mostrado n'aquelle aperto em que a pozeram, que prestava o
seu consentimento ao matrimonio por ella celebrado na
mesma interior obstinação da sobredita repugnancia, não
só passou a manifestar-se desde o primeiro dia das bençãos
nupciaes cada hora mais descobertamente, mas veiu tambem a converter-se no mortal e implacavel odio contra a
pessoa do seu referido Esposo; que foi presenciado por todas as pessoas da familia da casa, e pelas que n'ella costu-
mavam ter entrada, vendo a dita Sr.ª Esposa tratar o dito
Sr. Esposo com desabrimentos os mais estranhos, e vendo
sempre fugir da sua companhia e de todos os actos d'aquella
união ainda exteriores, que o vinculo matrimonial faz mais
indispensaveis.

Terceiro facto. Que aquelles estranhos desabrimentos, aquelles actos exteriores de aversão, e aquelles desvios da dita Sr.ª Esposa, passavam do escandalo particular dos parentes, dos familiares, e dos conhecidos de sua casa, a constituirem um escandalo publico em toda a Côrte e cidade de Lisboa.

Quarto facto. Que pelo espaço de tres annos e quatro mezes, que decorreram desde 11 de abril 1768 em que a dita Sr.ª se recebeu, até 15 de agosto de 1771 em que foi recolhida no Mosteiro de Santa Joanna, havendo sido successivamente persuadida e admoestada com as rasões mais christãs e mais prudentes, por seu proprio Pae, pelas ditas Sr.ªs sua Avó e Tia, por muitas outras Sr.ªs proximas parentas de ambas as familias, todas estas diligencias foram inuteis, porque não produziram outros effeitos que não fossem: primeiro, mostrar a dita Sr.ª Esposa cada dia mais rebelde, e mais obstinada a inflexibilidade do referido odio; segundo, excogitar novos pretextos para apartar de si o dito seu Esposo, de sorte que não podesse com ella juntar-se, chegando a dizer que seria muito util que antes d'isso fosse viajar alguns annos pelos paizes estrangeiros.

Quinto facto. Que nas referidas circumstancias, vendo-se o dito Esposo, em annos tão juvenis e verdes, provocado com tantos e tão inauditos insultos, contrarios a todos os direitos; e vendo-se opprimido ao mesmo tempo pelo respeito dos Supplicantes, por não poder tomar dos mesmos insultos a satisfação que se devia a si mesmo, não poude deixar de conceber contra a dita Sr.ª sua Esposa outra aversão correspectiva do odio que ella lhe tinha, para lhe ser muito penoso o seu mallogrado consorcio, e para aborrecer a sua companhia, de sorte que até buscava pretextos para não ir com ella na mesma carruagem, quando á noite costumàvam sair de casa dos Supplicantes seus Paes.

Sexto facto. Que em todas as sobreditas foi e é constante entre os proximos parentes, entre os domesticos e entre as pessoas que têem conhecimento da casa dos sobreditos Esposos, que o dito matrimonio que entre elles se celebrou, nem foi até agora consummado, nem ha esperança alguma prudente de que o venha a ser.

N'estes tão desagradaveis e tão urgentes termos, não podia permittir nem a religião, nem a decencia dos Supplicantes que deixassem de precaver (em quanto n'elles estava) os perigos espirituaes e corporaes que em taes casos se costumam seguir dos matrimonios ratos não consummados, ainda quando são verdadeiros matrimonios celebrados com o livre consentimento, que no caso presente se vê que não houve da parte da dita Sr.ª Esposa; porque alem de estar esta fingindo e simulando um tão sagrado Sacramento, são bem conhecidos os gravissimos perigos que se costumam seguir, assim de se conservarem similhantes Conjuges desesperados por odio na mesma casa entre tão implacaveis discordias, como de viverem em um consorcio que só é apparente, sem que o referido odio reciproco ôs deixe usar do matrimonio.

Com estes urgentes motivos tomaram, pois, os mesmos Supplicantes o expediente de fazer separar os referidos seu Filho e Nora até buscarem recurso competente, mandando interinamente, debaixo de pretextos diversos, o primeiro para a Universidade de Coimbra, e a segunda para o Convento de Santa Joanna de Lisboa.

E porque os Supplicantes, para o fim de impetrarem da Séde Apostolica a declaração da nullidade do dito matrimonio, necessitam justificar os factos acima deduzidos, procedendo V. R.ª ás perguntas dos referidos Conjuges sobre a consummação do referido matrimonio entre elles fingido, passando a inquirir sobre os mesmos seis factos as testemunhas que d'elles têm melhor informação, e expedindo-se-lhes de tudo instrumento em fórma authentica provante

Pedem a V. R.ª lhes faça mercê, deferir-lhes na fórma que requerem.

Marqueza de Pombal.
Marquez de Pombal.

E. R. M.ᶜᵉ

NOTA SOBRE A DISSOLUÇÃO DO MATRIMONIO

Ainda que alguns dos antigos theologos entenderam que o Summo Pontifice não podia dissolver o matrimonio rato não consummado, a verdade se acha comtudo em contrario e passa hoje sem controversia.

Assim o prova Sanches, os outros DD. que citam e seguem, Diana, o Cardeal Tuscho, Pignatelli, Schmier na Jurisprudencia Canonica Civil.

Assim o decidiu a Sagrada Congregação do Concilio em 16 de junho 1599, em 26 de janeiro 1608, em 17 de setembro 1609, em 20 de maio 1613, em 16 de maio 1618, etc.

E assim o confirmaram os exemplos de tantos e tão grandes Pontifices como Gregorio VII no anno de 1074, Martinho V no de 1417, Eugenio IV no de 1431, Alexandre VI no de 1492, Paulo III no de 1530, Pio IV no de 1560, Gregorio XIII no de 1572 onze vezes em um só dia, Paulo V no de 1613, Urbano VIII no de 1623, etc.

A referida dissolução do matrimonio rato, não consummado, se costuma pois fazer pelos Santos Padres; ou de poder absoluto, sem para isso proceder justificação de causa, ou de poder ordinario, quando procede causa justificada.

As causas, pois, que se requerem para o mesmo Santo Padre conceder a dita dissolução de poder ordinario não é preciso que digam respeito a utilidade publica, mas basta que sejam consideraveis para o interesse particular. E taes são:

Primeiro, a discordia entre os Conjuges, sem esperança de remedio para se restituir entre elles a paz, a fim de se tirar do meio d'elles o vinculo que foi causa das discordias; para se evitarem assim os homicidios que por Conjuges desesperados se costumam facilmente perpetrar. Isto foi que praticou o Papa Eugenio IV com estes motivos, e o mesmo resolveu tambem a Sagrada Congregação do Concilio.

Segunda causa. Alem dos perigos temporaes, das insidias armadas contra a vida pelo odio dos Conjuges, resulta

d'este odio outro grande perigo de... e de adulterios que
por si sómente é causa de dispensa; principalmente quando
o matrimonio é celebrado em idade na qual os contrahentes
não têem prudencia para considerar as reciprocas qualidades necessarias, e quando o negocio se trata entre pessoas
da primeira ordem da nobreza; acrescendo que, no caso
de que se trata, não houve na realidade matrimonio rato
celebrado com consentimento, ao qual se seguiu o super-
veniente odio, mas sim matrimonio fingido e simulado na
apparencia, em que foi obstinada repugnancia o que devia
ser livre consentimento.

Testemunhas ao 1.º facto

O P.ᵉ João Chrysostomo.
José da Cruz Pedroso.
O P.ᵉ Fr. Manuel de S. Boaventura, Religioso Carmelita.
Engracia Joanna, Creada.
Maria Joaquina, Creada.
Anna Joaquina, Creada.

Ao 2.º facto

O P.ᵉ João da Cruz.
José da Cruz Pedroso.
As tres Creadas acima nomeadas.
Antonio de... Copeiro velho da Sr.ª D. Antonia de
S. Boaventura.
D. Constança... Creada grave da Sr.ª D. Izabel, mo-
radora á Lapa.
Francisco... Creado da mulher do Governador de S.
Paulo, morador a Arroyos.
João... Creado do Desembargador João Pacheco Pe-
reira.
Antonio José... Guarda roupa que foi do Sr. José
Francisco.
Joaquim Marques... Escudeiro.

Ao 3.º facto

As mesmas testemunhas indicadas sobre o 2.º facto.

Ao 4.º facto

A sobredita Engracia Joaquina.
O sobredito José da Cruz Pedroso.
A sobredita D. Constança.
O sobredito Francisco.
O sobredito João.
O sobredito Antonio José.
Lamberto de Bonis, Governante e Director do mesmo Esposo, que vivia na mesma casa.
José de Mello... Escudeiro da dita Sr.ª Esposa.
D. Antonia de...
Izidora, sua Sobrinha.
Manuel Diniz, Bolieiro da dita Sr.ª

Ao 5.º facto

O sobredito P.ᵉ João Chrysostomo.
O sobredito Lamberto Bonis.
O sobredito Antonio José.
O sobredito Francisco.
O sobredito João.
A sobredita D. Constança.
Anna Joaquina Rita.
José Antonio Ferreira.
Sebastião Correia.
José de Almeida Moreira, Estribeiro da Sr.ª Marqueza.

Ao 6.º facto

Perguntas dos Esposos:
Fr. Francisco dos Santos, Religioso Dominicano.
Fr. João de S. Domingos, da mesma Ordem.
Fr. Manuel de S. Boaventura.

Engracia Joaquina.
D. Antonio, supra.
O P.ᵉ João Chrisostomo.
José da Cruz Pedroso.

Vem aqui a sentença em latim:

. . . .

(A sentença em latim que vem transcripta nos aponta-
mentos que trasladámos para aqui está tão errada, e os
erros de orthographia e de grammatica são tantos e tão in-
corrigiveis, que foi baldado todo o empenho para a recompor.

Em summa, dá por irrito e nullo o matrimonio, e res-
titue aos contrahentes toda a sua liberdade como se nunca
tivessem sido unidos pelo sacramento do matrimonio.)

. . . .

Vicente Gomes Souto Maior, Secretario do Em.ᵐᵒ e
Rev.ᵐᵒ Sr. Cardeal Patriarcha de Lisboa e do Padroado Real,
Notario nomeado para a causa e negocio de que ao diante se
fará expressa e declarada menção. Certifico que em meu
poder se acham os Autos de uma petição e justificação a
requerimento dos Ill.ᵐᵒˢ Ex.ᵐᵒˢ Srs. Marquezes de Pombal, sobre a causa da nullidade e dissolução do matrimonio
celebrado entre o Ill.ᵐᵒ e Ex.ᵐᵒ Sr. José Francisco de Carvalho e Daun, e a Ex.ᵐᵃ Sr.ᵃ D. Izabel Juliana de Souza
com uma bulla do Santissimo Padre Clemente XIV e sentença
proferida pelos Em.ᵐᵒˢ e Rev.ᵐᵒˢ Srs. Cardeal de Saldanha
Patriarcha de Lisboa, e Cardeal da Cunha, e o Em.ᵐᵒ e
Rev.ᵐᵒ D. Innocencio Conti, Arcebispo de Tyro, Nuncio
Apostolico, Juizes Delegados e Deputados pelo ditò Santissimo Padre, e mais documentos, dos quaes o seu teor é o
seguinte:

PETIÇÃO

É a que vem copiada no principio da Justificação dos Marquezes de Pombal com o mesmo despacho que lá se vê assignado com rubrica por Antonio, Arcebispo de Lacedemonia.

TITULO

Lisboa, anno de 1772, Justificação dos Ill.^mos e Ex.^mos Srs. Marquezes de Pombal sobre o matrimonio de seu Filho o Exmo D. José Francisco de Carvalho e Daun com a Exma Sr.ª D. Izabel Juliana de Souza.

AUTUAÇÃO

Aos 23 dias do mez de abril, no palacio do Exmo Sr. Arcebispo de Lacedemonia, Provisor e Vigario Geral do Patriarchado, Presidente do Santo Officio, Deputado da Real Mesa Canonica, ahi por parte dos Ex.^mos Justificantes me foi dada e apresentada a petição ao diante junta, a qual autuei por ser nomeado e deputado Escrivão da presente diligencia pelo despacho do Em.^mo e Rev.^mo Sr. Arcebispo de Lacedemonia, que me deferiu juramento aos Santos Evangelhos para bem e fielmente fazer a mesma diligencia. E eu o P.^e João Rodrigues das Neves, Vigario da Parochial Igreja de S. Paulo d'esta Côrte, Escrivão d'esta diligencia por este termo de autuação e juramento assignei.

Antonio, Arcebispo de Lacedemonia.
João Rodrigues das Neves.

ASSENTADA

Aos 24 dias do mez de abril 1772 annos, n'esta cidade de Lisboa, no palacio da residencia do Em.^mo Sr. Arcebispo de Lacedemonia D. Antonio Bonifacio Coelho, ahi por elle, commigo Escrivão abaixo nomeado, foram tiradas e perguntadas as testemunhas que por parte dos Ex.^mos Justificantes Marquezes de Pombal foram apresentadas, cujos ditos costumes, idades e occupações é tudo o que adiante se segue. E eu o P.^e João Rodrigues das Neves, Escrivão d'esta diligencia especialmente nomeado, que o escrevi.

1.ª Testemunha

O P.ᵉ Fr. Francisco dos Santos, presentado em Theologia, Ministro Consultor da Bulla da Cruzada, e Vigario das Freiras do Sacramento d'esta Côrte, de idade que disse ser de sessenta e um annos, testemunha a quem o Em.ᵐᵒ Sr. Arcebispo de Lacedemonia deferiu juramento dos Santos Evangelhos, sob cargo do qual prometteu dizer a verdade do que lhe fosse perguntado, e do costume disse nada. E sendo perguntado pelo conteúdo no sexto facto da supplica dos Justificantes os Ex.ᵐᵒˢ Srs. Marquezes de Pombal, disse que sabia pelo conhecimento e muita familiaridade que tem na casa da Ex.ᵐᵃ Sr.ª D. Maria Antonia de S. Boaventura, Avó da Ex.ᵐᵃ Sr.ª D. Izabel Juliana de Souza, na qual esta assistia, e continuou a assistir depois de casar com o Sr. D. José Francisco de Carvalho e Daun, que entre os domesticos da mesma casa era constante e notorio, que o matrimonio celebrado entre os ditos Esposos não fôra até ao presente tempo consummado, e julgavam os mesmos domesticos que nunca o viria a ser, pelo grande odio e aversão reciproca que nos ditos Esposos reconheciam; o que muitas vezes ouviu dizer ao P.ᵉ Fr. João de S. Domingos, Religioso da mesma Ordem de S. Domingos, o qual muitas vezes conversou familiarmente com a Ex.ᵐᵃ Sr.ª D. Izabel sobre o ponto do seu matrimonio; que a mesma lhe confessára que nunca consentíra no referido matrimonio, e que por isso nunca o tinha consummado, nem consummaria por mais que vivesse, porque lhe tinha concebido um entranhavel odio, que não podia disfarçar nem encobrir, ainda que isso lhe era muito estranho; e lhe era mais facil estar clausurada toda a vida no Convento de Santa Joanna do que viver na companhia do dito seu Esposo. E mais não disse nem dos outros factos da justificação dos Ex.ᵐᵒˢ Justificantes por não ser a elles perguntado. E sendo-lhe lido e bem entendido este seu juramento, disse estar bem e na verdade como depoz; e assignou com o Em.ᵐᵒ Arcebispo de Lacedemonia. E eu o P.ᵉ João Rodrigues das Neves, Vigario de S. Paulo, Escrivão d'esta diligencia, que o escrevi.

Antonio, Arcebispo de Lacedemonia (com rubrica).
Fr. Francisco dos Santos.

2.ᵃ Testemunha

O P.ᵉ Fr. João de S. Domingos, Religioso no Convento de S. Domingos da villa de Setubal e morador interinamente no Convento das Religiosas do Sacramento d'esta Côrte, de idade de cincoenta e seis annos, testemunha jurada aos Santos Evangelhos, cujo juramento lhe deferiu o Em.ᵐᵒ Sr. Arcebispo de Lacedemonia, sob o cargo do qual prometteu dizer a verdade, e do costume nada disse. E sendo perguntado pelo conteúdo no primeiro facto da petição dos Ex.ᵐᵒˢ Justificantes, disse que sabia por ter conversado muitas vezes com a Ex.ᵐᵃ Sr.ᵃ D. Izabel sobre o ponto do seu matrimonio, e por lh'o dizer a mesma Sr.ᵃ, que ella nunca consentíra nem tivera vontade de contrahir o matrimonio com o dito seu Esposo, e supposto que no acto da celebração d'elle tinha mostrado e fingido que consentíra, o fizera assim por ter sido enganada por um Sacerdote e muito importunada por sua Avó e Tia, que lhe representavam o grande escandalo e muitos inconvenientes que se seguiam se na presença dos Ex.ᵐᵒˢ Justificantes, e de todos os mais parentes que se achavam juntos, manifestasse a sua repugnancia e não consentimento, ás quaes importunas instancias ella, como menina muito attribulada, não poude resistir, esperando occasião mais favoravel de poder dizer que não consentíra no dito matrimonio, e mais não disse d'este primeiro facto. E sendo perguntado ao segundo, que a dita Ex.ᵐᵃ D. Izabel nas primeiras duas occasiões em que com ella fallou elle testemunha, lhe respondêra que pela rasão de não ter consentido na *celebração* do matrimonio com o seu Esposo, logo depois d'aquelle celebrado fizera bem conhecer, não só a elle, mas a todas as pessoas familiares da sua casa, que não tinha consentido, nem consentiria em algum tempo no dito matrimonio, e por isso o tratára não só com grande desabrimento, mas passára a conceber-lhe uma entranhavel aversão e medo, fugindo sempre de se communicarem particularmente, o que era bem publico e notorio a todas as pessoas que viviam e tinham entrada na sua casa. E sendo perguntado ao quarto facto, disse que sómente sabia, pelo mesmo motivo de o ter ouvido á Ex.ᵐᵃ Sr.ᵃ D. Izabel, pelo que respeita ao terceiro effeito conteúdo no referido facto, que ella nunca cosêra os lençoes da cama, nem pozera barreiras no leito entre o seu logar e o do referido Esposo, para que não podesse chegar a ella, e sómente separára a cama em duas ou tres noites, mas em todo o mais tempo dormiram sempre ambos no mesmo leito, porém nos extremos d'elle, mediando entre um e outro um largo espaço, e isto entende que foi o que deu occasião a dizerem os seus familiares que tinham posto barreiras no leito, pois aquelle largo espaço que mediava entre elles se achava sempre mais alto do que os logares em que cada um dormia no extremo da cama, e por isso aquelle logar mais alto lhes parecia que era uma barreira por nunca ser calcado por elles para se chegarem um ao outro, pois se entre elles houvesse vontade de se communicarem, não eram as linhas cousas tão fortes para que não podessem facilmente quebrar-se, nem as barreiras tão altas que não podessem com a mesma facilidade saltar-se. E mais não disse d'este nem do quinto, por lhe não ser perguntado. E ao sexto facto, e sobre o referimento que d'elle testemunha fez a testemunha antecedente, disse, pela rasão de o ter ouvido á Ex.ᵐᵃ Sr.ᵃ D. Izabel das referidas duas primeiras occasiões em que com ella fallou, que nunca a mesma communicára o matrimonio com o dito seu Esposo, e que nunca chegaria a consummar, e que antes queria morrer ou estar toda a vida recolhida em um convento do que fazer vida marital com o dito seu Esposo, e que passára a querer-lhe affirmar isto pelo Santissimo Sacramento, protestando ao mesmo tempo repetidas vezes que ella se achava intacta e inteira como quando nascêra e caíra aos pés de sua Mãe. E mais não disse d'este. E sendo-lhe lido todo seu juramento, disse estar escripto na verdade como tinha deposto, e assignou com o Em.ᵐᵒ Sr. Arcebispo de Lacedemonia. E eu o P.ᵉ João Rodrigues das Neves, Vigario de S. Paulo d'esta Côrte, Escrivão nomeado d'esta diligencia, que o escrevi.

Antonio, Arcebispo de Lacedemonia (com rubrica).
Fr. João de S. Domingos.

3.ᵃ Testemunha

O P.ᵉ Fr. Manuel de S. Boaventura, Religioso Carmelita Descalço do Convento de Corpus Christi d'esta Côrte, de idade sessenta annos, a quem o Em.ᵐᵒ Sr. Arcebispo de Lacedemonia deferiu juramento dos Santos Evangelhos, sob cargo do qual prometteu dizer a verdade, e do costume disse nada. E sendo perguntado pelo primeiro facto, disse o que d'elle sabia e que fallando com a Ex.ᵐᵃ Sr.ᵃ D. Izabel Juliana de Souza por tres vezes distinctas antes da celebração do matrimonio, em uma d'ellas lhe respondêra que queria tomar estado de Religiosa e não o de casada com o Ex.ᵐᵒ Sr. D. José de Carvalho e Daun, e examinando elle testemunha os motivos que a dita Sr.ᵃ tinha para querer tomar estado de Religiosa, veiu a conhecer que não tinha verdadeira vocação como ella expressamente confessava, dizendo que só o intentava fazer para vingar-se de sua Avó, e assim a desenganou e convenceu que por similhante motivo, e sem verdadeira vocação não devia tomar tal estado de Religiosa, antes devia permanecer na resolução que tinha tomado de casar com o dito seu Esposo. Na segunda vez lhe declarou a dita Ex.ᵐᵃ Sr.ᵃ D. Izabel Juliana que com effeito não queria celebrar o matrimonio com o dito seu Esposo, porque não sabia se seu Pae o Ex.ᵐᵒ D. Vicente de Souza Coutinho, que se achava em França como Ministro Plenipotenciario de S. M., era consentidor do seu matrimonio; ao que elle testemunha satisfez, dizendo-lhe que era bem

facil tirar-se d'esta duvida, e saber d'elle mesmo o seu beneplacito, escrevendo-lhe para esse effeito, e veiu depois a
saber que lhe escrevêra, mas não soube a resposta que lhe
mandou. E na terceira vez disse a elle testemunha que ella
Ex.ᵐᵃ D. Izabel Juliana duvidava se tinha contrahido esponsaes com o dito seu Esposo, pois que nunca lhe déra o
sim, nem em similhante materia lhe tinha fallado, e desenga-
nando-a elle testemunha e persuadindo-a a que com effeito
haviam verdadeiros esponsaes, pois que ella tinha prestado
o seu verdadeiro consentimento para elles, com muitos e
repetidos factos e acções, que ella mesma referia, e elle testemunha sabia, as quaes eram verdadeiro indicio, demonstração e signaes do seu consentimento para se reputar que
tinha contrahido válidos esponsaes com o dito Ex.ᵐᵒ D. José
Francisco de Carvalho e Daun. Convencida assim, replicou
que se não achava obrigada a contrahir com elle matrimonio,
pois que lhe constava que o dito seu Esposo tinha pouca
capacidade, ao que elle testemunha respondeu que este effeito se fosse verdadeiro de nada lhe podia aproveitar para o
seu intento, porque a noticia d'elle lhe não sobreviera depois
da contracção dos esponsaes, antes o conhecia muito bem,
porque o tinha tratado e communicado muitas vezes. E fóra
de tres repetidas occasiões, em nenhuma outra e muito
menos na vespera e na manhã do dito dia das nupcias lhe
manifestou repugnancia alguma por ellas. E mais não disse
d'este nem dos mais até ao quinto quesito inclusive, por não
ser a elles perguntado. E ao sexto facto disse que sómente
sabe d'elle que em uma occasião depois da celebração do
matrimonio, segundo lhe parece, lhe perguntou a Ex.ᵐᵃ Sr.ᵃ
D. Izabel por quanto tempo podia uma pessoa casada entrar
em religião não tendo consummado o matrimonio, e respondeu elle testemunha, que só se podia fazer dentro de
dois mezes, e tinha obrigação de professar no fim de um
anno, lhe replicou ella que tinha ouvido dizer, ser-lhe licito
perseverar na religião sem professar no fim do anno, por
tempo indeterminado, ao que elle testemunha respondeu
ser menos verdadeiro o que aquella tinha ouvido dizer, por-

que só o era o que elle testemunha tinha ponderado, da qual pergunta ficou elle testemunha entendendo que até aquelle tempo não tinha a dita Sr.ª consummado o matrimonio, pois andava com os pensamentos de entrar em religião por não ter consummado o matrimonio. E mais não disse. E sendo-lhe lido este seu juramento, disse estar escripto na verdade como tinha deposto; e assignou com o Em.ᵐᵒ Sr. Arcebispo de Lacedemonia. E eu o P.ᵉ João Rodrigues das Neves, Escrivão d'esta diligencia, que o escrevi.

Antonio, Arcebispo de Lacedemonia.
Fr. Manuel de S. Boaventura.

Bulla do Papa Clemente XIV, de 17 de janeiro 1772. Manda conhecer e julgar definitivamente a causa pelo Patriarcha Francisco de Saldanha.

Accordão de 13 de julho, pelo qual José de Seabra faz saber que El-Rei concede o beneplacito.

Nuncio Arcebispo de Tyrso nomeia o P.ᵉ Vicente Goes de Santa Maria para servir de Notario para a dissolução do matrimonio.

Intimação da sentença a 17 de julho.

CARTAS DE MADAME DE STAËL

A

D. PEDRO DE SOUZA

CARTAS DE MADAME DE STAËL

PRIMEIRO PERIODO

Florence ce 4 mai[1].

Je ne puis vous exprimer, je ne puis me dire à moi-même combien je suis malheureuse de vous avoir quitté: je n'ai jamais nourri l'espérance de passer ma vie avec vous, et je souffre comme si je m'étais confiée au bonheur.

Il y a dans votre caractère et dans vos manières je ne sais quel charme qui a agi mystérieusement sur moi; ce qui peut se dire, ce qui peut s'écrire ne rendra jamais cette délicieuse harmonie de tout votre être que me fait trouver tant d'enchantement dans votre affection. Mais que puis-je vous dire de plus que le triomphe que vous avez remporté sur ma propre nature?

Tout est mouvement en moi; tout est réflexion en vous; tout ce que je sens je le dis, un voile couvre toutes vos impressions. Et cependant j'étais plus attachée par ce secret de votre âme, que par tout ce qui jamais m'a été révélé. Le temps prouvera si ce sentiment est une illusion de l'imagination, ou un instinct du cœur qui m'a fait vous deviner.

Si vous êtes ce que je crois, vous m'aimerez quelque temps; pas toujours; car la destinée ne nous a pas fait contemporains, mais ce ne sera pas facilement que vous donnerez ma place dans votre cœur, et vous ne ferez qu'un choix qui justifie mon enthousiasme pour vous. Alors, cher Don Pedro, je vous donnerai un autre bague, sur laquelle

---

[1] Cartas escriptas depois de deixar Roma, ainda para Roma, onde D. Pedro ficou.

seront écrits ces vers de Monti, que je n'ai pas pû lire ici, sans attendrissement:

Nome che dolce
N'ell'anima mi suona e sempre acerba
Cosi piacque agli dei sempre onorata
Remembranza sarammi

Mais avant ce temps il faut que je vous revoie, il faut que nous passions au moins deux mois à Coppet et près de Paris, où je vous voie sans contrainte. Mais choisissez le beau temps pour ce voyage; le ciel a quelques rapports inconnus avec les sentiments de l'âme, et c'est dans un jour pur comme votre âme que j'aime à vous revoir. Je vous envoie d'ici toutes les fleurs dont mes enfants et Schlegel ont decoré ma chambre, je vous en promets pour décorer votre appartement à Coppet.

Ah! venez, venez, et vous serez reçu avec toutes les affections que l'enthousiasme et l'estime peuvent réunir,— votre esprit et vos sentiments sont quelques fois prisonniers au dedans de vous-même. Je serai le chevalier qui les délivrera; je vous apprendrai à vous connaître, à vous montrer tel que vous êtes, et quand vous serez plus aimable encore que vous ne l'êtes vous partirez, et ma chimère sera que vous serez un jour l'époux de ma fille. Savez-vous que cette petite m'a demandé hier si *je croyais qu'elle eût fait votre conquête,* dans ces propres termes.

Elle a appris tous les jours douze octaves de L'Arioste avec un étonnante facilité; je vous assure, qu'elle aura ce qui a pû me distinguer avec des avantages de plus, et des défauts de moins.

Cher Don Pedro, ce n'est pas tout à fait une folie que cette idée, croyez-moi. Vous aurez besoin d'une femme distinguée; votre supériorité naturelle unie à de l'indolence[1]

---

[1] Na *Corinna* a descripção de Oswald corresponde exactamente a este traço de D. Pedro de Souza na mocidade.

vous rend plus nécessaire qu'à personne d'être attaché à
une femme d'esprit. Il se pourrait que vous laissassiez
s'endormir tous les dons de la nature, si une societé habi-
tuelle ne les réveillait pas en vous. Et cependant qu'y a-t-il
de mieux sur cette terre que de penser et de sentir? de
s'élever autant qu'on le peut par l'étude et par l'enthousiasme? La raison, la morale, sont déjà beaucoup, mais ce
sont des lois pour la conduite; les puissances du cœur sont
plus intimes, plus réligieuses. *Dans le sein de l'homme ver-
tueux,* dit un ancien, *je ne sais quel dieu, mais il habite un
dieu.* Ah! je l'ai senti, ce dieu, dans les ruines de Rome,
que j'ai parcourues avec vous au clair de lune, et presqu'au moment de vous quitter. Toute mon âme était pé-
nétrée de regret, de tendresse, d'admiration; nous étions
contemporains par les débris des siècles, nous étions unis
par le même culte envers tout ce qui est beau, et du haut
du ciel mon père m'a pardonné un bonheur si mêlé de larmes,
un bonheur tout couvert de nuages. J'ai écrit quelqu'unes
des choses que vous m'avez dites ce jour là; je n'inventerai
jamais mieux et j'aime cette intelligence sécrète qui s'établira
entre nous quand vous lirez *Corinne.* Vous vous y reconnaitrez tel que vous êtes, et tel que vous serez, si vous
soutenez votre esprit et votre âme á la hauteur qui leur
sont naturelles.

Rome et vous sont inséparables dans ma mémoire. Je
n'ai compris que par vous les délices de ce séjour; mon
imagination n'avait point encore peuplé le désert, je vous ai
aimé et tout s'est animé pour moi, les beaux arts, la nature,
et jusqu'aux souvenirs du passé qui me faisaient mal et
dont j'ai appris à jouir. Deux mois de ma vie sont votre ouvrage. Ne serez-vous pas tenté de me faire don encore de
quelques mois semblables? Je demande partout en vain des
nouvelles de Mr. Pinto[1]; vous savez que vous pouvez vous

---

[1] O novo ministro portuguez nomeado para substituir D. Alexandre em Roma, e que ainda não tinha chegado para tomar posse do
logar.

absenter pour vos affaires à Turin, puisqu'un jour *vous en avez formé le projet*. Si Mr. Pinto tardait, venez à Turin et à Genève; je serais capable de passer l'hiver suivant en Italie si vous y étiez.

Sans vous tous ces lieux me causeraient une émotion trop douleureuse. Enfin, décidez. Vous avez lû dans mon cœur.»

———

Ce 16 mai.

Je suis encore ici, parce qu'ils m'ont vraiment comblée de prévenances et parce que j'ai dans mes mains le manuscrit de la *Vie d'Alfieri* écrite par lui-même, que je veux finir avant de partir. Demain je vais chercher vos lettres. — Peut-être le nonce qui revient aujourd'hui me dira-t-il des nouvelles de Mr. Pinto; je n'ai pû m'empêcher d'en demander ici sans cela.

Le *(illegivel)* Santa Croce était parti pour Milan. Dites à Alborghetti que j'ai gardé sa lettre, dites à Rossi que j'ai entendue la *fantastici* qui n'est presque plus remarquable. Mais il y a une *signora*, Madame Matsee à présent qui est tout à fait extraordinaire. Elle improvise sans chanter, sans s'arrêter une minute, et avec un talent très supérieur; elle improvisa une scène de tragédie, je lui ai donné la reconnaissance d'Iphigénie en Tauride avec Oreste et je vous assure que c'était une scène qu'on pouvait écrire telle qu'elle l'a dite. Mais imaginez une énorme personne qu'à vingt-trois ans a l'air d'avoir quarante, des yeux louches, point de physionomie, point de geste, qu'un mouvement d'éventail dans le moment le plus intéressant, enfin une idole égyptienne, une statue de Memnom sur laquelle on dirait que l'inspiration tombe, mais qu'elle ne s'arrête pas. C'est tout à fait curieux à voir, et unique à entendre.

J'ai entendu chanter hier une dame, Bellina, qui m'a ravie par les *duos* de Aziole. Les connaissez-vous? Chantez-les; en les écoutant je me représenterai votre douce voix, vos regards si sensibles et tournés vers le ciel *comme vers leur patrie*.

Cher Don Pedro, comme tout ce que je vois me fait encore mieux sentir ce que vous êtes. J'avais hier autour de moi une nuée de jeunes italiens qui m'adressaient des compliments sans nombre; j'aurais fait de tout cela des pages autour de votre voiture, tant votre noble expression de visage vous donne selon moi le droit de règner.

De tous ces compliments un seul m'est resté dans l'esprit.—C'est un russe qui m'a dit qu'en entrant dans la galerie de Florence mon son de voix l'avait attiré entre toutes les voix de femmes qui étaient là. Cher Don Pedro, vous l'avez entendue, cette voix, vous répéter combien je vous aime; croyez l'entendre encore quelques fois, quand vous êtes seul, quand vous vous promenez près du Colysée, dans tous ces lieux où nous avons été ensemble, dans ces lieux où je suis encore par mes regrets.

J'ai fait arranger le cœur avec les cheveux, et je l'ai porté hier avec la pyramide de *(illegivel)*.

Il me semblait que c'était l'emblême de ce que je souhaitais. Vous suivre à Rome et mourir là près de vous.

J'ai été constamment attendrie et de Madame de Albany et de cette maison, où Alfieri a vecu, aimé, souffert. C'est le seul italien qui fut un homme du Nord par la profondeur de ses impressions et l'indépendance de ses sentiments. Madame de Albany n'a pas beaucoup d'esprit, mais du naturel, et ses yeux sont toujours remplis de larmes en le nommant. Il lui a dit avant de mourir—*ma chère amie, si l'on ne me guérit pas il faudra donc nous séparer.*

J'ai été bien attendrie par la douleur de Madame de Albany. Un sentiment qui a duré vingt-six ans est, comme l'amour filial et paternel, une profonde affection de la nature humaine.

Elle m'a parlé de vous avec beaucoup d'intérêt: elle m'a dit que vous aviez beaucoup plû à Alfieri—plus qu'aucun portugais, m-a-t-elle ajouté. Moi j'aurais généralisé davantage l'éloge.

Je ne sais si je pourrai entrer à Venise; j'ai espéré un moment qu'il faudrait revenir sur ses pas, et je serais allée à Rome, ne fut-ce que pour deux jours. J'y serais allée si je me croyais nécessaire à votre bonheur. Si jamais je pourrais le croire véritablement le voyage même de Lisbonne me paraitrait facile.

Pour moi toutes les circonstances, toutes les convenances, tous les intérêts de la vie sont dans le cœur, et pour un sentiment je ferais le voyage de Humboldt avec bonheur.

Dites moi quand vous me reverrez, et mettez quelque énergie à me rejoindre. Cette fois les autres me regardérent. Ecrivez-moi, encore à Boulogne, chez Mr. Luigi Marescotti; je me déciderai de là sur ma route.

J'écris à Mr. Humboldt quelque nombre *(illegivel)* de nouvelles. Cette lettre est déjà d'une énorme longueur. Adieu, adieu. J'ai été ici constamment souffrante.—Je ne puis me remettre de cette séparation.—Adieu.

———

Le 17 octobre. Coppet (1805).

Votre silence, Don Pedro, m'a fait éprouver un cruel sentiment de peine; j'ai été vivement inquiète de vous, pendant le tremblement de terre, et je ne sais pas ce que je n'aurais pas donné de mon existence pour un mot écrit de votre main.

—Je reste ici ou à Genève pour vous attendre. Donnez-moi là le temps que vous m'avez promis, ou rendez-moi les vers que je vous ai écrits de ma main, car si vous n'avez plus d'amitié pour moi, je ne veux pas qu'il vous restent des preuves de la mienne—mais pourquoi donc m'avez-vous oubliée? Les plus éloignées de mes relations en Italie m'ont écrit avec soin, avec intérêt, et vous qui m'avez inspiré un si profond intérêt, vous n'avez pas craint de m'affliger. Est-ce qu'on a moins de prix parce qu'on aime? ou mon amitié diminue-t'-elle de ma valeur à vos yeux?—Enfin venez, et vous serez pardonné.

—Je ne pourrai pas vous acompagner jusqu'à Paris, mais je vous retrouverai peut-être à Bordeaux, à votre retour de Paris. Monod va vous aller voir à Turin, mais je vous en prie, ne l'écoutez pas sur moi, j'ai fait l'impossible à cause de vous pour ramener sa. jalousie, je n'y suis pas parvenue—ne lui parlez pas de moi, je vous prie et seulement arrivez vite à Genève et songez que, ne pouvant pas aller à Paris, je ne suis restée à Genève où je m'ennuie à périr, que pour vous voir. Hâtez vous et restez longtemps. Voulez vous des lettres pour Turin ? mandez-le moi.—Adieu, malgré tous vos torts, sur votre route personne ne vous verra arriver avec une si vive joie; personne absolument.

———

Genève, 22 octobre 1805.

J'ai reçu la nouvelle de votre mariage, Don Pedro, avec émotion; je ne croyais pas que vous fixeriez votre vie sitôt. —Le choix me paraît excellent. Mademoiselle du Perron est charmante et sa mère très aimable. Je vous demanderai de me rapporter les vers que je vous ai donné et tout ce que vous avez en ce genre de moi. Vous vous souvenez que j'y ai mis cette condition et que vous l'avez acceptée.— Je vous reverrai toujours avec plaisir, toujours avec intérêt. Venez ici, c'est peut-être la dernière fois que nous nous re- verrons.—Adieu, Don Pedro, que votre bonheur n'éteigne pas en vous les souvenirs de Rome. Moi, qui ne serai jamais heureuse, je ne puis rien oublier.

———

Genève, le 25 octobre 1805.

Je vais remettre un mot à Monod pour vous, cher Don Pedro, mais comme il me dit que vous êtes à Milan je me hâte de vous écrire à Turin. Si vous voulez beaucoup de lettres pour Turin mandez-le moi, mais ne vaut-il pas mieux que vous hâtiez votre voyage pour me donner quelques ins- tants de plus ? Monti est ici, il est venu pour me voir; il y a quelques personnes ici qui vous intéressent, mais vous irez bien vite à ce Paris où je ne puis vous suivre, au moins je vous donnerai des lettres pour mes amis. J'ai peur que Monod ne soit pas bien pour moi, quoique j'aie tout fait pour lui être agréable. Il est jaloux de mon amitié pour vous, dirai-je de la votre pour moi? cela je le voudrais! — Je vous attends avec une extrème émotion, c'est à Genève que vous me trouverez — prévenez-moi de votre arrivée pour que je jouïsse un jour d'avance du dernier plaisir peut-être que me donnera mon attachement pour vous. Je devais aller à Lyon voir Mathieu de Montmorency, j'ai renvoyé mon voyage au printemps pour ne pas perdre un jour de vous.

Les français sont vainqueurs, l'univers est soumis. Parlons de vous, nous parlerons après de *l'empire du monde*. Adieu, Don Pedro, combien je suis impatiente de vous revoir et de causer avec vous! Vos sœurs ne vous attendent pas sûrement avec un sentiment plus vif et plus profond que le mien.

Je vous ai écrit à Milan avec un peu de ressentiment de votre silence; vous sentir plus près de moi l'a éffacé.

———

Genève, le 27 octobre (1805).

Je vous ai déjà écrit à Milan et à Turin. Ainsi, vous avez été accueilli partout avec mes lettres et mon vif désir de vous voir, j'ai renvoyé mon voyage à Lyon pour vous recevoir plus sûrement ici. Enfin je suis très profondément occupée du bonheur de m'entretenir encore une fois, peut-être une dernière fois, avec vous. Si Monod, comme je le crois, vous dit que je vous aime, il a raison, s'il disait tout autre chose souvenez-vous de Rome et de mon éternelle amitié pour vous.

———

Genève, le 12 novembre (1805).

Monod vous aura remis une lettre de moi, mon cher Don Pedro, et je vous ai écrit une autre à l'adresse de Mr. Bignon. Vous aurez vu que l'idée de vous sentir près de moi a adouci mon ressentiment, néanmoins quand je songe que je n'ai rien aimé en Italie autant que vous, et que vous seul m'avez négligée, je suis tentée d'accuser l'un de nous deux —choisissez!— Je devais aller à Lyon au mois de novembre voir Mr. de Montmorency, mon intime ami; j'ai renvoyé ce voyage jusqu'au mois d'avril pour vous attendre et j'y ai, il est vrai, quelque mérite, parce que je suis très impatiente de le voir. Nous verrons à présent quelle sera votre impatience à vous, et le temps que vous me donnerez. Cette dernière preuve de votre amitié pour moi ne doit-elle pas décider de la durée de notre attachement? Hélas, pour résister à une absence si longue ne faut-il pas laisser des souvenirs que soient bien doux?

Une lettre de Cadix du 22 octobre annonce que le 21 la flotte française et espagnole a été cruellement battue par Nelson, vous ne direz pas que vous tenez cette nouvelle de moi. Ce que vous savez sûrement ce sont tous nos succès en Allemagne; l'empereur doit être à Vienne à présent.— Adieu, cher Don Pedro, hâtez votre arrivée et mandez m'en le jour pour que j'en jouïsse à l'avance.—Vous dinerez et souperez tous les jours chez moi avec Monod. Genève sera comme Coppet, n'est-ce pas? Soyez généreux en jours, en semaines; c'est là l'unique générosité, que j'aie jamais sollicitée.—Adieu encore n'est-ce pas? ainsi qu'à Rome, je vous reconduisais dix fois avant de renoncer à votre entretien. Adieu—Monti est encore ici, mais il part samedi pour Turin et Milan. Je regrette bien que vous ne l'ayez pas vu. Je suis plus enchantée que jamais de sa manière de sentir et de réciter les vers.

SEGUNDO PERIODO

[1]Je vous attends à dîner avec une bien vive impatience, si vous pouviez arriver plus tôt ce serait encore mieux. Je vous demande de dîner et de souper chez moi tous les jours. Voilà Albert qui veut porter ce billet, il est fou de joie de vous revoir.

———

Donnez-moi de vos nouvelles, je suis inquiète de votre santé.

Si vous sortez ce matin pour dîner chez Madame de Chateauvieux faites venir une voiture parce que la mienne est à Coppet. Mais je suis d'avis que vous ne sortissiez pas. J'irai à 6 heures chez vous, vous pourrez descendre chez *(illegivel)* le soir, enfin dites moi pourquoi il y a quelque chose de voilé dans vos rapports sur votre santé qui me tourmente. Je sors à 2 heures, j'irais dès ce matin chez vous si je savais que ma présence vous fût un peu nécessaire.

———

Je vous approuve beaucoup et j'irai vous voir et je me charge de vos excuses, mais je vous observe que vous avez, vous même, en causant avec moi, traité une autre fois cette question en analysant et le caractère des Italiennes et celui de la personne qui vous intéresse. J'ai vu très rapidement hier que j'avais un peu trop compté sur notre intimité en me laissant aller à vous dire ce qui me passait par la tête, c'est une erreur que vous devez pardonner puisqu'elle sup-

———

[1] D. Pedro tem chegado a Genebra, onde Madame de Staël foi esperal-o. Este bilhete e outros que se seguem são justamente d'esse periodo em que elles se vêem todos os dias.

posait qu'il n'y avait pas encore de tiers entre nous, je ne la commettrai plus[1].

Donnez-moi de vos nouvelles, cher Don Pedro. Est-ce sans peine et surtout sans inconvénient que nous partons demain[2]? Si vous sortez, venez dîner chez moi, mais rentrez à 7 heures chez vous, c'est l'air du soir, dit Odier qui peut faire du mal.

Cher Don Pedro, comment êtes-vous? Ce temps noir me décide contre demain d'abord. Voulez-vous vendredi, voulez-vous samedi? décidez cela avec Eugène pour que je fasse partir un valet de chambre. Je dîne chez ma tante aujourd'hui, qui vous invite, mais si vous craignez ce mauvais temps j'irai vous voir ce matin et vous viendez me prendre ce soir pour le concert car mes chevaux sont en campagne. Votre toux me fait un mal physique et je crois qu'il faudra que je me fasse guêrir de votre rhume[3].

---

[1] Pelo que se deprehende d'esta carta, Madame de Staël dissera alguma cousa ácerca das mulheres italianas em geral e da joven piemonteza de quem D. Pedro estava noivo então, que não foi inteiramente agradavel a este. Madame de Staël detestava sempre as noivas dos seus amigos. N'uma carta a Camille Jordan, citada por Saint Beuve nos *Nouveaux lundis,* diz ella assim: «*Je n'aime pas que mes amis se marient*». Quando isto succedia na simples amisade, que faria quando o sentimento experimentado por ella era de outra especie mais egoista e mais terna.

[2] De Genebra para Coppet provavelmente, ou então de Coppet, na viagem para França, em que D. Pedro a acompanhou tambem.

[3] Esta phrase encantadora não é inteiramente original. Pouco mais ou menos, era o sentido da phrase tão conhecida de Madame de Sevigné a Madame de Grignan. *J'ai mal à votre poitrine.*

TERCEIRO PERIODO

De L'Yonne[1].

Auguste ni Mathieu ne vous ont vu, mon cher Don Pe
dro, et ils m'ont seulement apporté la consolation de les voir.
J'en avais bien besoin, je suis entrée ici avec un sentiment
de tristesse inexprimable. Depuis votre départ jusqu'au moment de l'arrivée de Mathieu, j'ai été tout-à-fait incapable
de rien et je me repentis presque de n'avoir pas accepté
votre offre généreuse. Mais enfin le sacrifice est fait et je
le devais! Dites-moi ce que vous pensez de Paris, l'impression que vous en recevez. Dites-moi si vous me regrettez
un peu et si vous me tenez la douce promesse de me revoir.
Je ne sais rien du tout sur mes affaires, peut-être en saurez
vous plus long que moi à présent.

———

Le 3 mai.

J'ai tout-à-fait aimé, mon cher Don Pedro, votre petite
lettre sur du gros papier, bien qu'elle me soit parvenue un
courrier trop tard. Je vous ai même pardonné vos attendris-
sements portugais, mais n'oubliez pas que vous m'avez promis qu'ils ne passeront pas la mer. Je suis comme le premier jour dans la plus profonde ignorance sur ma pétition
et j'attends Prosper[2] qui, je l'espére, me dira quelque chose.
Remettez-lui une lettre pour moi. Je ne sais pas encore le
jour du retour de mon fils, il précédera Mathieu à qui je
dois de soutenir ma solitude si inquiète.

Mon Dieu, être si près de vous, avoir des motifs si inof-
fensifs pour désirer d'aller à Paris et voir passer sur la

———

[1] Esta carta é a primeira escripta para Paris. D. Pedro acompanhou
Madame de Staël até perto de Auxerre, e ahi a deixou.
[2] Prosper de Barante, intimo amigo de Madame de Staël.

rivière de L'Yonne ces radeaux sur lesquels je voudrais me placer comme une bûche pour arriver! Vous ne dites pas un mot de vos lettres de Portugal, est-il question d'une mission? que vous écrit-on de Turin? Toujours la même chose, j'en suis bien sûre, mais vous ne devinez pas la moitié des questions que je voudrais vous faire, répondez-moi sans être interrogé. J'ai reçu de Cagliari une lettre de notre prince, lamentable tout-à-fait, et lamentable en latin. Il y a beaucoup de citations. Il me charge de lui envoyer des livres. En vérité je devrais le faire, mais je suis toute absorbée par ma propre situation. Vous sentez-vous le bon cœur de vous en mêler, je vous enverrai la liste. J'ai reçu une lettre de Mr. Humboldt tendrement indigné de votre silence envers lui, écrivez lui donc, je vous prie. J'aime qui vous aime. Hélas! ce souhait a été trop bien rempli. Il m'envoye une élégie qu'il a faite sur Rome en allemand, c'est cela qui est difficile à comprendre. Je l'entends à peu près comme le Camoëns, mais sons pour sons, les votres me plaisent davantage. J'ai pourtant aperçu des idées douces et ingénieuses, mais c'est un travail que ce genre de poésie et il faut lire la poésie comme elle a dû être composée malgré soi. Et notre pauvre sonnet? Ne pourriez vous pas dire à Fouché que vous avez besoin de moi pour le dernier tercet? Cher ami, je plaisante mon malheur, mais c'est un sourire funeste, j'ai bien de la peine cette fois à le supporter. Adieu, cher Don Pedro, aimez-moi, écrivez-moi et faites que nous passions beaucoup de notre vie ensemble; il est si rare de s'entendre, il faut l'aimer, ce bonheur. Adieu.

Il est bien vrai, mon cher Don Pedro, que si vous voulez me voir il faut vous hâter car je ne peux pas rester ici; je m'ennuie trop profondément. Madame Récamier qui est un ange de bonté pour moi dit qu'elle reviendra me voir. Je voudrais bien que vous fûssiez ci en même temps qu'elle, car ma santé est si âbimée par ce mois ci que je ne suis plus aimable du tout. Je vous aime toujours cependant de même; cette puissance d'aimer ne mourra qu'avec moi. Oh! combien j'étais plus heureuse à Rome il y a un peu plus d'une année, cher Don Pedro. Que suis-je venue faire dans cette France où tout est de la peine pour moi? Emmenez-moi en Espagne. Sérieusement je trouverais bien triste de m'en aller sans vous revoir.

––––––

Auxerre, le 5 juin.

Je me plains un peu, mon cher Don Pedro, de votre oubli; c'est assez l'effet de Paris sur les français, mais j'espérais que les étrangers y échapperaient. Ma santé a été toujours de plus en plus mauvaise dès ce séjour où je souffrais tant! Et c'est à force d'opium que je me suis épargnée douze heures de peine sur les vingt quatre. Madame Récamier me désire à Plombières et si j'apprends qu'elle a pu y arriver avec sa mère, j'irai la rejoindre. J'attends Benjamin. Je compte dans tous les cas m'en aller d'ici dans dix à douze jours. Je partirai donc sans vous revoir! oh! cela me parait bien triste et c'est peut-être un pressentiment de cette peine qui me rendait si triste en vous quittant. Si je ne vous revois pas où vous retrouverai-je? Ah! Et j'aurais pu passer ces deux mois avec vous! Ah! ce qu'il y a de mots simples qui renferment d'amères peines! et ce que ce petit mot *éxil* contient de douleurs!

––––––

Le 8 juin.

Puisque vous avez, cher Don Pedro, la toute aimable pensée de me dire adieu, choisissez cette semaine, car je n'attends pour partir que la décision de Madame Récamier. En oui ou en non j'ai pris ce séjour dans une horreur nerveuse et je n'y vis un peu que depuis que je suis venue dans la chambre même ou vous m'avez dit de si doux adieux; renouvellez-les donc et priez le ciel pour moi que je vive une fois dans la même ville que vous. Benjamin est arrivé, vous le trouverez ici.

Je vous espérais avec Mr. de Montmorency, cher Don Pedro, et voilà que mon espérance est trompée! J'ai été aussi bien tourmentée de toutes les nouvelles politiques quand elles avaient rapport à vous. J'ai eu la fièvre depuis deux jours en tout, je ne sais pas si je résisterai à tant de peines. Un moment bien doux serait celui où je vous reverrais encore une fois. Songez que je dois quitter ceci le 1er août et l'auberge d'Auxerre le 4 (je vais à Yon); donnez-moi le bonheur de vous revoir encore et la douleur de vous dire adieu. J'y trouve quelque charme.

Dimanche, 26 juillet.

Cher Don Pedro, venez me voir tout de suite; pour ne pas manquer les eaux de Yon il faut que je parte le 4 août et j'ai bien besoin de quelques jours pour supporter la douleur de vous quitter. Ah! je la sens bien amèrement. Je remets cette lettre à Adrien de Montmorency et je vous espère mercredi ou jeudi au plus tard.

Ecrivez-moi un mot que vous mettrez dans un livre et que vous enverrez tout de suite au bureau de diligences d'Auxerre, rue Saint Paul, faubourg Saint Antoine, je saurai ainsi votre arrivée quelques heures plutôt hélas, hélas[1]!

---

[1] Entre esta carta e a carta seguinte medeia o periodo que D. Pedro de Souza passou em casa de Madame de Staël, e durante o qual traduziu uns poucos de trechos de Camões.

Escreveu mais algumas poesias, das quaes publicâmos *L'hymne à la lune.*

QUARTO PERIODO

Dijon, le 26 août[1].

Que les premiers mots que j'écris soient pour vous, cher Don Pedro, à qui je dois trois semaines si douces et si ineffaçables. Avec quelle simplicité vous avez sacrifié tout ce qui est luxe et plaisir, pour vous dévouer à tous les genres de privations excepté celle du sentiment, car là il n'y avait certes pas de privations, puisque personne au monde ne peut ni vous aimer ni vous sentir comme moi; ces pauvres octaves de Camoëns me manquent presque autant que leur auteur. C'était ma perspective du réveil et ma perspective à présent c'est de me débarasser le plus vite que je peux de la longue journée. Schlegel est toujours assez faible et la tête est travaillée en tout sens d'une manière pénible. J'ai trouvé ici l'hôtesse où je vais et je me suis hâtée de rendre Elzéar à ses 80 ans[2]. Mon Dieu, n'est-il pas bizarre que cet homme, libre de toutes ses actions, qui voudrait devenir mon ombre si cela ne me dégoûtait pas de moi-même, soit un homme qui me déplait autant, et que vous, vous si aimable, vous que j'aime tant, vous soyez entouré de tant de liens. Il y a sûrement une intention toute surnaturelle qui ne veut pas que la terre soit trop douce pour ses passagers. Je ne sais pourtant pas me resigner à vous écrire comme en vain. Faites, cher Don Pedro, que je vive près de vous, laissez-moi complèter ce qui manque à d'autres et donner quelque agrément de plus à une vie dont le ciel ne m'a permis d'être la compagne. Surtout, point de Brésil; quand il en serait question pensez à mes pleurs si j'en recevais la

---

[1] Cartas escriptas depois da estada de D. Pedro em Auxerre.

[2] Elzear de Sabran, irmão da Marqueza de Custine, filho da tão famosa Marqueza de Boufflers. Esta phrase tem qualquer significação maliciosa que não percebemos.

nouvelle et plaidez dans votre cœur pour l'absente. Adieu, au 9, n'est-ce pas? avec des octaves? Et la paix, qu'en dit-on? Ce serait bien mieux que le 9. Écrivez-moi tout de suite ne fût-ce que quelques lignes; elles me feront du bien.

————

Le 3 septembre mercredi.

Cher Don Pedro, avec quelle émotion j'ai reçu votre lettre par Mr. de la *(illegível)*. On ne peut rien écrire sur tout cela, on ne peut qu'être émue jusqu'à la dernière goutte de son sang. Benjamin prétend que vous passez par Auxerre; si cela est sortez de Paris jeudi 11 et venez á Auxerre. Nous resterons là deux jours ensemble. S'il se trompe (Benjamin) donnez-moi l'ancien rendez-vous pour le 13 au lieu du 9 et dans le même lieu dont nous étions convenu. Mon valet de chambre ira chez vous prendre votre lettre. Songez bien que j'arrive jeudi 11 á Auxerre, et que je trouve là une lettre de vous qui me dise si vous arrivez en même temps que moi ou si je dois passer outre, pour vous rejoindre. J'aimerais mieux perdre la moitié de mon sang que de ne pas passer deux jours au moins avec vous pour verser toutes mes larmes dans votre sein. Oh! que j'en ai sur le cœur pour cet adieu, cet adieu! Don Pedro jamais je ne vous conseillerai[1] ce qui nous sépare! cher Don Pedro, ne le faites pas; les affections sont d'une plus haute origine que tout le reste; c'est un titre factice que la politique; le cœur est la seule vraie nature qui soit au monde. Je reviens á mon calcul; partez jeudi 11 et soyez à Auxerre jeudi soir ou vendredi matin si votre départ est retardé; alors donnez-moi rendez-vous le 13 où nous avions dit et j'y resterai deux jours. Je pars d'ici le 9, mardi, pour chercher votre réponse à Auxerre. Ce que je ne veux pas seulement c'est vous attendre à Auxerre, j'ai peur d'être là toute seule à cause

————

[1] O casamento com a piemonteza mademoiselle du Perron.

des mauvais présages. Adieu, adieu, admirable caractère, esprit au niveau de ce caractère, regard si noble et si doux! quoi! je ne vous reverrais plus! non c'est impossible, cher ami, épargnez-moi cette douleur, je ne suis pas de force à la supporter. Prosper m'a écrit de Saint Ildephonse. Il sera à Paris dit-il du 1ᵉʳ au 10, mon fils est examiné le 10.— Prenez-moi avec vous, ah! pourquoi cela, ne se peut-il plus?

Je suis tentée de rabachêr encore sur ce petit coin de papier blanc. Soyez le 11 à Auxerre où de Lima pourrait vous y rejoindre deux jours plus tard, ou me supporter pendant ces deux jours. Ou bien soyez le 13 à l'endroit convenu et donnez-moi là deux jours. Á Auxerre deux jours pourraient se changer en quatre, ailleurs cela ne se peut pas. Mais je ne veux pas attendre à Auxerre, c'est trop triste[1].

———

Fontaine Française, le vendredi 5 septembre.

Je vous écrirai après demain. Et ma route est toujours par Dijon et Auxerre.

Imaginez, cher Don Pedro, que mr. Schlegel a repris la fièvre et que me voici dans une société qui m'est étrangère avec cette inquiétude. Je ne sais absolument pas ce que je ferai si ce n'est qu'à tout prix je veux vous voir. Partirai-je demain? partirai-je dans quatre jours? C'est en verité ce que je ne puis dire. Louis de la *(illegivel)* prétend que vous viendrez ici. Mais cela me semble bien loin et il me semble qu'Auxerre ou St... vous conviennent mieux si cependant

———

[1] Pela referencia a de Lima, irmão de D. Lourenço, com quem D. Pedro fez a viagem da França até Lisboa, vê-se que houve ainda uma entrevista entre os dois, quando D. Pedro partia definitivamente para Portugal. Madame de Staël pede-lhe para ir passar dois dias com ella, e convidar tambem Lima, caso este *queira supportal-a* durante dois dias, o que a nós nos pareceria, apesar dos seus defeitos todos, uma tarefa deliciosa.

je suis retenue ici par cette fièvre... Enfin je suis bien tourmentée et ma pensée dominante est cette cruelle séparation indéfinie. Oh! mon Dieu! je ne fais que pleurer; à tout prix je veux vous revoir.

————

Fontaine Française, le 7 septembre dimanche.

Cher Don Pedro, comme Schlegel est un peu mieux voici ma marche invariable à ce que j'espère. Je pars d'ici jeudi 11 et je vous attends á Auxerre vendredi 12 ou samedi matin 13, si vous m'écrivez là que vous y venez. Si au contraire vous m'écrivez là que vous n'y venez pas je passe outre et je suis le lundi 15 à la ferme de Benjamin. François passera chez vous jeudi matin (pour avoir le petit mot qui decidera ma route). Ah! quelle avidité j'ai d'un moment bien cruel, mais vous me mettrez au désespoir si vous me manquiez. Je crois que j'irais partout plutôt que de ne vous avoir parlé encore une fois avant de vous quitter. Mais je suis bien sûre que vous ne me ferez pas cette peine et j'espère aussi que vous partagerez un peu le vif mouvement qui me le fait désirer. *(illegivel)* est bien, mais arrangé, l'arrangement est bon. Vous qui êtes naturel et qui devez l'être puisque rien ne serait mieux que vous—adieu, adieu. Cette seconde fois encore étudiez bien mes dates et ne me laissez pas, surtout, dans l'attente de l'incertitude.

————

¹J'espère que ce mot vous atteindra encore. Puisse-il vous dire combien j'ai pleuré hier en entendant vos chevaux s'éloigner et combien vous me rendrez heureuse en revenant.

——— — ...

¹ Entre a ultima carta e esta D. Pedro esteve novamente com Madame de Staël tres dias. Os tres dias ultimos em que ellas na vida se viram.

Je ne sais que cela, je ne sais que cela. Que votre cœur et votre générosité fassent le reste. Adieu cher, cher Don Pedro, oh! quand dirai-je ce nom avec un avenir?

Étampes, cinq heures après votre départ, le 17. 7ᵇʳᵉ.

———

Le 26. 7ᵇʳᵉ Rouen.

Croiriez-vous cher Don Pedro que votre lettre d'Auxerre ne m'arrive qu'à présent. Écrivez-moi chez Mᵣˢ Bazin, banquiers à Paris, c'est plus sûr. Et aussi bien il se peut que je me rapproche par une terre comme nous en avons parlé! Mais qu'est-ce que cela me fait à présent? Je ne retrouve plus dans mon imagination ce Paris pour lequel j'avais cet été une ardeur si douloureuse. Ah! que ce départ pour le Portugal m'afflige! Vous avez dit à Hochet que vous seriez un an absent; vous m'avez donné des espérances plus douces. Que faut-il attendre? *Oh quand vous êtes là l'on peut vous retenir, mais je n'ai que trop éprouvé combien il est difficile de vous rappeller*[1]. Enfin vous ne pourrez pas faire pis que de vous marier, si vous pourriez faire pis ce serait de quitter le continent. Pensez à moi pour y rester, à moi qui vous aime de cœur plus que personne au monde, qui vous aime sans l'intérêt même du bonheur, car qui sait si je parviendrai jamais à passer ma vie près de vous.—L'empereur est parti et Mr. de Champagny est chargé en son absence de négocier avec Lord Landerdale ce qui fait croire que tout espoir de paix n'est pas perdu. Le prince Murat, dit-on, a écrit au roi de Prusse, *Monsieur mon* frère, ce que l'empereur a fortement blâmé... Il y a des gens qui disent que Jérôme et la princesse Wurtemberg seront rois de Suisse, mais je ne vous dis là les bavardages de Paris, moi habitante de Rouen. C'est une ville au moral toute aussi stupide que le reste de la France, Paris excepté. Mais le spectacle et la vie matérielle y valent mieux. Il semble qu'en France on n'a que

———

[1] O sublinhado é nosso. É um traço definitivo que ella aponta, este.

l'esprit *animal,* c'est à dire, celui qui sert à gagner de l'argent, comme les abeilles font de la cire, mais tout esprit désintéressé, tout esprit sans but n'y résiste pas. Schlegel m'a encore donné de l'inquiétude, mais il est mieux tout à fait. Hochet m'écrit que vous êtes le plus noble caractère qu'il connaisse et qu'il a pleuré en vous disant adieu. Prosper prétend qu'il ferait le voyage de l'Espagne uniquement pour vous voir. Enfin vous voyez que l'on vous juge comme moi, mais aimer, je me le réserve. Comme je vous aime, au moins, personne n'y arrivera. Benjamin vous regrette; il me semble enfin que votre cercle est ici; revenez-nous! et les octaves! Pensez à moi en les faisant, ma préface est toute prête, elle est dans mon cœur. Ah! si vous redevenez libre, si... mais ne faut-il pas que la vie soit de façon qu'on puisse se consoler de mourir? Je vous en prie, écrivez-moi d'Espagne surtout, je serai inquiète de votre route dans ce pays là. Cher, cher Don Pedro ah! combien nous sommes déjà loin[1]!

---

[1] Que pena faltar a continuação d'estas cartas tão interessantes, tão vivas, de uma desordem tão eloquente, em que surprehendemos por assim dizer uma Madame de Staël que só os intimos conheceram, na qual nada resta das pompas e das pregas theatraes do manto de Corinna, uma Madame de Staël *bem mulher,* bem garrida e apaixonada, e importuna na sua paixão, e humilde na sua supplica! Cartas deliciosas, que seria um crime de lesa-litteratura conservar escondidas desde ha noventa annos em que foram escriptas, cartas que parecem de hontem, tanto é verdade que só é eterna a paixão, e que só não envelhece o que sáe sincero e fremente do mais íntimo e mysterioso de uma alma humana!

CARTAS DIVERSAS

Cartas de Mathieu de Montmorency

Mardi, 10 juin[1].

J'ai l'honneur d'envoyer à Mr. de Souza une lettre dont je le prie de se charger pour notre amie triste et malheureuse. Il se peut qu'elle aura une grande consolation en la voyant. J'aurais été la chercher encore aujourd'hui si je n'avais pas été obligé de partir pour la campagne avec mes parents.

Je prie Mr. de Souza de recevoir l'assurance de tous les sentiments qu'il sait promptement inspirer et du désir que j'ai de faire avec lui une connaissance plus particulière qu'une amie commune m'a communiqué. = *Mathieu de Montmorency.*

Dampierre, jeudi, 17 juillet[2].

J'ai été bien fâché, Monsieur, d'avoir été si constamment à la campagne et si rarement à Paris depuis votre retour d'Auxerre, ce qui m'a privé de l'avantage de vous rejoindre et de cultiver une connaissance très précieuse pour moi. Je

---

[1] Mathieu de Montmorency, amigo íntimo e dedicado de Madame de Staël, fez através d'ella conhecimento com D. Pedro de Souza e sympathisou logo com elle muitíssimo. Damos duas cartas d'esta interessante personalidade, para amostra das relações cordiaes que o uniam a D. Pedro.

[2] Esta carta é escripta depois da volta de Auxerre, e antes da segunda visita que D. Pedro fez a Madame de Staël. Damos ambas as cartas apenas como documento da maneira íntima por que D. Pedro penetrou em todo o alto circulo intellectual de Corinna e foi por ella adoptado.

viens d'apprendre que vous songez à une seconde course qui fera sûrement grand plaisir à notre amie exilée. Je projette aussi d'aller la voir vers lundi prochain. Ne pourrionsnous pas faire ensemble cette course? Cette société me serait tout-à-fait agréable, si elle vous tente également et que vos affaires vous le permettent, voulez-vous que nous nous donnions rendez-vous dimanche sur midi pour concerter cette marche?—Je vous prie de recevoir l'assurance, que je serai empressé de vous renouveller, de tous mes sentiments.=*Mathieu de Montmorency*.

Cartas de Juliette Récamier

Je regrette vivement, Monsieur, de ne pas avoir eu l'honneur de vous voir hier soir; mais j'attends de votre complaisance que vous voudrez bien me donner un moment aujourd'hui. J'ai eu une longue conversation avec Murat sur Madame de Staël, qu'il est important qu'elle sache, et j'espère que vous voudrez bien vous charger de lui en apprendre les détails. Et moi, Monsieur je serai charmée de vous voir une fois de plus.=*Juliette Récamier*[1].

Mardi matin.

J'y serai le matin jusqu'à trois heures et le soir depuis dix heures jusqu'à minuit.

---

[1] Não ha necessidade de explicar aos leitores quem era esta deliciosa mulher, cuja dedicação e cujo affecto acompanharam sempre Madame de Staël durante os seus annos de lucta e de exilio.

Carta de Guilherme Humboldt

Rome, le 3o juillet 18o5[1].

Ma première pensée, au moment que nous éprouvions samedi au soir une secousse de tremblement de terre, était vous et mon frère; mais je me rassurai quand on me dit que, même des tremblements de terre de la Calabre, on n'avait rien senti ici et que la secousse qui nous avait menacés venait probablement des environs de Spoleto. Quelqu'agréable que me soit toujours tout genre de sympathie avec vous, mon cher de Souza, je me réjouissais, que sous ce rapport il n'y en eût aucune entre le sol que nous habitons à présent l'un et l'autre. Je vois par votre aimable lettre, de laquelle je vous remercie infiniment, que je me suis trompé. Ce que nous avons senti n'a été qu'une suite de la forte secousse à Naples et doit, en comparant le temps, l'avoir suivie à peu près dans l'intervalle d'une demi-heure. Vous saurez déjà que nous en avons été quittes pour la peur. Aucune maison n'a souffert; tout l'amusement a été de la part des sonnettes, qui ont sonné d'elles mêmes, et des lustres qui ont dansé. Quant à moi je me trouvais justement en voiture dans la rue, et j'aurais ignoré l'évènement si on ne me l'avait dit. Mais la consternation parmi les femmes et quelques prélats fut vraiment amusante, cependant personne n'a quitté sa maison. Je rends grâces au ciel de ce que l'indisposition de mon frère vous ait préservé de plus grands dangers, et je vous engage et vous conjure à être sur vos gardes. Un volcan n'est enfin qu'une girandole en grand; il ne mérite pas qu'on s'expose trop pour l'examiner. Ce qui me rassure pour vous c'est que vous n'irez pas sans Alexandre et qu'il n'est rien moins que téméraire.

---

[1] Das cartas de Guilherme Humboldt, o grande e glorioso escriptor, tiramos esta como *specimen*.

Je ne sais si Madame de Staël vous a écrit. Je n'ai pas
eû de ses lettres depuis bien longtemps. Schlegel a écrit a
quelqu'un de sa connaissance ici mais seulement en très peu
de mots.

Le *(illegivel)* Redowits est arrivé samedi de Lucques ici.
Il va à Naples à ce qu'on dit; on ajoute que ce n'est que
pour donner part des nouveaux arrangements faits pour Lucques, et je ne croirais pas moi-même que ce soit pour quelque chose de plus important. Vous ne me dites pas un mot
de politique. Vous me dédommagerez de cette perte, j'espère à votre retour. Nous vous attendons avec une grande
impatience, vous aurez à tous les égards beaucoup à nous
raconter.

Ici il n'y a absolument rien de nouveau; tout va son ancien train; les chaleurs sont à un degré que je commence à
trouver satisfaisant, et les sociétés sont aussi peu fréquentes
et nombreuses comme toujours en été. Le Comte *(illegivel)*
a été pour quelques jours à Frascati et il est parti de nouveau ce matin pour y rester encore presque une semaine.
Il évite Rome autant qu'il peut; vous savez qu'il craint infiniment l'air de Rome dans cette saison. C'est vraiment
une grande marque d'amitié envers Lebzeltern qu'il lui ai
permis de s'absenter à présent. Car sans cela il aurait passé
le mois d'août à Naples.

Mon frère et ses deux compagnons de voyage reviennent
enchantés de Naples; ce qu'ils me disent devait bien exciter
en moi l'envie d'y aller. Mais je ne sais comment il se fait que
Rome me captive singulièrement. Je trouve qu'elle amortit
en moi tout désir de voir ou d'habiter un autre pays.

C'est une espèce de monde qui, quant aux impressions,
aux sentiments, n'a besoin de rien au dehors de cette en-
ceinte. Quand on vit pour examiner et faire des découvertes
il faut naturellement voyager et voyager même avec l'inquiétude continuelle de rester trop longtemps, mais une intime
vie morale, moins active et moins utile, à la vérité, a également ses avantages et surtout ses charmes, gagne à s'at-
tacher à un séjour habituel, à creuser les mêmes pensées

et les mêmes sentiments, et ce qui distingue Rome c'est
que la vie simplement contemplative y est moins oisive
et plus noble que nulle part ailleurs. Comment il est possible de ne s'occuper ici, comme fait notre bon Prince, que
de vieux traités, et trouver plus intéressants des recueils de
négociations que Tite Live et Tacite, voilà ce que je ne con-
cevrai jamais. Mais chacun a son goût et vous ne savez peut-
être pas qu'ils vont échanger l'épée contre la plume ou les
manier toutes les deux. Il continue les examens de la ville
Médicis et m'a assuré dernièrement qu'il ne trouve rien
de si triste que de mourir sans gloire. Adieu, mon cher de
Souza. Mille amitiés de la part de ma femme.

Tout à vous.=*Humboldt*.

Cartas de Alexandre Humboldt

Fatigué d'un tour du Monte Nuovo dont nous revenons
je n'ai pas le courage de venir à votre habitation étherée
et j'ose vous demander, cher comte, à quelle heure demain matin à quatre ou six heures vous ordonnez que nous
soyons près pour attaquer le cap Misène. Écrivez un mot
au bas de ceci et agréez nos très humbles respects vous et
la belle et charmante maîtresse de votre palais olympien.=
Humboldt[1].

La maladie de Mr. de Bach nous a empêché, mon cher
Comte, d'aller hier au soir à Portici. Nous comptons aller
ce matin à Torre del Greco pour y voir le courant de lave,

---

[1] Alexandre Humboldt, o viajante e o sabio que fez a celebre viagem que depois descreveu n'um livro não menos celebre. D. Pedro fez
com elle a excursão do Vesuvio. Durante ella é que elle lhe escreveu
os bilhetes que publicâmos.

de là à pied à Portici et la nuit au Vésuve. Quoique nous y retournerons sans doute avec vous et même sans vous en trois jours (ne voulant aujourd'hui que reconnaître le terrain) j'ose vous annoncer nos projets dans le cas où nous puissions déjà aujourd'hui jouir de votre aimable société. Choisissez, cher comte, entre ce tour d'aujourd'hui et celui de la semaine prochaine! J'attends le retour du domestique et au cas qu'il ne vous trouve pas à la maison je vous avertis, cher comte, que nous serons ce soir jusqu'à cinq-six heures à la *Villa de Portici* (nom de l'auberge) et à dix ou onze heures la nuit chez l'Hermite avec les précautions nécéssaires. Adieu, mon digne ami, faites ce qui vous serait le plus convenable mais si ce n'est pas aujourd'hui laissez-nous l'espérance de nous accompagner les premiers jours de la semaine prochaine.

Les deux amis vous présentent leurs respects.=*Humboldt*[1].

———

[2]Dans l'incertude de ne pas vous trouver le jour, mon cher et aimable de Souza, je vous propose de me laisser le soin d'ordonner le bateau pour aller à la Torre del Annunciata (de là à Pompei à pied) et de côtoyer par les laves de Torre del Greco-Portici. Je crois que, comme vous devez retourner par terre il sera plus commode d'y aller par eau. J'ose donc vous inviter à déjeuner chez moi demain à cinq heures. Si vous partiez à quatre heures vous aurez la grâce de me le faire dire comme aussi si vous fesiez quelque autre changement. Je serai à vous demain toute la jour-

———

[1] Alexandre.

[2] A estas cartas poderiamos acrescentar muitas outras de Monod, o preceptor de D. Pedro, de Alborgheti, o grande amigo de Madame de Staël, e de outros personagens mais ou menos conhecidos.

Todas provariam o que já está sobejamente provado, isto é, o poder de sympathia universal, o dom de agradar aos melhores, que D. Pedro possuia em grau eminentissimo.

née et la nuit suivante, mais vous m'excuserez si en descendant du Vésuve je me sépare de vous pour faire le tour minéralogique d'Ottayore et de Somma que pour épargner le temps je désire faire à la fois. Si votre domestique est un simple courier ne serait-ce pas commode pour vous de le prendre avec vous pour porter le linge dont vous aurez très besoin. Vous voyez que je vous assomme de conseils.

Je vous salue tendrement. = *Humboldt*[1].

---

[1] Alexandre.

HYMNE À LA LUNE

Août 1806

Dans la profonde nuit au milieu du silence
Que j'aime à contempler ta céleste beauté !
Le desert azuré de cette voûte immense
      Réflechit ton disque argenté.

Tandis que le soleil sur un autre hémisphère
Répand de toutes parts des torrents de clarté
Tu nous apparais seule, emblême du mystère
      Image de virginité.

De même que jadis la vestale sacrée
Gardait un feu divin dans son chaste séjour,
Tu gardes dans la nuit, o vestale éthérée,   •
      Quelques uns des rayons du jour.

Quand tu parais on voit quelques légers nuages
T'enlacer, te couvrir de leur prisme trompeur
Mais tu triomphes d'eux bientôt, tu t'en dégages
      Comme le vrai perce l'erreur.

De mille feux brillants la voûte se décore
Tout se tait dans le ciel, dans les airs, dans la mer,
Et ce silence alors me parait plus sonore
      Que les plus sonores concerts.

Diamants éternels, flambeaux de la nature,
Étoiles, vous brillez avec plus de splendeur !
Mais ta douce lumière est plus belle et plus pure
      Et la confidente du cœur.

O divine Phebé, quelle vague magie
Répand sur l'univers ton aspect enchanteur.
Pour un moment le monde et quelquefois la vie
    Prennent une douce couleur.

D'amour, en te voyant, la nature soupire,
L'air semble plus serein quand il est sous ta loi,
Et l'immense océan que ta présence attire
    Voudrait s'élever jusqu'à toi.

Quand tu te reproduis sur l'onde diaphane
Tu parais y plonger un céleste rayon
Et mon œil amoureux voit le bain de Diane
    Sans craindre le sort d'Actéon.

Triple Hécate poursuis ta course triomphale!
Traverse lentement tout ce vaste univers!
J'adore à ta lueur mélancolique et pâle
    La divinité des enfers.

Céleste Cinthia dis-moi, dans ta demeure
Et la vie et l'esprit auraient-ils pénétré?
Ah! puissai-jè aussitôt après ma dernière heure
    Voler vers ton temple sacré!

Là, puisant dans ton sein une pure existence
Tu nous accorderas dans ce séjour divin
De sentir et d'aimer la sublime puissance
    Et sans obstacles et sans fin!

OFFICIOS E DOCUMENTOS

Officio dirigido de Sevilha ao Conde de Linhares em 2 de agosto de 1809

Vou procurar traçar a V. Ex.ª, com a maior clareza que me for possivel, o resultado de varias observações e indagações que tenho feito nos primeiros dias da minha residencia aqui.

Esta Revolução teve por primeiro grito de reunião a voz *de resistencia á oppressão, guerra aos Francezes*. Viram-se os prodigios operados pela unanimidade de toda a Nação, emquanto este foi o unico intento d'ella.

Agora, porém, já se não acha em todos os individuos a mesma sinceridade e a mesma singeleza de vistas. Ha muito quem queira fomentar, debaixo do pretexto da reforma de abusos, idéas que o fatal exemplo da França devia afastar por muito tempo da Europa. — A Revolução da França teve por objecto a destruição do Throno, dos Altares e da Nobreza, a de Hespanha principiou com intentos inteiramente oppostos a esses dois primeiros, mas vae manifestando claramente o projecto de abater (se não de destruir) a Nobreza. Não se póde duvidar que a este primeiro golpe se seguirá o de reformar as grandes riquezas do clero, e muito provavelmente de diminuir o poder do Soberano.

N'uma palavra, creia V. Ex.ª que não me engano. Excepto nos grandes e na infima classe da Nação, conhece-se em toda ella, debaixo do apparente desejo de reformas, uma tendencia clara ao Republicanismo. A unanimidade das vontades que caracterisou o principio d'esta Revolução, já vae sendo substituida pela intriga a mais vasta de que a Junta Central é verdadeiramente o foco. — Para que V. Ex.ª possa

ter uma idéa do modo por que se falla vendo o que se escreve, julgo dever-lhe remetter incluso os numeros todos que
pude achar (porque alguns exhauriram-se e completarei a
collecção quando se tornarem a imprimir) de um papel pe-
riodico que se publica inteiramente debaixo da influencia do
Governo. É o Semanario Patriotico, que gosa de grande fama
e que mesmo secretamente é em parte redigido por Quintana,
litterato conhecido e um dos Secretarios mais influentes da
Junta Central. Por ahi verá V. Ex.ª, melhor do que eu podéra explicar-lhe, quaes são as idéas que se querem espalhar
e qual é o impulso de toda a Nação. — Citarei alguns factos
para apoiarem o que acabo de dizer sobre o espirito dominante n'este momento. — A Junta não tem querido até agora
reconhecer officialmente os poderes amplos de que o Nuncio,
Monseigneur Gravina, diz que se acha munido para supprir
a interrupção das communicações com Roma, nem mesmo
reconhecel-o a elle como ministerialmente acreditado pelo
Papa. Verdade seja que a falta das communicações fazem
com que o Nuncio não possa mostrar a sua acreditação segundo todas as fórmas diplomaticas, mas tem cartas confidenciaes de Sua Santidade que poderiam supprir essa falta,
se aqui houvesse mais vontade de o reconhecer. A verdade
do caso é que querem ver se a pouco e pouco vão esten-
dendo as jurisdicções episcopaes á custa da pontificia, em-
baraçando a saída do numerario que ía para Roma, e preparando para o futuro reformas sobre todos estes pontos.

Observa-se um cuidado particular no Governo em afastar o mais que póde os Grandes e a Nobreza do commando
dos exercitos e dos empregos civis, e um desejo vehemente
de os desacreditar pouco a pouco no espirito da Nação.

A Junta mesma não tem em si senão muito poucos individuos da primeira Nobreza. O Presidente, Conde de Alta-
mira, homem muito honrado, é inteiramente nullo de luzes
e de talentos. Os seus collegas nobres, ou são como elle,
ou se vêem obrigados ao silencio porque attrahem sobre si
as attenções e o ciume de todos os outros membros da Junta.
Este ciume de influencia e de poder entre elles está levado

ao ultimo grau. E com pretexto de empregarem alguns vo-
gaes em varias inspecções pelas provincias, têem afastado
todos aquelles talentos que lhe faziam suspeitas. Aos Grandes, empregados no exercito, uns perderam os seus com-
mandos; outros, como o Duque de Albuquerque e o Marquez
de la Romana, não são estimados como deviam.

Emfim, o que poz o ultimo sêllo á repugnancia que a
Junta Central já tinha mostrado pela primeira Nobrezá foi
uma especie de conspiração que o Duque de Ossuna, o
Conde de Montijo e outros moços de grande nascimento,
mas de um juizo estreitissimo, fizeram loucamente em Aran-
juez para tirar o leme do governo das mãos da Junta.—
A elles se deveram tambem as sedições que tiveram logar em
Cadiz ha alguns mezes, e que elles tinham fomentado com
o pretexto de embaraçar um desembarque das tropas inglezas, mas na verdade para excitar os espiritos do Povo
contra a Junta.—Alguns d'estes réus estão presos, outros
exilados, e a Junta não tem toda a energia necessaria para
dar a esta intriga muita publicidade, mas está profundamente ulcerada contra a Nobreza.

Não falta quem creia que o Duque do Infantado, como
Presidente de Conselho de Castella, aspirava tambem a exercer temporariamente uma parte da auctoridade suprema.
O certo é que este conselho, como o da Guerra, da Fazenda
e todos os outros, foram inteiramente abolidos. O que a elles
se substituiu foi um Conselho supremo do Governo encarregado de todas as repartições, composto de muitos membros dos antigos e de alguns novos.—Com isto pretendeu
o Governo pôr fim ás pretensões surdas do Conselho de
Castella e tambem cortar a confusão que nascia principalmente nas colonias. Pois que os conselhos que o intruso
Rei José estabeleceu debaixo das denominações dos antigos
expediam ordens que se não podiam muitas vezes distinguir
das verdadeiras por se seguirem em tudo as mesmas fórmas,
e não ser possivel, vista a distancia, que nas colonias estiv-
vessem perfeitamente ao facto dos negocios d'aqui. Vae debaixo do n.º 2 o decreto da convocação das Côrtes. O Go-

verno parece ter sido obrigado, bastantemente contra sua
vontade, a convocar as Côrtes: 1.º Pelo impulso geral da Nação, que ainda ulcerada da dominação do Principe da Paz
quer tirar partido da fermentação em que se acha: reformar
os abusos de dentro depois de ter expellido os inimigos de
fóra. Estas são as vozes principalmente da classe média da
Nação, queira Deus que não excedam estes limites que se
propõem! A Nobreza, o Clero e o Povo baixo contentar-se-
iam com alguns melhoramentos na administração. Receio
que a classe a que se póde chamar média queira tocar na
Constituição, estabelecer uma representação nacional peren-
ne.—2.º Pela precisão de legalisar em certo modo a sua
existencia. Pois havia muitos que pensavam e diziam que ella
só queria perpetuar em si o poder até á duvidosa restauração do Sr. D. Fernando, e por estes motivos não deixava
de haver algumas dissensões nas provincias que só pelo
extremo aperto das circumstancias se conservarão ligadas á
Junta Central. Porém algumas (como o reino de Valença)
sacodem muito esse jugo e attribuem á sua Junta Provincial e ao seu Capitão General uma extensão de poder sobre
a qual o Governo se vê quasi obrigado a fechar os olhos.
O reino de Aragão, igualmente, emquanto Palafox se conservou á testa do seu exercito apenas recebia as ordens da
Junta Central.—3.º Pelo desejo ou pela necessidade imperiosa que tem a Junta de se popularisar. Pois se observa
contra ella no geral da Nação bastante descontentamento.
Na Andaluzia lembram-se com saudades da actividade incrivel que desenvolveu a Junta Provincial de Sevilha o anno
passado. Comparam-na com o Governo actual, e a comparação não é favoravel a este. Attribuem em muita parte á
sua lentidão todos os desastres que se soffreram na guerra.
Finalmente os interesses das differentes provincias de Hespanha quasi todos distinctos, os seus costumes e leis differentes obrigam quasi a uma reforma geral. E parece que a
Junta Central vendo o seu poder vacillante, vendo as intrigas formarem-se por toda a parte, achando-se sem energia
sufficiente para castigar os réus, mudar os Generaes a seu

arbitrio, etc., parece, digo, que se viu constrangida a mostrar
á Nação a perspectiva de umas Côrtes que a representem e
ás quaes se entregue a decisão dos principaes interesses da
Hespanha.—Estes são, segundo me parece, os principaes
motivos que obrigarão a Junta a chamar as Côrtes. E creio
que vendo a importancia d'elles V. Ex.ª convirá que a não
ser favorecido por algum acaso fortuito que eu não posso
prever, ser-me-ha inteiramente impossivel pôr nenhum obstaculo á convocação d'ellas. E que mesmo o Governo se
arriscaria muito retrocedendo sobre uma medida d'esta especie depois de a ter declarado publicamente.

Que influencia, pois, posso eu esperar de adquirir para
pôr um dique á vontade unanime de uma Nação em tanta
fermentação como esta? Tanto mais que o Ministro de Inglaterra, unico individuo cuja cooperação me dava algumas
esperanças, tem ·elle mesmo (já se offereceram varias occasiões de me certificar d'isso) fomentado esta medida, ou
seja porque a julga indispensavel para suster o Governo,
ou, segundo eu creio mais provavel, está cheio de idéas exaltadas sobre liberdade, e que estas podem mais n'elle do que
os interesses verdadeiros do seu Governo. Veremos se o
Marquez de Wellesley, que está a chegar, terá idéas diversas sobre este ponto.

Entretanto esteja V. Ex.ª certo que farei o possivel por
me aproveitar das circumstancias que podérem offerecer-se
e que não perco occasião na conversa com pessoas do Governo de apontar os perigos que considero n'esta convocação.—A Junta occupa-se com actividade de tudo quanto é
necessario para preparar a organisação das Côrtes, principalmente sobre a representação nacional, que seria muito imperfeita, se seguissem os antigos costumes, pelas revoluções
que tem havido na população de immensas villas e cidades.
A estas Côrtes se decidiu que seriam chamados representantes tambem das colonias (assim como se estão esperando
deputados d'ellas para a Junta Central). Esta condescendencia para com as colonias tinha-se feito necessaria em rasão
do espirito agora dominante e da grandissima necessidade

que o Estado nas actuaes urgencias tem de ser soccorrido por ellas.

2 de agosto de 1809.

Ill.ᵐᵒ e Ex.ᵐᵒ Sr. Conde de Linhares.

Officio dirigido ao Conde de Linhares para o Rio de Janeiro a 23 de novembro de 1809 (de Sevilha)

Como remetto por um expresso os officios em data de hoje, poderei escrever a V. Ex.ᵃ com toda a liberdade, o que não succede desde a data de 18 de outubro, e não se admirará V. Ex.ᵃ por consequencia que eu reassuma desde essa data algumas das materias de que tratar. Remetto inclusa a V. Ex.ᵃ, debaixo do n.º 1, uma copia em inglez da Nota passada por Mylord Wellesley a D. Martin de Garay, em data de 8 de setembro, de quem eu tinha fallado a V. Ex.ᵃ no meu officio n.º 3o e que me foi communicada por elle. Os principios enunciados n'esta Nota foram a base de todas as negociações de Mylord Wellesley aqui. N'ella verá V. Ex.ᵃ o modo por que elle sempre se explicou a respeito dos interesses de Portugal, digno da íntima alliança que une as duas Potencias, e poderá igualmente observar a declaração que fez o Embaixador de Inglaterra de que o primeiro ou para melhor dizer o unico objecto real da demora das tropas inglezas na Peninsula é a defeza das fronteiras de Portugal, e que só se poderão prestar a cooperar com os exercitos hespanhoes no caso que os movimentos combinados sejam taes, que não deixem o territorio portuguez descoberto. Estas mesmas declarações me fez elle mil vezes, de palavra, e julguei interpretar os sentimentos do P. R. N. S., respondendo-lhe sempre com as expressões de agradecimento e confiança illimitada que S. A. R. tem na amisade de S. M. B.

No meio das grandes diligencias que o Governo Hespanhol publicamente não cessava de fazer para obter a cooperação immediata das tropas britannicas e portuguezas não parecia, porém, preparar com franqueza os meios necessarios para obter essa cooperação.

Ao mesmo tempo que evitava a conclusão e quasi a discussão do tratado que eu em nome de S. A. R. lhe propunha, esquecia-se inteiramente de dar providencias para ajuntar armazens de viveres nas vizinhanças dos exercitos combinados, unico meio de se evitarem para o futuro as gravissimas faltas de que os Generaes Inglezes e Portuguezes se tinham queixado na campanha do mez de julho. Tambem se observava no povo hespanhol, e principalmente em Sevilha, uma especie de desconfiança dos Inglezes e das suas suppostas pretensões futuras, que parecia dever ser fomentada ou por alguns intrigantes, membros do mesmo Governo ou pelos emissarios do inimigo. Todas estas observações e a plena experiencia que Mylord Wellesley tinha já adquirido do pouco que havia de fiar-se nas promessas vagas da Junta Central e da facilidade com que esta Nação por uma especie de orgulho mal entendido engana os outros, principiando por se enganar a si mesma, todas estas observações, digo, faziam com que Mylord Wellesley persistisse obstinadamente em se recusar aos desejos da Junta Central, emquanto não visse na organisação do mesmo Governo e na escolha dos seus membros uma garantia sufficiente de que seriam sérias as suas promessas, e ao mesmo tempo uma esperança bem fundada de que a Nação tornaria toda ella a crear aquelle enthusiasmo que o governo frouxo da Junta não póde deixar de apagar pouco a pouco.

Estas eram as idéas que Mylord Wellesley me communicou muitas vezes e com que elle justifica a inacção das tropas inglezas. Não me pertence o decidir sobre uma questão tão delicada, porém, se me fosse permittido o arriscar a minha opinião, diria que a grandissima vantagem que teria resultado da cooperação das tropas combinadas, emquanto os exercitos francezes estavam ainda detidos em Allemanha, e a quasi certeza que havia então de que o exercito inglez podia decidir da total evacuação da Hespanha, me parecem superiores a qualquer outra consideração. E em-quanto á falta de viveres creio que as diligencias activas do Embaixador e algum soffrimento tambem por parte dos exercitos, indispensavel n'esta casta de guerra, teriam ven-cido essa difficuldade.

N'estas circumstancias foi Mylord Wellesley chamado para occupar um logar no novo Ministerio Inglez, em que os seus talentos lhe devem dar de certo uma grande pre-ponderancia, e a Junta Central, finalmente obrigada pela opinião do Embaixador de Inglaterra, pelo voto de toda a Nação e pela insubordinação das Juntas Provinciaes, resol-veu-se a determinar a epocha da convocação das Côrtes e a mudar de algum modo a fórma do governo. Tratarei ex-tensamente este assumpto para maior clareza n'um officio á parte, e aqui só devo dizer que a mudança effectuada, longe de contentar Mylord Wellesley, lhe pareceu muito insuffi-ciente e a epocha fixada para as Côrtes muito afastada. Emfim, partiu sem ter melhorado de modo nenhum o con-ceito que formava do Governo Hespanhol nem ter con-descendido com os seus rogos. — Nos ultimos dias da sua demora aqui, uma indisposição de saude que padeci, me embaraçou inteiramente de o ver e de lhe pedir as explica-ções que me pareciam necessarias na minha posição para bem do serviço de S. A. R. Resolvi-me, pois, apenas me achei mais restabelecido, a seguil-o a Cadiz, onde elle se de-morou ainda alguns dias. — O que mais me interessava na conferencia que eu desejava ter com Mylord Wellesley era indagar os seus projectos futuros relativamente á coopera-ção do exercito inglez em Hespanha, de que provavelmente deviam depender tambem os movimentos dos nossos exer-citos; e no caso que esta cooperação devesse ter logar, re-presentar-lhe que primeiro que tudo parecia natural que a entrada do nosso exercito auxiliar em Hespanha fosse fun-dada sobre um Tratado de Alliança no qual se estipulasse como condição necessaria a restituição de Olivença, pre-tensão cujos justissimos fundamentos eu já tinha deduzido extensamente de palavra e por escripto a Mylord Wellesley e á Junta Central. Lembrava-me, porém, acrescentar que, se esta concessão parecesse á Junta demasiadamente importante para se atrever a tomal-a de todo sobre si nas vesperas da convocação das Côrtes, se poderia achar algum expediente para a facilitar, estipulando, por exemplo, que se não acceitaria senão depois de ser ratificada pelas Côrtes ou que se deixaria este artigo para a paz ao arbitrio de S. M. B., modificações que me parecia poder propor sem grande inconveniente. Para provar a necessidade de um Tratado de Alliança preventivo á entrada das tropas, lembrava o que aconteceu na paz de Bazilea, em que Portugal em recompensa dos seus auxilios generosos foi inteiramente abandonado e esquecido pelo antigo Governo de Hespanha, o qual levou alguns annos depois a ingratidão ao ponto de nos declarar elle mesmo a guerra, vindo a ser portanto a perda de Olivença uma consequencia immediata do soccorro que tinhamos prestado á Hespanha. Lembrava-me acrescentar alem d'isto que, como era natural que o exercito inglez não cooperasse com os Hespanhoes sem estipular n'uma Convenção bem claramente tudo o que diz respeito ao fornecimento de viveres, transportes e mesmo ás operações do exercito, parecia justo que uma similhante Convenção se fizesse para o exercito portuguez, porém, que igualmente parecia justo que esta Convenção fosse inteiramente separada da outra, para que os Hespanhoes em nenhum tempo podessem pensar nem dizer que as tropas portuguezas não os auxiliavam senão como dependendo do exercito inglez, eximindo-se por este modo da obrigação em que deveriam ficar para com o P. R. N. S. directamente.— Tudo o que acabo de referir expliquei amiudadamente a Mylord Wellesley nas conferencias que tive com elle em Cadiz, e como desejava, alem das explicações que recebi d'elle vocalmente, obter uma resposta positiva por escripto que podesse transmittir a V. Ex.ª, encerrei n'uma Nota, a mais positiva e a mais clara que pude, as principaes d'estas idéas, e com o n.º 2 remetto junta a V. Ex.ª a copia d'essa Nota que lhe entreguei. Com effeito não pude conseguir uma res-

posta a ella por escripto, e a multiplicidade dos negocios
que o occuparam em vesperas da sua partida foi o motivo
de que elle se serviu para se eximir de dar uma declaração
escripta sobre assumptos que lhe pareciam, creio eu, demasiadamente melindrosos. Porém, as suas respostas ver-
baes que elle a nenhum tempo será capaz de negar, foram
as seguintes: Que elle tinha consultado largamente a seu
irmão Mylord Wellington sobre tudo o que dizia respeito
aos negocios de Portugal: Que este General, summamente
agradecido aos favores que tinha recebido do Principe Regente Nosso Senhor e ao enthusiasmo e confiança que a
Nação Portugueza lhe mostrava, se interessava pela nossa
causa como nós mesmos, e era quasi tão Portuguez como
Inglez: Que tendo-lhe sido communicada ultimamente pela
Regencia de Portugal, a instancia que o Encarregado dos
Negocios de Hespanha fizera para uma cooperação activa
do nosso exercito, elle respondêra que lhe parecia que as
tropas portuguezas não podiam, sem prejuizo da sua nas-
cente organisação, entrar immediatamente em campanha
fóra do reino, e que alem d'isso, tendo na sua precedente
campanha, igualmente como o exercito inglez, padecido em
Hespanha as maiores faltas, elle não consentiria nunca que
as tropas do seu commando tornassem a emprehender as
mesmas marchas sem se lhes terem perfeitamente assegu-
rado os mantimentos e transportes necessarios. — A isto
acrescentou o Embaixador que seu irmão, sobre a modestia e prudencia do qual se podia contar, lhe tinha assegu-
rado que, se a Inglaterra fizesse o seu dever como elle
esperava (estas são as suas mesmas palavras), elle se lison-
jeava de defender victoriosamente Portugal contra numerosas forças do inimigo e ainda mesmo quando a Hespanha se visse obrigada a succumbir; e que elle conhecia e
apreciava agora bastantemente o espirito do Governo da
Nação e do exercito para conceber com fundamento essa
esperança. — Repito a V. Ex.ª, com um prazer inexplicavel,
estas palavras ditas por um General tão acreditado como
Lord Wellington e referidas pelo personagem que vae,

segundo as apparencias, dirigir o Gabinete de Londres; e mesmo não me atrevendo a dar uma confiança inteira a essas lisonjeiras esperanças, parecem-me, porém, de um feliz agoiro para nós.—Passando depois ao assumpto da minha Nota, disse-me Lord Wellesley, que seu irmão e elle concordaram em pensar que se não devia no momento actual misturar interesses subalternos com o principal, que era a salvação da Peninsula: Que elle me aconselhava por consequencia de suspender por ora as idéas do tratado emquanto se não ajuntassem as Côrtes e não tomasse a nossa situação um aspecto mais seguro: Que S. M. B. não podia deixar de se interessar por tudo que dizia respeito ao P. R. N. S., e muito mais tratando-se de pretensões tão justas; porém, que o poder precario da Junta e mesmo a sua legitimidade duvidosa, persuadiam o Gabinete Britannico a deferir por ora as suas mesmas negociações: Que emquanto á Convenção preventiva á entrada das tropas elle julgava que não teria logar para o exercito inglez, porque sendo o seu principal objecto defender Portugal, no caso mesmo que as circumstancias lhe permittissem, sem arriscar a segurança d'esse reino, de cooperar com os Hespanhoes, sempre seria prudente o não se obrigar a nada e fazel-o, por assim dizer espontaneamente para ficar em todo o caso livre de suspender as suas operações logo que fosse necessario e que, como as mesmas rasões militavam a respeito do exercito portuguez, lhe parecia prudente que seguisse o mesmo plano.—Emquanto á determinação de mover ou não o exercito inglez, que é n'este momento a questão mais importante de todas, não se quiz explicar claramente, porém disse-me o bastante para persuadir-me de que a sua idéa seria de augmentar o exercito inglez até ao numero de 50:000 homens para lhe dar uma força sufficiente para poder operar por si mesmo independentemente do auxilio precario dos Hespanhoes e de conseguir por este modo a influencia e o credito para com a Nação Hespanhola, que a Inglaterra tem ido perdendo um pouco depois da retirada de Talavera. Muitas vezes me repetiu que este era o systema que o Ministerio Inglez deveria ter seguido em vez de tentar a expedição de Flessinga. Emfim, pela opinião que tenho da sua energia e actividade, estou persuadido que elle se servirá da sua influencia em Inglaterra para effectuar este plano, se a desgraçada paz da Austria, que elle ignorava ainda ao momento em que saíu de Cadiz, não fizer mudar inteiramente as suas idéas a este respeito. — Ahi têm V. Ex.ᵃ a exposição exacta do que se passou nas ultimas entrevistas que tive com elle. Não me resta, creio eu agora, outro partido a seguir senão o cingir-me ao seu modo de pensar até á convocação das Côrtes, que provavelmente occasionarão n'este paiz grande fermentação politica ou emquanto não receber por meio de V. Ex.ᵃ ordens do P. R. N. S. que dictem a minha conducta para o futuro. — Entretanto, espero que V. Ex.ᵃ veja em todas as minhas diligencias o zêlo que as inspira, muitas vezes infructifero, mas que me obriga incessantemente a trabalhar por cumprir com as ordens do P. R. N. S. e com a minha obrigação. — Fica interinamente occupando em Hespanha o logar de Mylord Wellesley com o caracter só de Ministro Plenipotenciario, Mr. Barthélemy Frère, irmão do que já foi Ministro aqui. Porém, pouco lhe resta a tratar n'este momento, e á chegada de Mylord Wellesley a Inglaterra, é provavel que se mande logo para cá outro Ministro, e que se decidam immediatamente as pendencias com a Hespanha. Tambem aqui ficou, porém, sem caracter publico, um filho de Mylord Wellesley, um moço de bastantes esperanças e que provavelmente está encarregado de manter uma correspondencia com elle.

Sevilha, 23 de novembro de 1809.

Ex.ᵐᵒ Sr. Conde de Linhares.

P. S. — Não tenho deixado de informar o Ministro de S. A. R., em Inglaterra, de tudo que tem acontecido aqui de mais importante para o pôr em estado de contribuir, como elle póde fazel-o efficazmente, ao bom exito dos negocios que aqui se tratam.

Officio ao Conde de Linhares

Cadiz, 4 de fevereiro de 1810.

Illmo e Exmo Sr.—Verificaram-se desgraçadamente em grande parte os desastres que se podiam prognosticar quando eu escrevi a V. Ex.ª o meu ultimo officio considerando a situação em que se achava a Hespanha tanto militar como politicamente. No dia 22 de janeiro se recebeu em Sevilha a noticia de que o inimigo tinha forçado a passagem de Huerto del Rey na Serra Morena e de que achando em grande parte já dispersado o exercito do General Areizaga que a defendia, os Francezes avançaram quasi sem achar obstaculos para o centro da Andaluzia. Estas noticias, como é natural, apenas se receberam encheram de terror e confusão toda a cidade de Sevilha. A Junta que alguns dias antes, e desde que se tinha principiado a recear um ataque serio do inimigo, tinha publicado a sua determinação de se reunir ao mais tardar no dia primeiro de fevereiro na ilha de Leão, debaixo do pretexto das Côrtes que ahi deviam juntar-se, apressou ainda mais a sua partida, e creio que no dia 24 já não restavam em Sevilha senão dois ou tres membros d'ella. Eu ajustei a minha partida com o Ministro de Inglaterra, e seguindo a direcção que tomava o Governo, encaminhei-me para a ilha de Leão e para a cidade de Cadiz.—Entretanto Sevilha estava sendo o theatro de uma terrivel revolução. Aquelle Povo, vendo-se abandonado pelo Governo de que esperava protecção, por todos os tribunaes, por todas as pessoas que tinham meios de saír da cidade, e enganado nas suas esperanças e nas noticias que lhe tinham dado, attribuiu a traição este abandono, que pelo menos, não se póde deixar de confessar, era produzido pela incapacidade do Governo e pelo mau estado dos exercitos. No dia 24 appareceram armados uns poucos de milheiros de homens do povo, e accusando com gritos a Junta Central, apoderando-se das Portas para embaraçar tanto por terra como pelo rio a saída da cidade a todos os individuos sem excepção, emfim commettendo aquellas desordens que se podem esperar de um povo sublevado, dirigindo-se ao logar onde se achava reunida a Junta Provincial de Sevilha e proclamando-a independente e suprema, declararam não querer obedecer mais á Junta Central. Obrigaram de certo modo a D. F. de Saavedra, que ahi se achava, a reassumir a auctoridade como Presidente da Junta de Sevilha, e soltando da prisão a D. José Palafox 'e ao Conde de Montijo, os levaram em triumpho á mesma Junta, declarando-os membros d'ella unicamente como inimigos conhecidos da Junta Central. Outros foram buscar o Marquez de la Romana, unico individuo do Governo que o Povo estimava, porém este General para se livrar de commandar em uma cidade sem fortificações, sem tropas e dominada por um povo desenfreado, pediu que o mandassem antes tomar o commando do exercito do Duque del Parque, que elle já em Galliza tinha commandado, promettendo trazêl-o com a possivel celeridade para soccorrer a Andaluzia.

Estas resoluções tomadas tumultuosamente em Sevilha não deixaram de ter uma grande influencia sobre todos os povos circumvizinhos. O odio contra a Junta Central era geral principalmente n'esta provincia, e como isso acontecia justamente nos dias em que a sobredita Junta se não achava reunida em parte nenhuma, por não ter tomado para isso medidas acertadas e por terem saído precipitadamente e como fugitivos de Sevilha a maior parte dos seus membros, principiaram a vacillar todos entre a Junta Central e a Junta de Sevilha, propendendo porém a maior parte d'estes povos a favor da segunda

Chegaram, em Xeres, a prender ao mesmo Presidente da Central na sua passagem por aquella cidade, e só o soltaram depois de tres dias de detenção em obediencia a uma ordem de D. Francisco de Saavedra. A cidade de Cadiz recusou-se a reconhecer a Junta Central já quando a maior parte dos seus membros estavam reunidos na ilha de Leão, e vendo-se ameaçada tambem de uma proxima invasão do inimigo, tratou o General Venegas commandante da sobredita praça de formar uma Junta composta dos individuos que reuniram o maior numero de votos cada uma nas suas respectivas parochias. Esta Junta tem-se occupado com zêlo, acerto e actividade de todos os differentes objectos que exigem as circumstancias, e poderá V. Ex.ª ver pelos papeis que lhe remetto impressos debaixo do n.º 1 qual foi o modo da sua formação e principaes medidas que ella tem tomado.

A Junta Central vendo-se, pois, na maior perplexidade, encerrada quasi na ilha de Leão, sem meios já de expedir ordens nem esperanças de ser obedecida, perdida tambem a esperança de se poderem tão cedo reunir as Côrtes, vista a confusão occasionada pela invasão dos Francezes, resolveu-se repentinamente a tomar o unico partido talvez que lhe restava, elegendo uma Regencia como effectuou no dia 29. Os nomes dos membros que compóem a sobredita Regencia cońtêm-se na proclamação (que remetto a V. Ex.ª debaixo do n.º 2) que hoje mesmo se affixou em Cadiz; por ella verá V. Ex.ª que variou já a eleição de um dos regentes, não tendo sido acceita ao publico a de D. Estevão de Leão, que no principio tinha sido nomeado como representante das Americas. Parece que a Junta de Cadiz exigiu esta mudança, para reconhecer, como V. Ex.ª verá que o fez pela sobredita proclamação, a nova Regencia. Esta Junta é por ora a unica que a tem reconhecido, e não ha tempo ainda para saber qual será a determinação das provincias e a impressão que esta noticia lhes causará. O Bispo de Orense é o unico membro da Regencia que se acha ausente, e o General Castanhos, que de accusado e supposto réu passou, por uma d'aquellas revoluções que acontecem no mundo, de repente, a ser um dos depositos da soberania, é actualmente o que parece gosar de maior influencia e dar o tom a todos os outros. Este assumpto necessita de ser muito mais desenvolvido, porém como toca em pontos muito melindrosos e que eu n'este officio me desejo limitar unicamente a dar noticias, reservo esta materia para outro que escreva com mais liberdade.—A cidade de Cadiz e a ilha de Leão, sem embargo da situação quasi inexpugnavel que lhes concedeu a

natureza, ter-se-iam visto, por falta de guarnição e pela negligencia com que se tinha olhado para tudo o que respeitava
a sua defeza, na maior perplexidade, se por fortuna o Duque
de Albuquerque, com o seu pequeno exercito de 10:000
ou 12:000 homens que tinha sempre seguido os Francezes
desde a sua entrada em Andaluzia, oppondo-lhes toda a
resistencia que as suas diminutas forças lhe permittiam,
não tivesse agora com marchas rapidas e arriscadas por
entre inimigos muito superiores, conseguido chegar a Cadiz
com toda a sua divisão e posto por conseguinte esta cidade
ao abrigo de uma surpreza ou de um golpe de mão que os
Francezes poderiam ter tentado sabendo-a indefeza. Esta
ultima marcha e geralmente toda a conducta do Duque de
Albuquerque durante a guerra merece os maiores louvores.
A Nação toda já forma d'elle o mesmo conceito e agora a
nova Regencia acaba de o nomear Capitão General da Andaluzia.—Nada poderei dizer a V. Ex.ª relativamente ao
exercito de Areizaga, o que se sabe é que não fez nenhuma
resistencia e que as divisões se dispersaram para differentes
partes, umas para o lado de Valença, outras das montanhas
de Granada, e mesmo n'esta cidade se espera hoje alguma
parte d'essa tropa.

O Ministro de Inglaterra que, como é natural, gosa
actualmente aqui tanto para com o povo como para com o
Governo da maior influencia, de accordo com a Junta de defeza de Cadiz e com os Almirantes Inglez e Hespanhol tem
tomado todas as medidas as mais activas e acertadas para
resistir ao inimigo. Esperam-se de dia em dia dois batalhões
de tropas inglezas que se pediram ao governador de Gibraltar, e essa tropa junta com a do Duque de Albuquerque e
alguma outra que aqui havia ou que se espera, formarão um
total de 15:000 ou 16:000 homens, os quaes certamente bastam, se fizerem a sua obrigação, para defender Cadiz contra
quaesquer forças com que os inimigos nos acommettam.—
Falta-me fallar a V. Ex.ª nos progressos e na posição actual
dos Francezes, porém sem embargo de ser este um ponto
tão interessante, tanto o Governo como o publico estão a esse

respeito em uma incrivel ignorancia. O que se sabe é que o exercito francez, que fazem subir a 45:000 homens, tendo penetrado em Andaluzia pela Carolina, foi seguindo a sua marcha sem encontrar obstaculo nem resistencia em Cordova, em Jaën, em nenhuma das cidades que atravessou. Sabe-se mais que no dia 2 d'este mez estavam as suas avançadas a um quarto de legua de Sevilha e que esta cidade se dispunha a capitular; resta a ver se depois marcharão sobre Cadiz, ou se seguirão algum outro plano; resta a ver sobretudo quaes são as forças que elles têem no resto da Hespanha, pois que se está inteiramente no escuro a esse respeito.

Cadiz, 4 de fevereiro de 1810.

P. S.—Tendo-se demorado este officio mais dois dias do que eu assentava, tenho que acrescentar a desagradavel noticia de que os Francezes no dia de hontem 5 do corrente se avançaram até á vista d'esta cidade, occupando o porto de Santa Maria, que fica do outro lado da bahia de Cadiz, e o Porto Real, que toca a ilha de Leão. Não se julga por ora que elles tenham bastantes forças para emprehender logo seriamente o cerco de Cadiz, e só se julga que elles quizeram interromper já a communicação d'esta cidade com o resto da provincia, como com effeito o têem conseguido.— Não remetto a V. Ex.ª gazetas por não ter saído a do Governo, e a de Cadiz não vale a pena de ser lida. Sabe-se com certeza que José Bonaparte entrou em Sevilha.

Officio ao Conde de Linhares

Cadiz, 8 de maio de 1810.

O quadro da situação actual politico-militar da Hespanha não é facil de acertar; e muito mais difficil ainda o intentar de algum modo predizer os resultados, mesmo os mais proximos, d'esta crise. Encerrados n'este limitado recinto, n'uma das extremidades da Peninsula, não podemos senão com muita difficuldade e com muita incerteza conse-

guir noções sobre a situação e numero dos exercitos francezes e até mesmo dos exercitos hespanhoes, os quaes, tão
promptos em se dispersarem como em se reunirem de novo,
apparecem quando menos se esperam, e muitas vezes em
pontos onde se ignorava a sua existencia.

Alem d'isso, aquelle alluvião de partidas patrioticas ou
de guerrilhas que tanto perseguem os Francezes mesmo no
interior das provincias que elles dominam, não tendo organisação nenhuma regular, faltando-lhes muitas vezes a possibilidade de participar ao Governo os seus successos militares, fazem uma especie de guerra surda e secreta, cujos
detalhes se ignoram e de que sómente se conhece depois de
algum tempo os effeitos.—No momento em que, achando-se
concluida a paz da Austria, marchou um exercito francez
de 40:000 homens para invadir a Andaluzia, pareceu não
só aos timidos mas mesmo aos mais animosos que dentro
em pouco tempo estaria decidida a sorte da Hespanha.

Esta supposição estribava-se principalmente sobre dois
fundamentos: o orgulho conhecido de Bonaparte, que o não
deixaria desistir de uma empreza como esta, ainda tendo
de renovar incessantemente os sacrificios de sangue, que
lhe tem custado, e a opinião de que, adiantando-se o grosso
do exercito francez para tão longe das suas fronteiras, não
podia deixar de ser com a certeza de receberem soccorros
proporcionados a esta empreza; tanto mais que a paz com
a Austria deixava em ociosidade os seus exercitos de Allemanha. Alem d'isso o desalento da Nação Hespanhola
n'aquella epocha era grandissimo; os exercitos derrotados
e no peior estado; o mau governo da Junta Central, não
só tinha aborrecido a todas as classes, mas até parecia
para o fim, ter obrigado o Governo Inglez a esfriar as suas
relações com a Hespanha, cumulo da demencia que até cus-
tará a acreditar.

Sem embargo porém de tão funestas apparencias, os
Francezes não receberam todos os formidaveis reforços que
se esperavam, o plano mesmo de Bonaparte (como o desen-
volverei depois) parece ter variado a respeito da Hespanha.

E assim como muitas vezes se vê resistir um doente nos ultimos periodos da molestia e só então se conhece a robustez da sua constituição, assim se vae conhecendo n'esta terrivel crise a força e a massa quasi indestructivel d'este corpo politico. E para seguir a mesma metaphora concebem-se novas e fundadas esperanças, vendo-o luctar ainda quando já se julgava agonisante. Perdôe V. Ex.ª estes desvarios que o assumpto me inspira, e vou, segundo as noções mais provaveis que temos, pintar-lhe a situação actual, militarmente fallando, das differentes provincias da Hespanha.

Principiando pela Andaluzia, é necessario lembrar-se que no momento da invasão os exercitos hespanhoes que defendiam esta provincia se retiraram em tres differentes direcções; a saber: sobre Badajoz, sobre Cadiz e sobre as montanhas de Granada. Os que seguiram a primeira direcção foram mui poucos e reuniram-se ao exercito do Marquez de la Romana, de que fallaremos depois. Sobre Cadiz marchou o Duque de Albuquerque e entrou na praça com pouco mais de 7:000 homens, tendo para assim dizer cortado todo o exercito francez. Finalmente os restos do exercito de Areizaga foram os que tomaram a terceira direcção, e em poucos dias, reorganisando-se debaixo das ordens de Blake, formaram de novo um exercito de 12:000 ou 15:000 homens. Os Francezes em consequencia d'isto tiveram que dividir-se quasi do mesmo modo: Mortier com 10:000 ou 12:000 homens marchou sobre Badajoz; Victor com 18:000 ou 20:000 homens veiu pôr cerco a Cadiz; Sebastiani com o resto marchou sobre Granada, e concluiu a conquista da Andaluzia.—Passado porém o primeiro mez depois d'essa conquista principiaram as cousas a mudar de figura. Nas Alpuxarras ou montanhas de Granada, na Serra Ronda, que fica entre Gibraltar e Cadiz, e no condado de Niebla entraram os povos a armar-se, como tem succedido em todas as provincias occupadas pelos Francezes, á fazer correrias sobre elles e a interceptar todas as suas communicações. Isto obrigou-os immediatamente a reconcentrar-se. Mortier, achando em Badajoz uma resistencia que não esperava, re-

trocedeu sobre Sevilha, acossado pela divisão do General
Ballesteros, pertencente ao exercito de la Romana, a qual
se postou nas montanhas entre a Extremadura e a Andaluzia, e estabeleceu communicação com o condado de Niebla;
Malaga foi evacuada, e os 40:000 Francezes da Andaluzia
tem-se limitado até agora a occupar as cidades centraes,
como Sevilha, Cordova, etc., e no bloqueio de Cadiz, exceptuando unicamente a divisão de 12:000 homens de Sebastiani, que entrou no reino de Murcia. Não detalharei
aqui, nem entra no plano d'este papel, todos os pequenos
choques, marchas e contramarchas dos Francezes n'esta
provincia; basta dizer que, alem dos districtos que se acham
em insurreição, como já referi, falta ainda aos Francezes,
para occuparem inteiramente a provincia, quasi todas as
cidades da borda do mar de Cadiz até Malaga, porque absolutamente não lhes chegam as tropas para as guarnecer.
As forças dos Hespanhoes na Andaluzia, alem da insurreição
que não é absolutamente possivel de calcular, consistem na
divisão de Ballesteros de 4:000 ou 5:000 homens, e na guarnição de Cadiz de 12:000 ou 15:000. Deve-se contar aos Inglezes, alem das tropas que têem em Cadiz, tambem a guarnição de Gibraltar, posto que muito limitada.

Ao entrar ultimamente a divisão de Sebastiani no reino
de Murcia, o General Freire, que commandava o exercito
que tinha sido de Blake e se estava organisando n'aquelle
reino, julgou, sem embargo da igualdade de forças, não se
achar (talvez por falta de armas ou de disciplina) em estado
de resistir, e reforçando com parte da sua tropa a guarnição de Cartagena, retirou-se com o resto sobre Murcia, e
d'ahi sobre Alicante, praça que se acha actualmente muito
bem fortificada. As ultimas noticias, porém, d'aquella provincia são de que Sebastiani retrocedia sobre Granada, talvez em consequencia dos ultimos successos de Catalunha,
de que adiante fallaremos.

O reino de Valença conserva-se por hora illeso. O General Suchet tentou ultimamente invadil-o e apoderar-se da
sua capital, porém, achando-se os Valencianos mais dispos-

tos á defeza do que elle julgava, teve de retirar-se novamente para Aragão, tanto porque não levava no seu exercito os preparos necessarios para sitiar uma tal praça, como por lhe faltar a cooperação de alguma outra divisão franceza que elle provavelmente esperava. Assegura-se que chegam a 10:000 homens as tropas hespanholas que se acham no reino de Valença, e estas conservam communicação com as differentes partidas patrioticas que correm pelo reino de Aragão e pela Mancha, e com o corpo de tropas que, debaixo das ordens de Bassecour, occupa a cidade de Cuenca e se vae diariamente engrossando com grave prejuizo das communicações dos exercitos francezes.

A provincia de Catalunha é actualmente, e quando menos se esperava, o theatro das mais interessantes operações. Quando se considera que desde o principio da Revolução estão occupadas pelos Francezes as cidades de Barcelona e de Figueiras; que Gerona, depois de resistir oito mezes, se viu obrigada a ceder, sem que o General Blake, um dos mais habeis e dos mais activos entre os Generaes Hespanhoes, podesse nunca ajuntar um exercito sufficiente para a soccorrer, parece impossivel que o General O'Donnell (na idade de trinta annos), sem ter nunca commandado exercitos, conseguisse em tão pouco tempo fazer variar de tal modo a fortuna. Este General principiou a fazer-se conhecido pelo atrevimento com que no outomno passado introduziu um comboio em Gerona, e tornou a saír d'aquella praça, atravessando o exercito francez. Pouco tempo depois, largando o General Blake o commando d'aquelle pequeno exercito, de que outros dois ou tres Generaes recusaram de se encarregar, recaíu inteiramente este commando em O'Donnell, o qual, desenvolvendo uma actividade e talentos extraordinarios e que fazem conceber os maiores presagios, conseguiu augmentar e disciplinar o seu exercito, a um ponto até agora não praticado em Hespanha; sujeitar os Catalões á leva de um sobre cinco e encher todos aquelles povos do maior enthusiasmo. Dentro em pouco tempo terá por este modo para cima de 40:000 homens e já actualmente conta

34

15:000 ou 20:000 disciplinados, numero pouco mais ou menos igual ao que os Francezes têem n'aquella provincia. Nos meus officios precedentes tenho referido a V. Ex.ª as differentes acções que têem tido logar em Catalunha. A pequena fortaleza de Hostabrich, bloqueada ha mais de dois mezes, vae imitando a constancia de Gerona. Os guerrilhas continuam a render os maiores serviços. O General O'Donnell, depois de duas outras escaramuças vantajosas, deu ao pé de Vich uma batalha renhida que perdeu; porém, pela relação mesma do Marechal Angereau que se publicou nas gazetas francezas, vê-se que nenhuma batalha até agora lhes custou mais sangue nem mais esforços, e que o General hespanhol manobrou até ao fim com o maior talento e ousadia, retirando-se em boa ordem depois da batalha, sobre Tarragona. Foi então que por uma serie de combinações militares que lhe fazem a maior honra, o General O'Donnell, quando os Francezes o julgavam reduzido, a defender-se dentro dos muros d'aquella praça, destacou divisões volantes sobre a rectaguarda do inimigo, as quaes, cortando as suas communicações com Barcelona, lhes destruiram em Villafranca, Manresa, etc., 4:000 ou 5:000 homens e obrigaram o grosso do exercito novamente a retroceder. Sabia-se, pelas ultimas noticias officiaes d'aquella provincia, que uma divisão hespanhola tinha marchado sobre Lerida para se oppor á reunião que uma divisão franceza de Aragão tentava effectuar com o exercito de Catalunha. Assegura-se agora que, tendo marchado para lá em pessoa o General O'Donnell, ganhára uma grande batalha, destruindo 7:000 homens ao inimigo. Deus queira que isto se confirme, pois poderá ter os maiores resultados e desejaria que a confirmação chegasse ainda a tempo de eu a inserir n'este officio. — No reino de Aragão (como V. Ex.ª já veria pelo que fica dito), acha-se a divisão franceza de Suchet, que se calcula pouco mais ou menos de 15:000 homens. Lerida, porém, e varias outras cidades d'aquelle reino, ainda estão livres, e são immensas e innumeraveis as partidas patrioticas que ahi se reunem, assim como é inexplicavel o enthusiasmo e valor d'aquelles povos, que n'isso excedem talvez a todos os outros de Hespanha.

As provincias de Navarra e de Biscaya pela sua situação acham-se inteiramente dominadas pelos Francezes, nem é possivel determinar-se o numero de tropas que estes têem nas sobreditas provincias, porque depende dos reforços que vão recebendo de França, os quaes transitam quasi todos por ahi, e varía continuamente. Não deixam, porém, as partidas patrioticas de os perseguir n'essas mesmas provincias.

O mesmo lhes succede na Castella Velha, que elles occupam toda, á excepção de Ciudad-Rodrigo e suas immediações, e que de todas as provincias de Hespanha é a que tem soffrido mais dos estragos de guerra, por ter sido quasi sempre o theatro d'ella. Calcula-se que poderão ter 40:000 homens actualmente n'aquella provincia, contando as tropas que estão em Burgos, Valladolid, Santander, Palencia, Salamanca e Avila.

Na Castella Nova é que o inimigo se acha mais fraco, tendo-a desguarnecido para augmentar o exercito que entrou na Andaluzia. Segundo os ultimos mappas remettidos de Madrid e interceptados na Mancha, não chegavam a ter 5:000 homens n'aquella capital e pela maior parte compõem-se de depositos de regimentos que ficaram reduzidos quasi a zero. Por isso é que as partidas de guerrilhas se approximam todos os dias de Madrid e fazem prisioneiros ás portas da cidade. Em Toledo ha sempre uma guarnição mais ou menos numerosa d'onde sáem expedições para a Mancha ou para a Extremadura, conforme o requerem as circumstancias.—O principado das Asturias e reino de Leão tem sido varias vezes invadidos pelas tropas que sáem de Castella Velha, as quaes, porém, têem sempre retrocedido até agora por se não afastarem demasiado do centro das suas operações. Ultimamente foi sitiada a cidade de Astorga por Junot, com 10:000 ou 12:000 homens; julga-se, porém, que já se viu obrigado a levantar o cerco por se approximar o General Mahi, que commanda uma divisão de Gallegos e Asturianos pertencentes aos exercito do Marquez de la Romana, e em consequencia tambem de um movimento que o nosso General Silveira fez até á Puebla de Sanaboia, d'onde podia ameaçar os Francezes.

O reino de Galliza, que desde a sua evacuação o anno passado se tem conservado inteiramente livre, vae formando boas e numerosas recrutas para o exercito da esquerda; aquelles povos acham-se em grande parte alistados e muito enthusiasmados na defeza do seu proprio paiz, o qual póde ser muito difficil de invadir se se aproveitarem como devem das difficuldades do terreno, e fortificarem os pontos que são susceptiveis d'isso.—Finalmente na Extremadura acha-se o exercito de la Romana apoiado sobre Badajoz e que chegará hoje em dia a 25:000 homens e tem alguns corpos optimos. As divisões d'este exercito estendem-se, como já disse por um lado, sobre a Andaluzia, pelo outro sobre a Castella Velha e reino de Leão. Os Francezes, que pela escassez d'aquella provincia e sua situação não se podem manter n'ella, não fazem mais do que assolal-a com incursões desde Toledo e desde a Mancha, onde tem corpos de exercito.

Por esta descripção a mais exacta que eu pude fazer, verá V. Ex.ª que se devem calcular as forças francezas actualmente em Hespanha, pouco mais ou menos em 160:000 homens, de entre os quaes 55:000 a 60:000 entraram desde o mez de janeiro. A perda, porém, que elles experimentam diariamente por todos os lados é immensa e não ha noticia de chegarem á fronteira outros reforços consideraveis.— Esta observação e a noticia do decreto que põe debaixo de um governo militar francez todas as provincias para alem do Ebro que eu já remetti a V. Ex.ª n'um officio antecedente, poderiam fazer suppor que Bonaparte, cansado de uma guerra interminavel que já lhe tem devorado dois exercitos, e empregado tres campanhas, tem mudado de plano a respeito da Hespanha, e que, desistindo do proposito de concluir em pessoa a sua conquista, appella para novas intrigas e não parece inteiramente extravagante o projecto que se lhe presta de offerecer um novo Rei (talvez da Casa

de Austria) á porção da Hespanha que lhe resta para conquistar, reunindo a margem esquerda do Ebro á França
e deixando mesmo a liberdade a algum dos Principes da
Casa Real da Hespanha de ir para as Americas, na esperança de poder melhor embaraçar assim a sua reunião com
Portugal, que elle deve receiar, e de quebrar a sua intima
união com a Inglaterra. Isto, porém, não se póde ainda annunciar senão como um sonho.

O que de certo me parece é que a total conquista d'esta
nação, que no meio de tantas provas de impericia dos seus
Generaes e do seu Governo, de uma desorganisação quasi
total, tem offerecido tão bem tantos exemplos de heroismo,—
será difficultosissima para elle de conseguir, e quando se
chegasse a verificar, algumas das suas provincias ficariam lit-
teralmente reduzidas a desertos. Entre os obstaculos que
elle terá que vencer não deve esquecer o principal, que lhe
offerece a massa bem organisada dos exercitos portuguezes
e inglezes fortificados na extremidade da Peninsula, confirmando cada dia a experiencia, a opinião que eu me atrevi
a enunciar, logo que se soube a paz da Austria de que nada
se podia fazer de mais acertado do que seguir o plano de
Lord Wellington, aproveitando o tempo em disciplinar e augmentar o nosso exercito e fortificar as nossas posições, na
certeza de que desde então qualquer empreza para expellir
os francezes por força da Hespanha teria sido inutil e rui-
nosa, quando por outra parte a conquista de Portugal sem
a qual os Francezes nunca possuirão tranquillamente a Hespanha, lhes offereceria as maiores difficuldades.

Para acabar o que tenho a expor sobre o estado actual
d'esta monarchia devo dizer que Ceuta se acha defendida
por uma guarnição ingleza; e que nas tres Ilhas Baleares
houve ultimamente algumas commoções por parte dos povos que desejavam tambem em certo modo entregar aos
Inglezes a sua defesa, desejos porém a que estes se não
quizeram prestar.

Esperam-se com anciedade noticias de America depois
de lá ter chegado a da installação do novo Governo. Á ex-

cepção de alguns movimentos populares que houve no interior da America Meridional e da especie de independencia que os de Buenos Ayres e da Havana principiavam a affectar, pelo que respeita ao commercio, todas aquellas colonias se têem conservado summamente unidas á metropole. É de desejar que assim continue quaesquer que sejam os successos ulteriores em Hespanha, e certamente o melhor expediente para conseguir esse fim teria sido o de chamar á Regencia a Princeza Nossa Senhora.

Já agora, porém, este grande objecto, como já muitas vezes o expuz a V. Ex.ᵃ fica suspenso até á reunião das Côrtes, as quaes ellas mesmas, estão indefinitamente suspensas. O movimento, porém, que se der nos espiritos, de uma grande parte da Nação com a convocação d'ellas, as eleições que se tem já feito e mais que tudo a necessidade de amalgamar os interesses da America com os da Hespanha, fazem com que seja possivel para o futuro a sua verificação. Isso dependerá em grande parte das intenções que manifestar o Governo Inglez a esse respeito, sendo certo que varias provincias de Hespanha não reconhecerão a Regencia senão como Governo interino até á convocação das Côrtes.

Seria este o logar de dizer a V. Ex.ᵃ alguma cousa sobre a Regencia, porém pouco posso acrescentar ao que já tenho exposto. Este Governo tem-se mostrado até agora mui debil e pouco igual á difficuldade das circumstancias, e posto que melhor em tudo do que a Junta Central não preenche a expectação da Nação. A Junta de Cadiz, que já se apoderou de todo o ramo das finanças, parece querer rivalisar com elle, e posto que todos os seus membros estejam cheios das melhores intenções não é d'elles que póde-se esperar a salvação da Hespanha, mas sim do odio da Nação aos Francezes, da summa extensão do seu territorio, e de todas outras circumstancias que eu do melhor modo possivel tenho procurado traçar n'este papel.

Cadiz, 8 de maio de 1810.

Ao Conde de Linhares.

Officio de Paris, 1814 (14 de setembro)

Julgo que convirá referir a V. Ex.ª o que passei na ultima entrevista que tive com o Duque da Victoria, e visto ter já fechado a minha correspondencia official, sobre os negocios de que me occupei em París, irá este officio marcado com o n.º 1, devendo pelo seu assumpto servir como de introducção a uma nova serie.

Aproveitei a occasião da minha despedida para pedir ao Duque que me désse alguns conselhos, a fim de melhor promover no Congresso os negocios de Portugal, não podendo duvidar que S. Ex.ª se interessasse sempre a favor de um paiz ao qual consagrou os seus immortaes serviços. A isto respondeu o Duque: «Que entre os negocios que haveria a tratar em Vienna, a recuperação de Olivença lhe parecia a mais essencial. Que elle fallára sobre esse assumpto a Mylord Castlereagh quando ultimamente por aqui passou, comtudo, acrescentou elle, o exito da negociação é muito incerto. Quando estive em Madrid com meu irmão (Sir Henry Wellesley) fiz todas as diligencias praticaveis para induzir o Governo Hespanhol a effectuar a restituição, mas sobre esse ponto nada ganhei, *nem mesmo nos quizeram ouvir*. Julgo, pois, continuou o Duque, que o unico meio de conseguir esse intento será o ligar no Congresso a restituição de Olivença como condição *sine qua non* com as reclamações que a Hespanha tem direito a fazer de uma indemnisação pelos Estados de Parma, etc.». Perguntei então se S. Ex.ª via alguma probabilidade para a Hespanha de obter as compensações que pedia; respondeu que assim o julgava e que entre as mudanças que poderiam ter logar na Italia (alludindo segundo eu percebi claramente á restituição do reino de Napoles ao seu antigo Soberano) era de esperar que os varios ramos da Casa de Bourbon fossem contemplados. Em consequencia de tudo isto resumi-me a pedir-lhe:

1.º Que me désse uma carta para Lord Castlereagh, enunciando a opinião que acabava de manifestar-me.

2.º Que escrevesse a Sir H. Wellesley para que de accordo com o nosso Ministro em Madrid procurasse obter que se expedissem instrucções a D. P. Labrador, a fim de que esse Plenipotenciario, cuja obstinação é bem conhecida, não possa recusar-se, com o pretexto da falta de instrucções, e entrar, ao menos em negociação, sobre o assumpto de Olivença.

Fallei depois ao Duque no negocio dos limites da Guyana, porém não o achei igualmente propenso, como no primeiro, a secundar a sua conclusão. Disse-me que esse negocio lhe parecia dever ser tratado directamente com o Governo de França, como um complemento do tratado de 3o de maio proximo passado, e que não podiamos duvidar de que a Gran-Bretanha como mediadora procuraria satisfazer-nos. Porém que o Congresso não devia occupar-se senão da discussão dos negocios não pertencentes á França, pois que esses se tinham expressamente separado todos, para facilitar a importante obra da paz de París.

Finalmente, fallámos do commercio da escravatura, e com effeito achei o Duque de Wellington (como o Embaixador de S. A. R. em Londres o referiu a V. Ex.ª) menos enthusiasmado do que a generalidade dos seus nacionaes, pela abolição d'esse trafico. Disse-me comtudo, que visto ser tão notoria e tão decidida a opinião da Nação Ingleza a esse respeito, era do dever de todos os Ministros Inglezes o promover quanto lhes fosse possivel a dita abolição. Que elle julgava se poderia obter no Congresso que a França (não nomeou a Hespanha) não renovasse aquelle trafico na porção da costa de Africa onde ha annos cessára de se praticar é com essa concessão e o artigo do tratado de Paris, se satisfaria de algum modo a Nação Ingleza. Sua Alteza Real o Principe Regente de Portugal, disse elle, tambem se acha ligado por um artigo do seu tratado com a Gran-Bretanha a extinguir gradualmente o commercio da escravatura, e é de esperar que tambem se obrigue a não o fazer desde já fóra das suas possessões na costa de Africa. Omittirei aqui (como o fiz em todo este officio por evitar pro-

lixidades), as varias respostas e observações que, de quando
em quando, julguei dever fazer, principalmente sobre o negocio da escravatura. Só direi que por conclusão lhe perguntei se S. Ex.ª julgava que Mylord Castlereagh procuraria
exigir de nós sobre esse assumpto maiores concessões do
que as que podesse obter da França e da Hespanha. Respondeu-me o Duque muito decididamente *que não*. Se assim
for ainda podemos esperar sair de maior embaraço, pois
que nem a França nem certamente a Hespanha hão de (se
eu me não engano muito) consentir na immediata abolição.
Comtudo sobre este objecto, ainda mais que sobre qualquer
outro, devo esperar pacientemente pelas reaes ordens e instrucções.

Tornando no fim da conferencia a fallar casualmente
no negocio de Olivença, disse o Duque de Wellington algumas palavras que não quero omittir. «Era impossivel, disse
elle, fallar mais fortemente sobre isso ao Ministro Hespanhol
do que meu irmão e eu fizemos, a não lhe declarar a guerra
em nome da Gran-Bretanha; e ainda quando fosse possivel
que chegassemos a esse ponto, estou persuadido que os
Hespanhoes a acceitariam mais depressa do que cederem
n'este ponto.» Disse eu então que no tratado que em 1810
eu ajustára com a Regencia de Hespanha, se tinha estipulado a restituição de Olivença e que não se tendo levado
a effeito esse tratado, só por falta da accepção do Governo
Britannico, me parecia este um estimulo a mais para o interessar agora em nosso favor. —«A falta da nossa accepção, me respondeu o Duque, não foi causada como V. Ex.ª
julga pelo artigo d'aquelle tratado que dizia respeito á união
eventual das duas monarchias. *Essa união seria infallivel
e nada a poderia estorvar,* se o ramo masculino da familia
Real de Hespanha se extinguisse. Porém eu aconselhei,
acrescentou elle, que se não accedesse então ao tratado
porque o seu resultado poderia ter sido o ligar demasiadamente as operações do exercito portuguez com as dos Hespanhoes, e eu não queria que depois de terem deitado a
perder todos os seus exercitos perdessem tambem o portu-

guez.» A isto não pude deixar de observar que o dito tratado não continha uma só estipulação que ligasse o nosso exercito com o d'elles.

—«É incrivel, continuou o Duque, o estado de atrazo militar em que se acham ainda os Hespanhoes. Depois de cinco annos de guerra não têem um exercito que mereça esse nome.»—«Julgava, disse eu, o exercito hespanhol que entrou em França mais bem organisado que os outros.»— A isso levantou elle os hombros dizendo que o não era nada, e que na batalha de Toulouse se tinham comportado pessimamente, de tal modo que por pouco se não perdeu a acção por culpa d'elles.

Aqui acabou a conversação, e não me pareceu inutil referir a V. Ex.ª pelas proprias palavras do Duque de Wellington, qual seja a opinião bem positiva d'este illustre General a respeito do estado militar dos nossos vizinhos.

Ámanhã, 15 do corrente, á noite parto sem falta de Paris com tenção de continuar a viagem sem parar até Vienna.

Paris, 14 de setembro de 1814.

Ill.mo e Ex.mo Sr. Marquez de Aguiar.

Déclaration

Les Plénipotentiaires des Cours qui ont signé le traité de paix de Paris du 30 mai 1814, ont pris en considération l'article 32 de ce traité par lequel il est dit, que toutes les Puissances engagées de part et d'autre dans la dernière guerre enverront des Plenipotentiaires à Vienne pour régler dans un Congrès général les arrangements qui doivent compléter les dispositions du dit traité, et après avoir mûrement réflechi sur la situation dans laquelle ils se trouvent placés, et sur les devoirs qui leur sont imposés, ils ont reconnu qu'ils ne sauraient mieux le remplir qu'en établissant d'abord des communications libres et confidentielles entre les Plénipotentiaires de toutes les Puissances. Mais ils sont convaincus en même temps qu'il est de l'intérêt de toutes les parties intervenantes de suspendre la réunion générale de leurs Plénipotentiaires jusqu'à l'époque où les questions sur lesquelles on devra prononcer seront parvenues à un degré de maturité suffisant pour que le résultat réponde aux principes du droit public, aux stipulations du traité de Paris et à la juste attente des contemporains. L'ouverture formelle du Congrès sera donc ajournée au 1er du mois de novembre, et les susdits Plenipotentiaires se flattent que le travail auquel ce délai sera consacré, en fixant les idées et en conciliant les opinions, avancera essentiellement le grand ouvrage qui est l'objet de leur mission commune.

Vienne, le 8 octobre 1814.

Vienne. De l'Imprimerie Impériale et Royale de la Cour et de l'État, 1814.

––––––––

Officio n.º 3 (com dois documentos)

Ill.ᵐᵒ e Ex.ᵐᵒ Sr.—Creio dever dar parabens á minha fortuna por ter conseguido o chegar a Vienna tres ou quatro dias antes do que se tinha assignalado para a abertura do Congresso e V. Ex.ᵃ julgará da rasão com que digo isto, pelo que vou ter a honra de lhe referir.

No dia 29 do mez passado procurei pela segunda vez a Lord Castlereagh e pedindo-lhe que quizesse informar-me do estado em que se achavam os negocios relativamente ao Congresso e dizer-me qual era o plano em que se tinha assentado para a installação d'esta assembléa. Mylord respondeu-me com toda a franqueza, que já tinha havido sobre este ponto varias discussões entre os Ministros das principaes Potencias e que se via a difficuldade, por não dizer impossibilidade, de installar desde logo o Congresso. Essas difficuldades são obvias e bastará citar, por exemplo, a duvida que occorreria desde logo sobre a admissão de alguns dos

Plenipotenciarios, cujos Soberanos não são reconhecidos por
todos os demais, como os de Murat e de El-Rei de Saxonia
ou os de Genova, e de alguns outros Estados cuja existencia
politica será um objecto de discussão. Outra duvida mui
grande consiste no voto que se concederá aos differentes
Ministros, pois não parece racional que o Ministro de Hamburgo ou de qualquer Principe pequeno da Allemanha haja
de ter no Congresso um voto igual ao dos Ministros da Russia ou da Inglaterra. Em consequencia, acrescentou Lord
Castlereagh, julgou-se que conviria juntar antes de tudo
uma Commissão preparatoria, encarregada de formar um
projecto para constituir o Congresso geral, a cuja sancção
se sujeitaria depois o plano em que assentasse a dita Commissão.

Para a formação d'essa Commissão, me disse Mylord,
que se tinham proposto varios methodos, porém que sendo
necessario adoptar um principio pelo qual ella podesse re-
duzir-se a poucos membros, evitando quanto fosse possivel
de escandalisar todos os excluidos, se julgava que o mais
conveniente seria o compol-a unicamente dos Ministros das
seis Potencias mais consideraveis pela extensão do seu territorio na Europa e da sua população, isto é, Russia, Austria, França, Inglaterra, Prussia e Hespanha. Este plano, me
disse Mylord, parecia o mais natural e se achava já quasi
adoptado, devendo no dia seguinte (3o de setembro) junta-
rem-se em conferencia os Ministros d'essas seis Potencias e
convirem em uma especie de declaração ou de manifesto,
que se publicaria no dia primeiro de outubro, para annunciar á Europa esta determinação e os motivos d'ella.

V. Ex.ª bem póde suppor a impressão desagradavel que
me causou uma tal communicação. Eu estava naturalmente
preparado a ouvir que as Potencias preponderantes da Europa seguiriam pouco mais ou menos n'este Congresso o
mesmo systema que adoptaram no de París, e que dictariam
por consequencia a lei ás demais. Porém pareceu-me excessivamente duro que este procedimento, que só era consequencia da força, se erigisse de algum modo em direito por

meio de uma declaração solemne e official que ficaria como monumento para o futuro, na historia diplomatica. Procurei pois expor a Lord Castlereagh quantas objecções de repente me occorreram. Pedindo-lhe que observasse sobre tudo isto o desdouro que resultaria para a Corôa de Portugal, de uma declaração que pareceria degradal-a do logar que occupa entre as primeiras da Europa e muito mais ainda depois do novo lustre que as suas armas acabavam de adquirir. Fiz-lhe observar que por este modo a nossa admissão ao Congresso se tornaria illusoria, pois que essa assembléa deveria necessariamente sujeitar-se sem appellação á lei que lhe seria imposta pela Commissão das seis grandes Potencias. Insisti principalmente no odioso que resultaria para nós da preferencia concedida á Hespanha n'esta occasião, e acrescentei outras reflexões que não repito agora por se acharem claramente expostas no papel que remetto incluso. Emfim, reclamei efficazmente a influencia de Mylord Castlereagh para que se derogasse a nosso respeito a determinação que me annunciava como quasi adoptada.

A tudo isto respondeu Mylord, que elle já fizera grandes diligencias para serem admittidos na Commissão não só os Plenipotenciarios de S. A. R. o Principe Regente Nosso Senhor, mas tambem os da Hollanda e Suecia, porém que julgava a cousa como impossivel, 1.º, porque a analogia dos nossos interesses com os da Gran-Bretanha fariam recear ás demais Potencias que a admissão dos Plenipotenciarios que elle propunha tendesse só a augmentar a influencia da Inglaterra e a dar-lhe tres votos de mais na Commissão; 2.º, porque uma vez que se excedesse a nosso favor o principio adoptado da população e extensão de territorio na Europa, não havia rasão para se excluirem Dinamarca, Baviera, Wurtemberg, Napoles, Sardenha, ou outros que se julgariam tambem ultrajados e que seriam propostos pelas demais Potencias. D'onde resultaria o vir a ser demasiadamente numerosa a Commissão e frustrar-se o seu objecto. Concluiu, porém, assegurando-me que exporia ainda no dia seguinte as minhas rasões, e que em todo o caso me promettia de zelar os interesses de Portugal como os de Inglaterra, de me consultar sobre tudo quanto podesse dizer-nos respeito e de me informar dos procedimentos da Commissão. Não me sendo possivel, antes da conferehcia do dia seguinte, avistar-me com todos os Plenipotenciarios das principaes Potencias, procurei ao menos aquelles com quem tinha mais conhecimento, isto é, o Barão Humboldt e D. Pedro Labrador.

Com o primeiro tive uma conversação pouco mais ou menos similhante á que havia tido com Mylord. O segundo pareceu-me mais propenso a abraçar a nossa causa e prometteu-me tratal-a no dia seguinte.

O que mais me admirou, no meio de tudo isto, foi o ver que ou por ignorancia do que se projectava ou por outros motivos, não apparecia reclamação alguma nem do Plenipotenciario da Suecia nem mesmos dos Soberanos que se acham presentes, que poderiam julgar-se lesados, como os Reis de Dinamarca, Baviera, etc.

Occorreu-me porém que haveria um methodo a propor-se, pelo qual, sem augmentar demasiadamente o numero dos individuos da Commissão projectada, viria a ser admittido n'ella o representante de S. A. R. Este methodo pareceu-me fundado em rasão e justiça, e vem a ser a de se compor a Commissão preparatoria unicamente dos Ministros das oito Potencias que assignaram o tratado de París. Não havendo um instante a perder, dirigi no dia 3o pela manhã a Mylord Castlereagh as duas cartas cujas copias tenho a honra de remetter inclusas a V. Ex.ª e que espero mereçam a real approvação. O resultado d'ellas sendo favoravel devia grangear a S. A. R. o Principe Regente Nosso Senhor uma distincção certamente gloriosa entre todas as Potencias da Europa. Em caso contrario pareceu-me que ao menos cumpriria com a minha obrigação, não deixando passar sem alguma reclamação a medida que sé projectava.

Confesso-lhe, comtudo, que sem embargo das justas rasões que alleguei, não me atrevi a lisonjear-me que ellas fossem attendidas. Achei-me pois agradavelmente surprehendido quando, encontrando no dia 30 á noite n'um grande circulo da Côrte todos os Ministros meus conhecidos, elles me chamaram um depois de outro á parte, e me disseram confidencialmente que a minha carta, communicada por Mylord Castlereagh na conferencia de pela manhã, produzira bastante effeito, que o principio n'ella proposto para a formação da Commissão parecêra não só admissivel mas mesmo solido, e que emfim se tinha suspendido a publicação do manifesto projectado, ficando differida a final decisão para outra conferencia que havia de ter logar no dia 2 de outubro. Aproveitei, em consequencia, este intervallo para fallar aos Ministros que ainda não tinha visto, o Principe de Metternich, o Conde de Nesselrode e Mr. de Talleyrand. Os dois primeiros deram-me esperanças muito favoraveis de que se havia de adoptar a minha proposta, mas devo dizer que o terceiro abundou sobre todos n'esse sentido, por motivos que em outra occasião procurarei expor, e constou-me depois que na conferencia do dia 30 de setembro elle e D. Pedro Labrador foram os dois que mais decididamente fallaram a esse respeito.

Creio pois poder annunciar a V. Ex.ª, se não com toda a certeza, ao menos com a maior probabilidade, que o objecto que eu me propuz está conseguido; e que na Commissão preparatoria do Congresso serão admittidos sobre um pé igual ao dos Plenipotenciarios das seis grandes Potencias os de S. A. R. o Principe Regente Nosso Senhor. D'ahi resultará (segundo espero) não só o representar Portugal como deve mais decorosamente no Congresso aos olhos da Europa toda, mas tambem o facilitarem-se em summo grau as negociações que em consequencia das reaes instrucções poderemos ter que tratar.

Não devendo duvidar-se de que os varios pontos sobre os quaes essa Commissão concordar com pouca ou nenhuma variação, serão sanccionados pelo Congresso. Tenho a honra de remetter inclusa copia de um escripto que recebi de Lord Castlereagh, pelo qual se confirmaram, como V. Ex.ª verá, as esperanças do feliz exito da minha proposta. Na data em que escrevo este officio ainda a cousa se não decidiu a final, por terem sobrevindo algumas duvidas, que no numero seguinte explicarei, porém que não dizem respeito, segundo creio, ao nosso ponto essencial.

Vienna, 3 de outubro de 1814.

Ill.ᵐᵒ e Ex.ᵐᵒ Sr. Marquez de Aguiar.

Documentos annexos ao officio n.º 3

Mylord. — Permettez que j'aye l'honneur de vous répéter par écrit une partie des observations que je vous ai déjà soumises de vive voix, au sujet de la communication verbale que vous avez bien voulu me faire.

Le Congrès qui va s'ouvrir est un acte si solennel dans l'histoire diplomatique de l'Europe qu'il faut croire que la forme et la manière de procéder qu'on y adoptera passeront à l'avenir comme un monument et comme un exemple qui fera partie pour ainsi dire du Code public de l'Europe. Comment me serait-il donc possible de voir d'un œil tranquille, que la première mesure préparatoire de ce Congrès tend en certaine façon à exclure le Portugal du rang, que par l'ancienneté et la splendeur de sa couronne il a acquis parmi les Puissances de l'Europe. Ne serait-il pas odieux de choisir justement le moment dans lequel le Portugal vient d'achever, si glorieusement et si utilement pour la cause commune de l'Europe, une guerre dans laquelle les résultats et les effets lui ont donné une importance majeure, pour lui faire éprouver une espèce d'humiliation.

La distinction entre les Puissances de la première et de la seconde force existe sans doute de fait, mais l'on ferait une innovation dans le droit public de l'Europe en établissant cette différence presque comme de droit; et c'est à quoi tendrait sans aucun doute la mesure que vous m'avez dit être en vue, c'est à dire celle de former une commission préparatoire avant l'ouverture du Congrès à laquelle ont n'admettrait que les Ministres des six Puissances les plus considérables par l'étendue de leur territoire et leur population.

Je conçois facilement, Mylord, l'embarras qui résulterait, et que V. Ex^e m'a fait observer, si le Congrès général s'installait sans qu'on eut pris pour cela quelques mesures préparatoires; je conçois également qu'il est fort difficile d'adopter une base satisfaisante afin de réduire à de certaines limites le nombre de Ministres qui seraient chargés de ce travail, mais je crois cependant que, toute réflexion faite, le moyen que j'ai pris la liberté de suggérer à V. Ex^e hier au soir serait celui qui devrait paraître le moins odieux à tout le monde et, que, sans aucun doute, me paraitrait le plus fondé sur la justice et sur la raison: c'est à dire que la Commission préparatoire dont il s'agit fut composée des Ministres de toutes les Puissances qui ont signé le traité de Paris du 3o mai dernier. De cette façon il n'y aurait que deux Puissances (le Portugal et la Suède) à ajouter aux six sur lesquelles ont est déjà d'accord. L'article 32 du traité de Paris est le seul acte public et officiel de convocation qui existe pour le Congrès de Vienne. Il me semble donc qu'on ne pourrait que trouver fort raisonnable que les mêmes Puissances qui ont stipulé la réunion du Congrès prissent sur elles, à présent, de convenir de quelques mesures préparatoires et même de rédiger un projet avant d'en effectuer l'ouverture. Il y aurait par là une raison valable à alléguer à toutes les autres Puissances, et qui mettrait à couvert la dignité de chacune, au lieu qu'il n'est point de petit État en Europe qui ne doive ressentir à ce qu'il me semble, autant que le feraient la Suède et le Portugal, qu'elles fussent exclues par la simple raison qu'on ne les tient pas pour des Puissances du premier ordre. Je pourrais faire valoir d'autres arguments, comme par exemple la considération qui résulte de l'étendue et de l'importance des possessions de la Monarchie Portugaise hors de l'Europe et surtout la grandeur des services que ce pays a rendu pendant la dernière guerre.

Sans doute cette considération doit placer le Portugal et peut-être après lui la Suède dans une classe fort distincte

35

de toutes les autres Puissances de la même force. Mais je
ne puis m'empêcher d'ajouter encore une réflexion avant de
terminer cette lettre et c'est que le peu d'intérêts propres
que le Portugal peut avoir dans les arrangements qui résul-
teront du Congrès, bien loin d'être un motif d'exclusion, doit
être une raison de plus pour l'admettre, car on ne peut se
dissimuler qu'un des plus grands inconvénientes qui résul-
teraient de l'admission de tous les Ministres à ce travail
préparatoire vient justement de ce qu'il doit s'agir des intérêts les plus immédiats et même de l'existence de quelques
États.

Quant au Portugal ce n'est pas tant de son intérêt
comme de sa dignité qu'il s'agit dans cette circonstance. Une
exclusion fondée sur la seule base de la différence de Puissance doit lui paraître une dégradation non méritée. Je suis
persuadé, Mylord, que V. Exᵉ sentira comme moi l'importance que, sous ce rapport, S. A. R. le Prince Régent du
Portugal pourrait y mettre et je suis également sûr qu'elle
employera toute son influence afin de lui faire éviter ce dés-
agrément. La base ci-dessus indiquée, celle du traité de
Paris, me paraît, je le répète, la seule qui puisse mettre à
couvert l'amour propre de chacun.

Excusez, Mylord, toutes les répétitions inévitables en
traitant un sujet comme celui-ci; j'avais déjà exposé de vive
voix à V. Exᵉ à peu près tout ce que je viens de lui écrire,
mais j'ai senti qu'en tout cas mon devoir exigeait que je ne
laisse pas passer une telle circonstance sans donner à ma
réclamation un caractère plus durable et plus sérieux que
celui d'une simple conversation. Comme vous êtes, Mylord,
le seul qui m'ayez jusqu'à présent communiqué le projet en
question, je crois aussi ne devoir m'adresser de cette façon
qu'à vous seul. Je suis trop persuadé de l'intérêt que vous
prenez à ce qui regarde S. A. R. le Prince Régent du Portugal pour n'être pas sûr que vous ferez de cette communication l'usage que vous croirez lui être plus convenable.

Agréez, Mylord, l'assurance de la haute considération
avec laquelle je suis le très, etc., etc.

Vienne, 2 october.

Lord Castlereagh presents his compliments to the Count of Palmella. He his in hope that the object of his request is in train to a successful issue. But Lord Castlereagh requests the Count will not mention the subject until he shall be enabled to make him an ulterior and more definitive communication.

Lord Castlereagh request the Count of Palmella will accept the assurances of his high consideration.

Documento pertencente ao officio n.° 27

Londres, le 19 mai 1817.

Le soussigné s'empresse de communiquer à S. Ex^e Lord Castlereagh, Principal Sécrétaire d'État de S. M. B. au Département des Affaires Étrangères, le contenu d'une dépêche qu'il vient de recevoir de sa Cour au sujet de l'expédition des troupes portugaises ao Rio de la Plata; et il se permettra au même temps de faire observer, que l'explication qu'il offre au nom de sa Cour, lui a été dictée longtemps avant que la nouvelle de l'acception de la médiation demandée par S. M. aux Cours alliées ait pû arriver au Rio de Janeiro, et à une époque où l'on y ignorait encore l'occupation de Montévideo; et que par conséquent le désir que S. M. le Roi son Maître témoigne d'entrer en negociation avec S. M. C., pour terminer, d'une façon avantageuse à leurs communs intérêts, toutes les discussions auxquelles cette affaire pourrait donner lieu, est inspirée par la politique la plus franche et la plus loyale et parfaitement indépendante de tout autre calcul ou influence.

Le soussigné ose croire que les Puissances alliées regretteront peut-être d'avoir accordé une foi trop implicite aux clameurs du Cabinet de Madrid, et d'avoir dans la note adressée au Ministère du Brésil par Messieurs les Plénipotentiaires réunis à Paris, admis pour ainsi dire comme

prouvées les réclamations de la Cour d'Espagne, avant que
celle du Brésil eût pû fournir des explications que, sans
doute, iront au devant de tout ce qu'on a pû avec justice désirer à cet égard.

Sa Majesté Très Fidèle n'a pu apprendre avec indifférence que le Cabinet de Madrid qualifiait du nom d'aggression la marche des troupes portugaises dans le territoire de
la rive gauche du Rio de la Plata *occupé et dominé par Artigas,* et que les Ministres de cette Cour, auprès des différentes Puissances de l'Europe, s'étaient permis de publier
et d'affirmer que S. M. T. F. avait des vues de conquête
sur toutes les provinces du Rio de la Plata et n'avait point
prévenu S. M. C. de la destination des troupes qu'elle s'est
vue forcée d'appeler de Portugal pour être employées à la
défense du Brésil. La simple exposition des faits suffira
pour détruire toutes ces imputations odieuses et pour dis-
siper les soupçons qu'elles auraient pû exciter contre la
loyauté et les vues publiques de S. M. T. F.

Dès le moment où la révolution des colonies espagnoles
du Rio de la Plata éclata, S. M. T. F. prévit les fatales conséquences de l'événement et reconnut la necessité de les pré-
venir. C'est à cet effet que, malgré l'épuisement où le mettait
la guerre qu'elle soutenait alors en Europe en faveur de la
cause commune, S. M. se vit obligée en 1811 à faire entrer
un corps de troupes sur le territoire espagnol situé à la
gauche de l'Uruguay. Cette entreprise aurait eu dès lors
un résultat également avantageux pour les deux Couronnes
de Portugal et de l'Espagne, si le Général Elio (Gouverneur
de Montévideo) n'avait conclu à l'insu du Général Portugais,
que lui-même avait appellé à son secours, une convention
avec le Gouvernement de Buenos-Ayres. Les Ministres de
la Grande Bretagne et d'Espagne alors residant au Brésil,
ayant témoigné le désir de voir S. M. T. F. accéder à cet
arrangement, elle crut devoir différer à l'avis de ses alliés,
se determina à suspendre l'opération militaire qui avait été
commencée et à signer un armistice avec le Gouvernement
provisoire de Buenos-Ayres en date du 26 mai 1812 en con-

séquence duquel elle donna l'ordre à ses troupes de rentrer dans le territoire portugais.

Sa Majesté ne tarda pas à sentir tout le désavantage dans le quel la conclusion de cet armistice l'avait placée; les insurgés recommencèrent à infester les frontières du Brésil et à inviter les indiens et les nègres à la révolte, et tandis qu'elle se trouvait encore forcée de tolérer ses aggressions, elle apprenait que des spéculateurs étrangers s'empressaient d'introduire des armes et des munitions de guerre dans les ports du Rio de la Plata, et que les forces révolutionnaires y acquéraient une consistance inquiétante. Heureusement les discordes intestines qui eurent lieu depuis 1812 jusqu'en 1814 parmi les chefs des insurgés eux-mêmes, donnèrent le temps au Gouvernement du Brésil de songer à de nouvelles mesures de précaution, et il profita des premiers instants du rétablissement de la paix en Europe pour appeller un corps de troupes de Portugal et augmenter les moyens de défense du Brésil.

À l'époque du rétablissement de S. M. C. sur son throne on aurait dû présumer qu'un de ses premiers soins serait celui de songer à faire rentrer dans le devoir les provinces insurgées du Rio de la Plata, et S. M. T. F. crût voir à cet égard ses esperances réalisées lors qu'elle apprit les préparatifs qui se faisaient à Cadiz pour l'expédition aux ordres du Général Morillo, et encore plus lorsque le Ministère Espagnol eut recours officiellement à la Cour du Rio de Janeiro afin de demander que cette expédition fût admise et fournie de provisions dans les ports du Brésil.

S. M. T. F. s'empressa dans cette occasion de témoigner toute son adhésion à la mesure que S. M. C. lui annonçait, et le Ministre du Portugal à Madrid fit connaître au Ministère Espagnol, par une note officielle en date de 25 mai 1815, non seulement que l'expédition serait reçue dans les ports du Brésil, mais que l'on ordonnerait aux gouverneurs des provinces maritimes, et en particulier à celui de Sainte Cathérine, de préparer des vivres pour lui être fournis. Il ajouta que S. M. venait de se décider à appeller du Portugal un corps de 4:000 à 5:000 hommes pour être employé dans le Brésil à un système convenable de défense et coopérer en cas de besoin avec l'expédition espagnole.

S. M. non contente d'annoncer cette mesure à la Cour de Madrid en fit également la communication à S. M. Britannique et l'Ambassadeur de Portugal résidant à Londres passa à cet égard une note officielle en date du 24 mai 1815.

Ce fut peu de temps après que ces différentes mesures avaient été adoptées, que S. M. T. F. apprit avec étonnement que l'expédition du Général Morillo avait reçu une toute autre destination que celle que lui avait été officiellement annoncée, et cela sans qu'on lui offrît la moindre excuse qui pût expliquer la déviation d'un plan qui avait été concerté entre les deux Gouvernements. Un manque d'égards (pour ne pas le qualifier autrement) aussi inusité devait nécessairement blesser le Gouvernement du Brésil et lui faire pour le moins reconnaître que la sûreté de ce royaume (qui se trouvait déjà compromise par l'accueil qu'on avait préparé à l'expédition espagnole) ne devait pas demeurer plus longtemps à la merci des continuels délais et de la versatilité du Ministère Espagnol. Qu'il devenait urgent pour le Brésil, enfin, de ne compter que sur ses propres forces et de songer immédiatement à la défense de ses frontières, que deviendrait plus difficile à mesure qu'on différerait davantage de l'assurer.

À cette époque le danger devint plus immédiat par la cessation de la discorde entre les chefs des rebelles. Le Gouvernement de Buenos-Ayres reconnut l'indépendance de la province orientale du Rio de la Plata, et Artigas, dont le caractère audacieux et turbulent devait exciter de plus vives inquiètudes, s'empara sans aucun titre ni election quelconque, du suprême commandement de cette province. On apprit aussitôt au Rio de Janeiro que ce chef commençait des dévastations sur la frontière du Brésil, qu'il réunissait des troupes pour envahir la province de S. Pedro do Sul, qu'il semait des proclamations pour exciter les habitants des sept Missions à la révolte et tous ces projets hostiles peuvent être prouvés par des documents autographes dont les copies ont été réunies par le soussigné. S. M. ne pouvant donc plus hésiter sur ·le parti qui lui restait á prendre se décida a faire marcher un corps de troupes avec l'ordre de pénétrer la province dominée *par Artigas,* de poursuivre ce chef jusqu'au delà de l'Uruguay et d'occuper le territoire de la rive gauche de ce fleuve.

Au moment où les dernières troupes destinées à cette expédition s'embarquaient dans le port du Rio de Janeiro, le Chargé d'Affaires de S. M. B. adresse au Ministère Portugais une note en date de 19 mai 1816 dans laquelle il protestait contre toute tentative sur les provinces du Rio de la Plata sur le principe que S. M. B. avait été médiateur ou garant de l'armistice conclu avec le Gouvernement de Buenos-Ayres. S. M. ne crut pas devoir admettre cette protestation fondée sur la base d'une garantie qui n'avait jamais existé, d'autant plus que les autres motifs allégués dans la susdite note ne pouvaient en aucun cas prévaloir sur le droit le plus sacré de tous, celui de la défense de ses propres États.

Cette mesure naturelle et nécessaire aux intérêts, non seulement du Brésil, qui se trouvent plus immédiatement compromis, mais aussi de l'Espagne à qui l'on épargne par là les efforts et la dépense qu'il lui en coûterait pour subjuguer le territoire occupé par les troupes portugaises, a excité le ressentiment de la Cour de Madrid qui parait se tromper entièrement sur le calcul de ses véritables intérêts. Quoique le Ministère Portugais ait assuré *officiellement* le Chargé d'Affaires d'Espagne résidant au Rio de Janeiro de la loyauté des intentions de S. M. T. F., le Chargé d'Affaires a jugé cependant à propos d'adresser en date du 8 novembre 1816 une note dans laquelle il protestait contre l'entrée des troupes portugaises sur le territoire ennemi de la gauche de l'Uruguay, allégant pour prétexte que S. M. T. F. ne s'était pas entendue avec S. M. C. au sujet de cette expédition et que le Roi son Maître ignorait la destination des troupes appellées du Portugal jusqu'au moment où elles étaient parties de Lisbonne. Cette protestation inadmissible a été repoussée, car le Ministère Espagnol a le droit sans doute de laisser se consolider l'insurrection des colonies du Rio de la Plata, mais il n'a pas celui d'empêcher une autre puissance de se défendre contre les fatales conséquences de cette rebellion, que le Gouvernement Espagnol ne peut ou ne veut pas terminer.

De son coté le Gouvernement de Buenos-Ayres a demandé dans une lettre officielle au Géneral Lecor des explications sur la marche des troupes portugaises et il en a reçu pour réponse l'assurance que les troupes portugaises ne se dirigeaient qu'à éloigner des frontières du Brésil les germes de la discorde et à occuper un territoire en proie à la plus affreuse anarchie. Cette réponse est en tout conforme aux intentions de S. M. T. F., qui ne prétend nullement dépasser les limites nécessaires pour la juste défense de ses frontières, et n'a aucune vue de conquête.

Telle est la série des faits jusqu'à l'entrée des troupes portugaises sur le territoire ennemi.

Le soussigné a l'ordre d'ajouter à cette exposition l'assurance officielle que le Roi son Maître, en faisant occuper par ses troupes le pays situé à gauche de l'Uruguay, n'a eu et n'a d'autre objet que celui de suffoquer l'esprit révolutionnaire dans cette province qui confine avec le Brésil, de prendre une ligne de défense naturelle qui préserve le territoire portugais des attaques des bandes commandées par Artigas, et de le conserver jusqu'à ce que la lutte entre les colonies espagnoles du Rio de la Plata et leur mère patrie soit terminée, parce que ce n'est qu'alors qu'on pourra espérer le rétablissement de la tranquillité dans ces colonies et que S. M. pourra réclamer l'indemnisation des pertes que ses sujets ont éprouvées et des dépenses, que lui a occasionée une guerre motivée par l'aggression des insurgents et par la négligence du Ministère Espagnol. S. M. assure en outre que malgré les justes réclamations qu'elle pourrait faire contre l'Espagne à differents titres, et surtout pour la ville et le territoire d'Olivença, que cette Puissance retient contre le vœu solennel énoncé au Congrès de Vienne par tous les Souverains de l'Europe, elle ne prétend cependant pas occuper le territoire de la rive gauche de l'Uruguay comme une hypothèque de ces restitutions. S. M. T. F. déclare enfin qu'elle ne se refusera jamais à entrer en négociation avec S. M. C. pour terminer tous ces différends, ainsi que pour convenir définitivement d'une ligne de limites qui évite à l'avenir entre deux Couronnes aussi étroitement liées, les continuelles contestations qui ont lieu depuis trop longtemps.

Le soussigné, s'acquittant de la commission qui lui a été ordonnée et qui parait établir sur des principes solides et explicites la conduite irréprochable et les vues aussi justes que moderées de son auguste Maître, profite de cette occasion pour renouveller à S. E. Lord Castlereagh toutes les assurances de sa très haute considération.

Le Comte de Palmella.

À S. E. Lord Castlereagh.

Quelques idées de Frédéric Gentz sur les différends actuels entre le Portugal et l'Espagne

La résolution de la Cour du Brésil de faire occuper par ses troupes le pays situé entre ses frontières méridionales et la rive gauche du la Plata, a été représentée en Europe par les Ministres Espagnols, et par ceux qui ont embrassé leur cause, comme portant atteinte au droit public, aggravant le poids de la guerre civile dont l'Amerique Espagnole est désolée, et compromettant la tranquillité du monde. Aux yeux d'un homme impartial, l'expédition portugaise ne mérite aucun de ces reproches; elle ne blesse aucun principe; elle est conforme à la plus saine politique; et à moins que l'on ne veuille en tirer exprès un pretexte de querelles et de vexations, elle ne compromettra les intérêts de personne.

Les motifs qui ont porté la Cour du Brésil à cette mesure, sont d'une évidence et d'une force irrésistible. L'Espagne est menacée de perdre la presque totalité de ses possessions en Amérique; et quelque soit l'issue finale de la lutte mortelle dans laquelle est engagée aujourd'hui, il faudrait un miracle, ou plutôt une longue suite de miracles, pour qu'elle en sortit victorieuse *partout*. L'épuisement de ses moyens militaires, maritimes, et pécuniaires, est tel, qu'elle ne peut plus faire d'effort décisif sur aucun point des provinces insurgées; comment parviendrait-elle jamais à rétablir et à consolider son pouvoir à la fois dans le Mexique, le Caracas, la Nouvelle Grenade, le Perou, le Chili, et le vaste Royaume du La Plata? C'est surtout dans le dernier de ces pays que l'espoir d'un retour à l'ancien ordre des choses parait définitivement éteinte; le caractère des habitants, la longue habitude de l'indépendance, la haine pour le Gouvernement Espagnol, la crainte de ses réactions et de ses vengeances, tout concourt à perpétuer une séparation, que jusqu'à l'époque des discussions actuelles, la Cour de Madrid semblait envisager elle-même comme consommée et irréparable, puisque, depuis sept ans, elle n'a pas fait la plus légère tentative, elle n'a pas envoyé un vaisseau ni un homme armé, pour révendiquer ses droits sur ces contrées.

La Cour du Brésil, placée dans le voisinage de cette révolution, ne peut point la regarder avec indifférence. Elle a un intérêt direct à la situation présente et au sort futur de ces pays, intérêt bien supérieur à celui de l'Espagne elle-même. Car, en supposant la chance de reconquérir les Provinces du La Plata beaucoup meilleure qu'elle ne l'est, il n'en resulterait pour le Gouvernement Espagnol, qu'un état de possession précaire et stérile sans aucun avantage réel; tandis que pour le Royaume du Brésil, raffermi, vivifié, embelli, par la présence du Gouvernement central, et s'avançant à grands pas vers une prospérité incalculable, l'état politique de ces provinces est un objet de la plus haute importance. D'après les notions, assez imparfaites, il est vrai, que nous avons en Europe sur cette partie des anciennes possessions espagnoles, et sur les événements qui ont signalé les différentes époques de leur insurrection, il parait, que, quoiqu'abandonnées à elles-mêmes, elles auront encore bien des difficultés à vaincre, bien des prétentions contradictoires à aplanir, bien des convulsions révolutionnaires à traverser, avant d'arriver à une organisation stable, et à un Gouvernement régulier. Le Brésil ne peut pas s'exposer au contre-coup de ces vicissitudes et de ces fluctuations; il ne peut pas attendre, dans une attitude de neutralité inactive, le moment, peut-être fort éloigné, où le sort de ces pays sera définitivement fixé; il ne peut pas subordonner sa marche et ses intérêts aux actes arbitraires du Congrès de Tucuman, ou du Directoire de Buenos-Ayres; il ne peut pas livrer ses frontières, et une partie importante de ses côtes, aux hazards des bouleversements et des guerres civiles, amenés par le conflit inévitable de tant d'autorités combattantes, ni aux mouvements désordonnés, aux incursions et aux déprédations d'une demi-douzaine de chefs d'insurgés ne reconnaissant de loi que celle d'une licence momentanée. Il est de toute necessité pour le Royaume du Brésil, que les troubles du voisinage, quelque caractère qu'ils prennent, et à quelque dénoûment qu'ils conduisent, ne puissent ni l'atteindre, ni l'inquiéter. Il faut qu'il en soit separé par des barrières effectives. La nature parait avoir tracé elle-même les limites qui conviennent à ce Royaume; c'est l'Urugay et la rive gauche du Plata. Le Cabinet de Rio de Janeiro a bien jugé sa position, ses dangers, et ses devoirs en procédant à l'occupation du territoire circonscrit par ces limites nécessaires. Le Roi aurait méconnu ce qu'il devait à ses sujets, à sa couronne, et à sa postérité, s'il avoit négligé un moment aussi décisif, une occasion aussi unique, pour faire la seule acquisition qui manquait à la sureté présente, et à la grandeur future de son pays, la seule qu'un Souverain du Brésil, consultant non pas l'ambition mais la sagesse, était appelé à réaliser à tout prix, pour ne plus avoir rien à demander aux siècles à venir.

La Cour du Brésil, en prenant possession d'un pays,

qui était *bien vacant* dans toute la force du terme, et qu'elle n'a conquis que sur l'usurpation, l'anarchie, et le désordre, n'a fait aucun mal réel à l'Espagne. Cette Puissance avait entièrement abandonné les provinces du La Plata, territoire immense, dont celui que les troupes portugaises viennent d'occuper, ne forme que la plus petite partie. De quelque manière qui finisse l'insurrection de l'Amérique Espagnole, cet acte d'occupation ne tend point à détériorer la position de l'ancien Souverain. Raisonnons dans les deux hypothèses possibles. Admettons d'abord, que par des changements bien difficiles à prévoir, l'Espagne soit rétablie un jour dans la possession de ces provinces. La Cour du Brésil, ayant agi dans tout le cours de cette affaire d'après des principes de modération, de réserve et de sagesse, auxquels on n'a pas rendu justice en Europe, n'a rien préjugé sur les droits de qui que ce soit, n'a donné à ses opérations qu'un caractère distinctement provisoire, et n'a point exclu les dispositions de l'avenir. Par conséquent toutes les questions politiques, qui dans l'hypothèse que nous adoptons ici, pourraient se présenter tôt ou tard, sont restées ouvertes; et on en déciderait par des négociations, comme de tout autre arrangement territorial. Je ne veux cependant pas dissimuler mon opinion sur les bases à suivre dans le cas d'une négociation pareille. Je crois que, dans toute supposition quelconque, la Cour du Brésil ferait mal en se désistant de la possession d'un territoire, dont elle ne peut se passer sans de grands inconvénients. Elle a heureusement de quoi offrir des vastes compensations à l'Espagne; et ce ne serait que par la plus aveugle obstination que celle-ci pourrait se refuser à un accommodement sans désavantage pour elle, et d'une utilité essentielle pour son voisin. Mais passons de cette hypothèse à l'autre, qui est sans comparaison plus vraisemblable. Si l'Espagne, comme tout paraît le présager, a perdu irrévocablement les provinces du Rio de la Plata, peu lui importera, sans doute, que le territoire en question appartienne aux Républicains de la rive droite, aux brigands du Général Artigas, au bien au Souverain légitime du Brésil.

En mettant même de coté tout ce qui est principe et sentiment dans cette affaire, et ne la traitant que d'après un simple calcul d'intérêt, il me semble que la dernière de ces alternatives devrait être la moins pénible pour l'Espagne, qu'elle devrait au contraire se féliciter de voir quelques débris de ses anciens domaines entre les mains d'un Gouvernement régulier, d'un Gouvernement loyal et bienveillant, avec lequel il y aura toujours moyen de s'entendre, au lieu de les savoir engloutis, sans espoir, ni de restitution ni d'indemnité, dans le gouffre inexorable d'une révolution populaire.

On peut encore, nous le savons bien, tout en reconnaissant la force de ces arguments, attaquer l'occupation portugaise par rapport aux formes dans lesquelles elle a eu lieu, et prétendre, que malgré les motifs puissants qui ont amené cette mesure, elle n'aurait jamais du être exécutée sans le consentement exprès de la Cour de Madrid. C'est là, je pense, la seule accusation spécieuse que l'on puisse intenter au Cabinet du Brésil. Mais nous sommes fortement autorisés à croire qu'elle s'évanouira comme tout le reste, aussitôt que ce Cabinet aura pleinement informé l'Europe des circonstances qui ont précédé et accompagné cette prise de possession. En attendant, nous en savons assez pour être persuadés, que S. M. T. F., loin d'avoir à se reprocher une précipitation blâmable, ou un manque d'égards pour les droits et les malheurs de l'Espagne, a épuisé tous les moyens de conciliation, tous les procédés de délicatesse, toutes les tentatives amicales pour faire rentrer la Cour de Madrid dans la ligne de ses véritables intérêts, avant d'en venir à sa dernière résolution. Nous savons (au moins par les pièces excellentes que Mr. le Comte Palmella a remises au Ministère Anglais) que la Cour de Rio de Janeiro réprésentait depuis bien des années la nécessité de quelque mesure vigoureuse pour faire cesser les désordres dans les pays voisins et la position embarrassante, dans laquelle elle se trouvait placée à cet égard; nous savons qu'après la restauration de Ferdinand VII, ses réprésentations furent renouvelées dans les termes les plus pressants,—que le seule objet de la Cour du Brésil était alors de déterminer l'Espagne à travailler de concert avec elle au rétablissement de sa propre autorité dans les provinces du La Plata,—que la Cour de Madrid approuva, ou eut au moins l'air d'approuver les plans qui lui furent communiqués à cet effet,— qu'elle s'engagea à envoyer des troupes pour une expédition commune sur Buenos-Ayres,—qu'au lieu de remplir cet engagement, elle changea tout-à-coup, et sans aucun avis ni préalable ni postérieur, la direction de l'armement destiné en apparence pour le Rio de la Plata,—que le Cabinet de Rio Janeiro, frustré dans ses attentes, dérangé dans ses dispositions militaires, inquiété sur ses frontières, compromis avec les insurgés, et sans aucune perspective de cooperation de l'Espagne, annonça enfin, qu'il ne lui restait qu'à se charger tout seul d'une partie de la tâche, que l'Espagne ne pouvait ou ne voulait pas partager avec lui—détermination que l'on regardait si peu comme hostile ou offensante, qu'à l'époque même où elle fut notifiée à Madrid, S. M. T. F. fit partir les Princesses ses filles, pour contracter avec le Souverain de l'Espagne les liens les plus intimes et les plus solennels. Tous ces faits seront tôt ou tard connus, et l'opinion publique, mieux éclairée qu'aujourd'hui, finira par reconnaître, que dans les procédés de la Cour du Brésil la forme était aussi peu répréhensible que le fond, et que tous les reproches dont on l'accable pour avoir attenté au droit des gens, et profité des embarras de ses voisins, se réduisent à de vaines déclamations.

Ce qui est vraiment inconcevable, et le serait plus encore, si quelques événements récens n'avaient pas levé un coin du voile, qui couvre encore ces transactions bizarres, c'est la conduite que la Cour d'Espagne a tenue dans cette occasion. De tous les revers que cette Cour a éprouvés dans les dernières années, celui de l'occupation de Montévideo par les troupes portugaises était en lui-même le moins alarmant et le moins sensible. C'est cependant celui qu'elle a le plus vivement ressenti. A la veille de perdre l'Amérique, sans avoir, pour la sauver, réclamé ni les secours ni les conseils de personne, elle a, par un faux point d'honneur, sonné le tocsin dans toutes les Cours, pour un objet à-peine connu en Europe. Ayant jusqu'à ce moment contesté toute espèce d'autorité aux Souverains réunis pour la pacification générale, ayant retenu Olivença en dépit des décisions du Congrès de Vienne, s'étant, pour ainsi dire, isolée au milieu des États, elle a tout-à-coup invoqué l'assistance de ces mêmes Souverains dans une cause qui n'avait nul besoin d'être plaidée devant un tribunal pareil, et que tant de moyens plus simples et plus directs auraient pu terminer sans bruit et sans scandale. L'orgueil irrité d'un Gouvernement faible et impuissant ne suffit pas pour expliquer un pareil phénomène; des observateurs intelligens se sont douté bien tôt que des intrigues secrètes, et des influences étrangères devaient y avoir concouru; et ce soupçon n'a été que trop confirmé.

Dans l'état naturel des choses les Puissances de l'Europe n'auraient jamais accepté cette singulière médiation. La seule de ces Puissances qui eut pu avoir un intérêt quelconque à un événement aussi lointain, aussi redoutable par lui-même, et aussi peu en contact avec les grandes affaires du monde, était l'Angleterre; et sous quelque point de vue que l'on examine la question, on ne conçoit pas, pourquoi l'Angleterre aurait contrarié une mesure, qui en affermissant et en renforçant le Gouvernement du Brésil, tendait à resserrer la sphère des insurrections et à maintenir l'ordre et la tranquillité sur une des côtes les plus intéressantes pour le commerce britannique. Il serait presqu'absurde de croire, que le Gouvernement Anglais, guidé par ses propres réflexions, se serait brouillé avec le plus ancien de ses alliés pour servir les caprices d'une Cour qui depuis sa restauration inattendue ne l'a payé que d'ingratitude et de mauvais procédés. Et à quel titre, par quel tour-de-force de droit public et de diplomatie, l'occupation de quelques places sur le Rio de la Plata a-t-elle pu devenir un objet d'intervention pour les Cabinets de Russie, de France, d'Autriche, de Prusse! Il a fallu pour enfanter tant de bizarreries, qu'un Souverain placé à l'extrêmité opposée de la terre, dont l'esprit inquiet et l'âme ardente semblent chercher partout de quoi nourrir leurs vastes besoins, eut entrevu dans les révolutions locales d'un coin séquestré du Nouveau Continent une chance d'activité politique, de combinaisons, de discussions, de conférences ministérielles, d'influence directe ou indirecte à exercer sur les autres Cabinets, — le germe peut-être de plus d'un projet gigantesque, bien autrement alarmant pour l'Europe que l'entrée des Portugais à Montévideo! Et il a fallu de plus, que la Cour de Madrid, frappée d'un aveuglement déplorable, au lieu de chercher son salut dans un système de modération et de sagesse et dans l'union la plus cordiale avec ses voisins, se fit entrainer par les conseils de ce Souverain, au point de regarder sa protection officieuse comme un des moyens les plus efficaces de se relever dans les Deux Hémisphères.

C'est par ce concours fatal de circonstances extraordinaires, qu'une querelle qui n'aurait jamais du sortir du cercle des communications particulières entre les deux Puissances qu'elle regardait, a pris le caractère et l'importance d'une grande question européenne, que les Souverains alliés ont évoqué cette querelle à leur tribunal, et qu'ils ont enfin adressé au Cabinet du Brésil un langage peu connu autrefois dans les relations diplomatiques. Ce langage, comme tout ce qui s'est fait aux conférences de Paris, est dû à l'ascendant de la Russie; c'est l'habitude de ménager cette Puissance, c'est la déférence exagérée pour ses avis, c'est la chaleur avec laquelle elle sait les faire valoir dans toutes les discussions, qui ont déterminé le résultat de ces conférences. Comment aussi serait-il possible autrement, que l'Angleterre, dans les rapports compliqués où elle se trouve entre les deux Puissances de la Péninsule, que l'Autriche, au moment même, où les liens les plus honorables et les plus étroits viennent de l'unir à la Maison de Bragance, eussent consenti à une démarche également choquante par les prétentions sur lesquelles elle est fondée, par les propositions qu'elle met en avant, et par le ton dans lequel les unes et les autres y sont présentées? Si jamais la Cour de Madrid avait reçu un message pareil, elle aurait crié au meurtre et au sacrilège.

Que fera la Cour du Brésil dans cet embarras inattendu? Ou pour placer la question autrement: Que devrait-elle faire?

Il y a toujours de la témérité à juger le parti qu'un Gouvernement doit prendre, lorsqu'on n'est pas bien exactement instruit de sa position, de ses moyens, de ses vues, des considérations particulières, et des relations personnelles même qui peuvent influencer sa conduite. Les problêmes en apparence les plus simples sont quelquefois les plus compliqués pour ceux qui se trouvent au centre des affaires et en connaissent à fond les difficultés et les épines; mais si on croit pouvoir hazarder une opinion sur des objets aussi critique, elle doit être claire et précise. J'énoncerai ici la mienne sans détour, mais aussi sans aucune espèce de prétention, reconnaissant plutôt d'avance, que le Cabinet du Brésil peut avoir des raisons supérieures pour adopter un système différent.

L'occupation qui a fait naître ce procès, n'était point un acte arbitraire inspiré par des vues d'aggrandissement; elle a été amenée par la force des circonstances, et par la persévérance de l'Espagne dans une ligne de conduite radicalement fausse et pernicieuse. Elle a été préparée et murie pendant long-temps; par conséquent il faut la considérer comme le résultat d'un calcul parfaitement combiné. Le coup est frappé. Un mouvement rétrograde serait aujourd'hui, non seulement dangereux, mais en quelque sorte moralement impossible. Car en se soumettant aux volontés des Puissances alliées, la Cour du Brésil compromettrait plus que les intérêts majeurs qui ont motivé sa démarche, elle compromettrait en même temps sa réputation morale et politique. Les Puissances alliées ne peuvent avoir raison sans que la Cour du Brésil ait eu complétement tort. Si elle convient de leurs arguments, elle avoue à la face du monde,

36

qu'elle a voulu une chose condamnable, et qu'il ne lui a manqué que la force où le courage pour la consommer. C'est un aveu qu'un gouvernement qui se respecte, et qui veut être respecté des autres ne fait jamais impunément.

Quels risques peut-elle courir en persistant dans la route dans laquelle elle est entrée? L'Angleterre est la seule Puissance qui puisse la ménacer en Amérique. Mais l'Angleterre calcule trop bien pour se charger d'une entreprise, dont le succès le plus complet ne couvrirait pas les frais et les sacrifices; elle n'attaquera pas gratuitement une Puissance qu'elle a tant d'intérêt à ménager et à favoriser, pour assurer un avantage imaginaire, ou une stérile satisfaction à une autre qui lui a manqué dans toutes les occasions. Le Gouvernement Anglais a pu se prêter aux impulsions de la Russie tant qu'il ne s'agissait que de démonstrations et de phrases; mais cette complaisance aura un terme dès que l'on s'avisera de lui demander des réalités. L'Autriche, la France, la Prusse (comme tant est qu'elle se trouve mélée aussi d'une discussion essentiellement américaine), n'ont jamais regardé leur intervention dans cette affaire que comme une démarche de simple étiquette, et sont certainement bien peu disposées à déclarer la guerre au Cabinet du Brésil, ou à rompre seulement leurs rapports d'amitié avec lui pour l'honneur d'un principe mal-entendu, ou par les fantaisies de la Cour de Madrid. Admettons enfin, contre toutes les probabilités raisonnables, que le Grand Protecteur de l'Espagne réussisse à ebranler le ban et l'arrière-ban de la chrétienté, à armer l'Angleterre contre le Brésil, et à faire exécuter par une escadre britannique devant Rio de Janeiro les arrêts de l'aréopage européen. Quel en serait l'effet? Que l'on demanderait à coups de canon, ce que l'on demande aujourd'hui par des incartades diplomatiques. Mais la question aurait alors entièrement changé de face. On peut céder sans deshonneur à un acte de violence appuyé d'une force supérieure; mais on ne peut pas se rendre à de mauvais arguments, sans perdre sa dignité avec sa cause; et c'est la seule perte irréparable.

Il ne nous reste qu'à examiner les dangers auxquels la Cour de Rio de Janeiro, en soutenant son système actuel, pourrait exposer ses possessions européennes. La détresse du Gouvernement Espagnol n'exclut pas, il est vrai, la possibilité d'une tentative contre le Portugal; et les personnes qui ont pu pousser le Roi d'Espagne à tant de mesures fausses et désastreuses, pourraient, sans doute, le flatter aussi du projet de se dédommager par des conquêtes en Europe du délabrement de ses affaires en Amérique. Il est même assez vraisemblable, que c'est par l'appas de cette perspective que de mauvais guides, domestiques et étrangers, ont égaré la politique de ce malheureux monarque. Mais envahir quelque point dégarni des frontières portugaises, et s'emparer du pays, sont deux choses bien différentes; et d'après tout ce que nous savons de l'état militaire des deux nations, tel qu'il s'est développé dans les derniers événements, nous ne sommes pas mal auctorisés à croire que les milices du Portugal suffiraient pour repousser tout ce qui l'Espagne dans son dénuement actuel pourrait employer de troupes régulières dans cette entreprise. D'ailleurs, comment imaginer, que l'Angleterre permettrait à l'Espagne d'établir une guerre sérieuse dans le Portugal? Comment imaginer que ces mêmes Puissances qui ont vu, ou prétendu voir dans l'occupation de quelques déserts de l'Amérique Méridionale le germe de je ne sais quel bouleversement de l'ordre sociale, consentiraient à un attentat assez important pour déranger en effet le système politique de l'Europe? Le danger me parait tout-à-fait fabuleux; et je suis intimement convaincu, que la Cour du Brésil, quelque peu de faveur qu'elle ait éprouvée jusqu'ici de la part des Souverains alliés, peut s'en remettre hardiment à leurs intérêts communs, et à leurs jalousies mutuelles, pour la sureté de ses possessions européennes.

Il faudrait, à la vérité, pour bien juger cette partie de la question, savoir au juste, quel dégré d'intérêt *comparatif,* le Cabinet du Brésil attache à son Empire d'Outremer, et à son ancien Royaume d'Europe, quel poids il attribue à l'un

et à l'autre dans la balance de son pouvoir, de ses res-
sources, et de ces affections. N'ayant point sur cet article
des données authentiques, je me borne à l'observation générale, que plus ce Cabinet appréciera la grandeur de sa
situation présente, et l'avenir magnifique qu'elle lui ouvre,
plus il mettra de calme, d'aplomb, et de vigueur dans ses
négotiations avec les Puissances de l'Europe. Mais en supposant même que la crainte d'un danger pour le Portugal
puisse l'emporter dans l'esprit des Ministres de S. M. T.
F., sur l'immensité des intérêts du Nouveau-Monde, cette
prédilection pardonnable ne doit pas cependant les empêcher de traiter la question du moment avec toute la fermeté
qu'elle exige. Car encore une fois, à moins qu'il ne se passe
en Europe des événements au-dessus de tous les calculs,
il n'y a rien à craindre pour le Portugal.

D'après les observations précédentes, il ne sera pas difficile de pressentir, quelle serait, dans mon système, la réponse du Cabinet du Brésil à la note des Puissances alliées.
Elle porterait en substance:

Que vu l'état actuel des provinces espagnoles du Rio
de la Plata, S. M. T. F. ne peut point abandonner des
mesures, indispensables pour la sureté de son pays, pour
la tranquillité et la prospérité de ses sujets, et nullement
contraires aux intérêts bien-entendus de l'Espagne elle-
même; mais qu'aussitôt que cette Puissance aura trouvé
les moyens de rétablir son autorité dans des pays d'une
manière réelle, solide, et stable, Sa Majesté sera prête à
lui restituer le territoire occupé, dont jusques-là elle ne re-
gardera la possession que comme provisoire ou bien à entrer en négociation sur des moyens d'échange et de com-
pensation, tels qu'ils seront jugés convenables aux intérêts
réciproques des deux Cours.

Vienne, le 20 mai 1817.

———

Lightning Source UK Ltd.
Milton Keynes UK
UKOW07f1054060415

249182UK00010BA/517/P